भारत : इतिहास और संस्कृति

भारत : इतिहास और संस्कृति

गजानन माधव मुक्तिबोध

राजकमल प्रकाशन

ISBN : 978-81-267-1801-6

मूल्य : ₹ 795

पहला संस्करण : 1962
राजकमल से पहली बार
तीसरा परिवर्द्धित संस्करण : 1985
चौथा परिवर्द्धित संस्करण : 2009
सातवाँ संस्करण : 2022
This book is printed on **Print on Demand** Technology : 2024

प्रकाशक : राजकमल प्रकाशन प्रा.लि.
1-बी, नेताजी सुभाष मार्ग, दरियागंज
नई दिल्ली-110 002

शाखाएँ : अशोक राजपथ, साइंस कॉलेज के सामने, पटना-800 006
पहली मंजिल, दरबारी बिल्डिंग, महात्मा गांधी मार्ग, प्रयागराज-211 001
1, अनमोल सोराबजी संतुक लेन, धोबी तलाव, मरीन लाइंस, मुम्बई-400 002

वेबसाइट : www.rajkamalprakashan.com
ई-मेल : info@rajkamalprakashan.com

BHARAT : ITIHAS AUR SANSKRITI
by G.M. Muktibodh

जल रही है लाइब्रेरी
पार्सिपालिस की
मैंने सिर्फ़ नालिश की
मैंने सिर्फ़ नालिश की
अँधेरी जिस अदालत में...

दो शब्द

गजानन माधव मुक्तिबोध, मेरे पिताजी, ने साहित्यिक रचनाओं के अलावा अन्य कुछ कृतियों की रचना की है। समय-समय पर आये हुए संकटों की उलझनों से छुटकारा पाने के लिए, उनसे उबरने के लिए, यही एक तात्कालिक उपाय उन्हें सूझा होगा। इस प्रकार की कृतियों में माध्यमिक कक्षाओं की सामाजिक अध्ययन की पुस्तकें (विदर्भ, महाराष्ट्र), विश्वविद्यालयीन कक्षाओं की पुस्तकों के सरल-अध्ययन (सागर विश्वविद्यालय) तथा प्रदेश की मैट्रिक की कक्षाओं के लिए द्रुत-पठन की यह पुस्तक विशेष उल्लेखनीय है। इस प्रकार की यह अन्तिम तथा महत्त्वपूर्ण कृति है। यह पुस्तक सन् 1962 में लिखी गयी और उसी वर्ष 'नैतिकता तथा भद्रता' के विरुद्ध होने का आरोप उस पर लग गया। यह प्रदेश शासन ने अपने गज़ट में प्रकाशित भी किया।

वस्तुतः यह पुस्तक विस्तृत रूप से लिखी गयी थी और यह विस्तार पाठ्यक्रम की सीमा-रेखा को भी पार कर गया। अतः बाद में पुस्तक को पाठ्यक्रम के दायरे में लाकर उसे संक्षिप्त रूप से प्रकाशित किया गया। शेष पुस्तक-अंश को अलग कर दिया गया। इस कार्य में पिताजी के अन्तरंग मित्र, मेरे आदरणीय और मार्गदर्शक श्री हरिशंकरजी परसाई का उल्लेखनीय योगदान रहा है। बल्कि यूँ कहा जाये कि उनकी ही पहल से यह पुस्तक सम्भव हो पायी है, तब भी और इस बार भी।

पुस्तक को पाठ्यक्रम के रूप में स्वीकृति मिली। प्रदेश के दैनिक व साप्ताहिक पत्रों ने पुस्तक की मूल वैज्ञानिक अनुसन्धानवादी ज़मीन को न केवल सराहा, वरन् उस नवीन दृष्टिकोण को पुख्ता बनाने में अपना सहयोग भी प्रदान किया।

इसी बीच यह पुस्तक पाठ्य-पुस्तक प्रकाशकों के संयुक्त स्वार्थों के षड्यन्त्र के योजनाबद्ध आक्रोश का प्रदेश के कई नगरों में शिकार बनी। और अन्ततः एक असाधारण राजपत्र (क्रमांक 154, भोपाल, बुधवार, दिनांक 19 सितम्बर, 1962) के द्वारा **भारत : इतिहास और संस्कृति** जन

सुरक्षा अधिनियम के अन्तर्गत 'भद्रता तथा नैतिकता' के विरुद्ध घोषित कर दी गयी।

पुस्तक-प्रकाशक ने जबलपुर हाईकोर्ट में अपना दावा प्रस्तुत किया। मुक्तिबोधजी ने अथक परिश्रम से पुस्तक के पक्ष में, आपत्तियों के विपक्ष में अन्य लब्धप्रतिष्ठ इतिहासविदों की पुस्तकों से उद्धरण-पर-उद्धरण खोजकर उन्हें क़लमबन्द किया। वैचारिक धरातल पर इतना मानसिक त्रास उन्हें कभी भोगते नहीं देखा। वे कहा करते—मेरी किसी मौलिक रचना को आपत्तिजनक मानकर सरकार पाबन्दी लगाती तो कोई बात भी बनती। किन्तु वस्तुतः जो सर्वथा मेरी मौलिक रचना नहीं है वह किस प्रकार आपत्तिजनक घोषित हुई, यह कोई मुझे समझा दे।

शासन की ओर से कुल दस आपत्तियाँ पुस्तक के विरुद्ध पेश की गयीं। इनमें वे भी शामिल थीं जो आन्दोलनकर्ताओं ने चुन-चुनकर गिनाई थीं। इनमें से चार को आपत्तिजनक माना गया। ये चार आपत्तिजनक प्रसंग क्रमानुसार 1, 2, 5 और 6 हैं। विद्वान् न्यायाधीश ने अन्त में फैसले की व्यवस्था देते हुए आदेश दिया कि आपत्तिजनक प्रसंगों को पुस्तक से खारिज कर पुस्तक को पुनः प्रकाशित किया जा सकता है। यह घटना अप्रैल सन् 1963 की है।

अतः हाईकोर्ट के फैसले के आदेश का पूर्ण सम्मान करते हुए आपत्तिजनक प्रसंगों को पुस्तक से पृथक करके **भारत : इतिहास और संस्कृति** अपने समग्र रूप में प्रस्तुत की जा रही है। मुक्तिबोधजी की इच्छा थी कि कम-से-कम सामान्य रूप में **भारत : इतिहास और संस्कृति** जनता के समक्ष रहे। मेरा प्रयत्न रहा है कि जिस स्वरूप में पुस्तक लिखी गयी, हू-ब-हू उसी स्वरूप में वह पाठकों के सामने आये। समग्र पुस्तक का जो अनुक्रम मुक्तिबोधजी ने बनाया था उसी के अनुसार अध्यायों का क्रम रखा गया है। बावजूद इसके तीन अध्याय ऐसे रह गये जिनको समग्र अनुक्रम में सम्भवतः भूलवश स्थान नहीं दिया गया था। इनमें से दो अध्याय प्रकाशित पुस्तक में संकलित थे अतः उसी क्रमानुसार रखे हैं। तीसरे अध्याय को उसकी विषयवस्तु का ध्यान रखते हुए क्रमबद्ध किया है। इन अध्यायों के अन्त में इस बाबत टिप्पणी भी दी गयी है।

प्रकाशित पुस्तक के प्रत्येक अध्याय के अन्त में प्रश्नावली दी गयी थी और यही स्थिति शेष पुस्तक-अंश में भी थी। चूँकि प्रकाशित पुस्तक पाठ्यक्रम के उद्देश्य से बनी थी इस कारण अध्यायों के अन्त में प्रश्नावली का औचित्य था, उसका प्रयोजन था। किन्तु अब सामान्य रूप से पुस्तक प्रकाशित हो रही है अतः प्रश्नावली को अध्यायों के अन्त में

न रखकर एक साथ समस्त अध्यायों की प्रश्नावली क्रमवार परिशिष्ट में रखी गयी है। यह इसलिए किया गया कि मुक्तिबोधजी के लेखे किस अध्याय में किन मुद्दों को उन्होंने महत्त्वपूर्ण माना, यह सुधी पाठक जान पायें।

इस पुस्तक को तैयार करने में मुझे मुक्तिबोधजी के मित्रों का सहयोग और मार्गदर्शन मिला है। इनमें श्री नेमिचन्द्र जैन तथा श्री अशोक वाजपेयी विशेष रूप से उल्लेखनीय हैं। जबलपुर के श्री ज्ञानरंजन ने हाईकोर्ट के फैसले की सत्य प्रतिलिपि उपलब्ध कराई, उनके सहयोग के लिए उनका हृदय से आभारी हूँ। राजकमल की प्रबन्ध-निदेशिका श्रीमती शीला सन्धू ने मुक्तिबोधजी के समस्त साहित्य के प्रकाशन का जो उत्तरदायित्व स्वीकारा है, उसमें इस पुस्तक का प्रकाशन एक महत्त्वपूर्ण कड़ी है।

11 सितम्बर, 1985 **—रमेश गजानन मुक्तिबोध**

नया परिवर्धित संस्करण

नये परिवर्धित संस्करण में पुस्तक के साथ घटित घटनाक्रम के दस्तावेज क्रमानुसार दिये गये हैं। पुस्तक पर उठे आक्षेप/आरोप और उनके प्रत्युत्तर विशेषरूप से उल्लेखनीय हैं। एक-एक आरोप पर मान्य इतिहासकारों के कई-कई अवतरण (स्थापनाएँ) मुक्तिबोध जी ने तैयार किये। इसमें पुनरावृत्ति है, कई प्रत्युत्तर दोहराये भी गये हैं। ये संकेत करते हैं उनके मानसिक विक्षोभ और श्रम की पराकाष्ठा का।

पत्र-2 की पांडुलिपि के अन्त में—आपका 'गजानन माधव मुक्तिबोध' और तीसरी पंक्ति में 'पुस्तक का लेखक' लिखकर फिर उसे काट दिया गया है।

पुस्तक में सर्वत्र छोटे ब्रेकेट ( ) का उपयोग लेखक द्वारा तथा बड़े ब्रेकेट [ ] का मुक्तिबोध रचनावली के सम्पादक द्वारा किया है।

नये परिवर्धित संस्करण में राजकमल प्रकाशन के निदेशक श्री अशोक महेश्वरी जी ने विशेष उत्साह दिखाया है। उन्हें खास धन्यवाद।

—रमेश गजानन मुक्तिबोध

28 मई, 2009
डी-225, सेक्टर-4
देवेन्द्र नगर, रायपुर

भूमिका*

यह ग्रन्थ मौलिक नहीं है। जहाँ से जो मिला, लिया। दृष्टिकोण यही रखा कि वस्तुस्थिति की समग्रता, जो हमारे जीवन को बनाती है, उसे न छोड़ा जाये। उस समग्र ही के दृष्टिकोण से इतिहास-रचना की जाय।

यह ग्रन्थ केवल विद्यार्थियों के लिए नहीं है, सामान्य जन के लिए भी है। इतना काफी है।

—गजानन माधव मुक्तिबोध

* समग्र पुस्तक के लिए स्वयं लेखक द्वारा लिखित।

यह पुस्तक**

यह इतिहास की पुस्तक नहीं है—इस अर्थ में कि सामान्यतः इतिहास में राजाओं, युद्धों और राजनैतिक उलट-फेरों का जैसा विवरण रहता है, वैसा इसमें नहीं है। इस पुस्तिका का वह प्रयोजन भी नहीं है, क्योंकि वह राजनैतिक इतिहास का विषय है। समाज की गतिशीलता में राजनैतिक प्रक्रिया अनेक प्रक्रियाओं में से एक है। समाज को विकासशील बनानेवाली अन्य महत्त्वपूर्ण प्रक्रिया है, सांस्कृतिक प्रक्रिया। जीवन जैसा है उसे अधिक सुन्दर उदात्त और मंगलमय बनाने की इच्छा आरम्भ से ही मनुष्य में रही है। यही इच्छा जब सामाजिक स्तर पर रूप लेती है, तब वह संस्कृति कहलाती है, जिसके अन्तर्गत धर्म, नीति, कला, साहित्य, संगीत आदि आते हैं। संस्कृति समाज की मूल जीवनदायिनी शक्ति है, राजनैतिक शक्ति से भी अधिक। भारतीय समाज इसका प्रमाण है। राजनैतिक दासता सदियों रही; पर संस्कृति की शक्ति के कारण यह जाति जीवित रही और विकास करती गयी।

इसके साथ ही लगी आती है, सामाजिक विकास की शक्ति। राजनैतिक उलट-फेर होते रहते हैं, पर समाज में विकास की परम्परा चलती रहती है। ऊपर-ऊपर मुसलमान और हिन्दू राजाओं में युद्ध चलते रहते थे, पर समाज में हिन्दू-मुसलमान एक-दूसरे के साथ भ्रातृ-भाव से रहने के प्रयत्न कर रहे थे। वे एक-दूसरे से विचारों, आदर्शों, प्रथाओं और धार्मिक मान्यताओं का आदान-प्रदान भी कर रहे थे। वे एक-दूसरे के जीवन को प्रभावित कर रहे थे। तभी मध्य युग में उधर हिन्दू और मुसलमान राजाओं की टक्कर होती थी, लेकिन मुसलमान आदि ब्रजभाषा में कृष्ण-काव्य लिख रहे थे और हिन्दू-मुसलमान पीरों और फकीरों की पूजा कर रहे थे। समाज अपने में किसी बाधा को स्वीकार नहीं करता, चाहे वह राजनैतिक हो या धार्मिक।

** पाठ्यपुस्तक के रूप में प्रकाशित संस्करण की भूमिका।

इस भारतीय समाज की विकास-यात्रा बहुत दिलचस्प है। इसमें कितने उलट-फेर हुए हैं! कितनी जातियाँ यहाँ आयीं और विलीन हो गयीं, किस प्रकार उन्होंने एक-दूसरे को प्रभावित किया और फिर एक होकर आगे बढ़ीं—यह बड़ी रोचक और स्फूर्तिदायिनी कथा है। रवीन्द्रनाथ ने कहा है कि 'भारत महा-मानव सागर' है, जिसमें कितनी ही सदियों की पावन धाराओं का जल है। जिसे हम भारतीय संस्कृति कहते हैं, उसमें सदियों से समन्वय की प्रक्रिया चल रही है; विभिन्न जातियों की संस्कृति के तत्त्व उसमें मिलते गये हैं और वह बहुत विशाल हो गयी है। यह हमारी बड़ी शक्ति है। इक़बाल ने कहा था—'कुछ बात है कि हस्ती मिटती नहीं हमारी।' वह 'कुछ बात' यही सांस्कृतिक समन्वय की शक्ति है।

मेरी दृष्टि में हमारे सामाजिक और सांस्कृतिक विकास की जानकारी किशोरों के लिए बहुत आवश्यक है। इससे वे इस देश की परम्परा को सही ढंग से समझ सकेंगे। उनकी भावनाओं का विस्तार होगा और वे उदारता का दृष्टिकोण अपना सकेंगे। अपने इस अति प्राचीन समाज के मर्म को समझना बहुत जरूरी है।

मैंने इस पुस्तक में यही प्रयत्न किया है। युद्धों और राजवंशों के विवरण में न अटककर मैंने अपने समाज और उसकी संस्कृति के विकास-पथ को अंकित किया है। स्वाभाविक है, इसमें राजनैतिक हलचलें भी आ गयी हैं। पर उन्हें प्रधानता नहीं दी गयी। मैंने उन धार्मिक, सांस्कृतिक और सामाजिक तथा राजनैतिक आन्दोलनों को और उन व्यक्तियों को ही प्रधानता दी है जिन्होंने समाज को आगे बढ़ाया और उसका रूप बदला।

वैदिक काल और बौद्ध युग तथा मुग़ल सल्तनत के बाद के हमारे आधुनिक युग पर मैंने विस्तार से लिखा है, क्योंकि बहुत दूर और बहुत पास की वस्तुएँ प्रायः धुँधली दिखती हैं। मेरा उद्‌देश्य है कि पाठक अति प्राचीन और अति नवीन परम्पराओं को ग्रहण कर सकें।

मैंने विभिन्न विद्वानों के ग्रन्थों की सहायता ली है। जहाँ जो उपयोगी मिल सका, मैंने ले लिया है। इन सब विद्वानों के प्रति मैं आभारी हूँ।

आशा है यह छोटी-सी पुस्तक उपयोगी सिद्ध होगी।

—लेखक

अनुक्रम

* ये अध्याय 'भारत : इतिहास और संस्कृति' में पहली बार सम्मिलित किये गये हैं। पाठ्यपुस्तक के रूप में प्रकाशित कृति में ये शामिल नहीं थे।

• नये परिवर्धित संस्करण में पहली बार सम्मिलित।

कुहरे में ढँका हुआ मानवेतिहास

वैज्ञानिक बताते हैं कि वानरों से मनुष्य का विकास हुआ। आज से लाखों साल पहले की यह घटना है। मनुष्य ने अपनी पशु-तुल्य अवस्था से क्रमशः ऊपर उठते हुए, किस प्रकार अपनी उन्नति का मार्ग प्रशस्त किया, यह एक मनोरंजक विषय है। पुरातत्त्वविदों के अनुसन्धान और सतत प्रयत्न के द्वारा तत्कालीन मानव-जीवन और उसके इतिहास की जो रूपरेखा स्पष्ट होती है, उसका संक्षिप्त परिचय यहाँ दिया गया है।

आज से लगभग दस हज़ार साल पहले हमारा भारतवर्ष घने-घने जंगलों से ढँका हुआ था। उन दिनों दलदल भी खूब रहे होंगे। नदियों की तलहटियाँ बहुत गहरी और चौड़ी रही होंगी। उन जंगलों, नदियों और दलदलों के तटों पर तरह-तरह के भयानक पशु अपने शिकार में घूमते होंगे। इन महाकान्तारों में, मानव-जीवन बहुत ही संकटपूर्ण रहा होगा।

मानव-सभ्यता के विकास-प्रसार के साथ-साथ, ये जंगल कटते चले गये। किन्तु, इस बात के पूरे प्रमाण हैं कि बलूचिस्तान, अफ़ग़ानिस्तान, राजस्थान और अन्य पश्चिमोत्तर प्रदेश भी, जो आज सूखे, वीरान और वृक्षहीन हैं, उन दिनों घने आदिम जंगलों से ढँके थे।

इस प्रतिकूल प्राकृतिक परिस्थिति में, आदिम मानव-जातियाँ और उनके क़बीले जीवन-निर्वाह के लिए कन्द-मूल-फल बटोरते या ऐसे पशु-पक्षियों के शिकार के पीछे फिरते जिनका नरम मांस वे खा सकते थे। मनुष्य, मूलतः शाहाकारी प्राणी है। अग्नि के आविष्कार को अभी देर थी, जिसकी सहायता से वे मांस भूनकर खा सकते थे। खाद्य-समस्या हमेशा बनी रहती। आदिम मानव, जंगली पशुओं से बहुत डरता था। भय और क्षुधा स्थायी भाव थे। वर्षा, गरमी, और सरदी से बचने का कोई उपाय न था। या तो वह गुहा-कन्दरा में रहता या कभी मिट्टी के अनगढ़ घरों में। उसके पास जीवन-रक्षा के कोई प्रभावकारी उपाय न थे।

उसके पास सिर्फ़ पत्थरों के औजार थे। वे भद्दे, खुरदुरे और मोटे हुआ करते। पत्थरों को तोड़ताड़कर वह उन्हें खास ढंग से नुकीला बनाता। कभी उन्हें रगड़-रगड़कर पैना कर देता। पत्थर के भद्दे कुल्हाड़े, मुद्गर या ऐसे ही उसके अस्त्र

होते। लकड़ी के भाले भी होते। कुछ अस्त्रों में हड्डी या लकड़ी के बेंट लगे होते। वह पैने पत्थरों को फेंककर मारता होगा। फेंककर मारने के उसने साधन बना लिए होंगे, जैसे गुलेल या भोंड़े ढंग के धनुष-बाण।

उसके औजार हमें, भारत के दक्षिणी और उत्तर-पश्चिमी प्रदेशों के अतिरिक्त हमारे मध्यप्रदेश में भी मिले हैं। वे होशंगाबाद के निकट नर्मदा की घाटी में और जबलपुर जिले में प्राप्त होते हैं।

इस युग को पुरा-पाषाण-काल या प्राचीन-प्रस्तर-युग कहते हैं। यह युग दो-ढाई लाख [वर्ष] तक चला होगा। कम से [कम] वह आज से दस-बारह हजार [साल] पहले तक मौजूद था।

पुरातत्त्वशास्त्री भारत में फैले हुए उस आदिम मानव-जाति को 'नेग्रिटो' कहते हैं। ये लोग दक्षिण अफ्रीका से लेकर तो भारतवर्ष में और उसके आगे पूर्व-दक्षिण के देशों में भी फैले हुए थे। उनकी कुछ अवशिष्ट जातियाँ हमारे यहाँ अभी भी पायी जाती हैं। अंडमान-निकोबार में, तथा आसाम के पर्वतीय क्षेत्रों में कुछ आदिवासी जातियाँ तथा त्रावणकोर-कोचीन की पहाड़ियों में टोड़ा जाति पुरा-पाषाण-काल की उत्तराधिकारिणी मानी जाती है।

मानव-सभ्यता और संस्कृति को इन जातियों ने भी कुछ दिया है, मुख्यतः; खाद्य के क्षेत्र में। कौन-सी वनस्पति खाने योग्य है और कौन-सी खाने से मनुष्य मर जाता है, इसका निर्णय इन लोगों ने अपने अनुभवों द्वारा किया। जंगल-जंगल घूमकर तरह-तरह के कन्द-मूल-फल-फूल खाकर उन्हें खाद्य और अखाद्य का भेद मालूम हो सका।

नव-पाषाण-काल

प्रयत्न और अनुभव, तथा उससे प्राप्त ज्ञान और ज्ञान का प्रयोग करके पुनः प्रयत्न और अनुभव का यह जो सिलसिला है उससे मनुष्य जाति ने अपना विकास किया तथा परिस्थिति पर विजय पाने के साधनों का निर्माण किया। मनुष्य और पशु में एक बड़ा भेद यह है कि हम बुद्धि का प्रयोग करके अस्त्रों का निर्माण और विकास करते आये हैं। पुरा-पाषाणकालीन मानव के अनुभवों से लाभ उठाकर नव-पाषाणकालीन मानव ने अपने प्रस्तर-अस्त्रों को घिस-घिसकर ज़्यादा चिकना और चमकदार, सुघड़ और प्रभावकारी बनाया। पत्थरों की किस्मों का ज्ञान अब बढ़ चुका था। उसे मालूम हो गया था कि चकमक-पत्थर के टुकड़ों को आपस में रगड़ने से चिनगारियाँ निकलती हैं। सूखे पत्तों पर उन्हें गिराकर आग तैयार की गयी। यह बहुत बड़ा आविष्कार था। अग्नि द्वारा (अ) अँधेरे में प्रकाश मिलता है, (ब) अच्छी गरमी मिलती है, (स) ज्वालाओं से भयभीत होकर पशु भाग जाते हैं, (ड) मांस को भूनकर खाया जा

सकता है, जिससे दाँतों को तकलीफ से बचाया जा सकता है। अग्नि के आविष्कार से मनुष्य ने इस तरह एक साथ कई बातें प्राप्त कर लीं। ईरानी और भारतीय आर्य यदि अग्नि को देवता समझें और उसकी प्रशंसा में स्तोत्र और गीत पढ़ें तो इसमें आश्चर्य ही क्या है!! मनुष्य ने प्रकृति-विजय की ओर एक कदम बढ़ा दिया। इसके सम्बन्ध में दो बातें समझने की हैं। एक तो यह कि मुख्यतः शाकाहारी प्राणी होने के कारण, तरह-तरह के मांस को मनुष्य नहीं खा सकता था। भूनकर खाने की सहूलियत से, खाद्य-समस्या को हल करने का एक उपाय निकल आया। दूसरे, अग्नि-प्रयोग के दीर्घकाल में उसने देखा कि कई तरह की मिट्टियों या पत्थरों में से कोई वस्तु पिघलकर धातु बन जाती है। अग्नि के बिना, धातु का अनुसन्धान नहीं हो सकता था। आदि-मानव जाति के मनुष्यों ने पाया कि धातु के अस्त्र प्रस्तर अस्त्रों से अधिक पैने, सुघड़ और प्रभावकारी बनाये जा सकते हैं, साथ ही उन्हें चाहे-जैसा आकार दिया जा सकता है। इस प्रकार, अग्नि प्रयोग ने अनुसन्धान के मार्ग को तथा साधन-निर्माण के पथ को प्रशस्त किया। कुछ अंशों तक, मनुष्य को भय और क्षुधा से त्राण पाने की युक्ति मिल गयी। इसलिए मानवेतिहास में, अग्नि के आविष्कार का बहुत महत्त्व है।

नव-प्रस्तरयुगीन मानव क्रमशः उन्नति करता जा रहा था। वनस्पतियों के अनुभव-ज्ञान के साथ ही, पशु-पक्षियों-सम्बन्धी उसका ज्ञान भी बढ़ गया था। इस ज्ञान का प्रयोग करके उसने पशुओं को बाँधकर रखना, उनसे दूध निकालकर पीना, और फिर समय-समय पर उनका वध करके मांस खाना आदि बातें शुरू कीं और फिर उन्हें सतत प्रयोग और अनुभव से सीख लीं। तब तक उसके पत्थर के औजार भी काफ़ी पैने और तीखे बन चुके थे। पशुपालन ने मानव-जीवन में एक बड़ा परिवर्तन उपस्थित कर दिया। अब उसे पशु-पक्षियों के पीछे जंगल-जंगल भटकने की जरूरत नहीं रही। वह कुछ हद तक स्थायी जीवन बिता सकता था, पशुओं का मांस प्राप्त होने से खाद्य-समस्या और कम हो गयी। उधर कन्द-मूल-फल एकत्र करनेवाले उसके साथियों ने, अपने सतत निरीक्षण और अनुभव-ज्ञान के फलस्वरूप, ज़मीन में बीज डालकर पौधे उगाने की प्रक्रिया खोज ली—एक बीज से हज़ारों बीज उग सकते थे—यह ज्ञान बड़े काम का सिद्ध हुआ। खेती-बाड़ी का प्रारम्भिक रूप सामने आया। सम्भवतः, सबसे पहले जंगली घास में से दानोंवाले घास छाँटकर उन्हें (गेहूँ और जौ को) उगाना उसने सीखा। फसल होने लगी। खाद्य-पदार्थों की खोज में रोज़-रोज़ भटकते रहने की ज़रूरत नहीं रही। इसलिए, मिट्टी के घर और उनके समूह अर्थात् बस्ती या गाँव बनाकर वह रहने लगा और, साथ ही, वस्तुओं तथा खाद्य-पदार्थों को जमा करके रखने के लिए उसे बरतनों की तलाश हुई। शीघ्र ही, उसने मिट्टी के बरतन बनाये। उधर, अग्नि-प्रयोग के द्वारा, उसने कच्ची मिट्टी के बरतन और ईंटें पकाना सीख लिया था; और साथ ही धातु की प्राथमिक पहचान और थोड़ी-बहुत

जानकारी भी उसे हो गयी थी। उन लोगों में का एक दल ऐसी ज़मीनों और पत्थरों की खोज में रहने लगा जिनसे धातुएँ प्राप्त हो सकें। इस खोज के दौरान उसे सुन्दर-सुन्दर रंग-बिरंगे चमकदार पत्थर मिले, जिसके उसने आभूषण बनाये और जिनको पीस-पीसकर उसने लेप तैयार किये। इस लेप को वह मिट्टी के बरतनों के अन्दर और बाहर लगाता और उन पर कभी-कभी चित्रकारी भी करता।

उधर, पशुपालन का विकास हो ही रहा था। मनुष्य अब उन पर सवारी करने लगा। उन पर वह बोझ भी लादता। इस प्रकार, दूरी की समस्या भी कुछ हल हुई, साथ ही भार-वहन की भी। धातु के थोड़े-बहुत औज़ार जब बन गये तो उसने लकड़ी को काट-काटकर चक्का बनाना सीखा। चक्कों से मामूली किस्म की बैलगाड़ी बनायी, जिससे रफ़्तार में तेज़ी आ गयी। कुम्हार ने भी चक्के को अपनाया, जिसकी सहायता के फलस्वरूप मिट्टी के बरतन अब और भी सुडौल होने लगे। मिट्टी की कला—मृद्शिल्प—का विकास होने लगा। अब वह, पुरुष, स्त्री, बालक, पशु, पक्षी, देवी-देवता की आकृतियाँ तथा मूर्तियाँ भी बनाने लगा। नव-पाषाण-युग के अन्तिम चरणों में, मुख्यतः पाषाण-अस्त्र थे, किन्तु, धात्वस्त्रों का प्रयोग शुरू हो गया था। उसके ये पाषाण अस्त्र, जो तरह-तरह के काम में आते थे, विन्ध्याचल की पहाड़ियों में—जैसे रींवा, छोटा नागपुर, मिर्जापुर और इसके अलावा आसाम में—पाये जाते हैं। दक्षिण भारत के मद्रास, चिंगलपत तथा अन्य स्थानों में भी खूब मिलते हैं। बेलारी के समीप तो इनका एक कारख़ाना ही मिला है। पुरातत्त्वविद् इन्हें प्रोटो आस्ट्रेलॉइड अर्थात् 'आदि आग्नेयाभ' कहते हैं। यह जाति अफ्रीका और भारत से लेकर आस्ट्रेलिया तक पायी जाती है। भारत में आज इन आदि आग्नेयाभों के उत्तराधिकारी हैं—मध्यप्रदेश की आदिवासी जातियाँ, जो मुंडा-भाषा-परिवार की विभिन्न बोलियाँ बोलती हैं। इनके अलावा, कोल, सन्थाल, भील भी इनके वंशज हैं। मध्यभारत के पहाड़ी इलाक़ों में भील पाये जाते हैं।

प्रकृति को अधिकाधिक अनुकूल करने के दौरान में, मानव-अन्तःकरण का भी प्रसार होता है। वह जीवन और जगत् के सम्बन्ध में विचार भी करने लगता है। उन दिनों प्रकृति के रूपों और दृश्यों के प्रति मनुष्य के अन्तःकरण में दो ही भावनाएँ थीं—विस्मय और भय। वह प्राकृतिक शक्तियों को देखकर चमत्कृत हो उठता था। उसे प्रतीत हुआ कि प्रकृति की शक्तियों में कोई देवताओं का निवास है। अर्थात् जगत् में अति-प्राकृतिक शक्तियाँ हैं। विस्मय और भय की भावनाओं से प्रेरित होकर वह देवी-देवताओं और भूत-प्रेतों की कल्पना करने लगा। वह प्रकृति के रूपों को देवता मानकर पूजता, जैसे नदी, वृक्ष, पत्थर इत्यादि को। वह खेतों में, उर्वरा शक्ति को प्रसन्न करने के लिए, पशु-बलि भी देता और कभी नर-बलि भी। प्रजनन-शक्ति को दैवी मानता। उसका विश्वास था कि मृत्यु के बाद भी आत्मा मरती नहीं, वह भटकती रहती है। इसलिए, वह अन्त्येष्टि संस्कार में, शव को गाड़ने के साथ ही,

उस शव के पास अस्त्र और अनाज दोनों को रख देता, जिससे मृत्यु के उपरान्त की यात्रा में, वे मृतात्मा के काम में आ सकें। विशेष उत्सवों पर नृत्य-गान भी होते। उसने तरह-तरह के वाद्य-यन्त्र भी बना लिए थे।

प्रकृति के निरीक्षण-परीक्षण के फलस्वरूप, उसकी कलाभिरुचि भी बढ़ गयी थी। उत्तर प्रदेश में मिर्जापुर के निकट तथा मध्यप्रदेश में होशंगाबाद के निकट, गुहाओं में उसने आखेट और नृत्य के सुन्दर चित्र भी बनाये, जो गेरू से खींचे गये प्रतीत होते हैं।

नव-पाषाणयुगीन मानव, अपने सतत प्रयत्नों द्वारा, मनुष्य-जाति को असभ्यावस्था से खींचकर सभ्यता के किनारे तक ले आया। प्रारम्भिक कलाएँ—उपयोगी कलाएँ और ललित कलाएँ, दोनों—उसी का आविष्कार हैं। मानव-प्रगति के रास्ते पर पड़नेवाले बहुत बड़े विघ्नों और बाधाओं को उसने पार किया। आगे का रास्ता अब ज़्यादा आसान था। अग्नि का आविष्कार, पशुपालन, खेती-बाड़ी, प्रारम्भिक ऋतु-ज्ञान, प्रारम्भिक वनस्पति-विज्ञान, मृद्-शिल्प, उसी की देन हैं। इसके अतिरिक्त, उसने देश के विभिन्न स्थानों में जाने के लिए गन्तव्य मार्ग खोज निकाले। आज भी हमारे धर्म में, भूत-प्रेत सम्बन्धी विश्वास, और वृक्ष-पूजा, प्राकृतिक शक्तियों की पूजा आदि के अतिरिक्त, आत्मा की अमरता में विश्वास इन्हीं की कृपा का फल है। नव-पाषाणकालीन मानव ने हमें अपनी भाषा के कुछ शब्द भी दिये। रूई, बैंगन, केला, कुम्हड़ा, पान, हाथी, टट्टू, मोर, चिड़िया आदि के जो पर्याय संस्कृत भाषा में हैं, वे मुंडा बोलियों से निकले हैं। मुंडा भाषा के 'जोम' शब्द से 'जीमना' (भोजन करना) निकला। प्राचीन भारतीय साहित्य में आदि अग्नियाभ जातियों को नाग तथा निषाद कहा जाता रहा। एक ज़माने में ये जातियाँ सारे भारतवर्ष में फैली हुई थीं। सभ्य जातियों के आक्रमण के फलस्वरूप ये जातियाँ भागकर पहाड़ों और जंगलों में छिप गयीं, सभ्यता के सम्पर्क से दूर रहने के कारण वे और भी पिछड़ गयीं। आज केन्द्रीय सरकार तथा मध्यप्रदेश सरकार उनकी उन्नति के लिए बहुत कुछ कर रही है।

धातु-युग का आरम्भ

नव-पाषाण युग के अन्तिम चरणों में धातु के आविष्कार के साथ-साथ, धात्वस्त्र भी बनने लगे। पहले ताँबे को खोजकर निकाला गया, बाद में लोहे को। इसीलिये, साधारणतः, धातु-युग दो भागों में बाँटा जाता है। एक ताम्र युग और उसके अनन्तर लौह युग। किन्तु, दक्षिण भारत में पाषाण युग के बाद, एकदम लौह युग आया। दक्षिण भारत में ताँबे के औज़ार मिलते ही नहीं, जब कि उत्तर भारत में क्रमशः पाषाण युग, ताम्र युग और लौह युग अवतरित हुआ। दक्षिण भारत का विकास-क्रम,

निःसन्देह, उत्तर भारत के विकास-क्रम से भिन्न रहा है। यद्यपि हमारे यहाँ कांस्य युग नहीं आया, जैसे कि पृथ्वी के अन्य भागों में था, फिर भी, काँसे की वस्तुएँ हमारे यहाँ बनती थीं। किन्तु उसका ज़्यादा चलन नहीं था।

भारतवर्ष में प्राथमिक सभ्यता का प्रभात, पश्चिमोत्तर प्रदेश में हुआ। ताम्र युग की सभ्यता के अवशेष हमें बलूचिस्तान और सिन्ध में मिलते हैं। सिन्धु सभ्यता, जिसका ज़िक्र आगे होगा, ताम्र युग की ही सभ्यता है। लोहे के औज़ार, ऋग्वेद काल में, अर्थात् आज से ढाई-तीन हज़ार साल पहले, भारतवर्ष में खूब प्रचलित हो गये थे। तब से आज तक लौह युग ही चल रहा है। प्रश्न यह है कि मनुष्य जाति के साधनों और उपादानों के आधार पर, हम मानवेतिहास का अध्ययन क्यों करते हैं?

मनुष्य जाति, प्रकृति की शक्तियों पर विजय के लिए और उन शक्तियों को अपने उपयोग में लाने के लिए, साधनों का निर्माण करती है। जिस प्रकार, विज्ञान के विकास ने और उसके द्वारा निर्माण किये गये भाप-इंजन, स्टीम-वोट, बिजली आदि साधनों ने दुनिया को मध्य युग के अन्धकार से खींचकर आधुनिक युग में लाकर खड़ा कर दिया, और समाज-रचना को भी बदल डाला, उसी प्रकार नव-पाषाणयुगीन मानव ने मनुष्य को असभ्यावस्था से निकालकर, सभ्यता के किनारे खड़ा कर दिया। उसने भी उतनी ही बड़ी क्रान्ति की थी जितनी कि आधुनिक विज्ञान ने की। यह क्रान्ति साधनों के विकास द्वारा हुई। साधनों ने मनुष्य-जीविका की प्रणाली को बदल डाला। नयी अर्थ-व्यवस्था सामने आयी। यह अर्थ-व्यवस्था, पशुपालन और खेती-बाड़ी और कारीगरी के आधार पर उठ खड़ी हुई। आगे की सभ्यताओं ने इनका खूब विकास किया। संक्षेप में, साधनों का विकास मानव-सभ्यता के लिए अत्यन्त आवश्यक होता है। इसीलिये, आज भारत में प्रधानमन्त्री पंडित नेहरू के नेतृत्व में, देश का व्यापक औद्योगीकरण हो रहा है—लोहे-इस्पात तथा भारी मशीन-निर्माण के कारखानों के अलावा, अणु-विद्युत के कारखाने और अणु-अनुसन्धान केन्द्र खुल रहे हैं।

सभ्यता का उषःकाल

सिन्धु सभ्यता

सतत प्रयत्नों के द्वारा नव-पाषाण काल के अन्त में मानव ने धात्वस्त्रों का प्रयोग करके, क्रमशः सभ्यता का विकास किया। वह अब प्रकृति-विजयी हो उठा। ग्रामों ने धीरे-धीरे नगरों का रूप धारण किया। कला-कौशल तथा खेती-बारी के प्रसार के साथ ही व्यापार का प्रसार हुआ। गणित तथा ज्योतिष जैसे शास्त्रों का विकास होने लगा। मनुष्य ने सभ्यता के युग में प्रवेश किया।

किन्तु, जब तक समूचा विश्व सभ्य नहीं हो जाता, तब तक सभ्यता- केन्द्रों को खतरा ही रहता था।

विश्व के विभिन्न क्षेत्रों में उन दिनों विभिन्न जातियाँ उपजाऊ भूमि-भागों की खोज में भटक रही थीं। इन परिभ्रमणशील जातियों ने पुरानी सभ्यताओं को नष्ट कर दिया। तत्कालीन युग की यह विशेषता भारत में भी दृष्टिगोचर हुई। विकास, प्रसार, संघर्ष, सम्पर्क और समन्वय का एक महान् उदाहरण भारत में भी उपस्थित हुआ।

किसे मालूम था कि भूरी, सूखी, बंजर और उजाड़, धूप में चिलचिलाती पहाड़ी के पेट में एक बहुत बड़ा रहस्य दबा पड़ा होगा। हाँ यह सही है कि आस-पास की बस्तियोंवाले लोग उस पहाड़ी के बारे में अजीब क़िस्से सुनाया करते थे।

लेकिन ऐसे कहानी-किस्से कहाँ नहीं सुनाए जाते। खास तौर से पुरानी जगहों में, जहाँ ऐतिहासिक भग्नावशेष होते हैं, हमें ऐसे क़िस्से अक्सर सुनने को मिलते हैं। लेकिन, यहाँ तो भग्नावशेष कहीं दिखाई ही नहीं देते थे।

जो हो, एक रोज़ का क़िस्सा है, एक वीरान और धूप में चिलचिलाती हुई पहाड़ी पर चढ़कर कुछ मज़दूर कुदालियाँ चलाने लगे। कड़ी धूप में आख़िर पहाड़ी को छेड़ा क्यों जा रहा है? बड़ा आश्चर्य हुआ देखनेवालों को।

और, फिर एक दिन दुनिया ने सुना कि वहाँ एक नगर का नगर निकल पड़ा है, कि वह अति प्राचीन नगर है। और यह भी सुना कि भारत में आर्यों के आने के पहले वहाँ एक बहुत बड़ी सभ्यता थी।

अब कुदालियाँ रूखी-भूरी ज़मीन पर लट्टू होकर दूर-दूर के अलग-अलग स्थानों में खुदाई करने लगीं। नये नगर, या उनके ध्वंसावशेष हज़ारों वर्षों से जो ज़मीन में दबे-गड़े थे, अब धूप और खुली हवा पाकर अपना इतिहास बताने लगे।

पूरा किस्सा यों है।

आजकल के पाकिस्तान के अन्तर्गत सिन्ध प्रान्त के लरकाना ज़िले में सिन्धु नदी के किनारे मोहनजोदड़ो नामक एक स्थान पर, अत्यन्त प्राचीन काल में, एक भव्य नगर था। इस नगर से लगभग चार सौ मील दूर उत्तर की ओर पंजाब के मोंटगोमरी ज़िले में, रावी नदी के किनारे, हरप्पा नामक स्थान पर एक समृद्धिशाली नगर था। आज से लगभग साढ़े पाँच हज़ार वर्ष पूर्व, ये दोनों नगर और इनके आस-पास का पूरा क्षेत्र, एक विशाल सभ्यता के प्रकाश में जगमगाता था। वह भारत की सर्वप्रथम सभ्यता थी। उस सभ्यता के उषःकाल का गुलाबी-सुनहला प्रकाश सिन्ध, गुजरात, खंभात, राजस्थान से लेकर पूर्व में गंगा-जमुना के दोआबे तक, कम-से-कम मथुरा तक, और वहाँ से लेकर उत्तर-पश्चिम में पंजाब होते हुए बलूचिस्तान-अफ़ग़ानिस्तान तक फैला हुआ था।

उन दिनों इस पूरे क्षेत्र की जलवायु अधिक अनुकूल थी। आजकल यह अल्प वर्षा, शुष्क भूमि, मरुस्थल और सूखे टीलों का प्रदेश है। किन्तु उन दिनों यह सघन वनों से आच्छादित था। वर्षा खूब होती थी। सिन्धु नदी, अपनी सहायक नदियों को समेटकर, लम्बे-चौड़े उपजाऊ मैदानों में बहती हुई समुद्र में मिलती थी।

आज लुप्त और गुप्त हो गयी सरस्वती और दृषद्वती नदियाँ उन दिनों प्रसन्न-सलिला थीं। सरस्वती नदी राजस्थान में से बहती हुई, सिन्धु नदी में मिलती थी। (नये पुरातत्त्व विद्वानों ने राजस्थान में खुदाई करके बालू में दबे हुए सरस्वती नदी के पुराने मार्ग को खोजकर निकाला है।) अफ़ग़ानिस्तान और बलूचिस्तान की नदियाँ भी हिम तथा वर्षा के जल से परिपूर्ण होकर, वनों और सघन कछारों में से बहती थीं।

मनुष्य की आदिम सभ्यताएँ नदियों के किनारे विकसित हुईं। मिस्र में नील नदी के किनारे, इराक में यूफ्रेटीज-टायग्रिस नदियों के तट पर, चीन में यांगटीजी क्यांग नदी की घाटी में, सिन्धु नदी की उपत्यकाओं में, प्राचीन सभ्यताओं का आविर्भाव हुआ। ये सभ्यताएँ मुख्यतः खेतीबारी पर आधारित थीं। इसलिए उनके ग्राम और नगर, साधारणतया, नदियों के किनारे बसाए गये। सिंचाई के साधन, तथा आवागमन के साधन— इन दो को देखकर ही बस्तियाँ क़ायम की जातीं।

सिन्धु सभ्यता की खोज सन् 1921 ई. में हुई। उसको ढूँढ़ निकालने का श्रेय दो भारतीय पुरातत्त्वविदों—श्री राखालदास बैनर्जी और रायबहादुर दयाराम साहनी को है। उन्होंने मोहनजोदड़ो और हरप्पा का उत्खनन करके भारतीय इतिहास को पाँच-छह हजार साल पीछे ढकेल दिया। भारत के स्वाधीन होने पर और

जगह भी खुदाई हुई। इससे यह सिद्ध हुआ कि इस सभ्यता का क्षेत्र बहुत ही विस्तृत था।

इस अति प्राचीन सभ्यता का स्वरूप बहुत ही विस्मयकारी है। वह कई बातों में इराक (सुमेरिया बेबिलोनिया) की सभ्यताओं से बढ़कर थी।

पश्चिम और पश्चिमोत्तर प्रदेश में विकसित यह सभ्यता भारत की प्रथम सभ्यता है, जो आर्येतरों की देन है। ईसा के ढाई हजार वर्ष पहले—ऋग्वैदिक आर्यों के प्रथम आगमन के समय—वह नष्ट भी हो गयी। इस सभ्यता के उत्थान, पतन और नाश का काल लगभग डेढ़ हज़ार वर्ष रहा होगा। अर्थात् इसका जीवनकाल ईसा के लगभग 4 हज़ार वर्ष पूर्व से आरम्भ हुआ और ढाई हज़ार वर्ष ई. पू. में उसका नाश हो गया।

सिन्धु सभ्यता, मुख्यतः, नगर सभ्यता है, ग्राम सभ्यता नहीं। इस सभ्यता के अन्तर्गत नगर—हरप्पा, मोहनजोदड़ो तथा अन्य नगर हैं। स्वाधीनता प्राप्ति के उपरान्त और भी जगह खुदाई हुई, जिससे हमें इसके विस्तार और प्रसार के सम्बन्ध में और भी बातें मालूम हुईं।

नगर-योजना : सिन्धु सभ्यता नगर सभ्यता है। इन नगरों की रचना एक विशेष योजना के अनुसार की गयी मालूम होती है।

मोहनजोदड़ो की सड़कें पूर्व से पश्चिम की ओर तथा उत्तर से दक्षिण की ओर चौकोर चौराहे बनाती हुई सीधी चली गयी हैं। सड़कें कम-से-कम तैंतीस फ़ीट चौड़ी होने से, गाड़ियाँ और रथ बड़े मज़े में आ-जा सकते थे। गलियाँ कम-से-कम नौ फ़ीट चौड़ी हैं। सुनियोजित निर्माण का यह स्पष्ट प्रमाण है।

यही नहीं, गलियों और सड़कों के दोनों ओर इमारतें मिलती हैं। मोहनजोदड़ो में ये भवन तीन प्रकार के हैं। एक रहने के घर, दूसरे सार्वजनिक भवन, तीसरे स्नानागार। विशाल स्नानागारों से यह सूचित होता है कि जनता के जीवन में स्नान का सांस्कारिक महत्त्व था। पक्की ईंटों की बनी हुई साफ़-सुथरी नालियों के रास्ते से, गन्दा पानी बड़ी नालियों तक पहुँचाया जाता था। कूड़ा आदि फेंकने के लिए कूड़े के हौज़ों तथा अन्य साधनों का विशेष रूप से प्रबन्ध था।

मकान आग में पकाई हुई ईंटों, मिट्टी और चूने के प्रयोग से बनते थे। उनके ज़ीने ऊँचे और सँकरे होते थे। उनकी खिड़कियाँ ऊँची और सँकरी होती थीं। शायद, उन दिनों जगह की तंगी महसूस की जाती थी। हर घर में खुला हुआ आँगन था और उसके एक कोने में रसोई का प्रबन्ध था। कृत्रिम जलाशय भी पाये जाते हैं, जिनमें उतरने के लिए सीढ़ियाँ रहती थीं। वे इतने विस्तृत थे कि उनमें तैरा भी जा सकता था। साथ ही स्थान-स्थान पर कुएँ भी थे।

सड़कों पर दूकानें भी थीं। भंडार थे—जिन्हें अनाज का गोदाम भी कहा जा सकता है। कुछ इमारतें हवेलीनुमा हैं, जिनसे सूचित होता है कि वे समाज के प्रशासकों या व्यवस्थापकों की रही होंगी।

व्यापार-व्यवसाय : अर्थ-व्यवस्था, मूलतः खेती-बारी पर आधारित थी। गेहूँ और जौ की फ़सलों के अलावा, कपास की पैदावार खूब होती थी। वस्त्रोद्योग अत्यन्त विकसित था। रेशम और ऊन के भी कपड़े बनाये जाते थे।

सिन्धु सभ्यता के लोग दूर-दूर के देशों तक व्यापार के लिए जाते थे। इस सभ्यता की वस्तुएँ और मुद्राएँ ईरान और इराक के प्राचीन ध्वंसावशेषों में पायी गयी हैं। उन दिनों इराक में, कपड़े का नाम 'सिन्धु' था। यूनान के कपड़े को 'सिन्दन' कहा जाता; वह 'सिन्धु' शब्द ही का विकृत रूप था।

व्यापार जल तथा स्थल दोनों प्रकार के मार्गों द्वारा होता था। सिन्धु नदी में नावें चलती थीं। पुरातत्त्वविदों का कहना है कि सिन्धु सभ्यता का व्यापार मिस्र, ईरान और इराक से खूब होता था।

शासन-प्रबन्ध : अफ़ग़ानिस्तान से मथुरा तक, पंजाब से खम्भात तक के इस विस्तृत क्षेत्र में आख़िर आदमी का काम बिना शासन-प्रबन्ध के चल नहीं सकता था। सम्भव है कि प्रत्येक नगर की केन्द्रीय समिति, जो वहाँ के तजुर्बेकार बुजुर्गों की बनायी होती थी (उसे हम नगरपालिका भी कह सकते हैं) शहर के कामों की देख-रेख करती होगी। और उन्हीं का बना कोई संघ और उनका नेतृ-वर्ग सारे प्रदेश का कार्य-संचालन करता होगा। ये नगरपालिकाएँ बहुत कार्यदक्ष थीं, साफ-सफाई के प्रबन्ध का इन्हें बहुत ध्यान था।

विद्वानों का अनुमान है कि इन नगरपालिकाओं द्वारा धार्मिक-सामाजिक, राजनैतिक-आर्थिक प्रशासन हुआ करता था। कई उद्योग, जैसे वस्त्रोद्योग, जिनके लिए श्रमिक संगठन की आवश्यकता होती थी, नगरपालिकाओं के नियन्त्रण में चलते थे। आटे की चक्कियाँ भी इसी तरह चलती होंगी।

बहरहाल यह सही है कि राजसत्ता का प्रथम आविर्भाव सिन्धु सभ्यता में देखा जा सकता है।

धर्म : सिन्धु सभ्यता के निवासी (1) मातृ-देवियों के (2) पशुपतिनाथ शिव के तथा (3) प्रजनन शक्ति के उपासक थे। इसके अतिरिक्त वे (4) वृक्ष तथा पशुओं को भी मानते थे। भग्नावशेषों में हमें मातृ-देवियों की अनेक मूर्तियाँ मिलती हैं। एक ऐसी मूर्ति प्राप्त हुई है जिसके तीन मुख हैं, सिर पर सींग हैं, उसके आस-पास भैंस, गैंडा, हिरन और हाथी हैं। पुरातत्त्वविदों के अनुसार, यह पशुपतिनाथ शिव हैं। ऐसी अभी तक तीन मूर्तियाँ प्राप्त हुई हैं। शिवलिंग भी मिले हैं। पीपल के वृक्ष और पशुओं की प्रतिमाएँ भी मिली हैं। एक योगाभ्यासी ध्यान-मुद्रा भी प्राप्त हुई है, जो शिव की मालूम होती है।

कला-कारीगरी : सिन्धु सभ्यता वाले सुन्दर बरतन बनाते थे। वे मिट्टी के भी होते थे और धातुओं के भी। मिट्टी के बरतनों पर सुन्दर चित्रकारी होती थी। मोहनजोदड़ो की खुदाई में हाथी-दाँत का एक बहुत सुन्दर फूलदान पाया गया है, जिस

पर खुदे हुए मनोहर रेखाचित्र हैं। इन भग्नावशेषों में चाँदी और ताँबे के बरतनों में बन्द आभूषण भी मिले हैं। उनका गठन सुन्दर है, बनावट कलात्मक है। उनमें मालाएँ, बाजूबन्द, चूड़ियाँ भी हैं। सोना, चाँदी, लाल, पन्ना, मूँगा आदि का प्रयोग करके आभूषण बनते थे। दर्पण और कंघों का भी प्रयोग होता था। भग्नावशेषों में एक नर्तकी की अत्यन्त सुन्दर प्रतिमा मिली है। उसके मस्तक पर सुन्दर केश-सम्भार है। छोटे-छोटे वाद्य भी प्राप्त हुए हैं।

इतनी समृद्ध सभ्यता के अन्तर्गत उपयोग में आनेवाले अस्त्र भी हमें प्राप्त हुए हैं, जो ताँबे या काँसे के हैं। कुल्हाड़े, तलवार, कटार, धनुष, बाण, भाले, आरी, मछली पकड़ने के काँटे, तरह-तरह की मूर्तियाँ प्राप्त हुई हैं। माप-तौल के बाँट, गज़, मुद्राएँ और सिक्के भी मिले हैं।

उनकी लिपि अब तक पढ़ी नहीं जा सकती है। वह एक प्रकार की चित्र-लिपि है। उसके तीन सौ छियानवे चिह्नों की एक सूची बना ली गयी है। अनुमान है कि वह आदिम द्रविड़ लिपि थी।

सिन्धु सभ्यता का नाश ईसा के कोई ढाई हज़ार साल पहले बाह्य आक्रमणों द्वारा हुआ। ये आक्रमण अत्यन्त बर्बर और नृशंसतापूर्ण थे। मकानों के ज़ीनों पर ठठरियाँ जिस तरह पड़ी हुई मिली हैं, उनसे यही सूचित होता है कि सिन्धु सभ्यता के लोग दयनीय और विवश स्थिति में मार डाले गये। उनकी मिट्टी की मूर्तियाँ तथा अन्य वस्तुएँ जिस तरह और जिस मात्रा में तोड़-फोड़ दी गयी हैं उनसे भी यही सूचित होता है।

ईसा के कोई तीन हज़ार साल पहले जब आर्यों का भारत में आगमन हुआ तो उन्होंने परकोटों से घिरे हुए अनेक शक्तिशाली नगरों को पाया। आर्य उनके निवासियों को दास, दस्यु, पणि, असुर आदि नामों से पुकारते थे। उनसे घृणा करते थे किन्तु उन्हें कलाविद्, मायावी, ऐन्द्रजालिक, नगर-निर्माता, अनेक विद्याओं के ज्ञाता समझते थे। ऋग्वेद से हमें ज्ञात होता है कि उनसे आर्य जाति एक लम्बे अर्से तक युद्ध करती आयी। ऋग्वेद में एक नगर का नाम आया है, जिसे वे 'हरियुपिया' कहते थे। वह सिन्धु सभ्यता का हरप्पा नगर ही है। इस सभ्यता के सम्बन्ध में हमारा जो ज्ञान है, उसके द्वारा अब तक दुर्बोध समझी जानेवाली वैदिक ऋचाओं का अर्थ सुस्पष्ट हो जाता है। आर्यजनों से निरन्तर युद्धों का परिणाम यह हुआ कि सारी सभ्यता ही नष्ट हो गयी। भारत की इस प्रथम सभ्यता के विनाश का श्रेय आर्यों को ही दिया जाना चाहिए।

ऐसा क्यों हुआ ? : उन दिनों जातियों का परस्पर-संघर्ष उपजाऊ भूमि पर अधिकार करने के लिए होता था। आर्य जाति भारत में ऐसी ही भूमि की तलाश में आयी थी जहाँ वह बस सके और अपना विकास कर सके। इस मूल कारण के अतिरिक्त घृणा को उत्पन्न करनेवाले दूसरे तत्त्व भी प्रमुख हो उठते थे—जैसे वर्ण और धर्म।

आर्य ग्रामों में रहते। उनकी सभ्यता ग्राम सभ्यता थी, नगर सभ्यता नहीं। आर्यजन सिन्धु सभ्यता वाले जैसे न मूर्ति पूजक थे, न लिंग पूजा करते थे। ऋग्वेद में प्रार्थना की गयी है—'हे देव, तुम हमें शिष्ण देव से बचाओ।'

सिन्धु सभ्यता वाले अनास (चपटी नाकवाले) थे, कृष्ण (भूरे साँवले) थे। आर्य गौर वर्ण थे, उनकी नाक ऊँची थी। वे अपने को श्रेष्ठ समझते थे। शेष को निकृष्ट। युद्ध अवश्यम्भावी था। वह हुआ। भारत की प्रथम सभ्यता इतिहास के पृष्ठों से उड़ गयी।

हाईकोर्ट के आदेशानुसार आपत्ति-1 विलोपित

स्वयं आर्य-जन हारे हुए सिन्धु सभ्यता वालों से बचकर नहीं रह सकते थे। इन दोनों के परस्पर सम्पर्क के निम्नलिखित परिणाम हुए :

(1) पराजित शत्रु दास बना लिए गये। इस प्रकार आर्यों के समाज में 'शूद्र' जाति की उत्पत्ति हुई। यह वर्ण-भेद (रंग-भेद) के आधार पर थी। शूद्रों को समाज में सबसे निचला स्थान दिया गया।

(2) किन्तु आर्य-जन सिन्धु सभ्यता वाले दासों की स्त्रियों को स्वीकार करते रहते थे। फलतः, बड़े पैमाने पर वर्णसंकर जातियाँ बनीं। इन जातियों में कक्षीवान, कण्व, वत्स, एलूष, कवष आदि अनेक प्रमुख आर्य ऋषियों का जन्म हुआ।

(3) सिन्धु-देशीय दासों के बहुत-से देवता तथा अन्धविश्वास आर्य-धर्म में स्थान पा गये। अथर्ववेद में जादू-टोना, मन्तर-तन्तर ने प्रवेश किया। शिवलिंग तथा पशुपति शिव की पूजा, मातृ-देवताओं (देवियों) की आराधना, वृक्ष-पूजा (भले ही वह प्रयाग का अश्वत्थ हो या गया का बोधि-वृक्ष) सर्प-पूजा उन्हीं की देन है। फलतः प्राचीन ऋग्वैदिक धर्म अथर्ववेद तक आते-जाते बदल गया।

द्रविड़ कौन थे? : सिन्धु सभ्यता के अवशेषों का जो उत्खनन हुआ, उसके दौरान में वहाँ हमें अनेक नर-कंकाल प्राप्त हुए। नृतत्वशास्त्रियों ने इन नर-कंकालों का अध्ययन करके यह निर्णय घोषित किया कि अधिकांश नर-कंकाल भूमध्य-सागरीय जाति के हैं।

नृतत्वशास्त्रियों द्वारा ही यह माना जाता है कि द्रविड़ जाति भूमध्यसागरीय जाति ही की एक शाखा है। वह उस सागर के तटीय प्रदेशों से आगे बढ़ती हुई, घूमती हुई, भारत तक पहुँच गयी थी। निःसन्देह, मिस्र, बेबिलोनिया तथा अन्य सभ्यता केन्द्रों के प्रभाव में वह आयी होगी, उनसे उसका सम्पर्क स्थापित हुआ होगा। जब वह अफ़ग़ानिस्तान-बलूचिस्तान के प्रदेश में आयी, वहाँ उसने अनेक छोटे-छोटे ग्राम तथा उपनिवेश स्थापित किये। ताम्रयुग के ये अवशेष अभी भी मौजूद हैं। क्रमशः

ज्ञान तथा अनुभव का अधिक विस्तार होकर, उसकी अन्तिम परिणति सिन्धु सभ्यता के आविर्भाव में हुई।

द्रविड़ जाति कला-कौशल, वाणिज्य-व्यापार तथा प्रबन्ध-व्यवस्था में प्रवीण थी। उसके परिवार मातृसत्तात्मक थे। मातृसत्तात्मक समाज में ही सामान्यतः, मातृ-देवियों की तथा शिष्णेदेव (शिवलिंग) की पूजा होना स्वाभाविक था। आर्यों से इनका संघर्ष अनिवार्य हो उठा। ये पराजित हुए, बहुतेरे अपने नगर त्यागकर पूर्व की ओर निकल गये और बिहार तक के क्षेत्र में फैल गये। कुछ राजस्थान में से निकलकर दक्षिण की ओर चले गये। जो वहीं बस गये वे दास हो गये। उनसे रंगभेद के आधार पर शूद्र जाति बनी। बलूचिस्तान में ब्राहुई नामक द्रविड़ भाषा-परिवार की बोली अभी भी ज़िन्दा है। इससे सूचित होता है कि किसी काल में बलूचिस्तान में द्रविड़ों के प्रभावशाली उपनिवेश थे।

दक्षिण में पहुँचकर शताब्दियों तक द्रविड़ जाति अपना स्वतन्त्र विकास करती रही। उसने लंका को भी आबाद किया। वहाँ की सिंहल भाषा द्रविड़ परिवार की है। वहाँ पहुँचकर उन्होंने अपने राज्य स्थापित किये। स्वायत्त-शासन, सुप्रबन्ध, कला-कौशल, व्यापार-वाणिज्य के अद्भुत उदाहरण प्रस्तुत किये। ऐतिहासिक काल में उन्होंने दक्षिणी-पूर्वी एशिया में अनेक उपनिवेश स्थापित किये, जहाँ वे शैव, वैष्णव और बौद्ध-धर्म ले गये। उनके बन्दरगाहों से दक्षिण-पूर्वी और उत्तर-पश्चिमी देशों से खूब व्यापार होता रहा।

संस्कृत-साहित्य में द्रविड़ों को 'द्रामिल' कहा जाता रहा। उसी का बदला हुआ रूप 'तामिल' है। दक्षिणी भारत में तेलगू, तमिल, कन्नड़ और मलयालम इनकी प्रधान भाषाएँ हैं। अनेक उप-भाषाएँ भी हैं। तमिल सर्वाधिक विकसित भाषा है। इन चारों भाषाओं में विशाल साहित्य है। तमिल भाषा का साहित्य सर्वाधिक प्राचीन माना जाता है।

द्रविड़ों ने आर्य संस्कृति को अपनाकर, उसी आर्य संस्कृति में अनेकानेक परिवर्तन उपस्थित कर दिये। पूजा की विधि भी इन्हीं की देन है। साथ ही उन्होंने अनेक देवी-देवता भी प्रदान किये, जैसे सर्प, वृक्ष, शिव इत्यादि।

सब विद्वानों ने यह स्वीकार नहीं किया है कि द्रविड़ जाति ने ही सिन्धु सभ्यता स्थापित की किन्तु पहले बताये गये मत को मानने से इतिहास की कड़ियाँ आपस में जुड़ जाती हैं। साथ ही, प्राप्त तथ्य भी उसी के पक्ष में संकेत प्रदान करते हैं। किन्तु, कोई ऐसा निर्णायक प्रमाण सामने नहीं आया है जो निर्विवाद रूप से यह सिद्ध कर दे कि द्रविड़ जाति को ही सिन्धु सभ्यता के विकास का श्रेय देना चाहिए।

आर्य सभ्यता का आरम्भ

ऋग्वैदिक युग

आज से पाँच साढ़े-पाँच हज़ार वर्ष पूर्व, भारत के उत्तर-पश्चिम कोण में आर्य अश्वारोहियों के दल-के-दल एकत्र होने लगे थे। उन्हें अपनी विकास-प्रसार यात्रा में अनेक युद्ध करने पड़े। उन्होंने विविध वैचारिक आन्दोलनों का सूत्रपात किया। इसके द्वारा वे एक ऐसी सभ्यता की स्थापना कर सके, जो काल के क्रूर प्रहारों को लौटाने लगी। प्रयत्न, संघर्ष, उत्थान, समन्वय और विकास तथा पुनःसंघर्ष का एक ऐसा सिलसिला शुरू हुआ, जिससे भारतीय समाज के जीवन और पुनरुज्जीवन, तथा नवीनीकरण के दृश्य अनेक काल-खंडों में उद्भासित हो उठे। प्राचीन सभ्यताएँ परिवर्तन की अग्नि-प्रक्रियाओं में पड़कर नष्ट हो गयीं, किन्तु भारतीय आर्य सभ्यता सारे जीवनप्रद तत्त्वों को समेटकर, अनेक परीक्षाओं में से गुजरकर अपना नवीनीकरण तथा पुनरुज्जीवन करती रही। उसके स्थायित्व का यह मूल रहस्य है। इस आर्य सभ्यता के आदि संस्थापक कौन थे और शुरू में उन्हें क्या करना पड़ा, इसकी एक हलकी-सी झलक यहाँ दी गयी है।

सभ्यता के उषःकाल में जिस जाति ने लगभग सारे यूरोप से लेकर ईरान और भारतवर्ष को अपनी सभ्यता और संस्कृति प्रदान करते हुए, विश्व-इतिहास को एक नया मोड़ दिया, वह आर्य जाति या उसकी एक शाखा ईसा के तीन साढ़े-तीन हज़ार वर्ष पूर्व भारत के दरवाज़े पर आकर खड़ी हुई। उसके अश्वारोही वीरों ने पश्चिमोत्तर (बलूचिस्तान-अफ़ग़ानिस्तान) के आर्येतर सभ्यता केन्द्रों को नष्ट किया। क्रमशः ये आर्य सप्त-सिन्धु (पंजाब) के प्रदेश में अपने उपनिवेश स्थापित करने लगे। आर्य जातियाँ एक नहीं, अनेक समूहों और प्रभावों में आयीं और उनका प्रारम्भिक प्रवेश तथा, उसके अनन्तर, सप्त-सिन्धु के विभिन्न प्रदेशों में उनके द्वारा उपनिवेशों की स्थापना और प्रसार के बीच एक सहस्र से अधिक वर्ष बीत गये।

देवासुर-संग्राम : आर्य-जन भारत की ओर मुड़ने के पहले ईरानी आर्यों के साथ मध्य एशिया में कहीं घूम रहे थे। ईरानी आर्य तथा हमारे आर्यों के बीच, किन्हीं बातों को लेकर, विशेषकर धार्मिक तत्त्वों के विषय में, घनघोर मतभेद हुआ। इस मतभेद ने परस्पर घृणा, तिरस्कार और युद्ध का रूप धारण कर लिया। हमारे लिए जो पूज्य

थे वे उनके लिए घृणास्पद, और उनके लिए जो श्रेष्ठ थे, वे हमारे लिए दुष्ट, हो उठे। हमारे यहाँ असुर शब्द का अर्थ बहुत बुरा है, उनके यहाँ देव शब्द का अर्थ बहुत बुरा है। उनके धर्म-ग्रन्थ जेन्द-अवेस्ता तथा हमारे धर्म-ग्रन्थ वेद के तुलनात्मक अध्ययन से पता चलता है कि हम दोनों की भाषाएँ लगभग समान थीं, आचार-विचार भी लगभग समान थे, साथ ही देवता भी समान थे। मित्र, वरुण, नासत्य, अग्नि, सूर्य आदि की आराधना हमारे यहाँ भी होती थी, उनके यहाँ भी। किन्तु, जिन्हें हम असुर कहते हैं, वे उनके लिए पूज्य हुए। अहुर मज्द उनका सर्वोपरि देवता था। वह असुर महत् है। हमारे यहाँ इन्द्र, असुरों को मारनेवाला देवता है। वृत्रासुर की कथा हमारे यहाँ भी है, उनके यहाँ भी है। हमारे लिए वृत्रासुर दुष्कर्मों का निधान है; उनके लिए वह गुणों की खान है। वे इन्द्र को बुराई की जड़ समझते हैं। हमारे यहाँ वृण महान् होते हुए भी असुर है। उनके लिए वरुण महत्तम है, श्रेष्ठतम है। एक युग में वरुण हमारे लिए भी श्रेष्ठतम था। ऋग्वेद के मन्त्रों से सूचित होता है कि वह विश्व-व्यवस्था या ऋत का प्रतीक माना जाता था। संक्षेप में मध्य एशिया से भारत आने के पूर्व इनके बीच कलह और संघर्ष था। इसी संघर्ष की एक झलक हमारे यहाँ देवासुर-संग्राम की कुछ कथाओं में भी देखी जा सकती है।

द्वितीय युद्ध-क्रम : भारत के पश्चिमोत्तर प्रदेशों में आते ही आर्यजनों को भिन्न धर्म, भिन्न समाज-व्यवस्था, भिन्न आचार-विचारवाली ऐसी सभ्यता का सामना करना पड़ा, जो पहले ही से उन प्रदेशों में जमी बैठी थी। परिणामतः, संघर्ष अनिवार्य हो उठा। वह सभ्यता अधिक विकसित होने से, उसकी प्रतिरोध-शक्ति भी अधिक थी, जिसके फलस्वरूप अधिकाधिक वैमनस्य और घृणा का वातावरण बनता गया।

हाईकोर्ट के आदेशानुसार आपत्ति-2 विलोपित

दाशराज्ञ युद्ध : आर्य जन आपस में लड़ते थे। आर्य जाति स्वयं कई 'जनों' (कबीलों) में बँटी थी। उनमें पाँच प्रमुख थे—यदु, तुर्वसु अनु, द्रुह्यु और पुरु। इनके अतिरिक्त पश्चिमोत्तर प्रदेश में, गान्धारि, पक्थ (पख्तून), केकय, अलिन, विषाणिन, शिव, और भलान भी थे। त्रित्सु और संजय नामक जन भी थे। आर्य अब सप्तसिन्धु के प्रदेश में पहुँच चुके थे। यह सप्तसिन्धु प्रदेश आर्यों का पंजाब ही है, जिसको वितस्ता (झेलम), असिकनी (चिनाब), परुषणी (रावी), विपाशा (व्यास), शतद्रु (सतलज), सरस्वती (जो अब लुप्त हो गयी है), तथा सिन्धु अपने जल से सिंचित करती थीं।

यह स्वाभाविक ही था कि भूमि के लिए आर्य जातियों में परस्पर युद्ध हो। उस काल में पुरु जाति का बहुत प्रभाव था। किन्तु, साथ ही भरत नामक जाति भी बहुत महत्त्वाकांक्षी थी। 'पुरु आर्य' कहलानेवाले आर्य जन अपने को शुद्ध रक्तवाले समझते थे। इन्होंने ही दास राज्यों को नष्ट किया होगा। इस बात का प्रमाण नहीं मिला है

कि इन आर्य जातियों के अपने अलग-अलग राज्य हुआ करते थे। उनके पृथक्-पृथक् नेता अवश्य थे। ये नेता कभी-कभी राजा कहलाते थे।

इसके विपरीत, भरतों का अपना एक वास्तविक राजा था। उनका राज्य यमुना के पूर्व में था। इस राज्य में पश्चिमोत्तर प्रदेश से भागे हुए आर्येतर थे ही, हिमालयीन अंचल में रहनेवाली यक्ष-गन्धर्व आदि जातियाँ भी थीं। ये जातियाँ यहाँ बहुत पहले से रह रही थीं। भरत जाति का राजा सुदास था। सुदास ने आर्येतरों का भी एक संघ बना लिया। उसका नेतृत्व 'भेद' नामक एक आर्येतर पुरुष के पास था। सुदास, भरत जाति का राजा था, न कि नेता। इसके विपरीत, पश्चिम की ओर के आर्य अभी 'नेता' ही थे। पुरु जाति ने, दस आर्य जातियों का एक संघ बनाया, जिसमें अलिन (काफ़िरिस्तान), पक्थ (पख्तून), भालानस (बोलन दर्रे के समीपवर्ती क्षेत्र के निवासी), शिव (सिन्धु) तथा विषाणिनि, एवं पंजाब के पुरु, यदु, तुर्वसु, अनु और द्रुह्यु भी शामिल थे।

आर्येतर जन दोनों ओर से लड़े। राजा सुदास की विजय हुई। पुरु जनों का प्राधान्य समाप्त हो गया।

सुदास अपनी इस सफलता से सार्वभौम नरेश बन गया। उसने जीते हुए राज्यों को अपने राज्य में नहीं मिलाया, वरन् अपना आधिपत्य स्वीकृत कराने के लिए उनसे कर वसूल करता रहा। अधिपति की यह भावना बाद में चलकर 'सम्राट' की कल्पना में बदल गयी।

आर्य-जीवन : आर्यों की सभ्यता मुख्यतः, ग्राम सभ्यता थी। वे पशु-पालक भी थे, खेतिहर भी। शुरू-शुरू में, अश्वों का महत्त्व बहुत था। किन्तु, अब गाय कामधेनु होकर पवित्र बन गयी। बैलों की सहायता से खेती की जाने लगी। गाय का दूध पुष्टिकर था। इसीलिये, वह 'अधन्या' (अवध्य) हो उठी।

जौ, गेहूँ, माष (उड़द), तिल प्रमुख खाद्यान्न थे। मांस भी खाया जाता था। तक्ष्मन् (बढ़ई), वाय (तन्तुवाय, जुलाहा), कर्मार (धातु का काम करनेवाला), हिरण्यकार (सुनार) आदि व्यवसायियों का उल्लेख भी वेदों में पाया जाता है। दास तो स्वयं शिल्पी ही थे। वे या तो नौकरी करते या गुलामी। आर्य चाँदी, सोने तथा लोहे की भिन्न-भिन्न वस्तुएँ बनाते। वस्त्र-निर्माण एक प्रमुख उद्योग था। वे ऊन और रेशम भी तैयार करते। सिन्धु सभ्यतावालों से उन्होंने वस्त्रोद्योग अवश्य सीख लिया होगा।

वैदिक साहित्य में 'पणि' नामक एक जाति का उल्लेख आता है। सम्भवतः यह पणि जाति, भूमध्यसागर तट पर, फ़िलस्तीन के पास, रहनेवाले फ़िनीशियनों की ही शाखा होगी। भारतीय आर्यों का उनसे खूब परिचय था। पणि एक व्यापारी जाति थी। व्यापार के लिए, वस्तु-विनिमय ही सबसे अच्छा साधन था। मुद्राओं का (सिक्कों का), शायद, चलन नहीं था। वैसे वेदों में, 'निष्क' नामक एक स्वर्णमुद्रा का

उल्लेख आता है। सम्भवतः, आर्य स्थल और जल मार्गों द्वारा दूर-दूर के देशों में पहुँचते होंगे।

इनके परिवार पितृ-सत्तात्मक थे। स्त्रियों का उचित सम्मान था। ऋषियों की श्रेणी में गार्गी, मैत्रेयी, लोपामुद्रा जैसी शिक्षिता नारियाँ भी थीं। बाल-विवाह का नाम नहीं था। विधवा-विवाह खूब होते थे। पुरुष एक से अधिक पत्नियाँ रख सकता था; किन्तु स्त्री का एक ही पति होता था। 'स्त्रियों और शूद्रों को शिक्षा नहीं देनी चाहिए' यह विचार वैदिक युग में विद्यमान नहीं था। स्वयंवर प्रचलित थे। लड़कियों का उपनयन संस्कार होता था, वे जनेऊ पहनती और ब्रह्मचर्य का पालन करती थीं।

वर्ण-व्यवस्था का किसी-न-किसी रूप में उदय हो चुका था। सर्वोच्च वर्ग दो थे। ब्राह्मण और क्षत्रिय। शेष 'विशः' कहलाते। ऋषि भी वंशानुक्रम से होते; वैसे ही कभी-कभी राजा भी। किन्तु, राजा का बहुत बार चुनाव भी होता। 'सभा' और 'समित' नामक दो सभाएँ भी थीं, जो राजा को सलाह देतीं। राजा भूमि का अधिपति नहीं, वरन् जन का नेता होता था। उसे समाज के अनुशासन के अन्तर्गत नियमों का पालन करते हुए काम करना पड़ता था। वर्ण, जन्म के अनुसार तो थे ही तथा कर्म के अनुसार भी थे। कोई भी व्यक्ति अपनी निपुणता, तप, विद्वत्ता के आधार पर ब्राह्मण बन सकता था। इसी प्रकार, कोई भी आर्यजन अपनी वीरता के द्वारा क्षत्रिय बन सकता था। वैदिक आर्यों ने समाज-व्यवस्था का स्पष्टीकरण करने के लिए, समाज को मानव-शरीर की उपमा दी है। पुरुष-सूक्त में हम पढ़ते हैं कि शीर्ष-स्थानीय ब्राह्मण थे, क्षत्रिय बाहु के समान, पेट और जंघाओं की भाँति वैश्य और शूद्र पैरों के समान थे।

वैदिक धर्म : वैदिक आर्यों ने सृष्टि की शक्तियों में देव-रूप देखा। ऋग्वेद में जो देवता हैं वे प्रकृति के नाना रूपों और शक्तियों के प्रतीक हैं। आगे चलकर, उन्होंने कण-कण में समाये परमात्मा की भावना की। प्रारम्भ में वे प्रकृति की विभिन्न शक्तियों के उपासक थे। हम वैदिक देवताओं को तीन भागों में बाँट सकते हैं : (1) सर्वोच्च शून्याकाश के देवता, जैसे, द्यौस्, अश्विन, सूर्य तथा उसके विभिन्न रूप, जैसे सवितृ, उषस्, और इनके अतिरिक्त, विष्णु और वरुण; (2) पृथ्वी के देवता, जैसे अग्नि, सोम, सरस्वती तथा पृथ्वी; और इन दोनों के बीच, (3) अन्तरिक्ष के देवता जैसे इन्द्र, वायु, पर्जन्य, मरुत। इनमें सर्वाधिक प्राचीन हैं—द्यौस् तथा पृथ्वी। द्यौस या द्यौः आकाश का चमकता देवता था। वह हमारा पिता था, पृथ्वी हमारी माता थी। किन्तु, ज्यों-ज्यों समय आगे बढ़ता गया, द्यौः के स्थान पर वरुण का तथा इन्द्र का माहात्म्य बढ़ता गया। वरुण—आकाश का देवता, और इन्द्र—मेघ-गर्जन तथा वर्षा का देवता। आगे चलकर, वरुण समुद्रों का, जल का भी देवता बना। यही नहीं, वह सत्य और ऋत का (विश्व-व्यवस्था, सृष्टि-व्यवस्था, समाज-व्यवस्था, नैतिकता आदि

सबका) देवता बना। विश्व के त्रिकालदर्शी शासक और अनुशासक के रूप में उसकी कल्पना की गयी। पाप-शान्ति के लिए लोग उससे क्षमा-याचना करते।

मन्त्र-द्रष्टा ऋषियों ने वरुण के प्रति कुछ अतिशय रसार्द्र स्तवन किये हैं। वरुण के पश्चात् सर्वाधिक लोकप्रिय देवता इन्द्र है। वह देवों का अग्रणी अर्थात् नेता था। वह वर्षा करता, शत्रुओं के दुर्गों का विध्वंस करता। युद्ध में विजय प्राप्त करने के लिए आर्य उसकी प्रार्थना करते। इसके अतिरिक्त सूर्य के विभिन्न रूप—पूषा, मित्र, सवितृ इत्यादि भी आर्यों के प्रिय देवता थे।

पृथ्वी-स्थित देवताओं में अग्नि तथा सोम प्रमुख थे। इनमें भी अग्नि का महत्त्वपूर्ण स्थान था। अग्नि भक्तों द्वारा दी गयी आहुतियों को देवताओं तक पहुँचाता। वह संवाद-वाहक था। सोम नामक वल्ली से मादक पेय निकाला जाता। रहस्यपूर्ण ढंग से सोम की समता चन्द्रमा से की गयी थी, यहाँ तक कि चन्द्रमा का एक नाम भी सोम हो गया। चन्द्र वनस्पति-जगत् का नियन्त्रण करनेवाला देवता था। वैदिक-विद्वानों का विचार है कि 'विष्णु' नामक देवता का प्रादुर्भाव बहुत बाद में हुआ।

इनके अतिरिक्त और भी बहुत-से देवता थे, जैसे यम, रुद्र, प्रजापति, इत्यादि।

वैदिक ऋषि मन्त्रों और स्तवनों द्वारा देवताओं का आवाहन करते। ये मन्त्र यज्ञ के समय पढ़े जाते। यज्ञाग्नि में घृत, दूध, अन्न, आमिष (मांस) तथा सोम को डालकर मन्त्र-पाठ किया जाता। वैदिक विधि यज्ञों पर आधारित है। कर्मकांड की बहुलता थी। किन्तु मन्त्रों तथा स्तवनों में, देवताओं के प्रति सच्चे भक्ति-भाव का भी परिचय मिलता है।

आर्यों की धर्म-दृष्टि की बहुत बड़ी विशेषता यह थी कि वे देवताओं की सहायता से इसी पृथ्वी को स्वर्ग बनाना चाहते थे। उनके धर्मोपदेश संसार से विरक्ति या पलायन नहीं सिखाते थे, वरन् वे इसी जगत् को सर्वांगीण समृद्धि के लिए देवताओं का आवाहन करते थे। आर्य जन आशावादी थे। उनका अन्तःकरण प्रसारशील था।

वे मूर्तिपूजक नहीं थे, देवताओं के लिए मन्दिर नहीं बनाते थे। प्रकृति-सौन्दर्य के प्रति, उनका हृदय सहज रूप से आकर्षित होता। प्रभात की मनोरम सौन्दर्य-आभा को 'देवी' का रूप देना, उनकी कल्पना का सुन्दर नमूना था। ऋग्वेद में उषा के प्रति जो ऋचाएँ कही गयी हैं उनमें काव्य की मनोरम आभा है।

किन्तु, इसके बावजूद, वे मातृ-देवियों के पूजक नहीं हैं। वैदिक धर्म में पुरुष भावों की प्रधानता है। उसमें एक ताज़गी है, नवीनता की संवेदना है, विकास और प्रसार की भावनाएँ हैं। उस धर्म में, स्वर्ग का तो उल्लेख है, किन्तु नरक का कहीं नहीं। पापी मनुष्य को इसी लोक में दंड दे दिया जाता था। उसके लिए नरक के विधान की आवश्यकता नहीं थी। यह हमारा प्रारम्भिक वैदिक धर्म है।

वैदिक ऋषियों में सर्वाधिक प्राचीन वैवस्वत् मनु है। किन्तु, प्रधान हैं—गृत्समद, विश्वमित्र, वामदेव, अत्रि, भारद्वाज और वशिष्ठ। इनके अतिरिक्त, कण्व, अंगिरस, शिवि, औशीनर, प्रतर्दन, मधुछन्दा, देवापि के नाम तथा अगस्त्य ऋषि की पत्नी लोपामुद्रा का नाम विशेष उल्लेखनीय है।

ये सब ऋग्वेद के ऋषि हैं। वेदों की रचना क्रमशः होती गयी। तिलक के अनुसार, ऋग्वेद की रचना ईसा के 6000 साल पहले और प्रो. जैकोबी के अनुसार ईसा के 4000 साल पहले हुई। प्रोफ़ेसर विंटरनित्ज़ ऋग्वेद की रचना ईसा से कम-से-कम 2500 साल पहले बताते हैं। यही काल आजकल सर्वमान्य है। मुख्य बात यह है कि सिन्धु-सभ्यता के अन्त के पहले ऋग्वेद की रचना हो रही थी। यह निश्चित है।

वैदिक आर्य धर्म, आर्यों की किन्हीं अति प्राचीन परम्पराओं के आधार पर बना है। यही कारण है कि बेबिलोनिया को नष्ट करनेवाले कासाइट, एशिया मायनर में राज्य स्थापित करनेवाले हिट्टाइट, तथा मिटन्नी जातियों में, न केवल भारतीय वैदिक संस्कृत नाम मिलते हैं, वरन् वैदिक देवताओं के नाम से व्यवहार भी होता था। इन्हीं वैदिक देवताओं में से कुछ ईरानी आर्यों में प्रधान हैं। मध्य एशिया के मैदानों में, जब मूल आर्य जाति घूम रही होगी, तब उस समय भी इसी वैदिक धर्म का कोई प्राचीनतर रूप उसका भी धर्म रहा होगा। हाँ, यह सच है कि भारत में आकर, उनमें नये भाव आये, नयी परम्पराएँ जुड़ीं।

ऋग्वेद में जो स्थल-निर्देश हैं, उनसे सूचित होता है कि आर्य अभी पंजाब छोड़कर उसके आगे पूर्व की ओर अधिक नहीं बढ़े थे। किन्तु पंजाब में बसे आर्यों का, पश्चिमोत्तर में रहनेवाले आर्यों से अधिक सम्पर्क नहीं रहा। यजुर्वेद में, मुख्यतः ब्रह्मावर्त तथा सतलज और यमुना के बीच के स्थानों का संकेत है। अतः यह अनुमान स्वाभाविक हो जाता है कि आर्यों के उपनिवेश यमुना-तट तक पहुँच चुके थे।

यजुर्वेद तक आते-आते वैदिक धर्म के कर्मकांड की प्रधानता हो चुकी थी। फलतः, पौरोहित्य का कार्य बढ़ गया था। यज्ञ-याग की विधियों का कठोरतापूर्वक पालन किया जाने लगा, तथा बाह्य नियमों के पालन ही को धर्म समझा जाने लगा। यजुर्वेद संहिता में गद्य और पद्य दोनों हैं। सूक्त छन्दोबद्ध हैं। कुछ सूक्त ऋग्वेद में से ज्यों-के-त्यों ले लिए गये हैं।

सामवेद संहिता का अधिकांश भाग, ऋग्वेद में से ही लिया गया है। सामवेद का उद्देश्य वेद-मन्त्रों को गेय बनाना है, ऐसे वेद मन्त्रों को, जिनका पाठ यज्ञों के निमित्त हुआ करता था।

अथर्ववेद बहुत बाद की चीज़ है। इस संहिता में इन्द्रजाल, मन्त्र-तन्त्र, जादू-टोना इत्यादि भरे पड़े हैं। स्पष्टतः यह आर्येतर संस्कृति का ही प्रभाव है। इसके बारे में बताया जा चुका है। किन्तु साथ ही उसमें पृथ्वी सूक्त जैसे सुन्दर सूक्त भी हैं।

अथर्ववेद में व्रात्य स्तोम यज्ञ का विधान है। इस यज्ञ के द्वारा व्रात्यों को 'शुद्ध' करके उन्हें ब्राह्मण बना लिया जाता था। व्रात्य वर्ण-संकर जातियों का प्रतिनिधित्व करते थे। बहुत से व्रात्यों ने वर्ण-संकर जातियों में ही रहना पसन्द किया। और वे अपनी स्वतन्त्र परम्परा चलाते थे। व्रात्य वैदिक मार्ग के विरोधी थे। संक्षेप में अथर्ववेद तक आते-आते वैदिक धर्म में परिवर्तन आरम्भ हो गया था। अथर्ववेद में शिवलिंग को भी स्थान मिला, उस शिवलिंग को, जो सिन्धु सभ्यता का प्रतीक देवता था। पशुपति शिव तथा शिवलिंग की पूजा यजुर्वेद से ही शुरू हो गयी थी। वह देवता अश्वमेध यज्ञ तक में स्थान पा गया।

वेद 'श्रुति' भी कहलाते हैं, इसलिए कि शिष्य, उन्हें गुरुओं से सुन-सुनकर कंठाग्र कर लेते थे। महान् विद्वान् ऋषि बादरायण वेदव्यास ने उनका संकलन किया। इसलिए, ये चारों वेद संहिताएँ कही जाती हैं। संहिता का अर्थ है एकत्र रखना—अर्थात् संकलन करना। वेदों का जो रूप आज विद्यमान है वह भगवान वेदव्यास का दिया हुआ है। उन्होंने पुराणों का भी संकलन किया। भगवान वेदव्यास अपनी माता के अवैध पुत्र थे। इनकी माता कृष्ण वर्ण की, केवट जाति की, शूद्र स्त्री थीं। इनके पिता एक आर्य ऋषि थे। वेदों को संहिता-रूप देनेवाला महान् द्रष्टा वेदव्यास इस बात का साक्षी है कि जिस भारतीय आर्य सभ्यता का विकास हुआ है उसमें आर्येतर तत्त्वों का समावेश स्वाभाविक हो उठा था।

उत्तर-वैदिक काल

ब्राह्मण युग

यह युग आर्य संस्कृति के प्रसार और विकास, अभ्युत्थान और उत्कर्ष तथा विभिन्नीकरण का युग है। वैदिक सभ्यता की सरिता अब यहाँ महानदी बन रही है। अनुभूति और तर्क, चिन्तन और अन्वेषण ने देश भर में नया वैचारिक वातावरण बना दिया है। भारतीय मस्तिष्क अपने सम्पूर्ण सामर्थ्य के साथ जगमगाने लगा है, जिसका प्रभाव विश्व के विभिन्न देशों और विभिन्न सहस्राब्दियों में विस्तृत और घनीभूत होता रहा।

भारतीय इतिहास में उत्तर-वैदिक काल का विशेष महत्त्व है। इस काल में अभ्युदय और उत्कर्ष, विस्तार और प्रसार के साथ ही, मतभेद और ऊहापोह, व्याख्या और विश्लेषण, अनुभूति और साक्षात्कार, विचार-स्वातन्त्र्य और विरोध, अनुरोध और अन्वेषण की एक बहार आ गयी। और यह बहार सदियों तक ऐसी टिकी कि आज भी उसका सौरभ यूरोप के तत्त्व-चिन्तकों को अनुभूत होता है।

इस काल में हमारे धर्म, दर्शन, नीति, आचार-विचार, मत-विश्वास आदि की प्रधान रूपरेखा निश्चित और सुस्पष्ट हो गयी।

वह एक बहुत लम्बा ज़माना था, जो कम-से-कम आठ सौ-नौ सौ वर्षों तक टिका। ईसा के 2000 साल पहले से शुरू होकर वह लगभग एक हज़ार साल तक अर्थात् महाभारत युद्ध तक रहा। इस प्राचीन युद्ध का समय ई.पू. 1000-900 वर्ष माना जाता है। महाभारत युद्ध के बाद, भारतीय समाज फिर बदलने लगा।

आर्य संस्कृति का विस्तार जो पश्चिम कोण से शुरू हुआ था, वह क्रमशः यमुना, गंगा, सदानीरा (गंडक) के पार दक्षिण तथा उत्तर बिहार और अंग (उड़ीसा) तक पहुँच गया। उधर, आर्यों ने अपने उपनिवेशों का क्रमशः विस्तार करते हुए, विन्ध्याचल पार कर लिया और उन्होंने गोदावरी नदी के उत्तर के तटीय प्रदेशों में भी अपने राज्य स्थापित कर लिए। 'कृण्वन्तो विश्वमार्यम्' के सिद्धान्त का प्रयोग अभूतपूर्व रूप से सफल होता गया।

किन्तु, इस बीच नयी-नयी आर्य जातियाँ, पूर्वतर आर्य जातियों के परस्पर विलयन से बहुसंख्यक होकर नया रूप और नाम, प्रदेश और राजनीति लेकर उपस्थित हुई थीं।

कुरु और पांचाल राज्य अब प्रधान हो उठे। कुरुओं की राजधानी आसन्दीवत थी तथा पांचालों की काम्पिल्य। इनका प्रदेश पूर्वी पंजाब अर्थात् सरस्वती नदी से लेकर यमुना तक का प्रदेश समझ सकते हैं। इनके पूर्व में, कोशल (अवध), काशी और विदेह (उत्तर बिहार), तथा मगध (दक्षिण बिहार), और अंग (उड़ीसा) के राज्य बन गये। यहाँ तक कि नये प्रदेशों के साथ, नयी जातियों के नाम भी सुनाई पड़े, जैसे दक्षिण-पश्चिम में पुलिन्द, मध्य प्रान्त तथा उड़ीसा के शबर, बंगाल के पुंड्र, और इनके अतिरिक्त आन्ध्र, यहाँ तक कि अब (ऐतरेय और जेमिनीय ब्राह्मण ग्रन्थों में) विदर्भ का नाम भी सुनाई दिया। पूर्व तथा दक्षिण की ओर प्रसार पानेवाली आर्य जातियों में वर्ण संकरता बढ़ती ही गयी। फलतः, उत्तर तथा पश्चिम के आर्य—जैसे कुरु तथा पांचाल—उनके प्रति असम्मान और अनादर के भाव रखने लगे। ये आर्य उन्हें निम्न समझते थे।

किन्तु, राजनैतिक तथा सांस्कृतिक दृष्टि से पूर्व के आर्य क्रमशः प्रभावशाली होने लगे। आर्य संस्कृति का केन्द्र भी धीरे-धीरे पूर्व की ओर हटता जा रहा था। महाभारत-युद्ध के काल तक वह पश्चिमी पंजाब से पूर्वी पंजाब अर्थात् सरस्वती और गंगा के मध्य के प्रदेश में आ गया। महाभारत युद्ध के बाद वह धीरे-धीरे पूर्व की ओर बढ़ता हुआ दक्षिण बिहार अर्थात् मगध में पहुँच गया। किन्तु महाभारत युद्ध के समय मगध एक पिछड़ा हुआ और बर्बरतापूर्ण प्रदेश समझा जाता था।

उत्तर-वैदिक काल के प्रारम्भ होते ही, अब हमें भव्य नगरों और विस्तृत राज्यों के उल्लेख मिलने लगते हैं, और वे उल्लेख क्रमशः बढ़ते जाते हैं। साथ ही राजा-रामधारी नेता अर्थात् नरेश की सत्ता समाप्त होकर उसके स्थान पर वास्तविक राज्यों और सर्वाधिकार या परमाधिकार (अर्थात् सर्वोच्च अधिकार) वाले राजाओं का अभ्युदय होता है। युद्धों में नरेशों ने जो सफल नेतृत्व किया वही नेतृत्व अब अधिनायकत्व बन गया। राजा लोग अपनी प्रजा पर अनियन्त्रित राज्य-सत्ता रखने का दावा करने लगे। जन-साधारण से तरह-तरह के कर लिए जाते, जिसमें 'बलि', 'शुल्क', और 'भाग' नामक कर मुख्य हैं। उधर राजा में दैवी गुण माने जाने लगे। जो राजा अनेक युद्धों में सफल हो जाता उसे सार्वभौम, एकराट्, विराट्, अधिराज माना जाता। वह अब 'राजसूय', 'अश्वमेध' आदि यज्ञों का विधान कर, अपने राज्य को 'साम्राज्य' में परिणत करने का स्वप्न देखता। हाँ, उसे ब्राह्मणों की सत्ता अवश्य माननी पड़ती थी।

उत्तर-वैदिक काल में राजतन्त्र के विकास के साथ-साथ गणतन्त्र का भी विकास हुआ। ये गणतन्त्र कई तरह के थे। हिमालय के उत्तर-कुरु और उत्तर-मद्र नामक प्रदेशों में गणतन्त्र व्यवस्था को वैराज्य कहते और प्रधान शासक नेता को 'विराट्'। उसी प्रकार दक्षिण-पश्चिम में सात्वतों (यादवों) का जो प्रदेश था, वहाँ समाज का मुखिया ही राजा था, अर्थात् वह संघ का मुख्य नेता था, न कि वंशानुक्रमागत राजा। उस शासन-व्यवस्था को भोज्य कहा जाता, और राज-प्रमुख को भोज। दक्षिण-पश्चिम के सुराष्ट्र, सुवीर, कच्छ आदि प्रदेशों में 'स्वराज्य' प्रथा प्रचलित थी, तथा वहाँ का

शासक 'स्वराट्' कहलाता। यह शासक वस्तुतः समान अधिकारवाले जन-सामान्य में केवल ज्येष्ठ होता था और अपने कर्मों से श्रेष्ठ माना जाता था। वस्तुतः, वहाँ कुलीन घरानों का शासन था। सब कुलीन घरानों के अधिकार समान थे। मध्यदेश में (कुरु, पंचाल, कोशल आदि में) 'राज्य' नामक शासन-व्यवस्था थी। वहाँ का शासक राजा कहलाता। यहाँ वस्तुतः वंशानुगत राजा होता। उसी प्रकार पूर्व दिशा में मगध, कलिंग (उड़ीसा), बंग में 'साम्राज्य' नामक राज्य-व्यवस्था थी। वहाँ का शासक 'सम्राट्' कहलाता और उसका विधिपूर्वक राज्याभिषेक होता।

वर्ण-भेद : वर्णाश्रम व्यवस्था दृढ़ हो चुकी थी। ब्राह्मण, क्षत्रिय, वैश्य, शूद्र—ये चार वर्ण स्थापित हो चुके थे। ब्राह्मण वर्ण सर्वोच्च वर्ण था; और शेष वर्ण क्रमशः निम्नतर थे। ब्रह्मचर्य, गार्हस्थ्य, वानप्रस्थ और संन्यास, ये चार आश्रम भी आयु की क्रमिक अवस्थाओं के अनुसार थे। ये आश्रम शूद्रों के लिए नहीं थे। शूद्र वर्ण, ऋग्वेद काल में तो आर्य विशः (आर्यजन) वे अलग था; किन्तु, अब वह व्यवस्थाबद्ध समाज की ही एक विशेष श्रेणी के रूप में स्थापित हुआ। विभिन्न वर्णों में विवाह अब भी होते थे। उनसे वर्ण-संकर जातियाँ बनती जाती थीं। जाति (वर्ण) कर्मणा होने के अतिरिक्त जन्मना भी थी। यद्यपि समाज में ब्राह्मणों का प्राधान्य था; किन्तु क्षत्रिय वर्ग प्रभावशाली हो उठा था; वह धर्म-कर्म में भी भाग लेता और कभी-कभी ब्राह्मणों की भाँति ही आध्यात्मिक ज्ञान से युक्त होकर, धर्म की व्याख्या तथा धर्म का नेतृत्व करता। स्त्रियों की स्थिति बहुत उच्च थी। गार्गी-जैसी स्त्रियाँ शास्त्रार्थ भी करती थीं। वे ब्रह्मचर्य का पालन करतीं। गोभिल गृह्य सूत्र में कहा गया है, जब कोई कुमारी विवाह-मंडप में आती थी तो वह न केवल सुन्दर वस्त्रों को पहने हुई होती वरन् वह यज्ञोपवीत भी धारण किये रहती। इस प्रकार, सर्वसाधारण आर्य किशोरियों का उपनयन होता। आपस्तम्ब सूत्र में कहा गया है कि जिस पति ने अन्याय से अपनी पत्नी को त्यागा है, वह पति गधे का चमड़ा ओढ़कर प्रत्येक दिन सात-सात घर भीख माँगे, यह कहते हुए कि उस पुरुष को शिक्षा प्रदान करो, जिसने अपनी पत्नी को त्याग दिया है। उसकी यह भिक्षावृत्ति 6 मास तक रहती।

प्राचीन वैदिक काल में वैश्य खेतिहर थे, पशुपालक थे। किन्तु, अब वैश्य व्यापारी हो गये। उत्तर-वैदिक काल में व्यापारियों का अभ्युदय हुआ। उनका प्रभाव भी खूब बढ़ा। उनमें से जो धनी थे, वे श्रेष्ठिन् (सेठ) कहलाते थे। राजसभाओं में भी उनका सम्मान होने लगा। पूर्व भारत के वर्णसंकर शासक-क्षत्रियों और वैश्यों में बड़ा मेल-जोल हुआ। उधर खेती तथा पशुपालन का काम शूद्र करने लगे। शूद्र न केवल खेतिहर और पशुपालक हुए, वरन् वे रथकार, चर्मकार, लोहकार, मत्स्यमार (मछली-मार) भी हुए। संक्षेप में, पेशों और धन्धों के अनुसार जातियाँ बनने लगीं। शूद्रों का समाज से केवल निष्कासन (निकाला जाना) ही नहीं, वरन् उनका वध भी किया जा सकता था।

धर्म तथा दर्शन : उत्तर-वैदिक काल में, नये देवताओं का प्रदुर्भाव हुआ, जैसे, ब्रह्मा, विष्णु, महेश। जन्म विकास और मृत्यु, उत्पत्ति, पालन और संहार—इन तीन प्राकृतिक क्रियाओं के ये तीन सर्वोपरि देवता थे। ब्रह्मा सृष्टिकर्ता, विष्णु पालनकर्ता तथा शिव संहारकर्ता हो उठे। इनके अतिरिक्त, प्राचीन देवता भी साथ चलते जा रहे थे। कुछ प्राचीन देवताओं को नये देवताओं के साथ जोड़ दिया गया, जैसे वैदिक देवता रुद्र को शिव से। प्राचीन परम्परा को विकसित करते हुए, उसका इस प्रकार निर्वाह किया गया।

ऋषि-मुनि अरण्य में जाकर तत्त्व-चिन्तन करने लगे। अब उनके मन में यह धारणा जमने लगी कि सृष्टि की उत्पत्ति, विकास और प्रलय केवल एक ही तत्त्व की तीन प्रक्रियाएँ हैं। वह तत्त्व कौन-सा है? कुछ ने कहा वह तत्त्व ईश्वर है। उस ईश्वर की आराधना होनी चाहिए, हमें सम्पूर्ण हृदय से उसे कण-कण में प्रतिबिम्बित देखना चाहिए। ऐसी धारणाएँ रखनेवाले ऋषि-मुनियों तथा उनके प्रभाव के अन्तर्गत अन्य जनों के अन्तःकरण में, यज्ञ तथा कर्मकांड आदि का उतना महत्त्व नहीं रहा। किन्तु, साथ ही उन्होंने यज्ञ तथा कर्मकांड का विरोध भी नहीं किया।

वह स्वतन्त्र चिन्तन का काल था। कुछ लोग ईश्वर को मानते, कुछ न मानते। मतभेद तथा अन्वेषण, व्याख्या और विश्लेषण, अनुभूति और प्रयोग का वह युग था। मतभेद होते हुए भी, बहुत-से लोग वैदिक परम्परा के प्रति अपनी श्रद्धा प्रदान करते। किन्तु ऐसे भी चिन्तक थे, जो वैदिक परम्परा ही का विरोध करते थे। इनमें व्रात्य मुख्य थे। वे भी अब चुपके-चुपके अपने प्रभाव का विस्तार कर रहे थे।

इधर, वैदिक साहित्य विशालतर हो रहा था। एक-एक वेद से एक-एक ब्राह्मण, आरण्यक और उपनिषद जुड़ता जा रहा था। ब्राह्मण ग्रन्थों में यज्ञों का विस्तृत वर्णन था। ऋग्वेद के ब्राह्मण ग्रन्थ थे ऐतरेय, कौशीतकी और सांख्यायन। यजुर्वेद के दो भाग हो गये, शुक्ल और कृष्ण। दोनों के ब्राह्मण गन्थ सामने आये—कृष्ण का तैत्तिरीय और शुक्ल का शतपथ। शतपथ ब्राह्मण बहुत प्रसिद्ध ग्रन्थ है।

अरण्यवासी मुनियों में आरण्यकों और उपनिषदों की रचना की। उपनिषद् का अर्थ है पास बैठना (अर्थात् गुरु के समीप बैठकर ज्ञान ग्रहण करना)। आरण्यक का अर्थ है वनवासी ऋषियों द्वारा प्रणीत ग्रन्थ। अरण्य अर्थात् वन। वैदिक धर्म का सर्वोच्च विकास उपनिषदों में हुआ। अब हम उपनिषदों के सम्बन्ध में कुछ जान लें। प्रथम है ऐतरेय उपनिषद्, जो ऐतरेय ब्राह्मण ही का खंड है। दूसरा है ईशोपनिषद्। यह यजुर्वेद का अन्तिम अध्याय है। (यजुर्वेद से सम्बन्ध रखनेवाले अन्य उपनिषद् हैं कठोपनिषद्, श्वेताश्वतरोपनिषद्, तैत्तिरीय उपनिषद् आदि)। तीसरा—सामवेद के ब्राह्मण ग्रन्थों से सम्बन्ध रखनेवाले उपनिषद् हैं, केन तथा छान्दोग्य। अथर्ववेद के साथ सम्बन्ध रखनेवाले उपनिषद् हैं—प्रश्न उपनिषद्, मुंडक उपनिषद्, मांडूक्य उपनिषद्। उपनिषदों में ऋषियों की दार्शनिक अनुभूतियाँ हैं। फलतः उनमें परस्पर विरोध-अन्तर्विरोध

भी हैं। ऐसी स्थिति में, यह स्वाभाविक ही था कि बुद्धि के प्रयास द्वारा, ऋषियों के उन मतों के आधार पर, विभिन्न दर्शनों का विकास हो। आत्मा क्या है? सृष्टि की उत्पत्ति कैसे हुई? जगत् के कौन-से मूल-तत्त्व हैं? पूरे ब्रह्मांड का कोई कर्ता है भी या नहीं? क्या जगत् किसी शक्ति के अनुशासन में है अथवा प्रकृति के निमयों के अनुसार चलता है? प्रकृति किसे कहते हैं, उसके गुण-धर्म क्या हैं? आत्मा और परमात्मा का स्वरूप क्या है, उसके अस्तित्व को स्वीकार करना क्या आवश्यक है? इत्यादि अनेकानेक बातों पर, विचार, ऊहापोह, चर्चा, वार्ता, मतभेद इस प्रकार चलते रहे कि जिससे वे एक-दूसरे के पूरक हो उठे। फलतः भारत में नये-नये दर्शन बने।

दर्शन दो प्रकार के हैं। एक वे जो आस्तिक कहलाते हैं। आस्तिक वे जो वेदों में विश्वास रखते हों, भले ही वे ईश्वर पर विश्वास रखें या न रखें। मीमांसा दर्शन के ऋषि जैमिनि ईश्वर के अस्तित्व में विश्वास नहीं रखते थे। किन्तु वैदिक परम्परा में उनका विश्वास था। इसलिए वे आस्तिक कहलाए। नास्तिक दर्शन उन्हें कहते हैं जो वेदों में और वैदिक परम्परा में विश्वास नहीं रखते। जैसे, जैन, बौद्ध, चार्वाक मत। ये नास्तिक दर्शन हैं। आस्तिक दर्शन हैं—सांख्य, योग, न्याय, वैशेषिक, मीमांसा और वेदान्त। न्याय दर्शन, वस्तुतः, तर्कशास्त्र है, और तर्कशास्त्र पर आधारित जीवन-जगत् की व्याख्या है, सृष्टि और आत्मा के स्वरूप का विश्लेषण है। न्याय-दर्शन के प्रवर्तक गौतम ऋषि हैं। वैशेषिक दर्शन, न्याय की ही भाँति, किन्तु भिन्न पद्धति से, सृष्टि की व्याख्या करता है, वैसे ही आत्मा की भी। दोनों दर्शनों का झुकाव, ब्राह्य संसार और सृष्टि अर्थात् भौतिक तत्त्वों का स्वरूप जानने की ओर अधिक है। इसीलिये, आगे चलकर, दोनों दर्शन लगभग एक हो गये और न्याय-वैशेषिक कहलाये। वैशेषिक मत के प्रतिष्ठापक कणाद मुनि कहे जाते हैं।

सांख्य : न्याय, वैशेषिक, सांख्य तीनों सृष्टि को सृष्टि ही मानते हैं, उसको परमात्मा का प्रकट रूप नहीं मानते। अन्तर केवल यह है कि सांख्य ने 'प्रकृति' और 'पुरुष' इन दो श्रेणियों की कल्पना की। दोनों के योग से सारी सृष्टि की उत्पत्ति और विकास हुआ। सृष्टि की उत्पत्ति, विकास और प्रलय के लिए सांख्य ईश्वर को आवश्यक नहीं मानता। सांख्य का 'पुरुष' तत्त्व ईश्वर नहीं है। यह केवल चेतना का केन्द्र है, और ऐसे केन्द्र अनगिनत हैं।

सांख्य दर्शन के प्रवर्तक कपिल मुनि थे। योग दर्शन भी यह मानता है कि प्रकृति ही से संहार, उत्पत्ति और विकास हुआ। किन्तु, यह दर्शन प्रकृति और पुरुष के साथ-साथ ईश्वर की सत्ता को भी स्वीकार करता है। योग दर्शन के अधिष्ठाता पतंजलि हैं। मीमांसा के मूल आचार्य जैमिनि हैं। उन्होंने वैदिक कर्म-कांड ही के औचित्य का तर्कपूर्ण प्रतिपादन किया।

वेदान्त दर्शन : यह दर्शन 'वेदान्त' इसलिए कहा जाता है कि तत्त्व-चिन्तन का चरम उत्कर्ष इसी दर्शन में हुआ। वेदान्त दर्शन के प्रणेता हैं बादररायण व्यास। वेदान्त

के अनुसार, जीवन और जगत्, सृष्टि और आत्मा में समाया हुआ केवल एक ही तत्त्व है। वह है ब्रह्म या परमात्मा। सृष्टि या जगत् तथा जीवात्मा आदि इसी परमात्मा का व्यक्त रूप है, पृथक् आंशिक रूप या खंड रूप है।

बादरायण व्यास ने वेदान्त सूत्रों की रचना की। इन सूत्रों के, आगे चलकर, अनेक भाष्यकार हुए। इन भाष्यकारों ने (जैसे शंकराचार्य, रामानुजाचार्य आदि ने) उन सूत्रों की व्याख्या करके, अपने-अपने अलग-अलग मत प्रतिपादित किये। वेदान्त को अद्वैत मत भी कहते हैं।

विदेशों में प्रभाव : भारतीय तत्त्व-चिन्तन का प्रभाव, यूनान में प्लाटिनस तथा सेंट आगस्टाईन जैसे ईसाई चिन्तकों पर पड़ा। यह प्रभाव उन्होंने पश्चिमी एशिया से लिया। पश्चिमी एशिया में हमारे आध्यात्मिक चिन्तन का गहरा प्रभाव था। वहीं इस्लाम के कुछ साधुओं ने उसे आत्मसात् किया। उससे सूफी मत का आविर्भाव हुआ।

इस आध्यात्मिक तत्त्व-चिन्तन का दूसरा प्रभाव आधुनिक काल में हुआ। वैदिक साहित्य योरोपीय भाषाओं में अनुवादित होकर जब पश्चिमी मनीषियों द्वारा पढ़ा गया तो वे बहुत प्रभावित हुए। अमरीका का चिन्तक इमर्सन तथा जर्मन दार्शनिक शापेनहॉर इसके उदाहरण हैं।

मध्य युग में सूफी मत जब भारत में आया तो उस पर भारतीय तत्त्व-चिन्तन का फिर से प्रभाव हुआ, उसमें योग के सिद्धान्त प्रवेश कर गये।

इस प्रकार जगत् को प्रभावित करनेवाला यह भारतीय तत्त्व-चिन्तन, उस प्राचीनकाल में, हमारे यहाँ केवल उच्च वर्ग के ब्राह्मणों तक ही अथवा उनके प्रभाव में रहनेवालों तक ही सीमित था। शेष सामान्य भारतीय समाज यज्ञ-याग, कर्मकांड, तन्त्र-मन्त्र, जादू-टोने में अगाध श्रद्धा रखता था।

कर्म-सिद्धान्त : कुछ मूल-भूत विश्वास भारत में प्रचलित हो गये—जैसे कर्म-सिद्धान्त। यह विश्वास था कि जीवात्मा अपने कर्मों के अनुसार विभिन्न जीव-जातियों की देह ग्रहण करता है। उसका पुनर्जन्म होता रहता है। यह पुनर्जन्म कर्मों के अनुसार होता है। पुनर्जन्म का सिद्धान्त कर्म के सिद्धान्त से जुड़ा हुआ है। इसलिए यह आवश्यक है कि पुनर्जन्म से छुटकारा पाने के लिए कर्म-बन्धन से मुक्ति मिले। कर्म-बन्धन से मुक्ति का अर्थ होता है संसार के बन्धनों से मुक्त होना, क्योंकि जब तक संसार है, कर्मबन्धन भी है। यह मुक्ति या मोक्ष देवताओं की कृपा से, आत्म-साक्षात्कार से, अथवा आत्म-नियन्त्रण द्वारा प्राप्त हो सकता है।

इस सिद्धान्त पर लगभग सारी भारतीय जनता का विश्वास था। फलतः, तप और संसार-परित्याग अर्थात् संन्यास का महत्त्व बढ़ चला। आत्म-पीड़ा की प्रवृत्ति खूब बढ़ गयी। कर्म-सिद्धान्त का प्रभाव इतना व्यापक था कि वैदिक परम्परा का विरोध करनेवाले बहुतेरे उसे मानते थे। जैन और बौद्ध धर्म जैसे वेद-विरोधी मत भी इसको स्वीकार करते थे।

फिर भी, कुछ ऐसे थे, जिन्होंने कर्म-सिद्धान्त की कठोर भर्त्सना की। उनमें प्रमुख था—चार्वाक। उसने भौतिकवादी दर्शन का प्रणयन किया।

भाषा-परिवर्तन : उत्तर-वैदिक काल में भाषा का परिवर्तन भी होता गया। वैदिक संस्कृत अनेक प्राकृतों मे बदलने लगी। ये प्राकृतें विभिन्न प्रदेशों में बोली जातीं। जिन दिनों वैदिक संस्कृत लौकिक संस्कृत होने लगी, प्राकृतों का क्या रूप था, हम नहीं जानते। लौकिक संस्कृत शिष्टों और शिक्षितों की भाषा थी। प्राकृतें—सामान्य जनों की। इन्हीं प्राचीन प्राकृतों में से आगे चलकर—शौरसेनी, मागधी, महाराष्ट्री आदि प्राकृतों का विकास हुआ।

महाकाव्य : प्रत्येक मानव-जाति में अपने-अपने वीरों की कथाएँ, प्राचीन महत्त्वपूर्ण घटनाएँ, परम्परा द्वारा, पीढ़ी-दर-पीढ़ी कहानी या किस्से के रूप में चली आती हैं। प्राचीनकाल में राजाओं के यहाँ सूत तथा मागध (बन्दीगण या भाट) इन प्राचीन कथाओं को गाया करते थे, या उन्हें गद्य रूप में सुनाया करते थे। इसलिए उन कथाओं को अनुश्रुति कहते हैं। इन अनुश्रुतियों में वास्तविक इतिहास के साथ कल्पना का योग कर ऐतिहासिक सत्यता को कल्पनात्मक मिथ्या के साथ मिला दिया जाता था। ईसा के लगभग 500 वर्ष पूर्व रामायण बनी। वाल्मीकि ऋषि द्वारा प्रणीत यह रामायण पिछली अनुश्रुतियों पर आधारित थी। इस ग्रन्थ में कालान्तर में नये-नये अंश और अध्याय जुड़ते चले गये। आज जो वाल्मीकि रामायण हमें प्राप्त होती है वह ईसा के सिर्फ़ सौ वर्ष पहले तैयार हुई थी। वाल्मीकि रामायण में जो समाज-चित्र उपस्थित किया गया है, वह मुख्यतः ईसा के 500 वर्ष पूर्व का है। किन्तु, मुख्य कथा-वस्तु, अर्थात् राम के जीवन की घटनाएँ; प्रसंग आदि बहुत प्राचीन हैं।

महाभारत का आख्यान भी ईसा के लगभग 500 वर्ष पूर्व बना। इस काल तक वह केवल 'भारत' कहलाता था। भारत से महाभारत बनने में उसे कई सदियाँ लगीं। आज जिस रूप में महाभारत है, वह ईसा के दो सौ वर्ष बाद हमारे सामने आया। वैसे महाभारत की ऐतिहासिक घटना रामायण के बाद की है।

मुख्य बात यह है कि वे जातीय महाकाव्य हैं। वे केवल एक ही व्यक्ति की उपज नहीं, वरन् विभिन्न कालों के विभिन्न व्यक्तियों द्वारा प्रणीत हैं। सावधानी से छानबीन करनेवाले इतिहासज्ञों को उन ग्रन्थों में भाषा-भेद दिखाई देता है—कोई भाषा प्राचीन संस्कृत तो कोई अर्वाचीन। इन जातीय महाकाव्यों में हमारे आदर्श, संस्कार, आचार-विचार, मत-विश्वास, और रूढ़ियाँ और परम्पराएँ सुरक्षित हैं।

भगवद्गीता व भागवत सम्प्रदाय : गीता महाभारत ही का अंग है। गीता में कर्मयोग बताया गया है। कर्मयोग का अर्थ है स्वधर्म-पालन। भगवद्गीता में सांख्य तथा वेदान्त का प्रभाव परिलक्षित होता है।

मध्य युग में, भक्ति-आन्दोलन के अभ्युदय के बहुत पूर्व, बौद्ध तथा जैन धर्म के भी पहले, हमारे यहाँ कुछ क्षेत्रों में भागवत सम्पद्राय प्रचलित था। इस सम्प्रदाय

के प्रधान-पुरुष वसुदेव-पुत्र श्रीकृष्ण थे। इसकी विशेषता यह है कि इसमें यज्ञ तथा कर्मकांड को मानते हुए भी उसको मुख्य नहीं माना गया, ईश्वर-भक्ति तथा स्वधर्म-पालन को ही सर्वाधिक महत्त्व दिया गया। यह सम्प्रदाय सात्वतों अर्थात् यादवों में प्रचलित था।

भारतीय आर्य-संस्कृति के विकास में प्राचीन आर्यों का योगदान : भारतीय संस्कृति एक महान् नद के समान है, जो समय के मैदान में प्रवाहित होती है। इस नद में अनेक निर्झरों, नदियों तथा महानदियों ने अपने-आपको समर्पित किया और यह नद क्रमशः विशालतर बनता गया। आगे चलकर, कालान्तर में, उसमें शक, यूची, आभीर, हूण, यूनानी, अफ़गान, तुर्क, अंग्रेज़ आदि ने अपना-अपना योगदान दिया। यह नद विशालतर होता गया। दूसरे शब्दों में, भारतीय संस्कृति की एक विशेषता रही है—सर्वाश्लेषी सर्व-संग्राहक प्रवृत्ति।

हाँ, यह सही है कि किसी नयी मानव जाति के सम्पर्क के साथ ही साथ, उस जाति को अपने से दूर रखने, उससे अलग हटने की, उससे अपने को अछूता रखने की प्रवृत्ति भी कम या अधिक मात्रा में रही आयी। दूसरे शब्दों में, एक ओर पृथकतावादी पावित्र्यवादी प्रवृत्ति भी रहती। इसका विरोध सर्व-संग्राहक संश्लेषणवादी प्रवृत्ति ने किया। किन्तु हम यह देखते हैं कि, वस्तुतः, यह नये और पुराने के बीच का संघर्ष था, जिसमें कम या अधिक मात्रा में, नये ही की विजय हुई। समन्वयकारिणी संश्लेष-प्रधान सर्वसंग्राहक प्रवृत्ति ही प्रधान रही। किन्तु, जब-जब पृथकतावादी अहम्मन्य प्रवृत्ति का उदय हुआ, भारत में झगड़े हुए और अराजकता मच गयी। किन्तु, अन्ततः, सहिष्णुता, सर्वसंग्राहकता, व्यापक भाव-दृष्टि, उदार हृदय तथा उदार दृष्टिकोण का ही सम्मान हुआ। दूसरे शब्दों में, भारत में संकीर्ण सम्प्रदायवाद और जातिवाद बराबर बने रहे। किन्तु उनके विरोध में, उदार मानव-धर्म हमेशा उठ खड़ा हुआ। और अन्ततः जीत भी उसी की हुई, संस्कृति का विकास भी उसी ने किया; किन्तु संकीर्णतावादी प्रवृत्ति कभी भी पूर्णतः पराजित नहीं हुई।

आध्यात्मिकता : आर्यों द्वारा प्रदत्त दूसरी विशेषता है अध्यात्म सम्बन्धी। भारतीय संस्कृति आध्यात्मिक रही है, यह सच है। किन्तु, साथ ही यह भी सही है कि भौतिकवाद या संसारोन्मुख कर्तव्य-भावना की भी हमारे यहाँ कभी कमी नहीं रही। वास्तविक भौतिकवाद प्राचीनकाल में भी था। किन्तु, वह प्रभावकारी नहीं हुआ। आधुनिक काल में जब विज्ञान युग आरम्भ हुआ तो आध्यात्मिक प्रवृत्ति के स्थान पर भौतिक-सामाजिक आदर्श ही सामने आये तथा मानव का प्रधान लक्ष्य मोक्ष न रहकर, संसार, समाज, मानवता और जगत् के कल्याण का आदर्श ही प्रधान हो उठा। हमारी प्राचीन तथा मध्ययुगीन आध्यात्मिकता हमें 'मोक्ष' ही का लक्ष्य प्रदान करती थी।

मत-विश्वास : महत्त्व की बात यह है कि आर्यों ने पुनर्जन्म और कर्म-बन्धन का सिद्धान्त सामने रखा। भले ही जैन और बौद्ध वैदिक परम्परा को न मानें, वे पुनर्जन्म

और कर्म-बन्धन को मानते ही थे। ये मत-विश्वास आज तक चले आये हैं। भारत के केवल कुछ विज्ञानवादी बुद्धिजीवी उसे नहीं मानते। प्राचीनकाल में, पुनर्जन्म तथा कर्म-सिद्धान्त को न चार्वाक सम्प्रदाय वाले मानते थे, न आजीवक सम्प्रदाय वाले।

जाति-व्यवस्था : प्राचीन आर्यों ने जिस जाति-व्यवस्था का विकास किया, वह अनेक संशोधन-परिवर्धन के साथ, आज भी उपस्थित है। कुछ विद्वानों का मत है कि प्राचीन आर्यों ने जाति-व्यवस्था उत्पन्न करके उसके द्वारा भारतीय समाज में आर्येतरों को स्थान देकर महत्त्वपूर्ण कार्य किया। इस प्रकार, हमने बाहर से आयी हुई अनेकानेक आर्येतर जातियों को हिन्दू बना लिया। फलतः, हिन्दू समाज और संस्कृति दृढ़ हुई और बाह्य आक्रमणों से उसकी रक्षा हो सकी। कुछ विद्वानों का कथन है कि इसके फलस्वरूप आज भी जगत् में हिन्दू धर्म सुरक्षित है।

किन्तु सच तो यह है कि इस जाति-व्यवस्था के भीतर, ऊँच-नीच का भेद था। मानव-समानता के सिद्धान्त का यह ज्वलंत विरोध था। यही कारण है कि मध्य युग के आरम्भ के बहुत पहले से, बहुत लोगों ने जाति-व्यवस्था का (वर्णाश्रम धर्म का) विरोध किया।

बौद्ध धर्म ने सबसे पहले जाति-व्यवस्था को गहरी चोट पहुँचायी। बौद्ध धर्म के ह्रास के बाद फिर से पौराणिक धर्म का सहारा पाकर वर्णाश्रम धर्म उठ खड़ा हुआ। किन्तु मध्य युग के साधु-सन्तों ने, विशेषकर कबीर जैसे निर्गुणवादियों ने, जाति-व्यवस्था का उग्र विरोध किया। भक्ति आन्दोलन में शूद्र समझी जानेवाली जातियों ने बहुत बड़ा काम किया। उन्होंने अनेकानेक साधु-सन्त उत्पन्न किये। धर्म को मानव-धर्म बनाया। इनके स्वर में स्वर मिलाकर, भावुक उच्चवर्णीय साधुओं ने भी कहा, जैसे चंडीदास ने—

"शुनह मानुष भाई
शाबार उपरे मानुष सत्य
ताहार उपरे नाई"

हे मनुष्यो, सुनो!! मनुष्य सत्य सर्वोच्च सत्य है, उससे उच्चतर कोई भी सत्य नहीं है।

आज के ज़माने में जातिवाद उग्र रूप धारण कर चुका है। मध्य युग में उसका रूप धार्मिक एवं सामाजिक था। अब उसने सामाजिक तथा राजनैतिक रूप धारण किया है।

फिर भी आधुनिक युग के प्रसार के साथ जातीय बन्धन शिथिल भी होते जा रहे हैं। विज्ञानवादी दृष्टिकोण के फलस्वरूप, मानव-साम्य का दृष्टिकोण भी प्रधान हो उठा है। साथ ही सार्वजनिक संस्थाओं में तथा मन्दिरों में अस्पृश्य समझा जानेवाला दलित वर्ग भी आ-जा सकता है। वर्तमान उद्योग-प्रधान सभ्यता का ज्यों-ज्यों विकास होता जायेगा और उसका प्रभाव घनीभूत होता जायेगा, त्यों-त्यों जाति-व्यवस्था की संकुचित दीवारें भी गिरती जायेंगी, यह एक निर्विवाद तथ्य है।

जैन तथा बौद्ध धर्म

ईसा-पूर्व छठी सदी विश्व की असाधारण शताब्दी है। उस काल-खंड में सभ्यता के अनेक केन्द्रों में ऐसे महापुरुष हुए, जिन्होंने अपने देश के धार्मिक, दार्शनिक विश्वासों और विचारों को जबर्दस्त धक्का दिया और उथल-पुथल मचा दी। यूनान में हिरैक्लिटूस, ईरान में ज़रतुष्ट्र, चीन में कनफ्यूशियस, भारत में वर्धमान महावीर और सिद्धार्थ गौतम बुद्ध ने अपने-अपने काल के समाजों को विचलित कर दिया, उन्हें सोचने के लिए बाध्य कर दिया, और इस प्रकार जन-जागरण उत्पन्न कर उन्होंने पूर्वतर समाज-व्यवस्था में सुधार करते हुए, नयी भावपूर्ण जीवन-दृष्टि प्रदान की। इस जीवन-दृष्टि का प्रभाव देशकालातीत हो गया। यद्यपि धर्म रूप में, बौद्ध मत भारत से लगभग उड़ गया, किन्तु महान् सांस्कृतिक उपलब्धि के रूप में, आज भी वह हमारी विचार-पद्धति और भाव-पद्धति में विराजमान है। उसी प्रकार जैन धर्म यद्यपि अनुयायियों की संख्या की दृष्टि से अल्प है, किन्तु, भारतीय दर्शन तथा कला में उसका योगदान कैसे भुलाया जा सकता है?

जैन धर्म : ईसा-पूर्व सातवीं सदी में, जो उपनिषद् काल के नाम से जानी जाती है, ऐसे बहुत-से लोग थे, जो कर्मकांड-प्रधान वैदिक धर्म से सन्तुष्ट नहीं थे। उपनिषद्-कर्ता ऋषियों ने भी कर्मकांड को महत्त्व नहीं दिया। किन्तु उन्होंने खुलकर उसका विरोध भी नहीं किया। साथ ही, साधारण जन-समाज में उनके सूक्ष्म चिन्तन के महान् निष्कर्षों का प्रचार भी नहीं था। वे समाज के उच्चतम स्तर पर थे और अपनी इस उच्च स्थिति के फलस्वरूप ही सामान्य जन-समाज से सम्पर्करहित और पृथक् थे।

व्रात्य : इस विशेष धार्मिक सामाजिक स्थिति में, जबकि जनता अन्ध-विश्वासों में डूबी हुई थी और पुरोहितवर्ग कर्म-कांड तथा रूढ़ियों के पालन को ही धर्म समझता था, ऐसे लोग आये, जिन्होंने ब्राह्मण-प्रभुत्व-सम्पन्न व्यवस्था ही को चुनौती दी।

यह चुनौती उन वर्ण-संकर जातियों के कुछ विचारकों से आयी, जिन्हें आर्यजन अनादर की दृष्टि से देखते थे। इन वर्णसंकर जातियों के प्रति ब्राह्मण का भाव तिरस्कारपूर्ण होने से, वह असन्तोष समाज के बहुत-से लोगों में घर कर गया था कि जिस असन्तोष को हम 'उग्र विचार' का जनक कह सकते हैं। व्रात्य-गण, जो स्वयं वर्ण-संकर जातियों से उत्पन्न थे ऐसे 'उग्र विचारों' का प्रतिनिधित्व करने लगे।

इन वर्णसंकर जातियों के प्रति आर्यों का अनादर-भाव होने के कारण ही, व्रात्यों की अपनी एक स्वतन्त्र परम्परा तथा विचारधारा चुपके-चुपके, हलके-हलके, समाज में फैलती रही।

यह विचारधारा क्या थी? वैदिक परम्परा तथा यज्ञ-याग, कर्मकांड में कुछ नहीं धरा है। पुरोहित वर्ग, लोभवश, जनता को भुलावे में रखने के लिए, कर्मकांड को महत्त्व देता है। सामाजिक ऊँच-नीच मानवनिर्मित है। कर्म ही से मनुष्य ऊँचा या नीचा होता है। जाति-व्यवस्था और वर्णाश्रम व्यवस्था निरर्थक है। उसे शिथिल होना चाहिए या टूट जाना चाहिए। धर्म का सच्चा स्वरूप है आत्म-नियन्त्रण और सद्भावना, इन्द्रियों का दमन और सदाचार, करुणा तथा शील, प्रेम तथा पर-दुःख कातरता। धर्म का सच्चा स्वरूप मनुष्य के नैतिक चरित्र में है, उदात्त व्यक्तित्व में है। बुद्धि की स्वतन्त्र क्रिया और मानवता के कल्याण की कामना ही से धर्म का स्वरूप बनता है।

ये विचार आज हमें केवल सुधारवादी प्रतीत होते हैं। किन्तु तत्कालीन पुरोहितवादी धर्म के लिए, ये विचार समाज में उथल-पुथल मचा देनेवाले थे, उसके लिए वे क्रान्तिकारी थे।

ये विचार उपनिषद् काल ही से, ब्राह्मण-धर्म के बाहर व्रात्य-समुदायों में पनप रहे थे। उनका प्रचार वर्णसंकर जातियों में विशेष रूप से था।

उपनिषद् काल के अनन्तर पश्चिम के आर्यों का प्रभाव जाता रहा और पूर्व के (विशेषकर मगध के) वर्णसंकर क्षत्रियों का प्रभाव बढ़ता गया। इन वर्णसंकर क्षत्रियों के राजनैतिक प्रभुत्व के विकास के साथ-ही-साथ व्रात्य भी अपना प्रभाव बढ़ाने लगे।

व्रात्य लोग त्याग और करुणा को, इन्द्रिय और आत्म-शुद्धि को, सदाचार और प्रेम को, धर्म का मुख्य लक्षण मानते थे। वे अपने अर्हतों (सन्तों) के मार्ग का अनुसरण करते, तथा उनके चैत्यों (समाधियों) को पूजते। तपस्या, संयम और सदाचार उनके मुख्य सिद्धान्त थे।

उधर आर्य जन अपने को शुद्ध रक्तवान समझकर मगध तथा अन्य पूर्वीय क्षेत्रों के क्षत्रियों को, 'नये-वर्जित', 'शूद्र-प्राय' तथा 'शूद्र' समझते थे। व्रात्य स्वयं वर्णसंकर थे। उन्हें मगध तथा पूर्व के अन्य क्षेत्रों के महत्त्वाकांक्षी राज्यों में अपना प्रभाव बढ़ाने के लिए विशेष प्रयत्न की आवश्यकता ही नहीं पड़ी।

हाईकोर्ट के आदेशानुसार आपत्ति-5 विलोपित

पार्श्वनाथ : पार्श्वनाथ ने कहा कि अहिंसा, सत्य, अस्तेय तथा अपरिग्रह ही सच्चा धर्म है। उन्होंने, व्रात्यों की रीति के अनुसार, जाति-व्यवस्था तथा बाह्य आडम्बरपूर्ण कर्मकांड का विरोध किया। अर्हतों की परम्परा में, पार्श्व तेईसवें अर्हत् या तीर्थंकर थे। उत्तर बिहार के गणराज्यों में, वृजियों का संघ-राज्य था। उस राज्य में ज्ञात्रिक कुल की प्रधानता थी। उस कुल का मुख्य अधिपति सिद्धार्थ था। उसने और उसकी

पत्नी त्रिशला ने पार्श्व का उपदेश ग्रहण किया। उस कुल में लगभग ढाई सौ वर्ष बाद वर्धमान महावीर का जन्म हुआ। उनका जन्म-काल 599 ई. पू. माना जाता है।

हाईकोर्ट के आदेशानुसार आपत्ति-6 विलोपित

वर्धमान महावीर : वर्धमान महावीर जब तीस वर्ष के हुए तो उन्होंने सत्य की खोज में अपना घर छोड़ दिया। उन्होंने प्रव्रज्या (संन्यास) ग्रहण कर ली। बारह वर्ष के कठोर तप के उपरान्त, उन्हें 'कैवल्य' (सत्य-बोध) प्राप्त हुआ। तब से ये अर्हत् (पूज्य), जिन (विजेता, इन्द्रियजित्) और निर्ग्रंथ (बन्धनहीन) कहलाये। इसके बाद के तीस वर्ष उन्होंने भ्रमण में व्यतीत किये। वे देश-भर में अपने मत का प्रचार करते रहे। उन्होंने मगध के सम्राट् बिम्बिसार और उनके पुत्र अजातशत्रु से कई बार भेंट की। ये राजा उनके प्रति अपार श्रद्धा रखते थे। ई. पू. 527 में पावापुरी में, जो पटना ज़िले में एक गाँव है, उनका देहान्त हो गया। महावीर जिन कहलाते थे, इसीलिये उनके मत का नाम जैन हुआ। अनुयायी भी जैन कहलाये। उनके पूर्व के तीर्थंकर पार्श्वनाथ ने धर्म के चार मुख्य तत्त्व कहे थे। वर्धमान महावीर ने पाँच बताये। वे इस प्रकार हैं—सत्य, अहिंसा, अपरिग्रह, अस्तेय और ब्रह्मचर्य। ब्रह्मचर्य को महावीर ने जोड़ा।

जैन मत तपस्या-प्रधान मत है। उसमें अहिंसा, प्रेम तथा सदाचार पर ही ज़ोर है। जैन धर्म अनीश्वरवादी मत है, उसमें ईश्वर को कोई स्थान नहीं। वे केवल 'सिद्ध' पुरुष के प्रति श्रद्धा अर्पित करते हैं। सिद्ध वह, जिसने इन्द्रियों को जीत लिया हो और सर्वोच्च आध्यात्मिक दशा प्राप्त कर ली हो।

धर्म-प्रसार : वर्धमान महावीर ने अपने जीवन-काल में ही धर्म के प्रचार-प्रसार के लिए संघ स्थापित किया। उनकी मृत्यु के उपरान्त, संघ के नेताओं या प्रमुखों में सम्भूत विजय और भद्रबाहु जैसे महान् साधु हुए, जिन्होंने इस मत को देश के कोने-कोने में पहुँचाया। ईसा-पूर्व चौथी सदी के अन्त में, भद्रबाहु के नेतृत्व में जैन साधुओं का एक दल, दक्षिण भारत में धर्म-प्रचार के लिए गया। उसने मैसूर के अन्तर्गत श्रवणबेलगोला में अपना केन्द्र बनाकर वहाँ से जैन मत का प्रचार किया। भद्रबाहु के नेतृत्व में काम करनेवाले जैन साधु तथा मगध के रहनेवाले जैन साधु इन दो के बीच में क्रमशः खाई बढ़ती गयी, और सिद्धान्त-सम्बन्धी मतभेद होते गये। दक्षिण का जैन मत दिगम्बर सम्प्रदाय कहलाया और मगध का श्वेताम्बर सम्प्रदाय।

जैन मत को राजाश्रय भी खूब मिला। भारत-सम्राट् चन्द्रगुप्त मौर्य ने इसे आश्रय प्रदान किया। मगध के नन्द वंश के कई राजा जैन थे। कलिंग (उड़ीसा) के विख्यात पराक्रमी नरेश खारवेल ने तो जैन धर्म ही स्वीकार कर लिया। दक्षिण में ईसा की पाँचवीं सदी से लेकर बारहवीं सदी तक अनेक राजवंशों ने इसे आश्रय दिया, जिनमें चालुक्य, राष्ट्रकूट, गंग और कदम्ब प्रमुख हैं।

ईसा की बारहवीं सदी में गुजरात में जैन धर्म का खूब ही उत्कर्ष हुआ। अनहिलवाड़े के महान् चालुक्य नरेश सिद्धराज जैन थे। उनके पुत्र कुमारपाल जैन धर्म के महान् संरक्षक थे। मुसलमानों के ज़माने में, विशेषकर अकबर के काल में, जैन धर्म राजपूताने में अग्रसर हुआ। किन्तु उसके अनन्तर जैन धर्म का ह्रास होने लगा। आज भारत में जैनियों की संख्या तेरह लाख से कुछ ही अधिक है। वे भी राजस्थान, मालवा, गुजरात, मध्यभारत दक्षिण के कुछ ज़िलों में ही अधिकतर पाये जाते हैं।

जैन धर्म का ह्रास : एक समय में अत्यन्त प्रभावशाली जैन धर्म क्रमशः ह्रासग्रस्त होने लगा। इसका एक कारण भक्ति-प्रधान पौराणिक धर्म का अभ्युत्थान था, जिसने बौद्ध धर्म का भी भारत-भूमि से लोप कर दिया। दूसरे जैन धर्म में भी जाति-व्यवस्था का प्रादुर्भाव हो गया था और राजाश्रय भी लुप्त हो चुका था।

जैनियों के पास विशाल तथा समृद्धिशाली साहित्य है। उनका तर्कशास्त्र प्रचंड बुद्धिमत्ता का द्योतक है। उनका दर्शनिक साहित्य विविध और व्यापक है। धार्मिक प्रबन्ध-काव्य, आख्यान तथा पुराण भी उनके पास हैं। उनके बड़े मन्दिरों में ग्रंथालय होते हैं, जिनमें मूल्यवान प्राचीन पोथियाँ आज भी पायी जाती हैं।

वर्धमान महावीर ने, जन-साधारण के ज्ञान के लिए, अर्ध-मागधी में अपने उपदेश दिये थे। जैन साधुओं ने अर्ध-मागधी, शौरसेनी तथा महाराष्ट्री प्राकृतों और अपभ्रंशों में अपनी रचना की।

जैनों ने स्थापत्य कला तथा मूर्ति कला का विशेष उत्कर्ष किया। उन्होंने अपने सन्तों के सम्मान में स्तूप बनाये। मथुरा की जैन मूर्तियाँ अत्यन्त मनोहर हैं। मैसूर में श्रवण बेलगोला तथा कर्कल में बाहुबलिन की विशाल दैत्याकार प्रतिमा (वह गोमतेश्वर नाम से विख्यात है) जैन कला के अद्‌भुत उदाहरण हैं। हमारे मध्यप्रदेश में ही, जैसे ग्वालियर तथा बडवानी में, विशालाकार जैन मूर्तियाँ पायी जाती हैं। जैनियों ने चट्टानों को काटकर मन्दिर बनाये। उड़ीसा में हाथी-गुम्फा में उसके सुन्दर नमूने हैं। इसके अलावा आबू पहाड़ पर ग्यारहवीं सदी के जो जैन मन्दिर बने हैं, वे भारतीय कला-शिल्प के अद्‌भुत उदाहरण हैं। ग्यारहवीं-बारहवीं सदी में जैन कला अपनी पराकाष्ठा पर पहुँच गयी थी। इस कला के नमूने भारत में विभिन्न स्थानों पर पाये जाते हैं। उनकी कला में सादगी है, हिन्दू-कला जैसी चमक-दमक नहीं।

महात्मा गौतम बुद्ध

नेपाल की तराई में शाक्य जाति का एक गण-राज्य था। उसके प्रमुख थे—राजा शुद्धोदन। उनकी राजधानी थी कपिलवस्तु। उसके कुछ ही मील दूर एक ग्राम था लुम्बिनी। वहाँ ईसा पूर्व 566 में सिद्धार्थ का जन्म हुआ। जन्म के साथ ही एक घटना और हुई। माता मायादेवी पुत्र को जगत् में लाकर स्वयं यह जगत् छोड़कर चली गयीं। जन्म और मृत्यु—ये दो घटनाएँ एक साथ। प्रसव-पीड़ा और मृत्यु-कष्ट दोनों की प्रक्रियाएँ—समानान्तर!

निःसन्देह इस घटना ने, जाने-अनजाने, सिद्धार्थ के मन को प्रभावित किया। साथ ही, उनका मन भीतर-ही-भीतर घुलने लगा। हाँ, यह सही है कि उन्हें जीवन की उस प्रथम घटना की याद नहीं रही होगी। फिर भी, मन भीतर-ही-भीतर उदासी के रंग में घुलता जाता था। वैसे कारण कुछ भी नहीं था। हाँ, यह अवश्य होता था कि वे नगर में घूमते हुए किसी जर्जर वृद्ध को देख लेते, या किसी शव को अथवा अपने राज-उद्यान में किसी आहत पक्षी को, तो दुःख के इस दर्शन-मात्र से उनका हृदय पसीज जाता, और वह दुःख की समस्या पर सोचने लगते। मननशीलता, चिन्तनशीलता उनके जीवन की स्थायी वृत्ति बन गयी। अतः उसके कारण वे नवयौवन में भी गम्भीर हो गये।

आयु-वृद्धि के साथ ही, उन्हें अपने जीवन की प्रथम घटना मालूम हो गयी होगी। उससे उन्हें अपार दुःख हुआ होगा। वे अपनी जन्मदात्री की कल्पना करते रहे होंगे। उनकी आँखों में आँसू छलछला जाते रहे होंगे। कोई उनसे पूछता होगा कि 'भाई मेरे, उदास क्यों हो?' तो उत्तर मिलता होगा, 'कुछ नहीं, कुछ नहीं!!' और एक उदास मुस्कान सिद्धार्थ के होंठों पर सिहर जाती होगी। बाहरी दुनिया में दुखी जनों को देखकर, उनका संवेदनशील मन चुपचाप धाड़ मारकर रोता होगा और इसका किसी को पता भी न चलता होगा।

उदास गम्भीर मुख-मुद्रा में जब वे बात करते होंगे, तब उनके प्रेमीजनों का हृदय भी दुःख जाता होगा; साथ ही सिद्धार्थ और उनके बीच अतिशय घनिष्ठता के बावजूद, अपरिचय की दूरी बढ़ जाती होगी। वे नहीं जान पाते होंगे कि आख़िर यह नवयुवक सिद्धार्थ उदास क्यों रहता है। अतिशय प्रेम और अपरिचय के कारण उन प्रेमीजनों ने—पिता ने, सम्बन्धियों ने, सहचरों ने—उनके आस-पास विलास के उपकरण जुटाये। अन्ततः, यशोधरा नामक एक रूपवती राजकन्या से उनका विवाह भी हो गया। घर के लोग नहीं जानते थे कि सिद्धार्थ किस दुनिया में रहते हैं। उनकी विरक्ति को हटाने के लिए उन्होंने पत्नी का प्रबन्ध कर डाला।

किन्तु सिद्धार्थ, वस्तुतः, विरक्त नहीं थे। उनके हृदय में पिता के प्रति, पत्नी के प्रति, बन्धुओं और सहचरों के प्रति, मानव मात्र के प्रति, प्रेम-भाव था। वे मानव में अनुरक्त थे। अपने हृदय की आत्यन्तिक संवेदनशीलता के कारण, वे जीवन की ज़रा-सी भी असंगति को, थोड़े-से वैषम्य को देख लेते थे। उन्हें दुःख की समस्या का निदान करना था, जीवन की विभिन्न असंगतियों और विषमताओं को दूर करने का उपाय खोजना था। उनका प्रेमपूर्ण करुणाकातर अन्तःकरण दार्शनिक हो उठा। बौद्ध धर्म का वास्तविक स्रोत सिद्धार्थ का हृदय है।

ऐसी स्थिति में वे घर पर नहीं बैठ सकते थे। घर की चहारदीवारी में मौज करनेवाले वे नहीं थे। उनकी ज़िन्दगी इस मौज के लिए नहीं थी। उन्हें तो दुःख के निराकरण का ऐसा स्थायी निदान चाहिए था जो सारी असंगतियों, सारी विषमताओं को हटाकर मनुष्य के हृदय को प्रेम और शान्ति से परिपूर्ण कर सके। यशोधरा छूटने

ही वाली थी। यशोधरा के पास बैठकर भी, वे उससे कितनी दूर थे। एक रात उन्होंने सोती हुई वधू और बालक राहुल को अन्तिम प्रेमभरी दृष्टि से देखकर घर को छोड़ दिया। यह सिद्धार्थ का महाभिनिष्क्रमण कहलाता है।

यह आवश्यक था कि तत्कालीन जितने भी मार्ग (मत या धर्म) हैं, उन्हें देख लिया जाये कि वे कहाँ तक उपयोगी हैं। गृहत्याग के अनन्तर संन्यास ग्रहण करके, सिद्धार्थ ने दो ब्राह्मण धर्माचार्यों के आश्रय में अध्ययन किया। साथ ही, वे भ्रमण करते रहे, सत्संग करते रहे। जीवन का विस्तृत अनुभव लेते रहे। किन्तु, उन्हें अपने प्रश्न का उत्तर नहीं मिला, अपनी समस्या का निदान नहीं मिला। उन्होंने सोचा, सम्भव है कठोर तपस्या के द्वारा कुछ प्राप्त हो।

उन दिनों व्रात्यों द्वारा, तथा ऋषियों द्वारा भी, तपस्या को अत्यधिक महत्त्व दिया जाता था। इसलिए, उन्होंने सोचा कि एक बार कठोर तपस्या का प्रयोग भी कर लिया जाये। उन्होंने दृढ़ होकर आस्थापूर्वक (बिहार में) उरुवेला नामक स्थान के सघन वन में कठोर तप किया और अपने शरीर को तरह-तरह की यातनाएँ दीं।

किन्तु तपस्या पूरी होने पर भी कुछ भी हाथ नहीं लगा। समस्या ज्यों-की-त्यों रही। वे बौद्ध गया गये। वहाँ एक बार उन्होंने निरंजना नदी में स्नान किया। उनकी धुन लग गयी। वे एक पीपल के नीचे, यों ही, तृण के आसन पर बैठ गये और मगन हो गये, खो गये। उनके हृदय में सहसा ज्ञान का प्रकाश हुआ, और वे उस प्रकाश में स्थिर हो गये, उसमें डूब गये। वहीं वे 'बुद्ध' हो गये, अर्थात् उन्हें बोध प्राप्त हो गया, ज्ञान मिल गया। तभी से वे तथागत या बुद्ध कहलाये। तब उनकी आयु 35 वर्ष की थी।

इसके बाद वे बनारस गये। वहाँ सारनाथ के हिरण्यकुंज में उन्होंने अपना प्रथम उपदेश दिया। वहाँ उन्हें अपने प्रथम पाँच शिष्य मिले। अपने अगले पैंतालीस वर्ष उन्होंने ज्ञान के प्रसार-प्रचार में व्यतीत किये। वे धनी और गरीब, ब्राह्मण और शूद्र, राजा और रंक, स्त्री और पुरुष—सबको उपदेश देते, सत्य-ज्ञान के योग्य सबको समझते। मगध का राजा बिम्बिसार और उसका पुत्र अजातशत्रु तथा कोशल देश का नृपति प्रसेनजित उनके शिष्य बन गये। सत्य-ज्ञान के प्रचार के लिए उन्होंने एक संघ स्थापित किया। वे अनवरत परिश्रम करते, धर्म का प्रचार करते, वार्तालाप करते, शंका-समाधान करते और सीधा-सरल जीवन व्यतीत करते। इस प्रकार सतत कार्य करते हुए वे अस्सी वर्ष की आयु में, ई. पू. 406 में कुशीनगर में (उत्तर प्रदेश में गोरखपुर ज़िले के अन्तर्गत वर्तमान कसिया में) दिवंगत हुए। वैशाख पूर्णिमा के दिन गौतम बुद्ध ने प्राण-त्याग किया, उसी तिथि को अस्सी वर्ष पूर्व उनका जन्म हुआ था।

बौद्ध धर्म : गौतम बुद्ध ने सबसे बड़ा काम यह किया कि उन्होंने धर्म को मानव-धर्म बना डाला, हृदय के उदार तथा कोमल गुण उसमें पैदा कर दिये, उसे जीवन के अत्यधिक सन्निकट कर दिया। प्रेम और करुणा, उदारता और ज्ञान, विवेक और पर-दुःख कातरता की जो उदात्त प्रेरणाएँ हैं, उनसे गतिमान होकर, जब मनुष्य मन से,

वचन से और कर्म से, सात्विक जीवन व्यतीत करने लगता है, तब आप-ही-आप बौद्ध धर्म के आदर्श-पथ पर चलने लगता है—भले ही वह उसे माने या न माने!

महात्मा गौतम अपने धर्म को 'मध्यम मार्ग' कहते। वे कहते कि अपनी आत्मा और शरीर को व्यर्थ ही मारना और कष्ट देते रहना अनुचित है, आत्म-हनन, आत्म-पीड़न गलत है। साथ ही, विलास और भोग में पड़े रहकर आसक्तिपूर्ण, आलस्यपूर्ण जीवन व्यतीत करना भी अनुचित है। यदि मनुष्य का ध्यान नित्य सत्य की ओर ही रहे तो वे दोनों प्रकार के अतिरेक उसके हाथ से नहीं होंगे।

जैन धर्म तपस्या-प्रधान, कठोर इन्द्रिय-दमन-प्रधान धर्म है। इसके विपरीत, बौद्धधर्म में तापसिक कठोरता नहीं है। वह अधिक स्वाभाविक, सात्विक जीवन व्यतीत करने का आदेश देता है। मध्य मार्ग की यही मनुष्यता है। बौद्ध धर्म केवल व्यवहारवादी नहीं है, क्योंकि उसमें आत्मा के विवेक और भावुक पर-दुःख-कातर प्रेम को महत्त्वपूर्ण स्थान प्राप्त है। विवेक के ही आधार पर बुद्ध ने किन्हीं विशेष परिस्थितियों में मांस-भक्षण की भी अनुमति दी थी।

कर्मकांड विरोध : व्रात्यों की ही भाँति, गौतम बुद्ध ने कर्मकांड-प्रधान ब्राह्मण धर्म पर, उसकी जाति-व्यवस्था और वर्णाश्रम धर्म पर कठोर आघात किये। बौद्ध-धर्म में ईश्वर को कोई स्थान नहीं है। कई जगह ईश्वर की सत्ता का निषेध किया गया है। इस अर्थ में, वह अनीश्वरवादी है। किन्तु कई स्थानों पर बात इस तरह कही गयी मानो ईश्वर हो भी सकता है (लेकिन उसके बारे में हमें नहीं मालूम), उससे हमारा कोई सम्बन्ध नहीं, न होना चाहिए। गौतम बुद्ध तथा वर्धमान महावीर दोनों कर्म-सिद्धान्त को मानते थे। उन्होंने धर्म को नैतिकता से, और नैतिकता को हृदय में बह उठनेवाले प्रेम तथा करुणा के रस से, सम्बद्ध कर दिया। पर-दुःख कातरता और मानव-कल्याण ही मानव-धर्म है।

दूसरी महत्त्व की बात यह प्रस्तुत हुई कि चूँकि महापुरुषों का प्रत्यक्ष जीवन उदाहरण अधिक प्रभावशाली होता है, इसीलिये आगे चलकर बौद्ध-धर्म में गौतम बुद्ध की पूजा की जाने लगी। इस प्रकार भक्ति-भाव का उदय हुआ। क्रमशः बौद्धों ने ब्राह्मणों के विश्वास के अनुसार अवतारवाद का भी सिद्धान्त मान लिया। बुद्ध ईश्वरवत् हो गये। पुनः-पुनः जन्म ग्रहण करने लगे। तत्कालीन भक्ति-भाव की पूर्ति उसी तरह हो सकती थी। आगे चलकर, महायान सम्प्रदाय निकला। उसमें गौतम बुद्ध के अवतारों—बोधिसत्वों—की कल्पना की गयी और उनकी उपासना की जाने लगी। महायान के विरुद्ध, प्राचीनतर हीनयान ने आदिम बौद्ध धर्म को क़ायम रखना चाहा।

क्रमशः पौराणिक धर्म का अभ्युदय होता गया, और एक समय वह आया जब बौद्ध धर्म अपना देश खाली करके विदेशों में जा बसा।

प्रथम साम्राज्य की स्थापना

आर्य जातियों के परस्पर विलीनीकरण से जनपदों का विस्तार हुआ और महा-जनपद बने। महा-जनपदों ने अब ईसा-पूर्व छठी सदी में राज्य-विस्तार किया। क्रमशः, राजतन्त्र बृहत्तर होता गया तथा प्राचीन गणतन्त्रीय परम्पराएँ क्षीण होने लगीं। इसके साथ ही कला-कौशल की अभूतपूर्व अभिवृद्धि, धन-धान्य की समृद्धि, व्यापार-वाणिज्य का चमत्कारपूर्ण उत्कर्ष सामने आया। भारत ने विश्व का ध्यान अपनी ओर खींच लिया। विदेशी शक्तियों के आक्रमणों का प्रतिरोध हुआ तथा भारत के प्रथम महान् साम्राज्य की स्थापना हुई। गौतम बुद्ध के समय से (ई. पू. छठी सदी से) लेकर तो चन्द्रगुप्त मौर्य तक (ई. पू. तीसरी सदी तक) प्रदीर्घ काल में भारत का अभूतपूर्व विकास हुआ।

ईसा की छठी सदी में पूर्व भारत के मगध राज्य का अभूतपूर्व उत्कर्ष हुआ। उसने ऐश्वाकव, ऐल, पांचाल, आदि पुराने पश्चिम भारतीय राज्यों को पराजित करके अपना प्रभाव जमा लिया था। महावीर वर्धमान, गौतम बुद्ध की अखिल भारतीय कीर्ति के फलस्वरूप, पूर्व भारत पर सबका ध्यान गया।

इस समय पुरानी जातियों के परस्पर विलयन से महा-जनपद बनकर सामने आ गये थे। ये महा-जनपद कुल सोलह थे। वे भी अब एक-दूसरे में विलीन हो रहे थे। राजनीति के रंगमंच पर बड़ी तेज़ी से परिवर्तन हो रहा था। अंग मगध का एक भाग बन गया था। कोशल ने काशी पर अधिकार कर लिया था। निरंकुश स्वेच्छाचारी राजतन्त्र का विकास हो रहा था। उन दिनों के हिसाब से राजनैतिक अवस्था के विकास का सर्वोच्च स्तर, निरंकुश राजतन्त्र ही था। हाँ, लिच्छवि, मल्ल, और शाक्य-जैसी जातियों के गणतन्त्र भी थे, जो अपनी प्रभुसत्ता और राज्य-व्यवस्था अक्षुण्ण रखने के लिए सजग रहा करते थे।

निरंकुश राजतन्त्र के विकास के साथ ही साथ, वैश्यों का उत्कर्ष उन दिनों की प्रधान घटना है। उनकी आर्थिक-सामाजिक स्थिति का प्रभाव राजन्य वर्ग पर भी पड़ता।

अन्तर्देशीय व्यापार के साथ ही, विदेशों से भी खूब व्यापार होता था। किन्तु इसके पीछे 'शिल्पी संघों' की ताक़त थी। ये शिल्पी संघ कारीगरों और शिल्पियों के

अपने जातीय संघ थे। इन संघों का विकास, उस युग की तीसरी महत्त्वपूर्ण घटना है। इन संघों में सम्बद्ध शिल्पियों ने वस्तुओं का उत्पादन खूब बढ़ा दिया था, साथ ही कला-कौशल की भी खूब वृद्धि हुई। राजन्य वर्ग तथा सैनिक वर्ग निरन्तर परिवर्धित और विस्तृत होता जा रहा था। बड़े नगरों का उत्कर्ष हो चुका था। इन सबकी आवश्यकताओं की पूर्ति के लिए, शिल्पी संघ अवतरित हुए थे। प्रत्येक संघ में विशेष-विशेष प्रकार का काम होता। जो काम एक संघ करता, वही काम दूसरा संघ न करता। इस संघ-पद्धति के फलस्वरूप कार्य-विभाजन अधिक कुशल हो गया, साथ ही उत्पादन-सामर्थ्य भी बढ़ गया। अनुमान है कि इन्हीं जातीय संघों से, आगे चलकर, पेशेवर जातियाँ बनीं—जैसे, तेली, धोबी, लुहार, सुनार इत्यादि।

व्यापार-व्यवसाय के लिए, सुरक्षा तथा मार्गों की निष्कंटकता तथा व्यवस्थित लेन-देन पद्धति आवश्यक थी। व्यापक विस्तारवाले निरंकुश राजतन्त्र इस प्रकार की सुरक्षा और व्यवस्था उत्पन्न कर सकते थे। इसी आर्थिक भूमि के आधार पर निरंकुश राजतन्त्र का विकास हुआ।

मगध का अभ्युदय

बिम्बिसार

इन सोलह राज्यों में सबसे ज़्यादा आगे आये मगध, कोशल, वत्स और अवन्ती। जिन दिनों महात्मा बुद्ध लोगों को अपना उपदेश दे रहे थे, उन दिनों शिशुनाग वंश का बिम्बिसार मगध में राज्य कर रहा था। बिम्बिसार ने 52 वर्ष तक राज्य किया। उसने पूर्व-स्थित अंग को मगध में मिला लिया, उधर, कोशल के राजा प्रसेनजित की बहन से विवाह करके 'कासि' नामक एक गाँव भी प्राप्त कर लिया। महात्मा बुद्ध से मिलकर बिम्बिसार बहुत प्रभावित हुआ था।

अजातशत्रु

[बम्बिसार का पुत्र] बहुत महत्त्वाकांक्षी, क्रूर, उद्दंड किन्तु रणकुशल था। उसने अपने पिता को तरह-तरह की यन्त्रणाएँ देकर मार डाला। स्वयं राजसिंहासन पर बैठ गया। उसकी सौतेली माता—कोशल के राजा प्रसेनजित की बहन—अपने पति के शोक में मर गयी।

अजातशत्रु ने कोशलनरेश राजा प्रसेनजित से युद्ध किया। प्रसेनजित ने उसे बन्दी बना लिया, फिर छोड़ दिया। अजातशत्रु ने गंडकी नदी के तट पर लिच्छवि गणतन्त्र पर हमला किया और उनका राज्य मगध में मिला लिया। उन दिनों मगध की राजधानी राजगढ़ थी। उसे वह पसन्द नहीं थी। गंगा और सोन नदी के संगम

पर उसने नयी राजधानी की नींव डाली। वही आगे चलकर इतिहास प्रसिद्ध पाटलिपुत्र नामक नगर हुआ।

उन दिनों, कोशल का राजा प्रसेनजित बौद्ध धर्म का अनुयायी हो गया। उसने गान्धार महा-जनपद के तक्षशिला (पेशावर के पास टैक्सिला) विश्वविद्यालय में शिक्षा पायी थी। वह कलाविद् था, शास्त्रार्थ करता था, विद्वान् था। प्रसेनजित के पुत्र विदूड़भ ने शाक्य जाति के गणतन्त्र का संहार करके, उनके राज्य को कोशल से जोड़ लिया। इस प्रकार पूर्वी भारत में मगध और कोशल राज्य प्रबल हो उठे।

उधर, पश्चिम भारत में, वत्स और अवन्ती के बीच बड़ी ही प्रतिस्पर्धा थी। इन दो राज्यों के और पश्चिम में, बिलकुल दूसरे ही प्रकार से परिवर्तन हो रहा था। पंजाब में छोटे-छोटे बहुत-से राज्य थे और उनमें आपस में मार-काट मचा करती थी।

ईरानी आक्रमण

ठीक उन्हीं दिनों ईरान में एक प्रबल साम्राज्य की स्थापना हुई। ई. पू. सन् 558 से 529 के बीच, ईरानी सम्राट्, कुरुष (सायरस) ने हिन्दूकुश तक अपने साम्राज्य का विस्तार किया और गान्धार उसके साम्राज्य का एक भाग हो गया। कुरुष के अनन्तर, ईरान की राजगद्दी पर दारियबहु (डेरियस) आसीन हुआ। उसने ई. पू. सन् 517-16 के लगभग पंजाब पर हमला किया, और उसके उत्तर-पश्चिमी हिस्से को तथा सिन्ध प्रदेश को अपने साम्राज्य में मिला लिया। ईरान के क्षत्रप (सैनिक प्रान्ताधीश) अब पंजाब में रहते, और मालगुज़ारी वसूल करते। पंजाब अकेले की मालगुज़ारी कोई डेढ़ करोड़ रुपए थी। पंजाब, गान्धार और काम्बोज में ईरानियों का साम्राज्य दो शताब्दियों तक रहा। राजनैतिक दृष्टि से ईरानियों के शासन का भारत के इतिहास में विशेष महत्त्व नहीं है; किन्तु सांस्कृतिक दृष्टि से बहुत है। ईरानी साम्राज्य से सम्पर्क के फलस्वरूप भारतीय विद्वान् यूनानियों तक पहुँचे। यूनानियों को भारत के सम्बन्ध में बहुत-सी जानकारी मिली, साथ ही ईरान और यूनान से स्थल मार्ग द्वारा व्यापार भी होने लगा।

उस काल में ईरान के वैभव और उत्कर्ष की कथाएँ दूर-दूर तक पहुँची थीं। ईरान का राजदरबार बहुत समृद्ध और सम्राट् बहुत शक्तिशाली समझा जाता था। ईरान एक निरंकुश राजतन्त्र था। भारत के नये निरंकुश राजतन्त्रों ने विशेषकर मौर्यों ने, उसमें अपना ही प्रतिरूप देखा। मौर्यों ने बहुत-सी प्रथाएँ ईरानियों से अपनाईं। भवन-निर्माण कला की बहुत-सी बातें ईरान से स्वीकृत कीं।

किन्तु, ईरान-भारत सम्पर्क की एक महत्त्वपूर्ण देन है—खरोष्ठी लिपि। ईरानियों ने भारत में आरामाई लिपि प्रचलित की, जिससे बिगड़कर यह नयी लिपि बनी। खरोष्ठी लिपि में बहुत-से अभिलेख पाये जाते हैं।

सिकन्दर का आक्रमण

ज्यों ही यूनानियों को यह मालूम हुआ कि ईरान इतना कमज़ोर हो गया है कि एक आघात से वह नष्ट हो सकता है, यूनान के एक प्रदेश मैसिडान के राजा सिकन्दर ने ईरान पर चढ़ाई करके उसे तहस-नहस कर दिया। सिकन्दर ने अब तक मिस्र, एशिया मायनर (आधुनिक तुर्की), तथा ईरान में अपना विशाल साम्राज्य स्थापित कर लिया था। जगद्विजेता सिकन्दर अब गान्धार पर चढ़ आया। ईसा-पूर्व दिसम्बर 326 या और जनवरी 327 में, वह एक विशाल सेना के साथ ख़ैबर दर्रे को पार करके सिन्धु नदी की ओर बढ़ा। गान्धार की नगरी तक्षशिला का वृद्ध राजा अम्भि, जो रावी और झेलम के पौरव राज्य से आतंकित रहा करता था, उसने विदेशी आक्रान्ता को सहायता का वचन दिया। सिकन्दर ने शीघ्रतापूर्वक सिन्धु नदी पर एक पुल बनाया। सेना इस पार आ गयी। पुष्कलावती का राजा अष्टकराज वीरतापूर्वक लड़ता हुआ मारा गया। दूसरा दल, जो सिकन्दर के नेतृत्व में था, उत्तर-पश्चिमी पर्वतीय क्षेत्र के राजाओं से लड़ा। किन्तु, इधर रावी और झेलम के किनारे के राजा पुरु ने सिकन्दर को युद्ध के लिए ललकारा।

अपनी विशाल सेना लेकर, राजा पुरु युद्ध के लिए तैयार खड़ा हो गया। प्रतीक्षा करने से पुरु की सेना जड़ हो गयी थी। मौसम ने भी साथ नहीं दिया। खूब वर्षा हुई, ज़मीन रपटीली बन गयी। सिकन्दर की सेनाओं ने पूरे ज़ोर और ताक़त के साथ हमला किया और पुरु सेना की पंक्तियाँ तोड़ दीं। गौरवशाली राजा पुरु बुरी तरह घायल हुआ और कैदी बना लिया गया।

इस बीच एक अप्रत्याशित घटना हुई। सिकन्दर जिन इलाक़ों को पीछे छोड़ आया था, उनमें बग़ावत फैलने की खबरें आयीं। उधर, सिकन्दर के फ़ौजी सिपाहियों ने यह माँग शुरू की कि वे अब लड़ते-लड़ते थक गये हैं, और उन्हें जल्दी घर लौट जाना चाहिए। सिकन्दर उनकी माँग को ठुकरा न सका और बहुत ही उदास मन से वह यूनान की ओर मुड़ा। ई. पू. सन् 324 में, रास्ते में ही वह मर गया।

सिकन्दर वापिस तो गया, लेकिन अपने पीछे भयानक विध्वंस के दृश्य छोड़ता गया। उसने बड़ी-बड़ी लड़ाइयाँ जीतीं, लेकिन वह बहुत थोड़ी ज़मीन कब्ज़े में ले सका।

किन्तु, सिकन्दर ने उस नये युग का उद्घाटन किया, जिसमें यूनानियों और भारतीयों के सम्पर्क बढ़ते गये तथा जिसके फलस्वरूप हमारी कला और शिल्प में एक नया विकास प्रस्तुत हुआ।

जिस समय सिकन्दर गान्धार पार करके झेलम के किनारे पहुँच गया था, उस समय मगध का सम्राट् धनानन्द अपने राजप्रासाद के एक प्रकोष्ठ में स्वर्ण-मुद्राएँ गिन रहा था। उसे इस बात की न ख़बर थी, न परवाह थी कि उत्तर-पश्चिमी सीमा प्रदेशों

में क्या हो रहा है और क्या नहीं हो रहा है। धनानन्द—जैसा कि उसका नाम था—धन को अधिकाधिक संग्रह में बड़ा आनन्द लेता था। वह बड़ा कंजूस था; जनता उसका तिरस्कार करती थी।

यह धनानन्द कौन था? प्रतापी अजातशत्रु की चार पीढ़ियों बाद, महानन्दिन नामक एक राजा हुआ जिसका अवैध पुत्र था महापद्मनन्द। पुराणों में कहा गया है कि महापद्मनन्द जाति का नाई था। धोखे से राजा को मरवाकर खुद राजगद्दी पर बैठ गया था। वह नन्द वंश का संस्थापक था।

महापद्मनन्द

इसमें सन्देह नहीं कि महापद्मनन्द एक बहुत बड़ा योद्धा और विजेता था। वह पुराणों द्वारा 'क्षत्रान्तक' (अर्थात् क्षत्रियों का नाश करनेवाला) कहा गया है। उसने प्राचीन आर्यवंशीय इक्ष्वाकु, पांचाल, कुरु काशि, अश्मक और हैहय आदि नृपतियों को पराजित किया तथा उनकी सारी प्रतिष्ठा मिट्टी में मिला दी।

महापद्मनन्द के अनन्तर, मगध साम्राज्य फैलता ही गया। एक समय वह भी आया जब नन्दों के अधीन मगध साम्राज्य में, दक्षिण भारत के कुछ प्रदेशों से लेकर तो मालवा, उत्तर प्रदेश, बंगाल, उड़ीसा तक का पूरा क्षेत्र शामिल हो गया।

चाणक्य

गान्धार देश के तक्षशिला विश्वविद्यालय का एक विद्वान् ब्राह्मण विष्णुगुप्त जब धनानन्द से मिलने आया तो उसने उसे अपमानित करके निकाल दिया। विष्णुगुप्त ने प्रतिज्ञा की कि वह उससे प्रतिशोध (बदला) लेगा। पाटलिपुत्र से लौटकर जब वह तक्षशिला की ओर जा रहा था तो जंगल में उसे एक बालक खेलता हुआ दिखाई दिया। प्रतिभावान विष्णुगुप्त ने जब उससे कुछ जानकारी लेना चाही तो उस बालक ने भी अपनी प्रतिभा का परिचय दिया। बताया जाता है कि चन्द्रगुप्त किसी वन्य पशु से, निर्भय होकर, खेल रहा था। विष्णुगुप्त उसकी प्रतिभा को लेकर मुग्ध हो गया। विष्णुगुप्त अपने साथ उस बालक को लेता गया। उसने उसे युद्ध-कला तथा प्रशासन कार्य की शिक्षा-दीक्षा दी।

चन्द्रगुप्त मौर्य

चन्द्रगुप्त के पास अपने स्वयं की प्रतिभा तथा कार्य-क्षमता थी। विष्णुगुप्त ने उसमें सम्राट् बनने की महत्त्वाकांक्षा उत्पन्न भी कर दी थी। उसने एक विशाल सेना का

संगठन किया और वह मगध पर चढ़ दौड़ा। थोड़ी विजय-पराजय के उपरान्त उसने पाटलिपुत्र पर धावा मारा। उसकी सेनाएँ राजधानी की सड़कों पर उमड़ पड़ीं। थोड़ी-सी लड़ाई के बाद, महल के फाटक टूट गये। धनानन्द मारा गया। राजा के वध से, नगर की जनता में खुशी फैल गयी। उत्सव और समारोह होने लगे। इस प्रकार विष्णुगुप्त की प्रतिज्ञा पूरी हुई। चन्द्रगुप्त मगध का सम्राट् हुआ, और विष्णुगुप्त, जो चाणक्य भी कहलाता था, उसका मन्त्री बना। प्रसिद्ध *अर्थशास्त्र* का लेखक यही चाणक्य विष्णुगुप्त है।

मौर्य वंश के संस्थापक चन्द्रगुप्त को तुरन्त ही उत्तर-पश्चिमी सीमान्तों पर दृष्टि डालनी पड़ी। भारत के पश्चिमोत्तर सीमान्त में सिल्यूकस निकेटॉर नामक एक यूनानी राजा था। उसने सोचा कि नन्द वंश के ह्रास के साथ-साथ अब भारत में आक्रमण का रास्ता खुल गया है। उसने ई. पू. सन् 304 में भारत पर आक्रमण कर दिया।

चन्द्रगुप्त मौर्य ने विशाल सेना सहित पाटलिपुत्र से गान्धार की ओर प्रयाण किया। वह बड़ी तेज़ी से उत्तर की ओर बढ़ा, और सिल्यूकस को ज़िन्दगी का मज़ा चखा दिया। सिल्यूकस ने सम्मानपूर्ण समझौते की माँग की। पाँच सौ भारतीय हाथियों के बदले, उसे अपनी पुत्री हेलेन, कन्दहार, हिरात, काबुल और बलूचिस्तान के हिस्से चन्द्रगुप्त को देने पड़े। सिल्यूकस ने अपना एक दूत मेगास्थनीज़ मौर्य दरबार में नियुक्त किया।

चन्द्रगुप्त मौर्य, सही मानों में, भारत का प्रथम सम्राट् है। उसका साम्राज्य उत्तर-पश्चिम के हिरात-काबुल से लेकर तो सुदूर पूर्व के प्रदेशों तक—बंगाल और आसाम तक—फैला हुआ था। सौराष्ट्र भी उसके अधीन था, तो मैसूर तक का पूरा दक्षिणी भारत भी उसके कब्जे में आ गया था।

प्रशासन व्यवस्था

चन्द्रगुप्त ने अपने साम्राज्य को प्रान्तों में विभाजित किया। प्रत्येक प्रान्त का एक सर्वोच्च शासक होता जो, साधारणतः, सम्राट् का पुत्र या उसके निकट का कोई सम्बन्धी रहता। प्रान्त ज़िलों में विभक्त थे। ज़िले का शासक प्रान्त-शासक के बिलकुल अधीन रहता। साधारणतः वह भी क्षत्रिय ही रहता, ज़िले के अन्तर्गत गाँव रहते, प्रत्येक गाँव का मुखिया राजस्व वसूल करता।

महत्त्व की बात यह है कि चन्द्रगुप्त ने, (1) एक ओर, अपने तथा उच्च शासक वर्ग के बीच, अर्थात् सम्राट् के और उच्च अधिकारियों के बीच, घनिष्ठ सम्पर्क बनाये रखने के लिए, तथा (2) दूसरी ओर, अपने और जनता के बीच, अर्थात् सम्राट् के तथा सामान्य जन के बीच, घनिष्ठ सम्पर्क बनाये रखने के लिए, (अ) संवाददाताओं तथा (ब) गुप्तचरों का विस्तृत और व्यापक संगठन तैयार कर रखा था। ये संवाददाता

और गुप्तचर, एक ओर, अधिकारियों पर कड़ी नज़र रखते, तो दूसरी ओर, जनता की भावनाएँ तथा आकांक्षाएँ भी सम्राट् तक पहुँचाते। मौर्य राज्य की प्रशासन व्यवस्था प्रशिक्षित कर्मचारियों द्वारा चलायी जाती। उन्हें नियमित रूप से वेतन मिला करता। स्वयं चन्द्रगुप्त षड्यन्त्रों से आतंकित रहता। उसने हिंसा के बल पर तथा कूटनीतिक षड्यन्त्रों द्वारा राज्य प्राप्त किया था। सम्राट् को अपनी अंगरक्षा की बड़ी चिन्ता रहती। ईरानी प्रथा के अनुसार उसकी अंगरक्षक, सशस्त्र नारियाँ होतीं। राजदरबार में भी रक्षक का कार्य शस्त्रधारी स्त्रियाँ ही करतीं। जब राजा शिकार के लिए निकलता तब भी उसके साथ शस्त्रधारी अंगरक्षिकाएँ बराबर बनी रहतीं।

सिल्यूकस ने राजदूत मेगास्थनीज़ ने चन्द्रगुप्त के काल का विस्तृत वर्णन किया है। मेगास्थनीज़ के अनुसार, चन्द्रगुप्त के लिए, आराम सचमुच हराम था। अधिकांश समय वह प्रशासन तथा राजप्रबन्ध ही को देता। वह सर्वोच्च न्यायाधीश भी था। राजसभा में किसी मामले पर बहस हो चुकने के बाद, वह अपना फ़ैसला सुना देता। राजमहल के दरवाज़े सबके लिए खुल हुए थे। उस महल के खम्भों पर सोने का पानी चढ़ा हुआ था।

पाटलिपुत्र एक विशाल वैभव सम्पन्न नगर था। [नगर] चारों ओर दीवार से घिरा हुआ था, उसमें 570 बुर्ज, 64 फाटक थे। नगर 9½ मील लम्बा और 1 मील चौड़ा था। नगर का सर्वोत्तम तथा सर्वाधिक सुन्दर भवन राजप्रासाद था। उसके भग्नावशेषों से ज्ञात होता है कि इसकी निर्माण-योजना ईरानी ढंग की थी। एक प्रकार का संस्कार भी होता था—जिसे केश-प्रक्षालन संस्कार कहते हैं। यह सब ईरानी प्रभाव का द्योतक है।

नगर-व्यवस्था

पाटलिपुत्र के प्रशासन के लिए छह समितियाँ थीं। हर एक के पाँच सदस्य होते। ये कुलीन घराने के मान्यताप्राप्त लोग थे। एक समिति के ज़िम्मे विदेशी लोगों की देखभाल का काम था। उनकी सुरक्षा का पूरा प्रबन्ध था। यदि उनमें से कोई मर जाता तो राज-व्यय से उसको दफ़नाया जाता, यदि उसकी सम्पत्ति होती तो उस सम्पत्ति को उसके अपने देश में भेज दिया जाता। यदि विदेशी व्यक्ति अपने देश जाने के लिए निकलते, तो उनकी सहायता के लिए सरकारी प्रबन्धक रहते। साथ ही, विदेशी व्यक्तियों की प्रत्येक गतिविधि पर शासकों की बारीक़ नज़र रहती। पाटलिपुत्र में उनका एक मुहल्ला-का-मुहल्ला ही आबाद था।

एक समिति औद्योगिक कलाओं की तथा उनसे सम्बन्धित अन्य बातों की देखभाल करती। एक ऐसी भी समिति थी, जिसका कार्य उपयोगी आँकड़ों को जमा करना होता। एक समिति माप-तौल की देख-रेख करती और साथ ही इस बात की

चौकसी रखती कि वस्तुएँ (अ) उचित समय पर (ब) सार्वजनिक सूचना द्वारा बेची जा रही हैं या नहीं। जैसा कि बताया जा चुका है, उन दिनों शिल्पियों के संघ थे—एक वस्तु एक ही संघवाला पैदा करता, उसे दूसरा नहीं बना सकता था। उसी प्रकार एक दुकानदार एक ही प्रकार की वस्तुएँ रख सकता था। बाज़ार की देखभाल करनेवाली भी एक समिति थी। एक अन्य समिति सिर्फ़ बिक्री-कर वसूल करने के लिए थी।

ये सारी समितियाँ सामूहिक रूप से सब बातों का निरीक्षण करतीं—तब उनका रूप सामान्य प्रशासन-सभा जैसा हो जाता। इस प्रशासन-सभा के ज़िम्मे बन्दरगाहों, रास्तों, बाज़ारों, सरकारी इमारतों और मन्दिरों की देखभाल का काम था।

चन्द्रगुप्त मौर्य सेना के भरोसे सारे भारतवर्ष पर राज करता था। उसके पास छह लाख से अधिक सेना के प्रशासन के लिए पाँच-पाँच सदस्यों की छह समितियाँ बनायी गयी थीं, जो जहाज़ी सेना, अश्व-सेना, युद्ध-रथों के दस्ते, पैदल फ़ौज, गज-सेना, परिवहन, रसद, फ़ौजी भरती और सैनिक आवश्यकताओं की पूर्ति किया करतीं। एक विशेष प्रकार के धनुष, जो आदमी के कद के होते और पैर से चलाये जाते, तथा लम्बे-लम्बे तीर, वैसे ही एक लम्बी-चौड़ी ढाल मुख्य हथियार थे। इसके अतिरिक्त, छोटी लेकिन चौड़े फालवाली तलवारें भी होतीं। कभी-कभी सिपाही दोनों हाथों से तलवार चलाते।

मेगास्थनीज़ लिखता है कि "देशवासियों के पास, भरण-पोषण के प्रचुर साधन होने से उनका जीवन-स्तर, साधारण स्तर से ऊँचा है और उनकी यह विशिष्टता है कि वे गर्व से सिर ऊँचा करके चलते हैं। वे विभिन्न कलाओं में भी निपुण हैं, जैसे कि स्वतन्त्र वातावरण में साँस लेनेवाले और स्वच्छतम जल पीनेवाले मनुष्यों से आशा की जाती है।" मेगास्थनीज़ ने लिखा है कि लोग ईमानदार हैं और वे अपने घरों पर ताले नहीं लगाते हैं।

किन्तु, विलास-वैभव में पलनेवाला यह चन्द्रगुप्त अपने वृद्धायकाल [वृद्धावस्था] में तपस्वी जीवन के लिए लालायित हुआ। उसने ई. पू. 300 में, अपने पुत्र बिन्दुसार को राज-सूत्र सौंप दिये, और वह दक्षिण में विशुद्ध आध्यात्मिक जीवन व्यतीत करने लगा। कहते हैं कि उसने जैन धर्म स्वीकार कर लिया।

अशोक की धर्म-विजय

अशोक का नाम विश्व के इतिहास में स्वर्णाक्षरों से अंकित है। दुनिया में कौन ऐसा सुशिक्षित व्यक्ति है, जो अशोक का नाम नहीं जानता? हमारे राष्ट्र-ध्वज में जो चक्र बना है, राजकीय मुहर पर जो सिंहाकृति है, वह अशोक की देन है। आज भी विश्व-भर के शान्तिप्रिय स्पप्नद्रष्टा, जिन्होंने मानव की उन्नति-क्षमता और विकास-सामर्थ्य पर अपना विश्वास नहीं खोया है, वे सब अशोक का नाम आते ही उसके प्रति आदरभाव से भर उठते हैं। ऐसा क्यों है? आख़िर क्यों!!

अशोक भारत में आज से लगभग दो हज़ार दो सौ इकत्तीस साल पहले राज करता था। हम नहीं जानते कि उसका बाल्यकाल कैसे बीता और उसका मानसिक विकास कैसे हुआ। इतना-भर मालूम है कि कथा के अनुसार उसने तक्षशिला का विद्रोह दबाया था। दूसरे यह कि वह अपने पिता सम्राट् बिन्दुसार की ओर से मालवे में राज्यपाल (गवर्नर) नियुक्त किया गया था। सम्भवतः, उसकी राजधानी उज्जैन थी, या शायद विदिशा (आजकल का भेलसा)। उसके सम्बन्ध में यह भी कहा जाता है कि राज-सिंहासन प्राप्त करने के लिए उसने अपने भाइयों का वध किया। किन्तु इस बात को सब इतिहासकार नहीं मानते। बहरहाल, यह सही है कि वह ई. पू. 273 में सम्राट् घोषित किया गया और ई. पू. सन् 269 में उसका राज्याभिषेक हुआ।

सम्राट् होने के बाद अशोक अधिकांश समय अश्वशाला और उद्यानों में बिताता। वह विलासप्रिय था। खाने-पीने का शौक़ीन था। मोर का गोश्त उसे ख़ास तौर से पसन्द था। अपना कुछ समय वह शिकार में भी बिताता।

इस प्रकार उसके राजत्व काल के प्रथम आठ वर्ष सुख और शान्ति से व्यतीत हुए कि इतने में कलिंग-विद्रोह का समाचार आया।

अशोक ने भयानक संग्राम किया और उसे कुचल दिया। अशोक स्वयं कहता है—"इस युद्ध में एक लाख लोग मारे गये, इससे कई गुनी अधिक संख्या में लोग घायल हुए और डेढ़ लाख लोगों को देश के बाहर निकाल दिया गया।" यह घटना ई. पू. सन् 261 की है।

निःसन्देह कलिंग के सैनिकों ने जल्दी ही घुटने नहीं टेके होंगे। उन्होंने लम्बे अरसे तक जमकर मोर्चा लिया होगा। उन्होंने प्रण किया होगा कि मारेंगे या मरेंगे। किन्तु, उनमें इतना मनोबल कैसे पैदा हुआ, उनमें इतनी भयानक विद्रोहाग्नि क्यों भड़की?

हम इस सम्बन्ध में कुछ भी नहीं जानते। इतनी भयानक विद्रोहाग्नि का एक ही कारण हो सकता है। और वह है—राजकीय अत्याचार। नहीं तो कोई कारण नहीं है कि विद्रोही जल्दी आत्मसमर्पण न कर दें! सम्भव है कि निरंकुश राजतन्त्र के भीतर, राजा की व्यक्तिगत कार्य-दक्षता के अभाव में, व्यक्तिगत देख-रेख और जाँच-पड़ताल के अभाव में, सर्वाधिकार-प्राप्त राज-कर्मचारियों ने कलिंग की प्रजा पर अत्याचार किये हों अथवा उन्हें अत्याचारपूर्ण नियमों के अधीन कर रखा हो। सम्भव है कि बिन्दुसार के समय से ही, प्रशासन-व्यवस्था अधिक शिथिल और अधिक अत्याचारी हो गयी हो और नवीन राजा अशोक ने भी उस बढ़ती हुई शिथिलता और कठोरता की ओर ध्यान न दिया हो, प्रजा की आवाज न सुनी हो।

संक्षेप में, कलिंग युद्ध, युद्ध नहीं था, वह नरमेध था, व्यापक मानव-संहार था। इस नरमेध का नेतृत्व स्वयं अशोक कर रहा था। रणक्षेत्र के करुण और दयनीय, वीभत्स और कठोर दृश्यों को देखकर उसे आत्म-यन्त्रणा हुई। वह पश्चात्ताप की अग्नि में जलने लगा।

अशोक एक महत्त्वाकांक्षी राजपुरुष था। किन्तु, उसकी महत्त्वाकांक्षा, पराक्रम की लालसा, उसकी तृष्णा, सभी पश्चात्ताप की अग्नि में जलने लगीं। रणक्षेत्र में अपंगों को देख, मारे गये सैनिकों की रोती हुई माताओं और बहनों को देख, जलते हुए घरों और अधजले पेड़ों के ठूठों को देख, उसके हृदय में अपार करुणा घर कर गयी। विजय-श्री से विभूषित अशोक का मस्तक नत हो उठा, कन्धे ढीले पड़ गये, गले में आँसुओं का काँटा अटका, तन में ग्लानि की ठंडी-ठंडी सुरसुरी दौड़ गयी। उसने सम्पूर्ण प्रायश्चित करने का संकल्प किया।

प्रायश्चित : अशोक के पितामह चन्द्रगुप्त मौर्य भी, वृद्धावस्था में, तापस जीवन की ओर उन्मुख हुए थे। किन्तु वे व्यक्तिगत मोक्ष के कामी थे। अशोक को अपनी भर-जवानी में पाप का दाग लग गया। साथ ही राजशक्ति कितना अनाचार कर सकती थी, उसका ज्वलन्त उदाहरण उसके ही हाथों उसी की आँखों के सामने आया। रणदक्ष सेनाध्यक्ष सम्राट् अशोक ने अपने जीवन की दिशा ही परिवर्तित कर दी—केवल व्यक्तिगत पाप-क्षालन करने के लिए नहीं, वरन् इस पूरे संसार से अनाचार को दूर करने, समस्त जनता का, सम्भावी क्रूर व्यक्ति का, सम्भावी अत्याचारी का, सम्भावी दुष्ट का, पहले ही से, हृदय-संस्कार करने के लिए। यह एक ऐसा स्वप्न था, जिसको कार्यान्वित करने के लिए उसने कुछ भी न उठा रखा।

उपगुप्त : उस समय, बौद्ध धर्म भारत के विशेष-विशेष प्रदेशों और क्षेत्रों में ही सीमित था। अंग, बंग और उत्तर तथा दक्षिण बिहार के अतिरिक्त, उसके प्रमुख केन्द्र दो और थे। एक मथुरा और दूसरा उज्जयिनी। यह सर्वविदित था कि बौद्ध धर्म भावुक करुणाप्रधान धर्म है। इसलिए वह ब्राह्मण धर्म के प्रति आकृष्ट न होकर बौद्ध धर्म की ओर ही खिंचा। उसके सौभाग्य से उसे मथुरा के एक बौद्ध विद्वान् सन्त

उपगुप्त का सम्पर्क प्राप्त हुआ। सम्भवतः, उनके प्रभाव में आकर उसने भारत में तथा उसके बाहर, बौद्ध धर्म का प्रचार किया।

प्रयत्न : अशोक ने धर्म-विजय की केवल घोषणा नहीं की, वरन् वह स्वयं देश में भ्रमण करता और व्यक्तिशः बौद्ध धर्म का प्रचार करता। यही नहीं, उसके उच्च सरकारी अधिकारियों का एक बड़ा काम यह भी था कि वे स्वयं राजा के पद-चिह्नों पर चलते हुए, अपने सरकारी काम-काज के अलावा, धर्म-प्रचार करें। निःसन्देह, यह बड़ा कठिन काम था। कई उच्च राज-कर्मचारी उससे नाराज रहे होंगे, किन्तु कुछ कह न पाते होंगे। बौद्ध धर्म के अन्तर्गत बढ़ते हुए मतभेदों के बारे में अशोक को बड़ी चिन्ता थी। उसने पवित्र स्थानों पर शास्त्रार्थ के लिए सभाएँ आयोजित करवायीं तथा तृतीय बौद्ध संगीति का आयोजन किया। यह संगीति बहुत बड़ा बौद्ध सम्मेलन था, जिसमें अनेक विवादास्पद विषयों पर चर्चा हुई थी। इस सम्मेलन में बौद्धों के मतभेद खुलकर सामने आ गये।

धर्म-नीति : किन्तु, अशोक दार्शनिक नहीं था, न दार्शनिक बनने की उसे कोई इच्छा ही थी। वह मानव-कल्याण तथा करुणा से प्रेरित सदाचारवाद पर ज़ोर देता था। इसलिए, उसने बौद्ध धर्म के केवल वे ही सिद्धान्त चुने, जिनका सम्बन्ध उच्च नैतिक, आध्यात्मिक और व्यावहारिक जीवन से था। वह सिद्धान्त-शास्त्री नहीं था, धर्मशास्त्री नहीं था। विद्वान् बौद्ध सन्त उपगुप्त स्वयं करुणा के अवतार थे (रवीन्द्रनाथ ठाकुर ने 'संन्यासी उपगुप्त' शीर्षक के अन्तर्गत, बहुत ही सुन्दर कविता लिखी है, जिसमें उपगुप्त का भावुक करुणामय व्यक्तित्व उभरकर आ गया है)। उनके प्रभाव से, अशोक को वास्तविक मानव-दृष्टि प्राप्त हुई थी।

अतः उसने बौद्ध धर्म के प्रचार के लिए केवल वे ही उपदेश चुने, जो सभी धर्मों में समान रूप से पाये जाते हैं, साथ ही जो हर एक को सहज-बुद्धि-सम्मत हो सकते हैं। उन मानव-सिद्धान्तों पर उसने बहुत ज़ोर दिया। उसने बौद्ध धर्म के मानव-करुणापन्न नैतिक सिद्धान्तों का, (न कि दार्शनिक सिद्धान्तों का) प्रचार किया। उसने कहा कि मनुष्य-मनुष्य के बीच परस्पर सद्भावना तथा समानता का बर्ताव हो। मनुष्य अपनी क्षुद्र मनोवृत्तियों तथा हीन मनोविकारों का दमन करे, हृदय को उदार बनाये, पवित्र आचरण करे, पशुओं पर दया करे तथा अन्य धर्मों के प्रति सहिष्णुता का प्रयोग करे। दूसरे शब्दों में, मनुष्य अपने भीतर की पशुता का दमन करते हुए, अन्तःकरण में सच्ची मनुष्यता जाग्रत करे।

इसलिए, उसने न केवल ऐसे सिद्धान्तों को प्रचारार्थ चुना जो सहज-बुद्धि-सम्मत थे, वरन् यह भी (महत्त्वपूर्ण बात है) कि उसने साम्प्रदायिक वैमनस्य को दूर करने के महान् प्रयत्न किये। उसने साम्प्रदायिक समस्याओं के निराकरण के उद्देश्य से स्पष्ट सिद्धान्तों को कार्यान्वित किया। वे इस प्रकार हैं :

(1) **मूल :** विभिन्न धर्मों में जो सिद्धान्त समापन रूप से पाये जाते हैं, उनका प्रचार करना, उन पर ज़ोर देना, क्योंकि वे सिद्धान्त, वस्तुतः, मानव-एकता के प्रमाण

हैं, तथा मानव-एकता स्थापित करने के लिए केवल इन्हीं सिद्धान्तों का सर्वाधिक और व्यापकतम प्रचार होना चाहिए। साथ ही प्रत्येक का यह कर्तव्य है कि वह इन्हीं सर्वधर्मसम्मत मूल सिद्धान्तों पर ज़ोर दे।

(2) **वाचा गुप्ति :** अन्य धर्मों के विरुद्ध ज़हर न उगला जाये, उनकी आलोचना न की जाये, मुँह से ऐसे शब्द न निकलें जिनसे यह प्रतीत हो कि अन्य धर्म हीन हैं और हमारा ही धर्म श्रेष्ठ है। दूसरे धर्म को हीन भाव से देखना, उसके अनुयायियों का हृदय दुखाने का प्रयत्न करना, पवित्र आचरण नहीं है, सदाचार नहीं है, अनाचार है।

(3) **समवाय :** साथ ही यह आवश्यक है कि विभिन्न धर्मावलम्बियों में मेल-जोल बढ़े; परस्पर सद्भाव उत्पन्न हो, एक-दूसरे का ज्ञान हो। इसलिए यह आवश्यक है कि सभी धर्मों के उपदेशों को जनता तक पहुँचाने के लिए, सर्वधर्म-सभाएँ की जायें, जहाँ कि जनता एक साथ बैठकर सभी धर्मों के उच्च तत्त्व ग्रहण कर सके।

(4) **बहुश्रुत :** अर्थात् यह आवश्यक है कि हमारा ज्ञान केवल एक ही सम्प्रदाय या धर्म में ग्रन्थों तक ही सीमित न रहे वरन् सभी धर्मों के मूलभूत ग्रन्थों का अध्ययन करके हम वास्तविक उदार मानव दृष्टिकोण तथा सच्चा धर्म-भाव ग्रहण कर सकें।

सम्राट् अशोक ने यदि बौद्धों के विहारों और मठों को सहायता पहुँचायी तो ब्राह्मणों के मन्दिरों को भी। उसने, प्रजा के प्रति एक सम्राट् की सहानुभूतिपूर्ण दृष्टि से ही, आजीवकों, ब्राह्मणों, तीर्थंकरों तथा निर्ग्रंथों तक को दान दिया, और तरह-तरह की सहायता पहुँचायी। अपने राज्याभिषेक के बारहवें वर्ष में उसने आजीवकों को एक पर्वत के भीतर कुछ गुफाएँ प्रदान कीं। आजीवक सम्प्रदाय अशोक के समय बहुत प्रसिद्ध हो गया था।

राजशक्ति का प्रयोग : निःसन्देह, उसके राज-कर्मचारी जो विष्णुगुप्त कौटिल्य की परम्परा में बड़े [हुए] होंगे, उन्होंने जब यह देखा होगा कि सम्राट् की विशेष आज्ञा से जेल के दरवाज़े खोल दिये गये हैं और क़ैदी रिहा हो चुके हैं, और होते जा रहे हैं तो उन्हें बड़ा दुःख हुआ होगा। अशोक ने केवल अति-भयानक अपराधों के बन्दियों को, जिन्हें मृत्युदंड दिया गया था, रिहा नहीं किया, किन्तु उनका वध कुछ दिनों के लिए रुकवा दिया। इसी प्रकार उसने एक आदेश द्वारा ऐसे पशु-पक्षियों का वध निषिद्ध घोषित किया जिनका मांस सामान्यतः खाया नहीं जाता था, किन्तु आखेट के प्रेमी जिन्हें अक्सर मारा करते थे।

देश में मानव-एकता स्थापित करने का उद्यम करते हुए, अशोक ने व्यापार-व्यवसाय की वृद्धि के हेतु तथा यात्रियों के सुख के लिए, बड़े-बड़े रास्ते बनवाये, उनके किनारे-किनारे पेड़ लगवाये, स्थान-स्थान पर विश्राम-गृह तथा धर्मशालाएँ बनवायीं, चिकित्सालय स्थापित किये, और ऐसे वृक्ष लगाने की आज्ञा दी जो रोगियों के रोग को दूर करने में सहायक हों।

स्तम्भ-स्तूप-शिलालेख : अशोक ने धर्म-प्रचार के लिए, देश के विभिन्न स्थानों और दिशाओं में स्तम्भ और स्तूपों का निर्माण किया, जिन पर उसने अभिलेख अंकित किये। वह हमारे लिए लगभग 30 अभिलेख छोड़ गया। इन अभिलेखों में सदाचार की शिक्षा दी गयी है। ये अभिलेख, उत्तर-पश्चिम के सीमान्ती प्रदेशों से लेकर तो सौराष्ट्र और बम्बई तक हैं और वहाँ से लेकर बिहार तक हैं। वे साम्राज्य के हर भाग में बिखरे हुए हैं। ये अभिलेख—14 शिलालेखों, 7 स्तम्भ-लेखों और 7 अपेक्षाकृत छोटे अभिलेखों के रूप में—अभी भी वर्तमान हैं। इन अभिलेखों से अशोक की आवाज़ हज़ार साल पार करती हुई हम तक आ जाती है। उसमें पूज्य व्यक्तियों के प्रति श्रद्धा करने का, अहिंसा पालन करने का, माता-पिता की आज्ञा मानने का, प्रेम और सद्‌भाव से रहने का, उपदेश दिया गया है। उसके स्तम्भ-आलेख, अन्य स्थानों के अतिरिक्त, कौशाम्बी, साँची और सारनाथ में हैं। वे तत्कालीन कला के अद्‌भुत नमूने हैं। इन अभिलेखों से उस समय के जीवन पर भी प्रकाश पड़ता है। ये आलेख सैकड़ों वर्षों की गरमी-सरदी और वर्षा सहते रहे, फिर भी मिटे नहीं हैं।

विदेशों से सम्पर्क : अपने आध्यात्मिक उद्‌देश्यों और उपदेशों से विदेशों को परिचित कराने के लिए, अशोक ने सीरिया के अधिपति एन्टीओकस द्वितीय, मेसिडोनिया के ऐन्टीगोनस गोनातास, मिस्र के फिलाडेल्फस तथा साइरिन के मागास, तथा एपीरस के अलेक्जेंडर के दरबारों में अपने धर्म-महामात्य (धर्म-राजदूत) नियुक्त किये। साथ ही, उसने मध्य एशिया के खोतन तथा उसके पूर्व के देशों के यहाँ भी अपने धर्म-माहामात्य भेजे। भारत के चोल, चेर, पांड्य राजाओं के दरबारों में भी उसके राज-प्रतिनिधि नियुक्त थे। इन नियुक्तियों का उद्‌देश्य उन-उन देशों की प्रजाओं को, धर्म के मूल तत्त्वों से अवगत करना तथा सदाचार और पवित्रता का प्रचार करना था।

धर्म-प्रचारक : सम्राट् अशोक ने अपने पुत्र महेन्द्र और पुत्री संघमित्रा को लंका तथा बर्मा में धर्म-प्रचार के लिए भेजा। भारत के विभिन्न भागों में तो ये धर्म-प्रचारक काम करते ही थे, वे विदेशों में भी गये। मध्य एशिया, पश्चिमी एशिया तक वे जा पहुँचे। उधर उन्होंने पूर्वी एशिया में, ख़ास तौर से खोतन में प्रवेश किया।

मध्य-पूर्वी एशिया में भारतीय उपनिवेश

काश्मीर के पूर्व-उत्तर की सीमा पर, सिंगक्यांग नामक प्रदेश है। उसमें तारीम, यारकन्द आदि नदियाँ बहती हैं। तारीम अपनी सहायक नदियों को लेकर लोबनोर नामक एक रेगिस्तानी खारे पानी की झील में गिरती है। अशोक के काल में वहाँ आर्यवंशीय ऋषिक (तोखारी) जातियाँ रहती थीं। अशोक ने तक्षशिला के अपराधियों को जेलों से रिहा करके उन्हें वहाँ बसने के लिए भेज दिया। वहाँ उन्होंने भारतीय उपनिवेश क़ायम किये। आर्यवंशीय जातियों में ये भारतीय उपनिवेश खप गये।

अशोक ने वहाँ भी धर्म-प्रचार किया। आगे लगभग एक हज़ार दो सौ वर्ष तक ये भारतीय उपनिवेश वहाँ बने रहे। चीन ने, इस क्षेत्र में बाद में प्रवेश किया। खोतन वहाँ की मुख्य नगरी थी। वह शहर बौद्ध धर्म का एक केन्द्र था।

प्रचार की भाषा : अन्तर्प्रान्तीय सम्पर्क के लिए, अशोक ने पाली भाषा का प्रचार किया। पाली तत्कालीन प्राकृतों के अधिक निकट थी। साथ ही वह, स्वयं पुरानी प्राकृत होने के कारण, अपनी अपेक्षाकृत प्राचीनता के कारण, विभिन्न प्राकृत भाषा-भाषी लोगों के लिए अधिक माननीय और सम्माननीय भी थी। अशोक के काल में पाली राजभाषा तो बन ही गयी, उसने राष्ट्रभाषा का रूप भी धारण कर लिया। अशोक के आदेश पाली में ही लिखे मिलते हैं।

अशोक का साम्राज्य : दक्षिण का कुछ अन्तिम भाग छोड़कर शेष भारतवर्ष में, तथा अफ़ग़ानिस्तान-बलूचिस्तान तक, और उसके आगे उत्तर में, अशोक का साम्राज्य फैला हुआ था। अशोक के धर्मोत्साह ने भारत में सुदीर्घ काल तक शान्ति बनाये रखी तथा विदेशों में भी भारतीय सत्ता तथा प्रभाव (जैसे खोतन में) विस्तृत किया। दुःख की बात यह है कि आगे के शासकों ने उसकी नीति का पालन नहीं किया।

अशोक की महानता इसमें है कि वह न केवल भारतीयों को ऐक्य-सूत्र में बद्ध करना चाहता था, वरन् विश्व-भर को। अहिंसा पर उसका बल, प्रेम और सद्भाव पर उसका ज़ोर, क्या बताता है? मनुष्य के अन्तःकरण की उदात्त वृत्तियों को प्रोत्साहित करके और उन्हें सक्रिय बनाकर, वह विश्व-शान्ति, विश्व-मैत्री और बन्धु-भाव द्वारा मानव एकता प्रतिष्ठित करना चाहता था। इसीलिये 'धर्म-प्रचार' उसका अद्वितीय विलक्षण प्रयोग था, जिसने उसे पूरे विश्व के इतिहास में अमर बना दिया। साथ ही, उसका यह परिणाम भी हुआ कि बौद्ध धर्म के सूत्र में बँधकर, अनेकानेक देशों के लिए भारत एक पुण्यभूमि, पवित्र भूमि बन गया। उन देशों में भारत की केवल ख्याति ही नहीं बढ़ी, वरन् स्वयं अशोककालीन भारत ने अनेकानेक विदेशी तत्त्व आत्मसात् कर लिए। अशोक का भारत, विश्व का एक ज्योतिस्तम्भ था, यह क्यों भुलाया जाये।

मृत्यु के बाद : अशोक की मृत्यु दयनीय स्थिति में हुई। उसका खज़ाना ख़ाली हो गया। निरन्तर दान ने, तथा निर्माण ने, धर्म-प्रचार में लगनेवाले व्यय ने, उसे कंगाल बना दिया। उसके उत्तराधिकारी असन्तुष्ट हो उठे। असन्तुष्ट उत्तराधिकारियों से स्वार्थग्रस्त राज-कर्मचारियों ने साँठ-गाँठ की।

किन्तु उसे कोई पश्चात्ताप नहीं था। आदमी के सामने दो ही रास्ते हैं—या तो वह सच्चा मनुष्य बने या पशु। उसने पशुत्व से इनकार कर दिया था। अपनी उदात्त मानसिक भूमि पर रहकर, उसने ई. पू. 236 वें वर्ष में प्राण त्याग दिये।

अशोक की मृत्यु के कुछ ही वर्षों बाद, प्रतापी मौर्य साम्राज्य सदा के लिए अस्त हो गया। उसके अन्तिम राजा का नाम जानने की भी कोई आवश्यकता नहीं है।

भारत के स्वर्णयुग की रश्मियाँ

गुप्त काल प्राचीन भारत का स्वर्णयुग क्यों कहा जाता है? केवल एक ही उत्तर है—वह यह कि शान्ति, सुरक्षा, सुख और समृद्धि के साथ-साथ, मानव की सृजनशील प्रतिभा ने अपने नये शिखर प्रस्तुत किये। चाहे गणित सिद्धान्त हो चाहे दर्शन, चित्रकला हो चाहे व्यापार—एक बात सर्वत्र दिखाई देती थी। वह है नवीन के प्रति अनुरागपूर्ण उत्साह, और यदि वह सार्थक है तो उसे आत्मसात् करने का प्रयत्न। ब्राह्मण विद्वान् बौद्धों की युक्तियाँ लेकर उन्हीं के द्वारा उन्हीं की विचारधारा का खंडन करते। ठीक इसी प्रकार, बौद्ध शास्त्री अपने नये तर्कशास्त्र का विकास करते जाते। जो भी नवीन ग्रहण किया जाता वह इतना आत्मसात् कर लिया जाता कि व्यक्तित्व के अभिन्न अंग के रूप में प्रस्तुत होता। किन्तु, नवीन विदेशी नवीन नहीं था। वह भारतीय व्यक्तित्व की उपज थी। शोध, अनुसन्धान, ज्ञान-व्यवस्था का निर्माण, उन दिनों की विशेषता थी—चाहे वह शल्य-चिकित्सा हो, चाहे धर्म। दूसरी विशेषता यह थी कि उस काल में धार्मिक कलह का नाम भी नहीं था। ईसा की चौथी-पाँचवीं सदी की बात है यह।

हमारे विद्वान् विचारक कितनी साहसपूर्ण मान्यताओं को जन्म देते थे, इसके हम दो-एक उदाहरण देंगे। ज्योतिर्विद ब्रह्मगुप्त ने यह सिद्धान्त स्थापित किया कि 'प्रकृति के नियम के अनुसार ही समस्त वस्तुएँ पृथ्वी पर गिरती हैं, क्योंकि पृथ्वी का स्वभाव वस्तुओं को आकर्षित करना और रखना है।' क्या उक्त सिद्धान्त मूलतः पाश्चात्य वैज्ञानिक न्यूटन के गुरुत्वाकर्षण नियम के समान नहीं है? यूरोप जब पृथ्वी को चपटी मान रहा था, हमारे यहाँ वह गोल मानी जाती थी। वह अपने अक्ष पर घूमती भी थी। उसका व्यास भी निकाला जा चुका था।

शास्त्र : भारत अपने प्रसिद्ध गणितशास्त्री और ज्योतिर्विद आर्यभट्ट को कभी भी नहीं भूल सकता। आर्यभट्ट ने दशमलव पद्धति का उपयोग किया। वर्गमूल और घनमूल निकालने के तरीक़े खोज निकाले। ज्योतिर्विदों में बराहमिहिर और ब्रह्मगुप्त का नाम भी अमर है।

साहित्य : कालिदास का नाम जो नहीं जानता, उसे अशिक्षित समझा जायेगा। वह इसी काल में हुआ था। वह, सम्भवतः, चन्द्रगुप्त (द्वितीय) विक्रमादित्य के दरबार

में था। उसके प्रसिद्ध ग्रन्थ हैं : 'अभिज्ञान शाकुन्तल' और 'मालबिकाग्निमित्र'। ये नाटक हैं—उसने दूसरे भी नाटक लिखे। काव्यों में उसका 'मेघदूत' और 'रघुवंश' सर्वाधिक प्रसिद्ध हैं। उसकी संस्कृत भाषा प्रांजल, सरल और कोमल है।

कवि भारवि कृत 'किरातार्जुनीय' काव्य, विशाखदत्त कृत 'मुद्राराक्षस' नामक नाटक, सुबन्धु कृत 'वासवदत्ता', अमरसिंह कृत 'अमरकोष' (यह एक बृहद् शब्दकोष है), 'पंचतन्त्र' तथा 'हितोपदेश'—इसी युग की रचनाएँ हैं। इनके सिवाय, और भी कई हैं, उदाहरणतः, दंडीकृत 'दशकुमार चरित'।

'पंचतन्त्र' और 'हितोपदेश', जो किसी विष्णुशर्मा द्वारा लिखे गये थे, बहुत लोकप्रिय ग्रन्थ थे।

गुप्त सम्राट् संस्कृत भाषा के भक्त थे। उन्होंने उसे अत्यधिक प्रोत्साहन दिया। नतीजा यह हुआ कि प्राकृत भाषाएँ अधिक उन्नति न कर सकीं, यद्यपि थोड़ी-बहुत रचना उनमें भी होती रही।

कला : मूर्ति कला में जिसे गान्धार शैली कहा जाता है, अब उसका पूरा लोप हो गया। उसके स्थान पर अब उसमें पूर्णतः भारतीय शैली का आविर्भाव हुआ। विष्णु, कृष्ण, देवी के मुखों पर जो तेज और सौन्दर्य है, उसी से पता चल जाता है कि यह एकदम नयी शैली है, जो पूर्णतः भारतीय है। देवी-देवताओं की जो मूर्तियाँ इस काल में बनीं, उनमें भारतीय कला-शैली स्पष्टतः परिलक्षित होती है। इस काल में, चित्रकला ने विशेष उत्कर्ष किया। अजन्ता और एलोरा आदि गुफा-मन्दिरों में जो चित्र आज भी सारे कला-प्रेमी जगत का ध्यान अपनी ओर खींचे हुए हैं, वे गुप्त काल में ही बने थे। गुप्त सम्राट् संगीत के बहुत प्रेमी थे। समुद्र-गुप्त तो विशेषतः संगीत का विज्ञ था। गुप्त काल में, इस कला की भी उल्लेखनीय उन्नति हुई। भवन-निर्माण कला ने भी उत्कर्ष किया।

व्यापार-व्यवसाय : गुप्त काल में विदेशों से भारत का सम्बन्ध बराबर बना रहा। पश्चिम में रोमन साम्राज्य से और पूर्व में पूर्वी द्वीप समूह से खूब व्यापार होता था। भारत के विभिन्न स्थानों में रोमन मुद्राएँ प्राप्त हुई हैं, इससे यही सूचित होता है।

संस्कृति का प्रसार : भारतीय संस्कृति तो अशोक के काल से ही विदेशों में फैल रही थी। गुप्त काल तक आते-आते अब वह मध्य एशिया से लेकर चीन तक और दक्षिण-पूर्वी एशिया में फैल गयी। दक्षिण-पूर्वी एशिया में, पहले जो भारतीय उपनिवेश थे, अब वे साम्राज्यों का रूप धारण करने लगे। बौद्ध मत के अतिरिक्त अब वहाँ वैष्णव और शैव मत भी फैलने लगा। वहाँ के विहारों और मन्दिरों के निर्माण में भारतीय कला की छाया दिखाई देने लगी। जावा, सुमात्रा, हिन्दचीन, बोर्नियो, अनाम आदि देशों में जो सांस्कृतिक प्रसार हुआ, उसमें दक्षिण भारतीय राज्यों का भी हाथ था।

धार्मिक अवस्था : इस युग में कहीं भी धार्मिक कलह नहीं थी। गुप्त सम्राट् वैष्णव थे। किन्तु, वे अन्य धर्मों के प्रति बहुत उदार थे। उनके राज-कर्मचारियों में बहुत से शैव और बौद्ध थे। किन्तु राजाश्रय केवल ब्राह्मण धर्म को ही था।

एक ही परिवार के सदस्य कभी-कभी भिन्न धर्मानुयायी होते। राजा शान्ति-मूल स्वयं वैदिक [धर्म] को माननेवाला था किन्तु उसकी बहुएँ, बहनें और लड़कियाँ बौद्ध धर्म को मानती थीं। गुप्त वंश में भी कई सम्राट् बौद्ध हुए। सम्राट् कुमारगुप्त के दो लड़कों में से एक पुरगुप्त बौद्ध था, स्कन्दगुप्त वैष्णव था। परवर्ती मगधराज वेनगुप्त स्वयं वैष्णव था, किन्तु उसने महायान सम्प्रदाय के वैवर्तक संघ को आर्थिक सहायता दी थी। वैष्णव गुप्त सम्राटों के दान से नालन्दा विश्वविद्यालय चलता था, यह विश्वविद्यालय बौद्धों का था।

यद्यपि आपेक्षिक रूप से बौद्ध धर्म सिकुड़ गया था, फिर भी कौशाम्बी, सारनाथ, मथुरा, काँची (दक्षिण भारत), वलभी (सौराष्ट्र) में बड़े-बड़े बौद्ध विहार थे, जहाँ हज़ारों की संख्या में बौद्ध भिक्षु रहते। सम्राट् चन्द्रगुप्त द्वितीय परम भागवत थे, किन्तु उन्होंने अपने पुत्रों की शिक्षा के लिए वसुबन्धु नामक एक महान् बौद्ध आचार्य को नियुक्त किया था। ये वसुबन्धु वही थे, जिन्होंने बौद्धों के पृथक् तर्कशास्त्र का विकास किया। उनके अतिरिक्त, असंग, बुद्धघोष, दिङ्नाग, धर्मकीर्ति आदि प्रसिद्ध आचार्य हुए, जिन्होंने बौद्ध धर्म की कीर्ति को बढ़ाया।

दार्शनिक उत्थान : इस युग में, चमत्कारपूर्ण रूप से, एक के बाद एक महान् दार्शनिक होते चले गये। सब ओर, विचार-विनिमय, स्वतन्त्र, चिन्तन, शास्त्रार्थ और साहसपूर्ण निष्कर्षों का वातावरण था। उस युग में दार्शनिक विषयों का गहन मंथन हुआ।

सांख्य दर्शन ने विशेष विकास किया। ईसा की चौथी सदी में, ईश्वरकृष्ण नामक पंडित ने 'सांख्यकारिका' लिखी। न्यायसूत्रों की मीमांसा करते हुए कात्यायन ने एक भाग लिखा जिसमें बौद्धों के योगाचार और माध्यमिक नामक दो समुदायों की दार्शनिक युक्तियों का खंडन किया गया। उसी प्रकार वैशेषिक दर्शन के प्राचीन सूत्रों की व्याख्या करते हुए 'पदार्थ-धर्म-संग्रह' नामक एक महत्त्वपूर्ण ग्रन्थ लिखा गया।

बौद्ध सम्प्रदाय तब तक न केवल महायान और हीनयान नामक दो सम्प्रदायों में बँट गया था, वरन् दर्शन के क्षेत्र में भी अनेक सम्प्रदाय क़ायम हो गये थे। हीनयान सम्प्रदाय की उन्नति में बुद्धघोष नामक विद्वान् का बहुत बड़ा हाथ था। महायान सम्प्रदाय के दो भाग हो गये थे—माध्यमिक और योगाचार। आर्यदेव ने, जो नागार्जुन का शिष्य था, 'चतुःशतक' नामक एक प्रसिद्ध दार्शनिक ग्रन्थ लिखा।

योगाचार सम्प्रदाय के विकास में असंग का बहुत बड़ा हाथ था। असंग प्रकांड पंडित था। भारतीय दर्शनशास्त्र का उसे उत्तम ज्ञान था। असंग और उसके भाई वसुबन्धु ने बौद्ध दर्शनशास्त्र का अत्यधिक विकास किया। यह वही वसुबन्धु था,

जिसको चन्द्रगुप्त ने अपने राजकुमारों के अध्ययन के लिए शिक्षक नियुक्त किया था। आचार्य असंग, वसुबन्धु, दिङ्नाग आदि महान् बौद्ध विद्वान् हुए, जिन्होंने गुप्त युग के बौद्धिक उत्कर्ष को ऐतिहासिक बना दिया। खेद है कि दिङ्नाग के ग्रन्थ प्राप्त नहीं हो पाते, केवल उनके कुछ चीनी और तिब्बती अनुवाद मिलते हैं।

भागवत धर्म में अभी राम-भक्ति शुरू नहीं हुई थी। ईसा की छठी सदी के बाद कहीं उसका आरम्भ हुआ। वासुदेव कृष्ण ही परम देवता थे। वे विष्णु के अवतार थे।

गुप्त काल के कुछ देवालय अभी भी मिलते हैं। ग्वालियर के समीप पद्मावती स्थान पर यक्ष का मन्दिर व राजगिरि में मणिनाग का मन्दिर। विभिन्न अवतारों में से वाराह और कृष्ण अधिक लोकप्रिय थे।

दक्षिण में पुंड्रवर्धन और ऐरन में वाराह के मन्दिर हैं। गुप्त काल के पूर्व, सूर्य का एक मन्दिर सिर्फ़ मुलतान में था। अब सूर्य मन्दिर ग्वालियर, इन्दौर व बघेलखंड में भी बनाये गये। अनेक स्थानों पर शिव के मन्दिर भी थे।

इस युग में शैव धर्म का भी अभ्युत्थान हुआ। वैसे भी, वाकाटक तथा मारशिव नागवंशी नरेश शैव था। हूण राजा मिहिरगुप्त शैव बन गया था। सब धर्म, एक-दूसरे से शास्त्रार्थ और स्पर्धा करते हुए भी, एक-दूसरे से सीखते थे।

राजनीतिक व्यवस्था : गुप्त सम्राट् पूर्वकालीन राजाओं की भाँति, निरंकुश स्वेच्छाचारी शासक थे। ईसा की तीसरी सदी बाद, अब उनमें 'देवता के गुण' भी पाये जाने लगे। उनकी उपाधियाँ लम्बी-चौड़ी होने लगीं। राजतन्त्र स्वेच्छाचारी होने पर भी, समाज की विभिन्न संस्थाओं-संगठनों को उसी प्रकार स्वायत्त शासन प्राप्त था, जैसा कि पहले से चला आया था। राजा प्रजावत्सल थे। जनता सुखी थी। प्रशासन तन्त्र लम्बा-चौड़ा हो गया था। राज-कर्मचारियों के नये पद-नाम निकल आये थे। 'महाबलाधिकृत' (मुख्य सेनाध्यक्ष), 'महादंडनायक' (सुरक्षा व्यवस्थापक), 'सन्धिविग्रहिक' (शान्ति तथा युद्ध सम्बन्धी निर्णय करनेवाला), इत्यादि। साम्राज्य में सर्वत्र शान्ति तथा सुख विद्यमान था।

प्राचीन भारत के विश्वविद्यालय

भारतीय संस्कृति की कीर्ति के चारों ओर प्रसारित करने में हमारे प्राचीन विश्वविद्यालयों ने बड़ा काम किया। तभी तत्कालीन शास्त्र तथा विज्ञान वहाँ पढ़ाये जाते, किन्तु उनका मुख्य बल धर्म तथा दर्शन पर ही था। इन विश्वविद्यालयों का ज्ञान प्राप्त करने से, हमें तत्कालीन भारतीय संस्कृति की क्षमताएँ और सीमाएँ दोनों का ज्ञान हो जाता है।

प्राचीन भारत में ज्ञान और ज्ञानी को उचित सम्मान प्राप्त होता था। ज्ञान-प्रदान का कार्य ब्राह्मणों के हाथ में था। वे गुरुकुलों तथा आश्रमों में शिक्षा प्रदान करते। ये आश्रम, साधारणतः, (किन्तु इसके अपवाद भी हैं) वनों में रहते।

शिक्षा प्राप्त करने का अधिकार केवल द्विजाति को था। ब्राह्मण, क्षत्रिय और वैश्य अपने पुत्रों को गुरुओं के पास भेजते। प्रारम्भ में, शिक्षा का अधिकार स्त्रियों को भी था।

किन्तु ज्यों-ज्यों राज्यसत्ता का विकास होता गया, त्यों-त्यों स्त्रियों के अधिकार कम होते गये। स्त्री पति की व्यक्तिगत सम्पत्ति बनती गयी। उसकी स्वतन्त्रता का भी क्रमशः लोप होता गया। गुप्त काल में, अर्थात् ईसा की चौथी सदी में, स्त्री-स्वातन्त्र्य बहुत-कुछ लुप्त हो गया था। फिर भी स्त्री-शिक्षा की प्राचीन परम्परा किसी-न-किसी अंश में बनी हुई थी।

शूद्रों को शिक्षा का अधिकार बिलकुल नहीं था। उन्हें न केवल अज्ञान के अन्धकार में रखा जाता, वरन् उनमें से कोई महत्त्वाकांक्षी व्यक्ति यदि उसे प्राप्त करने का प्रयत्न करता तो उस पर अत्याचार किये जाते। शूद्रों की संख्या हर्ष काल तक आते-आते बहुत बढ़ गयी थी। भारतीय जन-समाज में, संख्या की दृष्टि से, वे कम नहीं थे। सारा सेवा-कार्य, सब व्यवसाय, वे ही करते। शिल्पी शूद्र ही था, कृषक भी। ये सब अज्ञान के अन्धकार में पड़े हुए थे। जो भी ज्ञान उनके पास था, वह केवल व्यवसाय-सम्बन्धी था। व्यावसायिक शिक्षा का कोई समुचित प्रबन्ध नहीं था। कला-कारीगरी की तालीम दूकान या कर्मशाला या खेत में बैठकर ही प्राप्त की जा सकती थी। संक्षेप में, जिसे हम उच्चतर शिक्षा कहते हैं, उससे शूद्र वंचित रहा।

इसका दूसरा परिणाम यह हुआ कि वस्तुओं के उत्पादन से सम्बन्धित समस्याओं पर भारत के सुविकसित मस्तिष्क विचार नहीं कर सके, ऐसे मस्तिष्क जो सिद्धान्तों पर सोचा करते हैं। उच्चतर शिक्षा के अभाव में, शिल्पी शूद्र, उच्च धनिकवर्गीय अभिरुचि को तृप्त करने के लिए सुन्दर-से-सुन्दर वस्तुएँ बनाता। किन्तु, उनके निर्माण की प्रक्रियाओं को जानते हुए भी, वह उन प्रक्रियाओं में समाए हुए वैज्ञानिक सिद्धान्तों का आविष्कार न कर सका, उन सिद्धान्तों को खोज नहीं पाया। फलतः उच्चतर शिक्षा के अभाव में, शिल्पी शूद्र के पास सूक्ष्म और अमूर्त चिन्तन की शक्ति नहीं रही!! उधर, सूक्ष्म और अमूर्त बौद्धिक चिन्तन की प्रतिभा रखनेवाले मनीषी उत्पादन की प्रक्रियाओं और उत्पादन के केन्द्रों से बहुत दूर थे। उनमें और शिल्पी शूद्र में बहुत फ़ासला था।

हाँ, यह सही है कि हमारे यहाँ विज्ञान का भी विकास हुआ। किन्तु यह विकास-क्रम बहुत संक्षिप्त है। साथ ही, शिल्प-कार्य की पद्धतियों के सम्बन्ध में हमारे यहाँ ग्रन्थ-रचना नहीं हो सकी। पुराना रंग-मिश्रण किन वस्तुओं से किस प्रकार होता था, दुर्ग-निर्माण किस विधि तथा पद्धति से होते थे—इत्यादि व्यावहारिक बातों के सम्बन्ध में हमारे यहाँ ग्रन्थ-रचना न होने के फलस्वरूप बहुत-सी पुरानी निर्माण-विधियाँ और विद्याएँ लुप्त हो गयीं। आज हम प्राचीन कला-कृतियों को देखकर केवल आश्चर्य ही कर सकते हैं, और कुछ नहीं! वे कला-कृतियाँ इतनी स्थायी और सुन्दर हैं कि इच्छा होती है कि हम उनकी निर्माण-विधियों को जानें। लेकिन जान नहीं पाते। ऐसा क्यों हुआ?

इसके दो कारण थे। एक तो उच्चवर्गीय शिक्षित वर्ग निर्माण-कार्य से बहुत दूर था; और दूसरी ओर, निर्माण-कार्य करनेवाले लोग उच्चतर शिक्षा से बहुत [दूर] थे। एक ओर महान् प्रतिभाशाली ज्ञानी थे—वे स्वयं ज्ञान के शिखर थे तो दूसरी ओर शेष जनता अपढ़ थी, वह अज्ञान के अन्धकार में डूबी हुई थी। फलतः, उच्च वर्गों में सूक्ष्म-से-सूक्ष्म और ऊँचे-से-ऊँचे दार्शनिक विचार पाये जाते थे, तो दूसरी ओर, अपढ़ लोगों में जादू-टोना, तन्तर-मन्तर, भूत-पिशाच-पूजा भी प्रचलित थी।

प्राचीन शिक्षा का ध्येय : शिक्षा का ध्येय ज्ञान-दान तथा चरित्र-निर्माण—दोनों एक साथ थे। सांस्कृतिक तथा नैतिक परम्पराओं को जारी रखना उनका प्रमुख लक्ष्य था। उन दिनों गुरु चरित्रवान थे तथा शिष्य भी। गुरु-शिष्य-सम्बन्ध आज से भिन्न था। गुरु मार्गद्रष्टा था। शिष्य को उसके प्रति श्रद्धा रखना और उसकी सेवा करना आवश्यक था।

पाठ्यक्रम : पाठ्यक्रम में वैदिक साहित्य, दर्शनशास्त्र, तर्कशास्त्र, व्याकरण और उनके अतिरिक्त, शस्त्रविद्या, चिकित्सा तथा प्रशासन की कला भी शामिल थी। पूरा पाठ्यक्रम लगभग 12 वर्ष का होता है। शिक्षण-पद्धति के अन्तर्गत, पठन, पुनरावृत्ति, स्मरण, वाद-विवाद और शास्त्रार्थ भी सम्मिलित थे।

तक्षशिला : प्राचीन काल के गान्धार देश में तक्षशिला विश्वविद्यालय का बड़ा नाम था। अनेक देशों और प्रान्तों के विद्यार्थी वहाँ पढ़ने आते थे। वहाँ 68 विषय पढ़ाये जाते थे। धनिक वर्ग के विद्यार्थी फ़ीस चुकाते। ग़रीब वर्ग के विद्यार्थी सेवा करते। वहाँ कई हज़ार विद्यार्थी पढ़ते और सैकड़ों विख्यात शिक्षक थे। कई इतिहास प्रसिद्ध पुरुषों ने वहाँ शिक्षा ग्रहण की। तक्षशिला भारत का प्राचीनतम विश्वविद्यालय है। यह ईसा के जन्म के 700 साल पहले प्रारम्भ हुआ और ईसा के जन्म के 300 साल पहले तक विद्यमान था।

वाराणसी : तक्षशिला के लुप्त हो जाने पर, वाराणसी विद्या का विशाल केन्द्र हुआ। वहाँ ब्राह्मण साहित्य तथा संस्कृत विद्या पढ़ाई जाती।

नालन्दा : गुप्त काल में नालन्दा विश्वविद्यालय की स्थापना हुई। पटना के निकट बरगाँव नामक स्थान पर वह स्थापित किया गया था। यह महायानपंथी बौद्ध विश्वविद्यालय था। इस विश्वविद्यालय में व्याख्यानों, अध्ययन-गोष्ठियों, विचार-विनिमयों, वाद-विवादों तथा शास्त्रार्थ द्वारा शिक्षा दी जाती थी। यहाँ बौद्ध मत के सभी विचार-सम्प्रदायों के अतिरिक्त, मन्त्र-विद्या, ज्योतिष पढ़ाया जाता था।

यह एक अत्यन्त भव्य और विशाल विश्वविद्यालय था। इसमें लगभग 10 हजार शिक्षक तथा विद्यार्थी थे। शिक्षकों की संख्या एक हजार से ऊपर थी। उनमें बौद्ध धर्म के महान् विद्वान्, जैसे धर्मकीर्ति, शीलभद्र, शान्तरक्षित, पद्मसम्भव तथा गुणमति विद्यमान थे।

नालन्दा का खर्च अनेक राजाओं, धनिक व्यापारियों तथा सुमात्रा जैसे दूर-दूर के देशों की सहायता से चलता था। विश्वविद्यालय के पास अपने खर्चे के लिए 200 से अधिक गाँव थे।

शान्तरक्षित तथा पद्मसम्भव जैसे लोग, आगे चलकर, तिब्बत में बौद्ध धर्म का प्रचार करने गये। उसी प्रकार नालन्दा में विदेशों से आये हुए लोगों में त्रिपिटकाचार्य, हुएनत्सांङ, ह्वुएनचिङ, ह्वुली, तांग, ताओ सिङ्, आर्यवर्मन तथा पुद्धधर्म जैसे महान् पंडित थे।

नालन्दा में ज्योतिष की पढ़ाई के लिए छोटी-बड़ी वेधशालाएँ भी थीं, अनेक ग्रन्थालय थे। ग्रन्थों की संख्या लगभग एक लाख थी।

वलभी : मैत्रक वंश के राजाओं ने अपने यहाँ (सौराष्ट्र में) बौद्ध मत तथा अन्य पन्थों के अध्ययन के लिए, वलभी विश्वविद्यालय स्थापित किया। इसमें अन्य विषय भी पढ़ाये जाते थे। इसके पास बहुत बड़ा ग्रन्थालय था।

विक्रमशिला : यह उत्तरी मगध में स्थित था। इसमें तिब्बती बौद्ध धर्म का अध्ययन होता था। इस विश्वविद्यालय ने अपने अनेक पंडित धर्म-प्रचार के लिए तिब्बत भेजे थे। तिब्बत में भारतीय संस्कृति के विस्तार में विक्रमशिला विश्वविद्यालय का बहुत योगदान है।

ओदान्तपुरी : विक्रमशिला विश्वविद्यालय पालवंश के राजाओं ने खुलवाया था। उसी प्रकार, आठवीं सदी में उन्होंने पाटलिपुत्र के निकट ओदान्तपुरी में एक विशाल शिक्षा-केन्द्र स्थापित किया। यहाँ तान्त्रिक साहित्य का विशेष रूप से अध्ययन होता था।

जागरल : यह विश्वविद्यालय थोड़े दिनों तक रहा। बंगाल के राजा रामपाल ने इसे वरेन्द्र प्रदेश में गंगा और करतोय नदी के संगम पर बनवाया था।

इन विश्वविद्यालयों ने भारतीय सांस्कृतिक परम्परा को जीवित रखा; उसका प्रसार किया। साथ ही, उन्होंने भारतीय आदर्श, जीवन-नीति, अर्थात् भारतीय संस्कृति का प्रचार-प्रसार दूर-दूर के देशों में किया।

ये गुरुकुल धर्म तथा दर्शन के केन्द्र थे। औद्योगिक कलाएँ यहाँ नहीं सिखायी जाती थीं। शिल्पी-श्रेणी-संघ में ही व्यक्ति को औद्योगिक कला (कार्य तथा अनुभव द्वारा) सिखायी जाती थी।

मुख्य दोष : अपनी सारी उच्चता और श्रेष्ठता के बावजूद, उस काल की शिक्षा-व्यवस्था में बहुत बड़ा दोष यह था कि सामान्य जनता इन विश्वविद्यालयों का लाभ नहीं उठा पाती थी। एक ओर प्रकांड विद्वत्ता के नभ-चुम्बी शिखर थे, तो दूसरी ओर अपढ़ और निरक्षर जनता का व्यापक समुदाय था। इन विश्वविद्यालयों में औद्योगिक कलाएँ नहीं पढ़ाई जाती थीं। सूक्ष्म बौद्धिक चिन्तन को, औद्योगिक कला के लक्ष्यों से समन्वित नहीं किया गया। फलतः, हमारे यहाँ विज्ञान का सर्वांगीण तथा उत्तरोत्तर विकास नहीं हो सका—विज्ञान के विकास की परम्परा हमारे यहाँ नहीं बन पायी।

मध्य युग तक आते-आते पुराने विश्वविद्यालय नष्ट हो गये। पाठशालाएँ मन्दिरों में कायम हुईं। शिक्षा तथा ज्ञान दोनों रूढ़िबद्ध हो गये। विचार-स्वातन्त्र्य नष्ट हो गया। सारा ध्यान संस्कृत की शिक्षा की ओर था। फलतः, प्राकृत तथा अपभ्रंश भाषाओं का व्यापक अध्ययन नहीं हो पाया।

लोकोन्मुख शिक्षा-पद्धति के लिए, विज्ञान-प्रमुख शिक्षा-व्यवस्था के लिए, भारत को आधुनिक काल के उदय की प्रतीक्षा करनी थी। सो, उसने की।

मौर्यकालीन सामाजिक-सांस्कृतिक प्रक्रियाएँ

सामाजिक प्रक्रियाएँ, कठोरतापूर्वक, काल-खंडों में नहीं बाँटी जा सकतीं। वे किसी युग के पहले से शुरू होकर उसके अन्त के बाद भी जारी रह सकती हैं, रहती हैं। किन्तु, जहाँ से वे स्पष्टतः दृष्टिगत और प्रभावशाली हो उठती हैं, उन्हें उस काल-खंड की विशेषता समझा जाता है। निरंकुश स्वेच्छाचारी राजतन्त्र के विकास की प्रवृत्ति मौर्य-युग से पहले की है, किन्तु इस युग में वह स्पष्टतर प्रभावशाली हो उठी है। उसी प्रकार, पौराणिक धर्म का अभ्युत्थान मौर्य युग के पूर्व से शुरू होकर, उसके बहुत बाद तक चलता रहा। इस बीच, ब्राह्मणों और बौद्धों में बहुत-कुछ आदान-प्रदान हुआ। इन सबकी एक झलक यहाँ देने का प्रयत्न किया गया है।

मौर्य काल की सामाजिक प्रक्रियाएँ

मौर्य काल में निरंकुश स्वेच्छाचारी राजतन्त्र का सम्पूर्ण विकास हुआ। सारी राजनैतिक सत्ता राजा के पद में समाहित हो गयी।

समाज की विभिन्न संस्थाओं, संगठनों, संघों, जातियों को स्वायत्त शासन प्राप्त था। सारी जनता इन संगठनों में बँधी हुई थी। ये संगठन अपने-अपने रूढ़ि-नियमों द्वारा कार्य करते थे। औद्योगिक उत्पादन के लिए भी भिन्न-भिन्न शिल्पी-संघ थे। एक-एक व्यवसाय के लिए एक-एक शिल्पी-संघ। इन संघों और संगठनों, बिरादरियों और जातियों के रूढ़ि-नियमों को धार्मिक तथा राजकीय मान्यता मिल चुकी थी। उनके स्वायत्त शासन में राजा का कोई हस्तक्षेप न होता।

साथ ही, जनता भी राजा के कार्य में कोई हस्तक्षेप नहीं कर सकती थी, यहाँ तक कि वह उसको विधिपूर्वक प्रभावित नहीं कर सकती थी। सारी राजनैतिक सत्ता राजा के हाथ में केन्द्रित हो गयी थी।

फलतः, समाज के उच्च वर्ग—राजन्य वर्ग और सामान्य जन—इन दो के बीच खाई पड़ गयी थी। शिक्षा तथा संस्कृति उच्च वर्गों के हाथ में थी, जनता निरक्षर तथा देश-कार्य से उदासीन हो गयी थी—'कोउ नृप होहु हमहिं का हानी' वाली नीति, जन-मान्य थी।

फलतः, एक ओर आक्रान्ता (विदेशी आक्रान्ता भी) जन-संहार करता था, नगरों को ध्वस्त करता था, तो दूसरी ओर समीपवर्ती क्षेत्रों में किसान धैर्य और शान्तिपूर्वक अपना हल चलाता था। सामान्य जनता वंश-परम्परागत रूप से, विशेष जातीय-सामाजिक

शिल्पिक संघों, संस्थाओं और पंचायतों के प्रति, निष्ठावान तथा धर्म और रूढ़ि के प्रति तो निष्ठावान थी—क्योंकि उन्हीं के बीच और उन्हीं के अनुशासन में उसे कार्य करना पड़ता था; किन्तु, अपने प्रदेश या देश के प्रति उसका कोई अनुराग नहीं था। सारा देश-कार्य उसने अपने राजाओं और सामन्तों को सौंप रखा था और दोनों एक-दूसरे के कार्य में हस्तक्षेप नहीं करते थे।

फलतः, विदेशी आक्रमणकारियों का प्रतिरोध जनता द्वारा नहीं हुआ। वह जिस खुशी से अपने सामन्त या राजा के अधीन कार्य करती थी, उसी खुशी से वह विदेशी शासन के अधीन कार्य करती रहती थी। बशर्ते कि (अ) उसके सामाजिक-आर्थिक रूढ़ि-बद्ध स्वायत्त शासन में कोई हस्तक्षेप न करे, (ब) और उसकी धर्म-भावना पर आघात न करे।

राजन्य वर्ग और जन-साधारण—इन दो की ये महत्त्वपूर्ण विशेषताएँ इतनी भयानक हो उठीं कि देश अनेक बार विदेशी शक्तियों का शिकार हुआ, नयी-नयी सामाजिक समस्याएँ उठ खड़ी हुईं।

यह व्यवस्था, थोड़े-बहुत परिवर्तनों के साथ, दो हज़ार साल से ज़्यादा समय तक चली। जब अंग्रेज़ भारत में आये तब उन्होंने इस व्यवस्था को नष्ट कर दिया।

शिल्पी-संघ

एक-एक व्यवसाय के लिए, एक-एक शिल्पी-संघ का अभ्युदय और उत्कर्ष हुआ। इन संघों के आर्थिक-सामाजिक व्यवहार उनके अपने नियमों के अनुसार होते। क्रमशः, इन्हीं शिल्पी-संघों से पेशेवर जात-बिरादरियों का विकास हुआ।

शिल्पी-संघों के फलस्वरूप उत्पादन में अभूतपूर्व वृद्धि हुई। देश के उच्च वर्गों की बढ़ती हुई आवश्यकताओं की पूर्ति के लिए, भिन्न-भिन्न नगरों में बड़े-बड़े व्यवसाय-केन्द्र खुले। वस्त्रोद्योग का खूब विकास हुआ। रेशमी, ऊनी वस्त्र भी बनाये जाते। सोना-चाँदी, हस्तिदन्त सम्बन्धी कला-कारीगरी का भी उत्कर्ष हुआ। जहाज़-निर्माण के उद्योग का भी विकास हुआ।

वैश्य वर्ग

वैश्य वर्ग अब धनिक हो उठा। वह 'श्रेष्ठिन' कहलाने लगा। सांस्कृतिक प्रभाव भी उसने ग्रहण किया। विभिन्न नगरों में वे शक्तिशाली हो उठे, राजाओं पर भी उनका प्रभाव रहा। अब इस वर्ग के पात्र आख्यानों, कथाओं में भी प्रवेश कर गये। ये साहसी थे। विदेशों में जाते थे। अनेक विदेशी नगरों में उनके मुहल्ले थे। जल-मार्ग तथा स्थल-मार्ग द्वारा विदेशी व्यापार होता। ईरान, यूनान, मिस्र और रोम, तथा पूर्व में चीन, तथा आज के यवद्वीप (जावा), स्वर्णभूमि (ब्रह्मदेश) आदि देशों से व्यापार करते। अन्तर्देशीय व्यापार भी बढ़ा-चढ़ा था।

स्त्रियाँ

सामन्त सभ्यता के अभ्युदय काल में ही, नारी की दशा गिरने लगी। स्त्री, अब पति की सम्पत्ति समझी जाने लगी। दहेज़ प्रथा (आसुर विवाह के अन्तर्गत) जारी हो गयी। साथ ही विवाह के लिए नारियों के विक्रय और क्रय के उदाहरण सामने आये।

फिर भी, प्राचीन परम्पराओं के प्रति अभी भक्तिभाव था, उसके कारण नारी जाति को कुछ स्वतन्त्रता भी थी।

अस्पृश्यता

अस्पृश्यता ज़ोरों से शुरू हो गयी थी। अस्पृश्य बस्ती के बाहर रहते। उनकी छाया देह पर गिरने पर स्नान आवश्यक हो गया था। प्रातःकाल किसी भी शूद्र का दर्शन पाप माना जाता।

दास-प्रथा

मेगास्थनीज़ को दास-प्रथा दिखाई ही नहीं दी। वस्तुतः, वह खूब प्रचलित थी। दासों के साथ, मानवोचित व्यवहार होता। दास, पैसा चुकाकर मुक्त हो सकते थे; स्वामी के कार्य से छुट्टी होने पर, वे अपना खुद का धन्धा भी कर सकते थे।

मौर्य शासन की देन

मौर्यों ने अखिल भारतीय प्रशासन-यन्त्र तैयार किया। यह उनकी बहुत बड़ी देन थी। इससे राज-कर्मचारियों का प्रशिक्षित और अनुभवी वर्ग निकल आया। राज-कर्मचारियों को समय पर वेतन दिया जाता।

खेती-वाणिज्य

मौर्य राजाओं के राज-नियम कृषकों के अनुकूल थे। राजा सिंचाई की व्यवस्था के लिए, तालाबों, कुओं और मकानों की मरम्मत के लिए, किसानों को, राजस्व कर में तीन से पाँच वर्षों तक की छूट देता। मौर्य राजा शिल्पी-संघों को भी प्रोत्साहन देते। किन्तु, व्यापारी वर्गों के अवैध कार्यों की रोकथाम करते। कारीगरों को अच्छी आय होने लगी थी। वैश्य वर्ग भी मालदार बन गया था। सामान्य जनता को यह अनुभव होने लगा था कि वह नये युग में प्रवेश कर रही है।

मौर्य युग में यह भावना कर ली गयी थी कि राजा या तो ईश्वर का प्रतिनिधि है या ईश्वर का अंश है। अशोक अपने को 'देवानाम् प्रिय' कहलाता ही था।

कला

इस युग में कला तथा शिल्प की विशेष उन्नति हुई। भवन-निर्माण, गुफा-मन्दिर-निर्माण, मूर्ति कला, स्तम्भ-निर्माण, स्तूप-निर्माण ने खूब उन्नति की।

शैल-मालाओं को काट-काटकर गुफा-मन्दिर बनाये गये—इन गुफा-मन्दिरों में तपस्वी जन तपस्या करते। अशोक ने आजीवक सम्प्रदायवालों के लिए उड़ीसा के हाथीगुम्फा में इसी प्रकार एक गुफा-मन्दिर तैयार करवाया था। मौर्य स्तम्भ चुनार के पत्थर के बने हुए हैं। ये पत्थर लगभग गुलाबी-मोतियाँ हैं। उन पर चिकनी दमकती पॉलिश मिलती है। पत्थर पर मोती-जैसी आब है। सारनाथ, प्रयाग, कौशाम्बी और संकिसा (सब उत्तर प्रदेश में हैं) में ये खंडित रूप में प्राप्त होते हैं। इन स्तम्भों के शीर्ष स्थलों पर अनेक पशुओं की मूर्तियाँ हैं जो बहुत ही सुन्दर हैं।

सारनाथ तथा लौरिया नन्दनगढ़ में स्तम्भ-शीर्ष पर सिंहाकृतियाँ हैं। परन्तु, इलाहाबाद और रामपुरवा के स्तम्भों पर बैलों की आकृतियाँ हैं।

बताया जाता है कि अशोक ने भारत-भर में चौरासी हजार स्तूप बनवाये थे। सम्भवतः, अब तक वे नष्ट हो गये और उनमें से कुछ ही बचे हैं—जिनमें साँची का स्तूप बहुत ही सुन्दर है। अशोक की मृत्यु के सात सौ वर्ष बाद, चीनी यात्री फ़ाहियान ने इन स्तूपों में से कइयों को अपनी आँखों से देखा था। वह उनकी कला को देख स्तब्ध और मुग्ध हो उठा था। उसने कन्नौज, अयोध्या, मथुरा, प्रयाग, कौशाम्बी, श्रावस्ती, बनारस, वैशाली और गया तथा अन्य स्थानों के स्तूपों को देखा था। उसने तक्षशिला में भी एक विशाल स्तूप के दर्शन किये थे।

स्तूप गोलाकार होते हैं, वे दूर से गोल पहाड़ीनुमा दिखाई देते हैं। वे ईंट के बने होते हैं। ऊपर से मिट्टी का गहरा पलिस्तर होता है। उसकी प्रदक्षिणा के लिए गोलाकार मार्ग भी होता है। स्तूप के भीतर, मध्य में, तथागत के अवशिष्ट चिह्न रखे जाते हैं।

मौर्य कला में ईरानी तथा यूनानी आदर्शों का प्रभाव है। साथ ही, वह केवल एक व्यक्ति के उद्देश्यों की पूर्ति के लिए निर्मित हुई है। उसमें हमें सामाजिक प्रवृत्तियों अथवा समाज की इच्छाओं की झलक नहीं मिलती।

धार्मिक अवस्था

अशोक के राजस्व काल में बौद्ध धर्म का प्रसार और उत्कर्ष हुआ। किन्तु, साथ-ही-साथ, उनके विभिन्न सम्प्रदायों में दार्शनिक मतभेद उभरकर सामने आ गये। विद्वान् लोग बौद्धों के मूल ग्रन्थ 'त्रिपिटक' का अध्ययन-मनन करते हुए, अनेक मतान्तरों को सामने ले आये। कुछ लोग भगवान बुद्ध की मूर्ति की उपासना करना

चाहते थे—जिससे कि साधारण-जन, हृदय के भक्ति-भाव को, बुद्ध के चरणों में समर्पित कर सकें, और उनके जीवन-उदाहरण को ध्यान में रखकर अपना जीवन पवित्र तथा सदाचारपूर्ण बना सकें। ये नये लोग महासांघिक कहलाये। पुराने स्थविर कहे जाते। स्थविर बुद्ध के मूल उपदेशों से आगे बढ़ना नहीं चाहते थे। फलतः दोनों के बीच खूब विवाद होता रहता।

ब्राह्मण धर्म

यद्यपि मौर्य युग में बौद्धों का उत्कर्ष हुआ, किन्तु ब्राह्मण वृन्द भी प्रभावशाली था। वह राजनीति में भी दिलचस्पी लेने लगा था। बौद्ध साधु स्वयं राजनीति से दूर थे; किन्तु ब्राह्मण पंडितों का अनुराग समाज-संचालन तथा सामाजिक अनुशासन जैसे विषयों पर स्थिर हो गया। उन्होंने इस काल में धर्मशास्त्र का विकास किया।

धर्मशास्त्र

उत्तर-वैदिक काल के अन्त में, समाज का खूब विस्तार हो गया। इसलिए, उसके लिए नियम-उपनियम तैयार करना बहुत आवश्यक था, जिससे समाज के धर्म-कर्म और आचार-विचार ठीक ढंग से चल सकें। धर्मशास्त्र के तीन भाग हैं—गुह्य-सूत्र, श्रौत-सूत्र, और धर्म-सूत्र। गृह्य-सूत्र का सम्बन्ध पारिवारिक समारोहों तथा अनुष्ठानों से है; श्रौत-सूत्रों का सम्बन्ध वैदिक यज्ञों की धार्मिक विधियों से, और धर्म-सूत्र का सम्बन्ध समाज के कानून से है। धर्म-सूत्रों में सर्वाधिक प्रसिद्ध मनुस्मृति है। वह हिन्दुओं का कानून है। मनु हिन्दुओं का सबसे बड़ा धर्मशास्त्री था। बौधायन, (आपस्तम्ब), वशिष्ठ और गौतम उल्लेखनीय धर्मशास्त्री हैं।

सूत्र-ग्रन्थ

सूत्र असल में सार-वाक्य हैं—जिनके अक्षर विशेष बातों के द्योतक होते हैं।

पाणिनि

इस काल में तक्षशिला में एक महापंडित पाणिनि का उदय हुआ। उसने 'अष्टाध्यायी' नामक संस्कृत भाषा का व्याकरण लिखा; उसके व्याकरण में भाषा-शास्त्र के विषयों का भी समावेश था। अष्टाध्यायी सूत्र-पद्धति पर लिखी गयी।

शुंग-सातवाहन काल

महान् संक्रमण युग

ईसा-पूर्व दूसरी सदी के आरम्भ से ईसा-पश्चात् तीसरी सदी के अन्त तक की पाँच शताब्दियाँ राजनैतिक अस्थिरता से पूर्ण हैं। एक ओर, किसी अखिल भारतीय राजसत्ता का विकास नहीं हुआ, दूसरी ओर, बहुतेरी विदेशी जातियाँ एक-के-बाद-एक भारत को वशीभूत करने का प्रयत्न करने लगीं।

फिर भी, यह युग भारत के श्रेष्ठतम काल-खंडों में से है। भारत की सांस्कृतिक प्रतिभा ने विदेशी आक्रमणकारी जातियों को अपने में ऐसा खपा लिया कि आगे वे इतिहास के पन्ने से ही उड़ गयीं।

इसी काल में ब्राह्मण धर्म ने देश-कालानुसार अपने को परिवर्तित करके फिर से प्रभुत्व स्थापित कर लिया। साथ ही, बौद्ध धर्म ने उत्कर्ष और विकास के नये शिखर प्राप्त किये। भारत ने एक-से-एक मेधावी पुरुष उत्पन्न किये, और ज्ञान के क्षेत्र में अभूतपूर्व सफलताएँ प्राप्त कीं।

महान् संक्रमण काल
(शुंग-सातवाहन युग)

अशोक की मृत्यु के लगभग तीस वर्ष पश्चात् ही उत्तर-पश्चिमी सीमान्त पर विदेशी आक्रमण शुरू हो गये थे। लगभग पाँच सौ वर्षों तक, भारत में, इन आक्रमणों के फलस्वरूप, उथल-पुथल होती रही।

यूनानी हमले

चन्द्रगुप्त मौर्य के काल में, उत्तर-पश्चिम सीमान्त के उस पार, सेल्यूकस निकाटॉर का राज्य था। इस यूनानी राजा की मृत्यु के उपरान्त, वह साम्राज्य अनेक भागों में विभक्त हो गया। अशोक की मृत्यु के लगभग 30 वर्ष बाद ही, एन्टीओकस नामक एक यूनानी राजा ने उत्तर-पश्चिमी सीमान्त पर चढ़ाई करके उसका कुछ हिस्सा अपने कब्जे में कर लिया था।

एन्टीओकस के बाद, बैक्ट्रिया (बाल्ख) के राजा डिमिट्रिअस ने भारत पर चढ़ाई की। किन्तु, काबुल का यूनानी राजा मिनैंडर अधिक प्रसिद्ध हुआ। एक तो इसलिए कि वह ज़्यादा ख़ूँखार था, दूसरे यह कि उसने बौद्ध धर्म स्वीकार कर लिया था।

मिलिन्द

मिनैंडर ने मथुरा, साकेत और पाटलिपुत्र पर हमला किया। मगध के सम्राट् पुष्यमित्र ने उसे पाटलिपुत्र से मार भगाया। फिर भी उत्तर-पश्चिमी सीमान्त (अफ़ग़ानिस्तान-बलूचिस्तान) के अतिरिक्त पंजाब, सिन्धु और सौराष्ट्र मिनैंडर के कब्जे में ही रहे।

प्रसिद्ध बौद्ध पंडित नागसेन से वह बहुत प्रभावित हुआ। 'मिलिन्द-पन्हा' (मिलिन्द-प्रश्न) नामक ग्रन्थ में, हमें नागसेन और मिलिन्द का वार्तालाप मिलता है। बौद्ध धर्म मान लेने पर मिलिन्द की कीर्ति दूर-दूर तक फैली।

पार्थियन या पल्लव

ईरान में खुरासान नामक एक प्रान्त है। उसे पहले पार्थिया कहते थे। पार्थिया के राजा मिथ्राडेटीस ने ई. पू. 138 में अर्थात् पुष्यमित्र के अनन्तर पंजाब पर हमला किया था। पार्थियन राज्य पंजाब पर कई दिनों तक रहा, किन्तु शकों या सिथियन लोगों ने आकर उसे नष्ट कर दिया।

शक

शक मध्य एशिया से आकर खुरासान (सिस्तान) में आकर बसे। वे यू-ची नामक जाति के द्वारा भगाये गये थे। उन्होंने ई. पू. 135 के लगभग भारत पर हमले शुरू कर दिये।

शकों ने पंजाब, काश्मीर और सिन्ध पर हाथ साफ़ किया। यहाँ तक कि काठियावाड़ और गुजरात को भी अपने कब्जे में ले लिया। अब उन्होंने मालवा और राजस्थान को भी आतंकित और त्रस्त करना आरम्भ किया। उन्होंने अपने प्रान्तों पर सैनिक प्रान्त-पति नियुक्त किये, जिन्हें वे क्षत्रप कहते थे। ईसा के 90 या 120 साल के बाद आन्ध्र के सातवाहन नृपति गौतमीपुत्र शातकर्णि आदि के हाथों उनकी बहुत क्षति हुई। उधर, पंजाब की आर्य जातियाँ उनसे मौक़े-बे-मौक़े बदला निकाल लेती थीं। शकों में नहपान क्षहराट नामक एक प्रसिद्ध क्षत्रप हुआ, जिसकी बड़ी धाक थी। उनका दूसरा क्षत्रप रुद्रदामन था। इसी रुद्रदामन ने आन्ध्र के सातवाहन राजा

वासिष्ठी-पुत्र पुलुमाया को पराजित किया और उससे पश्चिम के बहुत-से प्रदेश छीन लिए। गुप्त वंश के राजाओं ने उनसे लोहा लिया। 409 ई. में मगध के गुप्त वंश के संस्थापक चन्द्रगुप्त के हाथों शक क्षत्रप रुद्रसिंह की पूर्ण पराजय हुई। फिर भी, उसके बाद के सम्राट् स्कन्दगुप्त को भी उनसे मुठभेड़ करनी पड़ी। धीरे-धीरे वे भारतीय जनता में इतने एकीभूत हो गये कि उनका स्वतन्त्र अस्तित्व कायम नहीं रहा।

यू-ची

जिस यू-ची जाति ने शक जाति को उनके मूल वास-स्थान सर दरिया आमू दरिया के क्षेत्र में से मार भगाया था उसी की एक शाखा कुषाण जाति उत्तर-पश्चिम सीमान्त में बहुत शक्तिशाली हो गयी। 120 ई. में, उन्हीं में के एक प्रतिभाशाली व्यक्ति कनिष्क ने राज्य-भार सँभाला।

कनिष्क

भारतीय इतिहास में कनिष्क का बहुत नाम है। वह बहुत प्रतिभाशाली, महत्त्वाकांक्षी और पराक्रमी राजा था। उसने गान्धार के पुरुषपुर (पेशावर) में अपनी राजधानी रखी। उसके साम्राज्य में मध्य एशिया के सिङ्क्याङ अर्थात् काशगर, खोतन के प्रदेश, काश्मीर, अफ़ग़ानिस्तान और पंजाब के प्रान्त थे। इस प्रकार, कनिष्क ने भारत को मध्य एशिया तथा पश्चिमी एशिया से जोड़ दिया।

दूसरी महत्त्व की बात यह है कि उसने स्वयं बौद्ध धर्म को स्वीकार किया। यही नहीं, उसने अपने यहाँ निखिल-विश्व-बौद्ध-सम्मेलन किया। इसे तृतीय बौद्ध संगीति कहते हैं। भारत के सांस्कृतिक इतिहास में इस संगीति का बहुत महत्त्व है। बौद्ध महापंडित वसुमित्र और अश्वघोष को इस सम्मेलन में निमन्त्रित करके उनके मार्गदर्शन में बौद्ध धर्म-ग्रन्थों की मीमांसाएँ या टीकात्मक ग्रन्थ तैयार करवाये। उन्हें ताम्र-पत्रों पर खुदवाया गया। ये ताम्र-पत्र एक जगह रखकर, उस पर उसने एक स्तूप बनवाया। यद्यपि उसकी प्रेरणा से, बौद्ध धर्म का प्रचार मध्य एशिया तक, पूर्व में चीन तक, ज़ोरों से होने लगा। बृहत्तर भारत की नींव डालनेवालों में से एक कनिष्क भी है। कनिष्क ने, महायान समुदाय का प्रचार किया। इसलिए चीन, कोरिया, जापान आदि में महायान सम्प्रदाय ही है। कनिष्क की दूसरी विशेषता यह थी कि वह सभी धर्मों के प्रति उदारता के भाव रखता था—यहाँ तक कि उसके सिक्कों पर हमें यूनानी, ईरानी व हिन्दू देवताओं की आकृतियाँ मिलती हैं। कनिष्क की स्मृति को अमर बनानेवाले सिर्फ़ दो अवशेष ही आज भारत में हैं। दुःख की बात यह है कि

उनमें से एक, जो मथुरा ज़िले के माठ नामक गाँव में प्राप्त हुआ, वह एक ऐसी मूर्ति है जो है तो कनिष्क की, किन्तु उसका सिर ग़ायब है। दूसरा अवशेष 'शाहजी की ढेरी' में मिला। वह एक स्तूप था। इस स्तूप में एक ताँबे की पेटी मिली। इस पेटी में (1) बुद्ध, (2) ब्रह्मा, (3) व इन्द्र की मूर्तियाँ, और उनके समीप (4) चन्द्र तथा सूर्य (5) और इन दोनों के बीच में, कनिष्क की मूर्ति है। कनिष्क की उपाधि भी 'शाहानुशाहि' थी। यह फारसी के 'शहंशाह' का प्रारम्भिक रूप था।

कनिष्क के पुत्र हुनिष्क ने अपने पिता के साम्राज्य की रक्षा करते हुए भी, शासन-प्रबन्ध सुव्यवस्थित रखा। हुनिष्क के पुत्र, वसुदेव के काल में साम्राज्य दुर्बल हो गया। बाद में, नष्ट हो गया।

कुषाणों के बाद ही भारत में हूणों का आक्रमण शुरू हो गया।

मगध की स्थिति

यह वृतान्त उत्तर-पश्चिमी और पश्चिमी भारत का है। अशोक की मृत्यु के अनन्तर, जर्जरप्राय मगध साम्राज्य को एक बड़ी चोट कलिंग (उड़ीसा) के पराक्रमी और यशस्वी राजा खारवेल ने दी। खारवेल एक प्रतापी राजा था। उसने यूनानियों को पंजाब तक खदेड़ दिया था।

शुंग वंश

मगध के राजा निर्बल थे। बहुत अराजकता थी। ऐसे समय पुष्यमित्र नामक सेनाध्यक्ष ने मौर्य वंश के अन्तिम सम्राट् वृहद्रथ का सिर काट लिया और खुद गद्दी पर बैठ गया। पुष्यमित्र ब्राह्मण वंश का था। उसने मगध में शुंग वंश की स्थापना की। गद्दी पर बैठते ही, पुष्यमित्र ने यूनानियों को मार भगाने की तैयारी की; और वह खुद पंजाब तक उन्हें खदेड़ता हुआ गया। इस कार्य में उसको अपने पुत्र अग्निमित्र द्वारा, जो मध्यभारत के विदिशा में मगध का राज प्रतिनिधि था, विशेष सहायता मिली। पुष्यमित्र ने, यूनानियों के पराजय के उपरान्त, अश्वमेध यज्ञ किया, जिसमें भारत के सुविख्यात वैयाकरण पतंजलि भी उपस्थित थे।

पुष्यमित्र ने बौद्ध धर्म के अनुयायियों पर अत्याचार किये। बौद्ध ग्रन्थों में इन अत्याचारों पर प्रकाश डाला गया है। सम्भव है, वे अत्युक्तिपूर्ण हों। किन्तु इतना सही है कि पुष्यमित्र ने ब्राह्मण धर्म को बहुत अधिक प्रधानता दी।

पुष्यमित्र के बाद, जिसकी मृत्यु ई. पू. 148 में हुई, उसका पुत्र अग्निमित्र सिंहासन पर बैठा। उसने अपने पिता से उत्तराधिकार के रूप में बंगाल से लेकर मथुरा तथा दक्षिण की ओर नर्मदा तट का पूरा प्रदेश पाया। यह अग्निमित्र, भारत के

सुप्रसिद्ध कवि कालिदास के नाटक 'मालविकाग्निमित्र' का नायक है। मालूम होता है यह बहुत विलासी था। उसकी मृत्यु के बाद कई नरेश गद्दी पर बैठे। शुंग वंश के अन्तिम राजा देवभूमि को उसके ब्राह्मण मन्त्री ने मार डाला। इस प्रकार मगध के सिंहासन पर कण्व वंश स्थापित हुआ। इस वंश के राजा न विशेष कार्य-दक्ष, न पराक्रमी, न प्रतिभावान थे। उनके ज़माने में मगध राज्य सिकुड़कर छोटा हो गया। उसके अन्तिम राजा सुशर्मा को आन्ध्र के एक राजा ने लड़ाई में मार गिराया और मगध को अपने राज्य में शामिल कर लिया। इस प्रकार, लगभग सन् 700 ई. पू. में स्थापित इस मगध साम्राज्य का लोप हो गया।

आन्ध्र वंश

ई. पू. सन् 227 में, जिस समय मगध साम्राज्य का विस्तार बढ़ रहा था, दक्षिण में अनेक उन्नतिशील राज्य थे, किन्तु उनका पूरा इतिहास हमें ज्ञात नहीं है। महत्त्व की बात यह है कि उस समय सातवाहनों का एक प्रतापशाली राज्य था। ई. पू. 227 में प्रतिष्ठान नगर में यह स्थापित हुआ होगा। पुराणों ने सातवाहनों के सम्बन्ध में बहुत-कुछ लिखा है। उनके आधार पर, तथा नासिक और कन्हेरी आदि स्थानों में मिलनेवाले शिलालेखों तथा सिक्कों के आधार पर, सातवाहनों का इतिहास खड़ा किया जाता है। हम इतना-भर जानते हैं कि ई. पू. 227 में सिमुक नामक एक व्यक्ति ने आन्ध्र में अपना राज्य स्थापित किया। जब इस राज्य का विस्तार बहुत हो गया तो पूर्व में धान्यकट (धारणी कोट) नामक स्थान पर एक नयी राजधानी बनायी गयी, जबकि पुरानी राजधानी प्रतिष्ठान रही आयी।

इस वंश के तीन नाम मिलते हैं—सातवाहन, शालिवाहन तथा शातकर्णि। ये ब्राह्मण धर्म के अनुयायी थे। इन्होंने उत्तर भारत से घनिष्ठ सम्बन्ध स्थापित करके, वहाँ के सांस्कृतिक प्रभावों को दक्षिण में जाने का अवसर दिया। ये राजा ब्राह्मणों के बड़े प्रिय-पात्र थे, वैसे ही पराक्रमी भी थे। पुराणों में इनका वर्णन प्रशंसायुक्त हुआ है।

सिमुक के अनन्तर शातकर्णि प्रथम प्रतिष्ठान की गद्दी पर बैठा। इसके ज़माने में सातवाहन राज्य बंगाल की खाड़ी तथा अरब सागर तक पहुँच गया। उसके बाद ई. पू. 28 में सातवाहनों में से किसी ने मगध राज्य अपने अधीन कर लिया। सातवाहनों ने अब उत्तर भारत की राजनीति में हस्तक्षेप आरम्भ कर दिया। उन दिनों काठियावाड़ तथा सौराष्ट्र, मालवा और राजस्थान में शक राज्य प्रबल होते जा रहे थे। ई. 90-120 तक गौतमीपुत्र शातकर्णि नामक एक प्रतापी राजा हुआ। उसने पार्थिव-पहलव राजाओं के अलावा, यवनों और शकों को नीचा दिखाया। उसने मालवा, विदर्भ और नासिक से लेकर पूना तक का प्रदेश जीत लिया। इसके पूर्व,

सातवाहनों की सत्ता को शक क्षत्रपों ने, विशेषकर नहपान क्षहराट ने, बड़ी हानि पहुँचायी थी। शातकर्णि ने इन क्षत्रपों को कुचल दिया। गौतमीपुत्र शातकर्णि का राज्य कृष्णा नदी से लेकर मालवा और सौराष्ट्र तक तथा विदर्भ से लेकर कोंकण तक फैला हुआ था। कहते हैं कि गौतमीपुत्र बहुत सुन्दर पुरुष था। उसके बाद वासिष्ठीपुत्र पुलुमावी के जमाने में, पश्चिमी राजस्थान और मालवा को शकों ने छीन लिया। पुलुमावी के उत्तराधिकारी श्रीयज्ञ ने खोया हुआ इलाका फिर वापिस लेने की कोशिश की। इसी सातवाहन वंश में हाल नामक एक राजा हुआ। महाराष्ट्री प्राकृत में 'गाथा सप्तशती' नामक प्रेम-काव्य का रचयिता हाल ही है।

सातवाहनों का राज्य चार सदियों से ज़्यादा वक्त तक रहा। वह ई. 230-233 के लगभग नष्ट हो गया। उसका महत्त्व हमारे लिए तीन बातों के कारण है : (1) शकों से युद्ध और परिणामतः उनकी क्षति, (2) दक्षिण भारत में उत्तर भारत की आर्य संस्कृति को प्रोत्साहन दिया जाना, (3) ब्राह्मण धर्म को प्रोत्साहन।

अशोक की मृत्यु के बाद की इन पाँच सदियों में जो सत्ताएँ उदित और अस्त हुईं उनका उल्लेख ऊपर किया गया। दक्षिण भारत, मध्य भारत तथा विदर्भ में सातवाहन राज्य, पूर्व में मगध राज्य, तथा उत्तर-पश्चिम तथा पश्चिम में यवनों, शकों और कुषाणों के राज्य। यही उस समय की राजनैतिक स्थिति थी।

सामाजिक महत्त्व

भारतीय इतिहास में इन राजवंशों का विशेष राजनैतिक महत्त्व नहीं है। किन्तु, उन्होंने अनेक सामाजिक, सांस्कृतिक प्रक्रियाओं का—परिवर्तन की धाराओं का—सूत्रपात किया। इसलिए, उनका सामाजिक-सांस्कृतिक महत्त्व भुलाया नहीं जा सकता। हम उस युग की विशेषताओं को निम्न प्रकार से व्यक्त कर सकते हैं।

(1) उस अराजकता की परिस्थिति में हुआ यह कि बहुत-से पुराने गणराज्यों ने फिर से अपनी स्वतन्त्रता प्राप्त कर ली। लिच्छवि, शिव, कुनिन्द, आर्जुनायन, यौधेय और मालव आदि गणराज्य न केवल स्वतन्त्र हुए, वरन् शकों का संहार करने में इन्होंने अद्भुत पराक्रम प्रदर्शित किया; तत्कालीन भारतीय राजनीति में ये गणराज्य महत्त्वपूर्ण कार्य कर रहे थे। लिच्छवियों को छोड़कर, शेष सभी गणराज्य पश्चिमी भारत में थे, जहाँ एक-के-बाद-एक विदेशी आक्रान्ता अपना आधिपत्य जमाते जा रहे थे। (2) इस युग में, शकों, यवनों, पार्थिव-पहलवों तथा कुषाणों आदि का सम्बन्ध, भारत के बाहर के प्रदेशों से होने के फलस्वरूप, भारतीय धर्म और संस्कृति विदेशों में फैल गयी। कनिष्क के काल में तो बौद्ध धर्म के द्वारा वह चीन तक जा पहुँची। चीन के अतिरिक्त, वह मध्य तथा पश्चिमी एशिया में भी फैलने लगी। भारतीयों के नये-नये उपनिवेश पूर्वी तथा दक्षिण-पूर्वी एशिया में स्थापित होने लगे। शैव तथा

वैष्णव धर्म का पुनरुत्थान होकर, वे सम्प्रदाय भी दक्षिण-पूर्व एशिया में फैलने लगे। भारत विश्व की अपारता से परिचित हो गया और वह अन्य भूखंडों में अपनी संस्कृति और धर्म का प्रचार करने लगा। (3) प्राचीन वैदिक धर्म का लोप होकर, उसके स्थान पर नये पौराणिक धर्म का अभ्युत्थान पहले ही से शुरू हो गया था। इसने अनेक विदेशी लोगों को शैव या वैष्णव बनाना शुरू किया। (4) किन्तु सर्वाधिक महत्त्वपूर्ण बात—सामाजिक दृष्टि से—यह है कि यवन, पार्थिव-पहलव, कुषाण और शक जातियाँ पूर्णतः भारतीय बन गयीं। उन्होंने बौद्ध या शैव अथवा वैष्णव धर्म अंगीकार कर लिया। संस्कृत के अतिरिक्त उन्होंने प्राकृत भाषाओं को भी प्रश्रय दिया।

ब्राह्मण साहित्य

आज महाभारत और रामायण जिस रूप में हमें प्राप्त होते हैं, वह रूप ठीक इन्हीं दिनों बना। दोनों महाकाव्य इस युग के पहले भी थे; उनमें निरन्तर वृद्धि होती रही। शुंग और सातवाहन राजाओं के समय में उनमें बहुत-कुछ वृद्धि हुई। फलतः दोनों ग्रन्थों के बहुत-से अंश इस काल की अवस्था पर प्रकाश डालते हैं। नन्दमौर्य काल में तक्षशिला में पाणिनि ने 'अष्टाध्यायी' की रचना की थी; शुंग काल में महर्षि पतंजलि ने उसकी व्याख्या और विश्लेषण करते हुए 'महाभाष्य' नामक अपना एक प्रसिद्ध ग्रन्थ लिखा।

कण्व वंश के समय संस्कृत का सुप्रसिद्ध नाटककार भास हुआ। वह मगध का रहनेवाला था। साहित्य-पंडित, भास को कालिदास और भवभूति की श्रेणी में रखते हैं। उसका लिखा 'प्रतिज्ञा यौगन्धरायण' नामक नाटक बहुत विख्यात है।

आचार्य अश्वघोष कवि भी था और नाटककार भी, बौद्ध धर्म का विद्वान् भी। वह महान् कुषाण सम्राट् कनिष्क का समकालीन था। उसने 'बुद्ध चरितम्' नामक महाकाव्य तथा अनेक नाटक लिखे। उसके साहित्य का अनुवाद चीनी और तिब्बती भाषाओं में हुआ, यहाँ तक कि सिङ्क्याङ् की प्राचीन तोखारी भाषा में भी। उसके कई मूल संस्कृत ग्रन्थों का पता नहीं है। मध्य तथा पूर्वी एशिया की भाषाओं में उसकी कृतियों के अनुवादों की खंडित पोथियाँ-भर मिलती हैं। भारत में बौद्ध धर्म के क्रमशः ह्रास और ब्राह्मण धर्म के क्रमशः उत्थान के परिणामस्वरूप, भारत में अश्वघोष उतनी कीर्ति प्राप्त नहीं कर सका, जितनी कि मध्य तथा पूर्वी एशिया में।

'मृच्छकटिक' नामक सुप्रसिद्ध संस्कृत नाटक भी इसी समय रचा गया। उसका लेखक शूद्रक है। 'नाट्यशास्त्र' नामक प्रसिद्ध ग्रन्थ के लेखक भरत मुनि भी इसी काल में हुए। भरत मुनि का यह 'नाट्यशास्त्र' केवल नाट्य-कला के मूलभूत सिद्धान्तों का ही ग्रन्थ नहीं, वरन् साहित्य के मूलभूत तत्त्वों का विश्लेषण करनेवाला

महान् ग्रन्थ है। भरत मुनि के इस ग्रन्थ के नाम से यह सूचित होता है कि उन दिनों के साहित्य में, नाटक का प्रधान स्थान था।

सातवाहन युग के राजाओं ने अपने यहाँ प्राकृत को आश्रयं दिया था। गुणाढ्य नामक एक श्रेष्ठ कवि ने प्राकृत में सुन्दर साहित्य प्रसूत किया। सातवाहनवंशीय राजा हाल स्वयं एक उत्तम लेखक था।

बौद्ध धर्म का प्रसार

उत्तर-पूर्व भारत तथा दक्षिण भारत में ब्राह्मण धर्म प्रधान होकर बौद्ध धर्म कमज़ोर होता जा रहा था।

किन्तु, उत्तर-पश्चिम में उसका तीव्रतर विकास हो रहा था। वहाँ उसमें गहरी प्राणशक्ति थी। उस क्षेत्र में बौद्ध भिक्षु प्राचीन आदर्शों से अनुप्राणित थे। उनके अन्तःकरण में उन आदर्शों ने एक उत्साह भर दिया था। उनका जीवन पवित्र था। वे उत्तर-पश्चिम के पहाड़ों और दर्रों को पार कर आगे बढ़ते जा रहे थे। मानव-कल्याण की उनकी भावना, उनका त्याग, उनका तप बर्बर से बर्बर जाति को भी प्रभावित करता था। उत्तर-पश्चिमी तथा मध्य एशिया की शक, यू-ची तथा हूण आदि जातियों को वे बौद्ध धर्म में दीक्षित करते जा रहे थे। उन्हीं के उत्साह, परिश्रम और साहस का यह फल है कि बौद्ध धर्म मध्य एशिया के चीन तक पहुँचा।

उसी प्रकार, भारतीय दक्षिण कोण के बौद्ध भिक्षु भी यही मार्ग अंगीकार कर चुके थे। लंका, बर्मा, तथा दक्षिण-पूर्वी एशिया में वे एक नयी संस्कृति लेकर पहुँचे। आज यदि विएतनाम और लाओस, काम्बोडिया, थाईलैंड और बर्मा में बौद्ध धर्म है तो यह इन्हीं के सतत प्रयत्नों का फल है।

बौद्ध साहित्य

यह स्वाभाविक ही है कि बौद्ध धर्म के इस प्रसार काल में, बौद्ध धर्म के क्षेत्र में भी महापुरुष उत्पन्न हों। कुषाण सम्राट् कनिष्क ने इसी समय बौद्ध धर्म के महा-पंडितों का एक सम्मेलन भी बुलवाया था। वह 'तृतीय संगीति' के नाम से प्रसिद्ध हुआ। बौद्ध धर्म के प्रसिद्ध विद्वान् का उल्लेख हम पहले ही कर चुके हैं। इसी समय बौद्धों के प्रसिद्ध पवित्र ग्रन्थ 'त्रिपिटक' पर 'महाविभाषा' नामक एक नये भाष्य की रचना हुई। वसुमित्र भी बौद्ध धर्म के प्रसिद्ध आचार्य थे।

नागार्जुन का नाम भारत के इतिहास में अमर रहेगा। वे अपने युग के बहुत बड़े दार्शनिक थे। वे महायान सम्प्रदाय के अनुयायी थे। उनके दर्शन की तुलना, बौद्ध साहित्य के पश्चिमी (यूरोपीय) विद्वान् हेगेल से करते हैं। हेगेल जर्मनी का बहुत बड़ा

दार्शनिक था, जिसका प्रभाव सदियों तक छाया रहा। नागार्जुन का शून्यवाद उसी प्रकार प्रभावशाली था। उनकी बौद्धिक सूक्ष्म दृष्टि अद्वितीय है। उन्हीं के बहुत से तर्कों को लेकर, आठवीं ईसवीं सदी में भारत के सुप्रसिद्ध दार्शनिक वेदान्त-मत प्रवर्तक शंकराचार्य ने अपने अद्वैतवाद का विस्तार किया। इसीलिये, अपने विरोधियों द्वारा शंकराचार्य प्रच्छन्न बौद्ध कहे गये। नागार्जुन ने महायान धर्म के अनेक सूत्रों की रचना की। उनमें एक सृजनशील अन्वेषक की शोध-बुद्धि थी। नागार्जुन की प्रतिभा बहुमुखी थी। वे न केवल बौद्ध दार्शनिक थे; किन्तु रसायनविज्ञान, लौहशास्त्र तथा सिद्ध-रसायन के भी अन्वेषक थे। वे इन शास्त्रों के आचार्य थे। साथ ही वे एक उत्तम वैद्य और चिकित्सक थे। वैद्यकशास्त्र का प्रधान ग्रन्थ 'सुश्रुत' आज जिस रूप में मिलता है, वह रूप नागार्जुन का ही दिया हुआ है। बौद्ध पंडित के रूप में उन्होंने जिन ग्रन्थों का प्रणयन किया उनमें 'माध्यमिक सूत्र वृत्ति' विशेष रूप से उल्लेखनीय है।

उस युग में वैद्यकशास्त्र तथा ज्योतिषशास्त्र का भी खूब विकास हुआ। वैद्यकशास्त्र की 'चरकसंहिता' का लेखक चरक कनिष्क के समय में ही हुआ। उसी प्रकार ज्योतिषशास्त्र की प्रसिद्ध पुस्तक 'गर्गसंहिता' भी उसी युग में लिखी गयी।

जैन साहित्य

इस काल में जैन साहित्य का भी खूब विकास हुआ। विशेषकर अध्ययन और विवेचन और संकलन का काम खूब चलता रहा।

वह महापुरुषों का, पराक्रमियों का, दार्शनिकों का युग था, जिसने, बावजूद राजनैतिक अस्थिरता के, सभ्यता, साहित्य, संस्कृति में अभूतपूर्व उन्नति की।

वास्तु और मूर्तिकला

गांधार शैली—उत्तर-पश्चिम में यवनों के उन दिनों विशाल राज्य थे। यवन मूर्ति निर्माण कला में बहुत प्रवीण थे। जब वे बौद्ध हुए तो उन्होंने भगवान बुद्ध की मूर्तियाँ बनायीं। इन मूर्तियों पर यूनानियों की छाप है। यूनानी कलाकार शरीर की रूप-रचना पर बहुत ध्यान देते हैं। तब तक बौद्ध धर्म में बुद्ध के अवतारों की धारणा उत्पन्न होकर, बोधि-सत्वों की पूजा और उपासना होती थी। इसलिए, मूर्तियों की आवश्यकता थी। यवनों ने जो मूर्तियाँ बनायीं उनमें शरीर-सौन्दर्य का बहुत ध्यान रखा गया है। इस कला का मुख्य केन्द्र पुरुषपुर (पेशावर) था। पेशावर के कारीगरों ने हज़ारों की संख्या में ये मूर्तियाँ बनायीं, जो सारे भारतवर्ष में फैल गयीं। इस शैली की मूर्तियाँ गांधार से मथुरा तक और दक्षिण में आन्ध्र और अमरावती तक फैल गयीं।

यवन प्रभाव होते हुए भी, उनमें आध्यात्मिक भाव है। बुद्ध के मुखमंडल पर अनुपम तेज है। पेशावर के अनन्तर, मूर्ति कला का दूसरा बड़ा केन्द्र मथुरा बना। कुषाणों के क्षत्रपों की वह राजधानी थी। इसलिए, वहाँ गांधार शैली की मूर्तियों का निर्माण होना स्वाभाविक ही था। आज वे मूर्तियाँ भारत के विभिन्न कलाभवनों (म्यूज़ियमों) की शोभा बढ़ा रही हैं।

गुफा मन्दिर

उस युग में पर्वत को भीतर से काटकर गुफाएँ बनायी जाती रहीं। मौर्य काल में, उनमें विशेष कलात्मकता नहीं आ पायी थी। किन्तु, बाद की मानव-निर्मित गुफाओं को हम गुफा-मन्दिर या गुफा-प्रासाद भी कह सकते हैं। उड़ीसा और महाराष्ट्र के बहुत-से स्थानों पर गुफा-मन्दिर पाये जाते हैं। बाहर से पहाड़ मालूम होते हैं, अन्दर जाने पर विशाल भवन के भवन दिखाई देते हैं। महाराष्ट्र के गुहा-मन्दिरों में सर्वश्रेष्ठ है अजन्ता की गुहाएँ। ये गुहाएँ भीतर से बहुत भव्य हैं। उनकी भीतों पर, बुद्ध का जीवन रंगों द्वारा अंकित किया गया है। वे अभी भी ताज़े मालूम होते हैं। नासिक के गुहा-मन्दिर में एक लेख है। कार्ला का गुहा-मन्दिर भी देखने योग्य है। इन गुहा-मन्दिरों के निर्माण का श्रेय, अधिकतर, सातवाहन राजाओं को ही है।

उड़ीसा के गुहा-मन्दिर जैनों के हैं। प्रसिद्ध राजा खारवेल जैन था। वे लगभग बारह हैं। उनमें सर्वाधिक प्रसिद्ध हाथीगुम्फा है। इस हाथीगुम्फा में, खारवेल का सुप्रसिद्ध शिलालेख पाया जाता है।

स्तूप इत्यादि

भरहुत का प्रसिद्ध स्तूप शुंग काल की कला का स्मारक है। इसके अतिरिक्त, तोरण, जँगले, मन्दिर इत्यादि भी बहुत बने। चित्रकला का उत्कर्ष भी खूब है, जिसका नमूना हमें अजन्ता की गुहाओं में देखने को मिलता है।

भारत का स्वर्णयुग

द्वितीय साम्राज्य की स्थापना

ईसा की चौथी और पाँचवीं शताब्दी में भारत देश की सर्वांगीण उन्नति हुई। दर्शन, साहित्य, विज्ञान ने नयी मंज़िलें तय कीं। धार्मिक कलह का कहीं नाम भी नहीं था। देश का आर्थिक उत्कर्ष अपने चरम शिखर पर पहुँच रहा था। उस समय, समुद्रगुप्त तथा स्कन्दगुप्त जैसे प्रचंड पराक्रमी सम्राट् हुए। कालिदास जैसे महाकवि, आर्यभट्ट, ब्रह्मगुप्त, वराहमिहिर जैसे विज्ञानविद् तथा असंग, वसुबन्धु, दिङ्नाग, ईश्वर-कृष्ण जैसे महान् दार्शनिक हुए। वह युग साहसपूर्ण चिन्तन, साहसपूर्ण व्यापार, साहसपूर्ण कार्य-शक्ति, तथा कोमल भावपूर्ण कला का युग था।

द्वितीय साम्राज्य

ब्राह्मण धर्म के पुनरुत्थान की जो प्रक्रिया शुंग-सातवाहन काल में शुरू हुई थी, उसे वाकाटकों ने, जो मालवा, विदर्भ और छत्तीसगढ़ के शासक थे, तथा नागवंशीय राजाओं ने जारी रखा। ये नागवंशीय राजा गंगा और घाघरा नदियों के बीच के प्रदेश में राज्य करते थे। वाकाटक नरेश ब्राह्मण वंश के थे। प्रतिष्ठान की सातवाहन सत्ता क्षीण होने पर, सन् 255 ई. में विन्ध्यशक्ति नामक एक पुरुष ने वाकाटक राज्य की स्थापना की थी। उसके पुत्र प्रवरसेन ने राज्य-विस्तार किया तथा उसे सूचित करने के लिए अश्वमेध यज्ञ किया। किन्तु, मगध के गुप्त वंश के उत्कर्ष के साथ, वाकाटकों की श्री लुप्त हो गयी।

गुप्तवंश

चन्द्रगुप्त प्रथम

उधर, जाने कैसे, मगध में एक नयी राज्य-शक्ति का उत्थान हुआ। हम नहीं जानते कि गुप्त-वंश के संस्थापक चन्द्रगुप्त के पूर्वज कौन थे, क्या थे!! इतना-भर ज्ञात है कि मगध के एक वीर पुरुष चन्द्रगुप्त का सन् 320 में पाटलिपुत्र में राज्याभिषेक

हुआ। उसने इतिहास-प्रसिद्ध लिच्छवि वंश की राजकुमारी कुमारदेवी से विवाह किया। चन्द्रगुप्त के अनन्तर, उसका पुत्र समुद्रगुप्त सिंहासन पर बैठा।

समुद्रगुप्त

समुद्रगुप्त ने पिता का राज्य दूर-दूर तक फैला दिया। इलाहाबाद में एक लौह स्तम्भ है, जिसमें उसकी ज्वलन्त महान् पराक्रमों तथा सांस्कृतिक उपलब्धियों का विस्तृत वर्णन किया गया है। ईसवी सन् 335 के लगभग उसने शासन-सूत्र सँभाले; और, उसके तुरन्त बाद, वह दिग्विजय के लिए निकल पड़ा। पहले वह पश्चिम की ओर बढ़ता गया। उसके तूफानी हमलों से एक के बाद एक अनेक राजा धराशायी होते गये। उसने ग्वालियर तक धावा मारा, पंजाब में करनाल के ज़िले उसके राज्य की सीमा बन गये।

उसके बाद मगध लौटते हुए, उसने दक्षिण की ओर क़दम बढ़ाये। वह रायपुर-सम्बलपुर के मार्ग से दक्षिण की ओर बढ़ चला। बीच के बहुत-से जंगली और पहाड़ी क्षेत्रों के राज्यों को वह सर करता गया। गोदावरी तट के आस-पास के नरेशों को जड़ से उखाड़कर, उसकी सेना कृष्णा नदी तक पहुँची। वहाँ से उसने दक्षिण के अन्य प्रदेशों पर धावे किये। पूरा दक्षिण उसके भय से काँप उठा। कन्याकुमारी और उसके आसपास का प्रदेश छोड़, शेष सब भाग उसके साम्राज्य का अंग बन गया।

वह 'प्राचीन भारत का नैपोलियन' कहा जाता है। पहाड़ों-जंगलों को पार करता हुआ, अनेक राज्यों का उन्मूलन करते हुए उसने 3000 मील की यात्रा की। इस युद्ध-यात्रा में एक बार भी उसकी हार नहीं हुई, एक बार भी उसके कदम पीछे नहीं हटे।

उसे नैपोलियन कहना सर्वथा उचित है, इसलिए कि नैपोलियन की भाँति ही वह रण-कुशल था। सेना का नेतृत्व वह स्वयं करता था। उसका युद्ध-संचालन अद्भुत था। वह युद्ध-विद्या में अपने ज़माने से आगे बढ़ा हुआ था। उसकी वीरता, पराक्रम, और युद्ध-कौशल को देखकर सुदूर पश्चिमी और सुदूर पूर्वी भारतीय प्रदेश घबरा गये। वहाँ के राजाओं ने, अपनी अधीनता सिद्ध करने के लिए, उसके दरबार में उपहार भेजे। उन्हें डर था कि यदि स्वेच्छा से हम उसके मांडलिक नहीं हो जाते तो हमें मौत का सामना करना पड़ेगा, क्योंकि सम्राट् समुद्रगुप्त जितना उदार है, उतना ही कठोर भी है। जिन राजाओं ने उसके यहाँ उपहार भेजे, उनमें पश्चिमी भारत के शक तथा कुषाण शासक भी थे। गुप्त साम्राज्य की पश्चिमी सीमा पर रहनेवाले गणराज्य, जैसे आर्जुनायन, यौधेय, प्रार्जुन, सनकानीक, मालव इत्यादि जातियों के अतिरिक्त, आसाम और दक्षिणी बंगाल के राज्य जैसे कामरूप, समतट इत्यादि और हिमालयीन क्षेत्र के नेपाल ने भी समुद्रगुप्त के सार्वभौम प्रभुत्व को स्वीकार कर

लिया। ऐसी स्थिति में समुद्रगुप्त 'महाराजाधिराज' की पदवी धारण करे तो इसमें आश्चर्य ही क्या है!!

उसने अपने दिग्विजयत्व को सिद्ध करने के लिए अश्वमेध यज्ञ किया। हमें उसकी बहुत-सी सुन्दर मुद्राएँ प्राप्त होती हैं। उनमें उसकी प्रतिमाएँ अंकित हैं। एक में वह धनुष-बाण लिए हुए है। दूसरे में उसके पैर सिंह की ग्रीवा पर हैं। तीसरे में समुद्रगुप्त वीणा लिए तल्लीन बैठा है।

समुद्रगुप्त जितना बड़ा योद्धा था, उतना ही अधिक वह कला-निपुण था, शास्त्रों में पारंगत था। संगीत, काव्य, उसे विशेष प्रिय थे। उसका शरीर हृष्ट-पुष्ट था, उसकी मुखाकृति सौम्य थी। वह ब्राह्मण मत का अनुयायी था, किन्तु बौद्धों के प्रति समान भाव रखता था। प्राचीन भारत के स्वर्णयुग का वह प्रवर्तक था।

शक सत्ता का अन्त

सन् 380 में समुद्रगुप्त की मृत्यु होने पर, उसके पुत्र चन्द्रगुप्त द्वितीय ने सिंहासन ग्रहण किया। उसके राजत्वकाल में, गुप्त साम्राज्य अपने उत्कर्ष और वैभव के चरम शिखर पर पहुँच गया। इस शासक ने पश्चिमी भारत के शक राज्यों पर आक्रमण कर दिया। उनको जड़ से उखाड़कर उसने पश्चिमी समुद्र तट अपने हाथ में ले लिया।

पश्चिमी समुद्र तट गुप्त साम्राज्य के लिए बहुत वरदान सिद्ध हुआ। वहाँ बड़े-बड़े बन्दरगाह थे, जैसे भृगुकच्छ, जो यूरोप तथा एशिया के देशों से व्यापार करते थे। इसीलिये, शक एक लम्बे समय तक वहाँ जमे रहे। पश्चिमी समुद्र तट पर अधिकार करके चन्द्रगुप्त द्वितीय ने अपने साम्राज्य के आर्थिक उत्कर्ष को और बढ़ा दिया। गुप्त सम्राट् का वैभव जगमगा उठा। पश्चिमी भारत के समीप रहने के लिए, उसने एक और राजधानी स्थापित की। उज्जयिनी मगध साम्राज्य की दूसरी राजधानी हो गयी।

अब योरोप के व्यापारियों का माल सारे भारत में फैलने लगा। गुप्त सम्राट् के दरबार में योरोपीय विचार भी आये। शकों के अधीन जो सौराष्ट्र था, उसकी विजय के उपलक्ष्य में, चन्द्रगुप्त द्वितीय ने सोने का सिक्का चलाया। अब उसने विक्रमादित्य की उपाधि धारण की। रघुवंश और शाकुन्तल का रचयिता कवि कालिदास उसी की राजसभा में था। प्रथम चीनी यात्री फ़ाहियान इसी के दरबार में आया था। उसने तत्कालीन जन-जीवन का इन शब्दों में वर्णन किया है—"जनता बहुसंख्यक और सुखी है...किसी को न्यायाधीशों के सामने नहीं जाना पड़ता, राजा अपने शासन में किसी अपराधी को मृत्युदंड या अन्य किसी प्रकार का शारीरिक दंड नहीं देता। अपराधियों पर केवल जुर्माना किया जाता है। हर मुकदमे की वास्तविक स्थिति के अनुसार यह जुर्माना कम या ज़्यादा होता है। कई बार राजद्रोह का दुःसाहस करनेवालों का भी

केवल दाहिना हाथ काट दिया जाता है। राजा के अंगरक्षकों और सभी सेवकों को वेतन मिलता है।" फ़ाहियान ने प्रशासन की भी प्रशंसा की है।

कुमारगुप्त

चन्द्रगुप्त द्वितीय के अनन्तर, उसका पुत्र कुमारगुप्त सम्राट् हुआ। उसने पिता के राज्य को बनाये रखा। उसने 414-15 ई. से लेकर चालीस वर्ष तक शासन किया। उसके काल में साम्राज्य में शान्ति और सुरक्षा का वातावरण था; किन्तु, उसके राजत्वकाल के अन्तिम भाग में अज्ञात शत्रुओं ने भारत पर हमले शुरू किये।

हूणों के आक्रमण

हूण मध्य एशिया की एक घुमक्कड़ जाति थी। वह अचानक चंचल हो उठी और दो दलों में विभाजित हो गयी। अश्वारोही हूणों का एक दल मारकाट मचाता हुआ, सभ्यताएँ और राज्य नष्ट-भ्रष्ट करता हुआ, पश्चिमी एशिया पार करके, यूरोप पर टूट पड़ा।

दूसरा अश्वारोही दल भारत के पश्चिमी भाग में घुस गया। मार-काट, तोड़-ताड़, आगजनी करते हुए वह जनता को त्रस्त करने लगा। हूण बहुत क्रूर और बर्बर जाति मानी गयी है। मगध सम्राट् कुमारगुप्त ने अपने युवराज स्कन्दगुप्त को हूणों की रोक-थाम के लिए भेजा। हूणों पर निर्णायक विजय मिलने के पूर्व ही, कुमारगुप्त की मृत्यु हो गयी।

स्कन्दगुप्त

युवराज काल में ही स्कन्दगुप्त हूणों से युद्ध कर चुका था। सन् 456 में सम्राट् होने पर उसने शत्रु नाश का कार्य जारी रखा। वह बहुत कर्त्तव्यपरायण और पराक्रमी सम्राट् था। उसने हूणों से प्रतिरोध करने में अपनी सारी ताकत लगा दी। आख़िर जीत स्कन्दगुप्त की ही हुई। हूण भारत में अपना पैर न जमा सके। भारत की धाक उत्तर-पश्चिम के क्षेत्रों में भी फैल गयी। उसका सारा समय युद्ध में बीता। सेनाओं के संगठन पर अपार धन खर्च हुआ। फलतः, चन्द्रगुप्त द्वितीय के काल में, सम्राट् के दरबार की जो शान थी वह जाती रही। स्कन्दगुप्त ने सन् 468 तक शासन किया।

उसकी मृत्यु के 50 वर्ष बाद, गुप्त साम्राज्य का नाश हो गया। ऐसा क्यों हुआ!! इसका एक कारण तो यह था कि हूणों के आक्रमण के कारण, साम्राज्य तथा उसके समर्थक सामन्तों को बहुत त्याग करना पड़ा था। सामन्त इतने अधिक त्याग के लिए

तैयार न थे। फलतः, असन्तुष्ट सामन्तों के षड्यन्त्र और साथ ही राजद्रोह ने गुप्त साम्राज्य को चौपट कर दिया।

साम्राज्य बँट गया

गुप्त साम्राज्य चौपट भी हुआ तो अपने ढंग से हुआ। शुरू के पचास सालों में तो हमें पुरुगुप्त इत्यादि सम्राट् दिखाई देते हैं। बाद में, इस साम्राज्य के दो भाग हो गये। एक मगध, दूसरा मालव। मध्यप्रदेश के वाकाटक राजाओं ने अपनी स्वतन्त्रता पुनः स्थापित कर ली। इस प्रकार, अन्य सामन्त भी अलग होने की तैयारी कर रहे थे।

शत्रुओं की बाढ़

स्कन्दगुप्त की उदार नीति, बुद्धिमत्ता के फलस्वरूप, सामन्तगण किसी-न-किसी तरह एक साथ जमे थे। स्कन्दगुप्त के प्रचंड पराक्रम के फलस्वरूप, हूणों के आक्रमणों की रोकथाम भी हो चुकी थी। भारत के सामन्तों ने अब सन्तोष की साँस ली। वे हूणों से फुरसत पाकर आपसी झगड़ों में अपनी वीरता बताने लगे।

उधर, हूण भारत के सम्बन्ध में बहुत कुछ जान चुके थे। भारत की ओर से मुँह फेरकर उन्होंने सन् 484 के लगभग ईरान को तहस-नहस कर दिया। वहाँ अपना साम्राज्य स्थापित किया और बल्ख को अपनी राजधानी बनाया। उसके लगभग 18 साल बाद, उन्होंने भारत पर दुबारा हमले शुरू किये। सन् 502 में अपने सरदार तोरमाण के नेतृत्व में उन्होंने पश्चिमी भारत पर धावा मारा और ऊधम करते हुए उन्होंने मालवे तक को अपने कब्जे में कर लिया। सन् 502 में, तोरमाण की मृत्यु होने पर, मिहिरगुल उनका नेता हो गया।

यशोधर्मन

मिहिरगुल खूँखार आदमी था। देश में उसके अत्याचार बहुत बढ़ गये। उस समय भारत में भी यशोधर्मन नामक एक नेता पैदा हुआ, जिसने हूणों को मालवे से निकाल फेंका। मिहिरगुल मालवे से भागा। धोखा देकर उसने काश्मीर पर कब्जा जमा लिया।

यशोधर्मन और नरसिंहगुप्त

यशोधर्मन कौन था? क्या वह मालवे का राजा था? मध्यप्रदेश के पश्चिमोत्तर सीमा पर मन्दसौर नामक एक नगर में यशोधर्मन का एक स्तम्भ है। उसमें बताया गया

है कि वह बहुत पराक्रमी राजा था, जिसका राज्य दूर-दूर तक फैला हुआ था। लेकिन, उसके सिक्के वगैरह कुछ नहीं मिलते। गुप्तकुल के ह्रासकाल में एक दूसरा चीनी यात्री हुएनत्सांग भारत आया था। उसने लिखा है कि गुप्तवंश के नरसिंहगुप्त बालादित्य ने हूणों को मार भगाया था। ऐसी स्थिति में यही कहा जा सकता है सम्भवतः, दोनों ही ने मिहिरगुल को, अपनी सम्मिलित शक्ति द्वारा, मालवे से हटा दिया था।

गुप्त साम्राज्य सन् 320 में स्थापित होकर सन् 488 में छिन्न-भिन्न हो गया। किन्तु इस काल में ही, उसने जो अभूतपूर्व सफलताएँ प्राप्त कीं उसका हाल जानना ज़रूरी है।

हर्षवर्धन

प्राचीन भारत की अन्तिम दीपशिखा

> *प्राचीन भारत अपनी उन्नति के चरम शिखर पर पहुँचकर अब अस्तप्राय हो रहा था कि इतने में एकाएक वह अपनी सारी शक्ति और गरिमा की स्वर्णिम किरणें सब ओर विकीरित करने लगा। वह प्रताप हर्षवर्धन नामक एक सम्राट् का था, जिसने अपने व्यक्तित्व और कार्य के द्वारा महानता का नया उदाहरण सामने रखा।*

अन्तिम आलोक

प्राचीन भारत की दीप्ति एक बार फिर तीव्र हो उठी। वह ईसा की छठी सदी थी। सब ओर अराजकता छाई हुई थी। कल तक के सामन्त आज नवीन राजवंश स्थापित करने का उद्योग करते हुए एक-दूसरे से मुठभेड़ें कर रहे थे कि इसी बीच प्रकाश फैलने लगा। एक ऐसी राज्य-शक्ति का उदय हुआ कि जिसने प्राचीन भारत की गौरवपूर्ण परम्परा की धारा को और आगे बढ़ाना चाहा। लगा कि भारत की सांस्कृतिक शक्ति अभी भी सप्राण है।

प्रभाकर वर्धन

गुप्त साम्राज्य के ह्रास काल में जो राजवंश सामने आये उनमें (पंजाब में) स्थानेश्वर का वर्धन-वंश भी था। छठी सदी के अन्त में वहाँ प्रभाकर वर्धन नामक एक वीर पुरुष शासन करता था। उसने गान्धार, गुजरात तथा मालव के हूण शासकों को नष्ट किया। इस प्रकार पश्चिमी-भारत उसके अधिकार में आ गया।

प्रभाकर वर्धन के दो बेटे थे—राजवर्धन और हर्षवर्धन। एक पुत्री थी—राज्यश्री। सन् 605 में अचानक जब हूणों ने स्थानेश्वर पर चढ़ाई की तो प्रभाकर वर्धन ने अपने पुत्र राजवर्धन को उनका मुकाबला करने के लिए भेजा। हर्षवर्धन छोटा था। वह भी भाई की सेना के साथ गया। किन्तु उसे पास ही के एक वन में छोड़ दिया गया,

जहाँ वह शिकार खेलता रहा। इस बीच राजवर्धन और हूण दोनों को लड़ाई का जोश चढ़ता गया। राजवर्धन उन्हें पश्चिम की ओर खदेड़ता हुआ आगे बढ़ा। इस बीच, शिकार खेलते हुए हर्षवर्धन को सूचना मिली कि पिताजी की मृत्यु हो गयी है। शोकग्रस्त हर्ष राजधानी में पहुँचा। वह राजकाज देखने लगा। उधर, राजवर्धन हूणों पर विजय प्राप्त करके ज्यों ही राजधानी लौटा तो उसे दुःख-पूर्ण समाचार मिले। उसने निश्चय किया कि वह संन्यासी हो जायेगा, हर्षवर्धन के समझाने-बुझाने पर राजवर्धन स्थानेश्वर का राजा घोषित कर दिया गया।

राज्यश्री

किन्तु, अभी नये संकट आनेवाले थे। इन भाइयों की सुन्दर तथा सुशिक्षित बहन राज्यश्री कन्नौज के मौखरिवंश के राजा गृहवर्मा को दी गयी थी। यह देखकर कि स्थानेश्वर के राजा हूणों से भिड़े हुए हैं, मालवे के राजा देवगुप्त ने कन्नौज पर हमला किया। गृहवर्मा को मार डाला। उसकी स्त्री राज्यश्री को पकड़ लिया। वह वीर स्त्री थी। उसके शील को नष्ट करना मुश्किल था। उसे जेल में डाल दिया गया, तरह-तरह की यातनाएँ उसे दी जाने लगीं।

राजवर्धन अपनी बहन के लिए दौड़ पड़ा। उसने मालवे पर चढ़ाई की। इस बीच, बंगाल का राजा शशांक मालवे की सहायता के लिए आया। शशांक ने सन्धिवार्ता की बात चलायी। राजवर्धन सम्मेलन में पहुँचा ही था कि उसे धोखे से मार डाला गया।

इस गड़बड़ी में राज्यश्री किसी-न-किसी तरह जेल-कोठरी से भाग निकली। वह विन्ध्याचल के एक वन में पहुँची। वहाँ दिवाकरमित्र नामक एक बौद्ध भिक्षु के आश्रम में उसे शरण मिली।

हर्षवर्धन ने ज्यों ही अपने भाई की मृत्यु का समाचार सुना, वह मालवे पर चढ़ दौड़ा। उसकी राजसत्ता को धूल में मिला दिया। और, अब बहन की तलाश करने लगा।

खोजते-खोजते वह विन्ध्य-वन में दिवाकरमित्र के आश्रम के निकट पहुँचा, जहाँ चिता जल रही थी। राज्यश्री जल मरने के लिए उसकी प्रदक्षिणा कर रही थी कि इतने में हर्षवर्धन ने बहन को पुकारा।

हर्षवर्धन

उनके मिलने के अश्रुओं का वर्णन नहीं किया जा सकता। दिवाकरमित्र ने बिदा होते हुए राज्यश्री और हर्ष से कहा कि वे बौद्ध धर्म के अनुयायी हो जायें। हर्ष ने कहा कि वह बौद्ध संघ में सम्मिलित हो जायेगा किन्तु लक्ष्य पूरा करने के बाद अभी नहीं।

राज्यश्री को लेकर हर्ष कन्नौज गया। अब दो सिंहासन खाली थे। एक स्थानेश्वर का, दूसरा, कन्नौज का। राज्यश्री की कोई सन्तान नहीं थी। इसलिए उसने अपने भाई से राज्य-सूत्र स्वीकार करने के लिए कहा। फलतः, दोनों राज्य एक हो गये। हर्ष ने स्थानेश्वर के स्थान पर अपनी राजधानी कन्नौज कर ली।

शत्रुओं का दमन

हर्ष जानता था कि सामन्तों पर भरोसा करना ग़लत है। केवल शस्त्र-बल ही उन्हें मना सकता है। पिता के ज़माने से चले आनेवाले युद्धों के अनुभवों के फलस्वरूप, अब हर्ष के पास 5 हज़ार हाथी, 20 हज़ार घुड़सवार तथा 50 हज़ार पैदल सिपाहियों की रणकुशल सेना थी। इस सेना के द्वारा वह आगे के छह साल तक युद्ध करता रहा। बंगाल और आसाम के पश्चिमी भागों से लेकर उसका राज्य नर्मदा के किनारे-किनारे होता हुआ सारे उत्तर भारत में फैल गया। सिन्ध, दक्षिणी पंजाब और राजस्थान उसके राज्य में नहीं थे। तब तक उसकी सेना में 1 लाख घुड़सवार तथा 60 हज़ार हाथी हो गये। रथ-सेना उसने निकाल दी। यह बात सन् 612 की है।

अगले आठ साल तक हर्ष ने युद्ध नहीं किया। किन्तु, दिग्विजय की इच्छा से प्रेरित होकर वह दक्षिण-विजय के लिए निकला। नर्मदा-तट के निकट के किसी स्थान पर दक्षिण के सम्राट् पुलुकेशिन से उसका मुकाबला हुआ। किन्तु, हर्ष को सफलता नहीं मिल पायी। पुलुकेशिन की शक्ति देखकर वह पीछे लौट गया।

किन्तु, प्रतापी पुलुकेशिन की सत्ता को चुनौती देनेवाले हर्ष की कीर्ति सुनकर, दक्षिण प्रदेश के चोलों ने, केरलों और पांड्यों ने हर्ष से मित्रता कर ली। पुलुकेशिन से ये राज्य डरते भी थे। हर्ष का पुलुकेशिन से युद्ध करना एक तरह से स्वाभाविक भी था, क्योंकि पुलुकेशिन का साम्राज्य काठियावाड़ और मालवे को अन्तर्भूत कर चुका था। पूरे उत्तर भारत को अधीन करने के लिए, उसकी सत्ता को चुनौती देना आवश्यक था।

हर्ष ने दक्षिण के गंजम राज्य पर आक्रमण किया और उसे अपने राज्य में शामिल कर लिया। इसके चौदह सालों बाद हर्ष ने गुजरात पर चढ़ाई करके वलभी के मैत्रक राजा ध्रुवसेन को भी अपना मांडलिक बना लिया।

हुएनत्सांग

सन् 620 तक हर्ष ने अपने लिए एक विशाल साम्राज्य क़ायम कर लिया था। चीनी यात्री हुएनत्सांग इसी काल में आया था। उसने तत्कालीन भारत का वर्णन किया है। प्रभाकरवर्धन के काल में स्थानेश्वर राज्य का वर्णन करते हुए वह लिखता है—

"यहाँ की भूमि उपजाऊ है, अनाज बहुत पैदा होता है। लोगों का व्यवहार बहुत रूखा है और उनमें एक-दूसरे के प्रति लगाव नहीं है। परिवार धनी हैं, और विलासिता का जीवन व्यतीत करते हैं। वे जादू-टोनों के बहुत आदी हैं और उन लोगों का बहुत सम्मान करते हैं जिनमें कोई असाधारण योग्यता हो।" यह प्रभाकरवर्धन के राजत्वकाल के अन्तर्गत पंजाब का वर्णन है। हुएनत्सांग ने हर्षवर्धन के काल का भी वर्णन किया है। वह कहता है कि बेगार किसी से नहीं ली जाती थी। राजा की निजी सम्पत्ति चार भागों में विभाजित थी। एक राज्य-शासन चलाने और यज्ञयाग दान आदि पर खर्च होती थी। दूसरी से राज-कर्मचारियों का वेतन दिया जाता था। तीसरी से असाधारण प्रतिभाशाली व्यक्तियों को पुरस्कार दिया जाता था। चौथी धार्मिक संस्थाओं पर खर्च की जाती थी, जिससे सद्‍गुणों को प्रोत्साहन मिलता था। लोगों पर कर का भार बहुत कम था। व्यक्ति को सरकार के लिए जो भी काम करने पड़ते थे, वह कष्टसाध्य नहीं थे। सभी लोग निर्विघ्न होकर अपनी सम्पत्ति का भोग करते थे। सभी लोग शान्ति तथा सुरक्षा के वातावरण में खेती-बारी करते थे। उपज का छठा भाग भूमिकर के रूप में दिया जाता था। थोड़ी-सी चुंगी अदा करने पर कोई भी व्यक्ति व्यापार के लिए जल और स्थल भागों का उपयोग कर सकता था। व्यापारियों को बहुत लाभ होता था। सार्वजनिक निर्माण कार्यों के लिए यह आवश्यक होता था कि प्रत्येक व्यक्ति अपने खुद के काम से सहायता करें, किन्तु साथ ही सबको उचित पारिश्रमिक भी मिल जाता था।

हुएनत्सांग के इस वक्तव्य से यह स्पष्ट होता है कि उन दिनों प्रजा सुखी थी और राजकर्मचारी उसके हितों का ध्यान रखते थे। हुएनत्सांग ही के विवरण से हमें मालूम होता है कि उन दिनों शहरों के बाज़ारों में बड़ी रौनक रहा करती थी। सोने-चाँदी के सिक्के चलते थे। कभी-कभी सिक्कों के स्थानों पर मोतियों और कौड़ियों का प्रयोग होता था। समुद्र पार के देशों के साथ खूब व्यापार होता था। भारतीय मल्लाह लंका का चक्कर लगाकर चीन तक पहुँचा करते थे।

हत्याएँ, मारपीट आदि की घटनाएँ बहुत कम होती थीं। किन्तु, यात्राएँ अब उतनी सुरक्षित नहीं रही थीं जितनी कि गुप्तकाल में। हुएनत्सांग को कई बार सड़कों पर जंगलों में लुटेरों का सामना करना पड़ा था।

यद्यपि नियमतः स्त्रियों की स्वतन्त्रता का अपहरण हो चुका था, किन्तु, नारी-स्वतन्त्रता की पुरानी परम्परा अभी भी चल रही थी। अस्पृश्यता फैल रही थी।

हर्ष का चरित्र

भारत के महान् सम्राटों में हर्ष की गणना होनी चाहिए, इसलिए नहीं कि वह विलक्षण विजेता था—समुद्रगुप्त उससे भी बड़ा सैनिक था—वरन् इसलिए कि उसमें गहरी

मनुष्यता थी। धर्म-प्रचार का प्रज्वलन्त उत्साह जो अशोक में था, वह हर्ष में नहीं था; क्योंकि उसके लेखे बौद्ध और ब्राह्मण तथा अन्य धर्म—सभी भारत के आध्यात्मिक पक्ष का प्रतिनिधित्व करते थे। उसका जीवन अनेक दुःखों और संकटों में बीता था। ज़िन्दगी की आँच उसको लग चुकी थी।

वह शुरू में शैवधर्म का अनुयायी था। किन्तु उसकी बहन और भाई, राज्यश्री और राज्यवर्धन, दोनों बौद्ध धर्म के माननेवाले थे। बाद में वह भी बौद्ध हो गया। वह धर्म के तत्त्व को अधिक समझता था। भारत की धार्मिक स्थिति को भी वह खूब समझता था।

वह स्वयं विद्वान् था। उसके दरबार में शास्त्रार्थ हुआ करता—विशेषकर बौद्धों और ब्राह्मणों में। एक बार का किस्सा है कि चीनी यात्री हुएनत्सांग उसके दरबार में बैठा था। हर्ष ने सभासदों को सम्बोधित करके कहा कि विद्वत्‌गण हुएनत्सांग से शास्त्रार्थ करें। हुएनत्सांग स्वयं त्रिपिटकाचार्य था। किसी ने हुएनत्सांग से शास्त्रार्थ करने का साहस नहीं किया। इसकी पार्श्वभूमि यह थी कि अपनी यात्रा में हुएनत्सांग को कुछ मुसीबत का सामना करना पड़ा था। सम्राट् ने घोषणा करा दी थी कि जो भी चीनी त्रिपिटकाचार्य को कष्ट देगा, उसे कठोर-से-कठोर दंड दिया जायेगा।

हर्ष हर पाँचवें साल महापंडितों का सम्मेलन कराता। उसमें वह स्वयं भाग लेता। सम्मेलन में शास्त्रार्थ और तर्क और वितर्क होते। इनमें से एक सम्मेलन में चीनी त्रिपिटकाचार्य हुएनत्सांग भी मौजूद था। इसी प्रकार हर पाँचवें वर्ष वह प्रयाग में बहुत बड़ी धन-राशि का दान देता। यह दान सब धर्मों के साधुओं तथा उनके अतिरिक्त निर्धन तथा अभावग्रस्त लोगों को दिया जाता। यह दान-महोत्सव 75 दिनों तक चलता!! छठे दान महोत्सव में स्वयं हुएनत्सांग उपस्थित था। उसने लिखा है—"पाँच वर्ष का समस्त संचित धन समाप्त हो जाता था। घोड़ों, हाथियों और सैन्य सामग्री छोड़कर, जो शान्ति और सुव्यवस्था के लिए और सम्राट् की सम्पत्ति की रक्षा के लिए आवश्यक थे, कुछ भी नहीं बचता था। राजा अपने रत्न-आभूषण—कुंडल, कंगन, मुकुट के रत्न, हार, मालाएँ—यहाँ तक कि कपड़े-लत्ते सब दे डालता। सब दे चुकने पर वह अपनी बहन से एक साधारण पुराना वस्त्र माँगकर उसे पहन लेता और 'दशभूमीश्वर बुद्ध' की उपासना करता और इस बात पर बहुत प्रसन्न रहता कि उसका धन-कोष धर्म-क्षेत्र में खर्च हो गया।" इधर, सन् 646 ईसवी में हुएनत्सांग चीन वापिस पहुँचा ही था कि सन् 646-47 में इस महान् सम्राट् का देहान्त हो गया।

जीवन में उसने अनेक दुःखों और संकटों का सामना किया था। उसका हृदय बहुत संवेदनशील और बुद्धि सन्तुलित थी। सम्भवतः, यही कारण है कि वह स्वयं साहित्य-रचना की ओर अग्रसर हुआ। हर्षवर्धन संस्कृत का एक प्रतिभाशाली लेखक

माना जाता है। उसने **रत्नावली, नागानन्द** और **प्रियदर्शिका** नामक नाटकों की रचना की। संस्कृत साहित्य गद्यकार बाणभट्ट, जिसने **कादम्बरी** नामक एक महाकथा लिखकर अपना नाम अमर किया, हर्ष के दरबार में ही था। हर्ष की महत्ता की प्रशंसा में उसने **हर्षचरित्र** नामक ग्रन्थ का प्रणयन किया।

हर्ष प्राचीन भारत का अन्तिम शक्तिशाली सम्राट् था। वह निरंकुश एकछत्र शासक था। उसकी कीर्ति और प्रभाव दूर-दूर के देशों में पहुँच चुका था। उसकी मृत्यु के एक वर्ष बाद ही, भारत में फिर से राजनैतिक अव्यवस्था उत्पन्न हो गयी। यह अव्यवस्था भारत में सदियों तक बनी रही।

विन्ध्याचल के उस पार

प्राचीन काल में, उत्तर भारत की भाँति दक्षिण भारत में भी सांस्कृतिक अभिवृद्धि हुई। बौद्ध, जैन, वैष्णव तथा शैव धर्मों ने वहाँ विशाल साहित्य निर्माण किया। अनेकानेक गुफा-मन्दिर बने। मन्दिर-निर्माण कला का विशेष उत्कर्ष हुआ। प्राचीन भारतीय सांस्कृतिक परम्पराओं की रक्षा का कार्य भी दक्षिण भारत ने किया। अतएव उसका राजनैतिक ऐतिहासिक वृत्तान्त भी हमें मालूम होना चाहिए।

भूगर्भशास्त्र की दृष्टि से दक्षिण भारत उत्तर भारत से अधिक प्राचीन है। दक्षिण भारत में पूर्व पाषाण युग से लेकर तो लौह युग तक मनुष्यों का आवास था। अत्यन्त प्राचीन काल में द्रविड़ जाति आर्यों के अनवरत विस्तार से दक्षिण की ओर ढिंकलती हुई, विन्ध्याचल पार कर गयी और वहाँ उसने अपने सुव्यवस्थित राज्य स्थापित किये। आगे के युगों में, उन्होंने दक्षिण भारत के पार जाकर सीलोन को भी आबाद किया। वहाँ की सिंहल भाषा प्राचीन द्रविड़ों का स्मारक है। वहाँ की तमिल भाषा, द्रविड़ों के अनन्तरकालीन आक्रमण की देन है।

कालान्तर में, आर्यों ने भी विन्ध्याचल पार कर लिया। गोदावरी नदी के उत्तर तट तक आर्य पहुँच गये और वहाँ उन्होंने अपनी बस्तियाँ बसाईं। फलतः, द्रविड़ों का मुख्य क्षेत्र कृष्णा नदी तथा तुंगभद्रा नदी के दक्षिण तट से लेकर तो कुमारी अन्तरीप और उसके पार लंका तक माना जा सकता है।

पुराणों में कहा गया है कि अगस्त्य ऋषि विन्ध्याचल को पार कर गये। वहाँ उन्होंने स्वयं भगवान शिव से तमिल भाषा सीखी और यह कि अगस्त्य ऋषि तमिल के शब्दकोष और व्याकरण के प्रथम रचयिता थे। यह भी कहा जाता है कि राजनीतिक तथा सामाजिक संगठन प्रचलित करने का श्रेय भी उन्हीं को है। किन्तु, ये किंवदन्तियाँ हैं, जिनका सार केवल यही प्रतीत होता है कि सुदूर अन्धकाराच्छादित अतीत में आर्य और द्रविड़ सभ्यताओं का मिश्रण प्रारम्भ हो गया था।

कृष्णा और तुंगभद्रा नदी के उस पार विस्तृत प्रदेश में तीन राज्य थे, पांड्य, चेर और चोल। अशोक के शिलालेखों में हमें इन जातियों का उल्लेख मिलता है। (दक्षिण का एक विस्तृत भूभाग अशोक के साम्राज्य में था)। इन राज्यों का विकास और

उत्कर्ष किस प्रकार हुआ, हम नहीं जानते। इतना भर मालूम है कि इन राज्यों में सर्वाधिक प्राचीन था—पांड्य, जिसकी राजधानी मदुरई थी। वह शिक्षा का प्रसिद्ध केन्द्र भी था। उस राज्य में कोरकई नामक एक बन्दरगाह था, जो उन दिनों सभ्यता और संस्कृति का बड़ा केन्द्र माना जाता था। प्राचीन चोल और चेर राज्यों के सम्बन्ध में अधिक ज्ञात नहीं है।

तमिल देश—जिसे हम सुदूर दक्षिण कह सकते हैं—के अतिरिक्त, कृष्णा नदी के उत्तर की ओर जो द्रविड़ रहते थे उनमें आर्य रक्त अधिक रहना स्वाभाविक है। यद्यपि दक्षिण भारत में महाराष्ट्र सम्मिलित है, किन्तु उसे दक्षिण भारतीय द्रविड़ संस्कृति का अंग नहीं कह सकते। यद्यपि यह सच है कि मराठी भाषा पर प्राचीन कन्नड़ का बहुत असर हुआ है—शब्दों के अतिरिक्त, ध्वनियों और उसकी व्यवस्था में अर्थात् उच्चारण में। यह ध्यान में रखने की बात है कि आज जिस प्रकार आर्य भाषा बोलनेवाली महाराष्ट्रीय जनता विशुद्ध आर्य नहीं है, उसी प्रकार तेलुगु (आन्ध्र), तमिल (तमिलनाडु—मद्रास प्रान्त), कन्नड़ (कर्नाटक—मैसूर), मलयालम (केरल) तथा अन्य द्रविड़ भाषाओं के बोलनेवाले सभी विशुद्ध द्रविड़ हैं, यह कहना ग़लत है। तेलुगु भाषा तो विदर्भ के चाँदा जिले से ही शुरू हो जाती है। भाषा की दृष्टि से, मराठी भाषी प्रदेश को छोड़कर, शेष सब (जिसमें लंका भी सम्मिलित है) द्रविड़ भूभाग है।

भारत के ऐतिहासिक घटना-चक्रों पर प्रभाव डालनेवाली पहली दक्षिण भारतीय शक्ति थी—आन्ध्र देश का सातवाहन वंश। तीन शताब्दियों से अधिक समय तक उसका साम्राज्य दक्षिण प्रदेश में रहा। उन्होंने किस प्रकार शक-शक्ति को जर्जर करने का प्रयत्न किया, यह हम पहले बता चुके हैं। सातवाहन राजा ई. पू. 235 से ईसा पश्चात् सन् 225 तक राज्य करते रहे। सातवाहनों ने अपने को इसीलिये 'दक्षिणापथ स्वामी' घोषित किया था। उन्होंने उत्तर भारत तथा दक्षिण भारत के बीच एक विस्तीर्ण सेतु का काम किया था, जिसके माध्यम से भारत के ये दो भाग एक-दूसरे के पास आते गये।

सातवाहन

सातवाहन युग ने भारत की समृद्धि को और बढ़ाया। पायथान, तेर, जुन्नार, कराड़, नासिक, गोवर्धन और बनवारी नगर सातवाहन युग में बसाये गये। भृगुकच्छ के अतिरिक्त, सुपाटा, कल्याण, दाभोल, वानकोर, मलयगिरि, देवकोट जैसे बन्दरगाह भी थे जिनसे उज्जैन, काबुल, काश्मीर तथा अन्य प्रान्तों का माल पश्चिमी देशों को भेजा जाता था।

सातवाहन युग में ही भारतीय व्यापारी—मुख्यतः तमिल व्यापारी—सुमात्रा, जावा, हिन्दचीन और मलाया जाते। वहाँ इन्होंने अपनी-अपनी बस्तियाँ बसाईं। फिर, इनके

देखा-देखी जब बौद्ध धर्म-प्रचारक दक्षिण-पूर्वी एशिया में गये, तो सातवाहन काल में अनेक शैव तथा वैष्णव धर्म के प्रचारक भी उस ओर जाकर वहाँ भारतीय संस्कृति का प्रचार करने लगे। सातवाहन युग में दक्षिण भारत की आर्थिक, व्यावसायिक और सांस्कृतिक उन्नति हुई।

सातवाहन शासक अपने को ब्राह्मणवंशीय समझते थे। उन पर द्रविड़ संस्कृति का गहरा प्रभाव था। द्रविड़ों के परिवार पितृसत्तात्मक न होकर मातृसत्तात्मक होते हैं। सम्भवतः इसी कारण से गौतमीपुत्र शातकर्णि और वाशिष्ठी पुत्र पुलुमावि जैसे उनके नाम थे, जिसमें माता को महत्त्व दिया गया था। सातवाहन शासकों के काल में न केवल ब्राह्मण धर्म का पुनरुत्थान हुआ, वरन् उन्होंने बौद्ध धर्म का भी विकास किया।

वाकाटक नरेशों का उल्लेख हम पहले ही कर चुके हैं। सातवाहनों के अनन्तर, दक्षिण के कुछ भाग उनके राज्यान्तर्गत थे।

चालुक्य

दक्षिण के बीजापुर नामक ज़िले के अन्तर्गत बादामी नाम का एक गाँव है। उसका प्राचीन नाम है—वातापी। वातापी में प्रसिद्ध चालुक्य वंश ने अपना राज्य स्थापित किया था। यह राज्य छठी ईसवी सदी में स्थापित हुआ। उसका प्रारम्भिक इतिहास हमें स्पष्टतः ज्ञात नहीं है। किसी जयसिंह नामक चालुक्यवंशीय राजा का पुत्र रणराग था। इस रणराग का पुत्र था—पुलुकेशिन। उसके राज्य की स्थापना सन् 550 में हुई होगी।

पुलुकेशिन प्रथम ही असल में राज्य-स्थापक था। उसकी मृत्यु के बाद उसके पुत्र कीर्तिवर्मन ने आस-पास के प्रदेशों के राज्यों को जीत लिया। मध्यप्रदेश-विदर्भ में उन दिनों कलचुरि वंश की सत्ता थी। उन पर भी चालुक्यों ने हाथ मारा और कई विस्तृत प्रदेश उनसे छीन लिए। चालुक्यों का राज्य इस समय समुद्र-तट को स्पर्श करता था।

पुलुकेशिन द्वितीय

कीर्तिवर्मन के बाद, पुलुकेशिन द्वितीय राजा हुआ। उसने अपने पड़ोसी राज्यों को जीत लिया और फिर गुजरात पर चढ़ाई करके वहाँ के लाटवंशी राजाओं को अधीन कर लिया। नर्मदा नदी तट पर उसने सम्राट् हर्षवर्धन को पराजित किया। पूर्व में कलिंग को हराकर पिष्ठापुरम् का दृढ़ दुर्ग छीन लिया। उसने दक्षिण में कांची नगर पर भी हमला किया। किन्तु उसे पीछे हटना पड़ा। वह अब अपने को 'महाराजाधिराज परमेश्वर' कहलाने लगा।

हुएनत्सांग उसके दरबार में आया था। उसने लिखा है कि प्रजा सुखी थी। वह राजनिष्ठ थी। सैनिक मदिरा पीकर युद्ध में तलवार चलाते थे। वह लिखता है कि पुलुकेशिन के राज्य में ब्राह्मण धर्म का प्रभुत्व था, किन्तु अकेले नासिक में 100 बौद्ध विहार थे, जिनमें 5 हज़ार बौद्ध भिक्षु रहते थे।

पुलुकेशिन की कीर्ति दूर-दूर तक फैल गयी। ईरान के राजा खुसरो ने उसके यहाँ अपना राजदूत भेजा। अजन्ता के एक चित्र में यह बात बतायी गयी है। सन् 652 में कांची के पल्लव नरेश नरसिंह वर्मन ने एकाएक पुलुकेशिन पर हमला कर दिया। पिछली हार का बदला चुकाते हुए, उसने पुलुकेशिन की हत्या कर दी। किन्तु, इसके तेरह साल बाद, पुलुकेशिन के पुत्र विक्रमादित्य ने पल्लव राज्य पर चढ़ाई करके उसको हरा दिया और उसकी राजधानी कांची को भी जीत लिया। विक्रमादित्य सन् 680 में मर गया। उसका पुत्र विनयादित्य भी बड़ा पराक्रमी निकला। उसके सम्बन्ध में हमें विशेष ज्ञात नहीं है। हम इतना-भर जानते हैं कि उसकी मृत्यु के बाद, सन् 750 के लगभग, एक अन्य राज्यवंश राष्ट्रकूट ने चालुक्यों के राज्य को नष्ट कर दिया। उसके दो सौ साल बाद चालुक्यों की एक शाखा ने कल्याणी में फिर से राज्य की स्थापना की।

चोल

अशोक के समय, चोलमंडल या कारोमंडल प्रसिद्ध था। वह चोल राज्य था। ईसा की आठवीं सदी में चोल राज्य का वास्तविक अभ्युत्थान हुआ। लगभग 985 ईसवी में राजराज नामक एक चोल राजा ने पांड्य और चेर राजाओं के प्रदेश जीतकर राज्य-विस्तार किया। चोलों का वह स्वर्णयुग कहा जाता है। राजराज के पास प्रबल जलसेना भी थी। उसने एक ओर कलिंग को पराजित किया, तो दूसरी ओर उसने लंका को भी हरा दिया। इस प्रकार उसका राज्य बंगाल की खाड़ी से लेकर तो अरब सागर तक फैल गया।

राजराजेन्द्र

उसके पुत्र राजराजेन्द्र चोल ने बहुत-से अभियान किये थे—अपने पिता के काल में ही। सन् 1012 में, वह राजा हुआ। वह बड़ा प्रतापी था। उसने लंका के राजा को गिरफ़्तार कर लिया और उसे क़ैदी बनाकर अपने यहाँ रखा। वह अब दक्षिण से उत्तर की ओर बढ़ा, कलिंग, कोसल इत्यादि देश पदाक्रान्त करते हुए उसने बंगाल में प्रवेश किया। बंगाल के राजा, महीपाल को पराजित करके वह गंगा के किनारे-किनारे पूरब की ओर बढ़ा, अनेक युद्धों में विजय प्राप्त करते हुए वह दक्षिण वापिस आया।

महान् पराक्रम

राजराजेन्द्र चोल की जलसेना बड़ी शक्तिशाली थी। वह भारत-भूमि में ही राज्य-विस्तार नहीं चाहता था, वरन् विदेशों में भी। उसने अपनी जलसेना मलाया में भेजी। उसने मलाया के एक राजा संग्राम विजयोतुंग वर्मा को पराजित किया। वहाँ से बड़ा खजाना और हाथियों का एक समूह लेकर वह वहाँ से लौटा। राजराजेन्द्र चोल पहला भारतीय राजा था, जो जलसेना के साथ विदेशों में विजय-प्राप्ति के लिए गया हो।

शैलेन्द्रों का गर्व-हरण

राजराजेन्द्र चोल भारत का पहला राजा है जिसने अपने राज्य से निकलकर दूसरे देशों पर हमला किया। उसकी जलसेना ने, आगे चलकर, जावा, सुमात्रा, बोर्नियो के शैलेन्द्र साम्राज्य से मुठभेड़ की। शैलेन्द्र साम्राज्य की प्रवर्धित शक्ति बंगाल-समुद्र तथा उसके आसपास के जल-क्षेत्रों पर शासन करती थी। राजराजेन्द्र चोल ने शैलेन्द्र साम्राज्य की जल-शक्ति पर प्रहार किया। उस साम्राज्य के कुछ भागों को अपने वश में कर लिया। शैलेन्द्र नरेश लगभग एक सदी तक तो चुपचाप रहे; किन्तु, उसके बाद उन्होंने चोलों को अपने देश से भगा दिया।

राजराजेन्द्र चोल एक महत्त्वाकांक्षी, पराक्रमी और साहसी पुरुष था। उसने चोलपुरम को अपनी राजधानी बनाया, उसे अनेक मन्दिरों और प्रासादों से सुशोभित किया। सन् 1042 में इस महान् राजा का देहावसान हो गया।

उसकी मृत्यु के बाद, यह राज्य लगभग दो सौ साल तक चलता रहा। सन् 1310 में जब एक ओर मुस्लिम आक्रमण शुरू हुए, तो दूसरी ओर विजयनगर राज्य की स्थापना हुई, उस समय यह राज्य अवनति के पथ पर चल पड़ा।

राष्ट्रकूट

सन् 745 में दन्तिदुर्ग नामक एक वीर ने चालुक्य राज्य को नष्ट किया था। उसकी राजधानी नासिक थी। इसी वंश में अमोघवर्ष नामक एक राजा हुआ, जिसे मुसलमानों ने दुनिया के चार बड़े बादशाहों में गिना—एक, बग़दाद का ख़लीफ़ा; दूसरा, रूम का बादशाह; तीसरा, चीन का सम्राट्; चौथा, राष्ट्रकूट वंश का अमोघवर्ष। राष्ट्रकूट, निःसन्देह, बड़े जुझारू थे। राजपूताने के गुर्जर राजाओं से तथा कन्नौज के राजाओं से उनकी लड़ाई चलती रहती थी।

सन् 973 में बादामी के चालुक्य वंश के एक तैलप नामक पुरुष ने राष्ट्रकूटों को नष्ट कर दिया और कल्याणी में अपना द्वितीय चालुक्य वंश स्थापित किया। सन् 1000 के बाद दक्षिण में होयसल राज्य को कुछ प्रमुखता प्राप्त हुई। होयसल पहले राष्ट्रकूटों

के, बाद में चालुक्यों के मांडलिक थे। वीर बछाल और वीर नरसिंह नामक दो राजाओं ने कर्नाटक, मलबार, तैलंगाना आदि प्रदेश जीतकर, कुछ वर्षों के लिए अपनी धाक जमा दी थी। चौदहवीं सदी के मुस्लिम आक्रमणों ने उन्हें समाप्त कर दिया।

सन् 1200 के लगभग, द्वितीय चालुक्य राज्य को देवगढ़ या देवगिरि के यादवों तथा होयसलों ने नष्ट कर दिया। एक सदी से कुछ वर्ष ऊपर तक यादव राज्य कायम रहा। अलाउद्दीन ख़िलजी ने उसे ख़त्म कर दिया। यह घटना सन् 1348 की है।

तमिल-राज्य

तुंगभद्रा और कृष्णा नदी के उस पार का प्रदेश—जिसे हम सुदूर दक्षिण भी कह सकते हैं—तमिल देश माना जाता है। सन् 200 के कांची नगर में राजधानी बनाकर, विष्णु नामक एक राजा ने पल्लव वंश की स्थापना की। यह राज्य उन्नतिशील था। लगभग 400 साल बाद उसका विशेष उत्कर्ष हुआ। उत्कर्ष का काल भी, कम नहीं, दो शताब्दियों तक टिका रहा। छठी सदी में सिंह विष्णु पल्लव ने पांड्य, चोल, केरल और सिंहलद्वीप के राजाओं को पराजित किया।

कांची के पल्लव वंश के मुख्य शत्रु थे वातापी के चालुक्य। सन् 640 में चालुक्य राज्य के विक्रमादित्य ने पल्लव वंश का गर्व-हरण किया और कांची नगर पर कब्जा कर लिया। किन्तु, उसके कुछ ही दिनों बाद, चालुक्यों की अवनति होने लगी। इधर, पल्लवों ने चालुक्यों के आघात को किसी-न-किसी तरह सह लिया। पल्लव उसके आगे भी उन्नति करते रहे; किन्तु सन् 1000 के लगभग चोल राजाओं के हाथों उनका नाश हो गया।

पांड्य

भारत के सुदूर दक्षिण कोण में पांड्य राज्य था। उनकी राजधानी मदुरई थी। पांड्यों और पल्लवों में हमेशा युद्ध होता रहता। ईसा की ग्यारहवीं और बारहवीं सदी में अपनी स्थिति नष्ट होते हुए देखकर, पांड्यों ने चोलों की अधीनता स्वीकार कर ली। तेरहवीं सदी में उन्होंने फिर से शक्ति एकत्र कर ली, किन्तु, चौदहवीं सदी में मुसलमानों के आक्रमणों के आगे वे टिक न सके।

केरल

आधुनिक केरल प्रान्त में ही प्राचीन केरल राज्य था। उनके देश में बन्दरगाह के रूप में उन दिनों क्विलोन को बहुत-बहुत महत्त्व प्राप्त था। उस राज्य का दूर-दूर के देशों

से व्यापार के कारण, खूब लाभ हुआ होगा। इस राज्य के इतिहास के सम्बन्ध में, हम ज़्यादा नहीं जानते।

इस वृत्तान्त से यह स्पष्ट है कि दक्षिण भारत प्रदीर्घ काल तक मुस्लिम आधिपत्य से बचा रहा। परिणामतः उसने स्वतन्त्र रूप से प्राचीन भारतीय संस्कृति की रक्षा और विकास किया। आगे चलकर, जब वहाँ मुस्लिम राज्य क़ायम भी हुए, वे वहाँ संरक्षित प्राचीन भारतीय संस्कृति को विशेष प्रभावित नहीं कर सके। फलतः, उत्तर भारत की कला, शिल्प, धर्म, दर्शन आदि में हिन्दू-मुस्लिम तत्त्वों के मेल से, मध्य युग में जो सांस्कृतिक अभ्युत्थान हुआ उसके कारण, उत्तर भारत की परम्परा कुछ और हो गयी, दक्षिण भारत की कुछ और ही रही। इसका अर्थ यह नहीं है कि दक्षिण भारत में मुस्लिम तत्त्वों ने भारतीय संस्कृति में प्रवेश ही नहीं किया। लिंगायत या वीर शैव सम्प्रदाय सूचित करता है जो मुस्लिम तत्त्व दक्षिण भारतीय धर्म-चिन्तन में प्रविष्ट हुए, वे तत्त्व उस प्राचीन मुस्लिम उपनिवेशों के सूचक थे, अरब व्यापारियों द्वारा समुद्र-तटों पर बसाये गये थे, न कि उत्तर भारत से आये हुए, मुस्लिम आक्रान्ताओं द्वारा।

बृहत्तर भारत

प्राचीन काल में भारत शेष जगत् से गहरा सम्पर्क रखता था। भारतीय संस्कृति का विस्तार दक्षिण-पूर्वी एशिया, मध्य एशिया तथा पूर्वी एशिया के देशों में हुआ। वहाँ भारतीय संस्कृति, धर्म, दर्शन तथा विद्याओं के अपने केन्द्र बने। यह विस्तार शान्ति तथा सद्भावना, मैत्री तथा मानव-कल्याण की प्रेरणा द्वारा ही हो सका। भारत का आध्यात्मिक सन्देश दूर-दूर के देशों में फैल गया।

फलतः, इन विभिन्न देशों में जातीयता का भी उत्कर्ष हुआ। न केवल संस्कृत, वरन् स्थानीय जन-वानियाँ भी उन्नति करने लगीं तथा समृद्ध हो उठीं। दक्षिण-पूर्वी एशिया में यह विशेष रूप से हुआ। इस प्राचीन गौरव-गाथा को जाने बिना, भारतीय संस्कृति के इतिहास का ज्ञान भी अधूरा रहता है।

उत्तर एशिया में भारतीय संस्कृति के मुख्य प्रभाव-केन्द्र थे—खोतन्न (खोतन), कुचि (कुचर), अग्निदेश (काराशहर), कोचांग (तुरफान) तथा इनके अतिरिक्त शैल देश (काशगर), चल्पद (शानशान), थरूक (पोलकिया), चौकुक (यारकन्द)। इन आठ राज्यों में खोतन और कुचि सर्वप्रमुख है। ये सब क्षेत्र मध्य एशिया से लेकर सिङ्क्याङ होते हुए मंगोलिया तक फैले हुए हैं। इन सबमें कुछ सामान्य बातें पायी जाती हैं। बौद्ध धर्म के विहार इन सबमें थे। इन विहारों की संख्या बहुत बड़ी थी। भिक्षुओं की तादाद हज़ारों तक पहुँचती थी। संस्कृत भाषा धर्म-भाषा होने के कारण महत्त्वपूर्ण थी। साथ ही, संस्कृत भाषा का भी खूब प्रयोग होता था। पहले खरोष्ठी लिपि का प्रचार हुआ, बाद में ब्राह्मी लिपि ने भी प्रवेश किया। बहुत-से प्राचीन संस्कृत ग्रन्थ इस क्षेत्र में उपलब्ध हुए हैं। स्थानीय भाषाओं में भी ग्रन्थों का प्रणयन हुआ।

खोतन

खोतन बौद्ध धर्म का बहुत बड़ा केन्द्र था। चौथी सदी में लगभग सारा खोतन राज्य बौद्ध हो गया। खोतन के विहार शिक्षा के केन्द्र थे। इन केन्द्रों में बड़ा ग्रन्थालय रहता था।

यहाँ बौद्ध विहारों तथा चैत्यों के बहुत-से खंडहर प्राप्त हुए हैं। मूर्तियाँ और प्रतिमाएँ मिलीं, साथ ही चित्र भी। अनेकों ग्रन्थ मिले। ये ग्रन्थ हस्तलिखित हैं। चीन

में धर्म-प्रचार का बहुत कुछ श्रेय खोतन को है। कनिष्क के साम्राज्य में खोतन भी शामिल था। आठवीं सदी के बाद तुर्कों ने गौरवशाली खोतन को नष्ट कर दिया और तब वहाँ की जनता मुसलमान हो गयी।

तीसरी सदी में खोतन के राजवंश के नाम भारतीय थे, जैसे विजयसम्भव। तिब्बती अनुश्रुतियों में विजयसम्भव का उल्लेख है। विजयसम्भव के वंश में विजयवीर्य नामक राजा ने अनेकों विहारों और चैत्यों का निर्माण कराया। विजयसम्भव तथा विजयवीर्य के गुरु भारतीय बौद्ध भिक्षु थे।

कुचि का राज्य भी भारतीय संस्कृति का महान् केन्द्र था। चीनी अनुश्रुति के अनुसार, वहाँ के विहारों और चैत्यों की संख्या दस हज़ार थी। ये विहार बहुत सुन्दर, बहुत भव्य थे। इनमें हज़ारों भिक्षु रहते थे। कई भिक्षुणियाँ राजघरानों की थीं।

कुचि के राजवंश के नाम भारतीय थे जैसे—सुवर्ण, पुष्प, हरिपुष्प, स्वर्णदेव, हरदेव, इत्यादि। कुचि मध्य एशिया का भारतीय सांस्कृतिक केन्द्र तथा उपनिवेश था।

कुमारजीव

यहाँ हम कुमारजीव का उल्लेख करना नहीं भूल सकते। उसकी जीवन-कथा जितनी रोमांटिक है उतनी ही प्रेरणादायक है।

भारत में एक राजकुमार था, जिसका नाम था कुमारायन। युवावस्था में ही वह बौद्ध भिक्षु बन गया। अब वह भारत से यात्रा करते-करते कुचि पहुँचा। (संस्कृत में कुचि को कुशद्वीप कहते थे)। था तो वह बौद्ध भिक्षु, किन्तु वह अत्यन्त सुन्दर था। कुचि के राजा की बहन जीवा उस पर मोहित हो गयी, वह उससे प्रेम करने लगी। कुमारायन के हृदय में भी प्रेम का उदय हुआ। फलतः, उसने उससे विवाह कर लिया। उनको दो पुत्र हुए। एक का नाम था कुमारजीव—दूसरे का था पुष्पदेव।

कुमारजीव ज्यों ही सात वर्ष का हुआ, उसकी माता जीवा भिक्षुणी हो गयी। वह अपने पुत्र कुमारजीव को लेकर भारत आयी। वहाँ वह काश्मीर में जा बसी। काश्मीर के राजा का भाई बन्धुदत्त बौद्ध धर्म का बड़ा पंडित था। उसका नाम सर्वत्र था। उसके चरणों में बैठकर कुमारजीव ने बौद्ध शास्त्र पढ़े। कुमारजीव प्रकांड पंडित बन गया। बौद्ध धर्म की शिक्षा के उपरान्त उसे वैदिक धर्म के तत्त्व समझने की इच्छा हुई।

उन दिनों मध्य एशिया में शैलदेश (काशगर) ब्राह्मण साहित्य तथा दर्शन का केन्द्र समझा जाता था। कुमारजीव काशगर आया। वहाँ ब्राह्मण धर्म की सारी विद्याएँ पढ़कर, वह चोक्कुक (यारकन्द) पहुँचा। ब्राह्मण दर्शन के तर्कों और युक्तियों का खंडन जिन बौद्ध विद्वानों ने किया था, उनमें नागार्जुन, आर्यदेव जैसे सिद्ध आचार्य

भी थे। उनके ग्रन्थों का विशेष अध्ययन यारकन्द में हुआ करता था। यारकन्द में इन आचार्यों का अध्ययन करके कुमारजीव ने महायान सम्प्रदाय में प्रवेश किया। इस प्रकार बौद्ध और ब्राह्मण ज्ञान का एकाधिकारी होकर कुमारजीव अपनी मातृभूमि कुचि में वापिस आया। उसकी विद्वत्ता की कीर्ति फैली। शीघ्र ही कुचि नगर शिक्षा का महान् केन्द्र बन गया।

अब हुआ यह कि चीन ने कुचि के राज्य पर हमला कर दिया। उसे सर कर चुकने के बाद, बड़े-बड़े लोग गिरफ़्तार कर लिए गये। कुमारजीव भी चीनी अधिकारियों द्वारा बन्दी बनाकर चीन लाया गया।

किन्तु, उसकी कीर्ति और तेजस्विता जेल की दीवारों को पार कर गयी। उसका नाम सुनकर चीनी सम्राट् ने उसे अपनी सभा में बुलाया। चीनी सम्राट् कुमारजीव से बहुत प्रभावित हुआ। उसने उसका बड़ा सत्कार किया। कुमारजीव केवल संस्कृत का ही नहीं वरन् चीनी भाषा का भी प्रकांड पंडित था। सम्राट् ने उसे कहा कि वह भारत के प्रमाणिक बौद्ध ग्रन्थों का चीनी भाषा में अनुवाद करे। सम्राट् ने उसकी सहायता के लिए अनेक चीनी विद्वान् नियुक्त किये।

अपने कार्य का युगान्तकारी महत्त्व कुमारजीव ने अच्छी तरह समझ लिया। उसने अपनी सहायता के लिए भारत तथा काश्मीर से बहुत-से बौद्ध पंडित बुलवाये—जिनमें गौतम संघ देव, धर्मयश, गुणवर्मन, गुणभद्र, बुद्धवर्मन, बुद्धयश, तथा पुण्यगात का नाम विशेष रूप से उल्लेखनीय है। कुमारजीव के उपरान्त इन्हीं महापंडितों ने चीन में बौद्ध धर्म का प्रचार किया।

चीन में इन विद्वानों का स्थान बहुत ऊँचा है। इनका नाम सुनकर चीनी जनता आज भी श्रद्धा और सम्मान से सिर झुका लेती है। ये विद्वानगण धुन के पक्के थे। साहसी और कर्मण्य थे, विद्वान् और भावुक थे, करुणा और जिज्ञासा की मूर्ति थे। इनमें से कइयों ने चीनी नाम भी धारण कर लिए। वे चीनी बन गये। वहीं मरे। आज हालत यह है कि जिन संस्कृत पुस्तकों का अनुवाद इन्होंने किया, वे भारत में नष्ट हो गयी हैं। वे चीनी अनुवाद के रूप में ही हैं, उनका संस्कृत भाषान्तर अब करवाया जा रहा है। विश्व के महान् पंडित कुमारजीव का देहान्त सन् 412 में चीन में ही हुआ।

तुरफ़ान

सिङक्याङ का वह हिस्सा जो मंगोलिया की मरुभूमि से लगा हुआ है, वहाँ उइगुर नामक जाति रहा करती थी। वह तुर्क जाति थी। कुमारजीव के कुचि राज्य में भी वही रहती थी। उइगुर बौद्ध थे। वह तुरफ़ान में भी रहती थी। तुरफ़ान मंगोलिया की मरुभूमि के निकट एक नगर था। इस क्षेत्र में तुरफ़ान सरीखे अनेक नगरों के

ध्वंसावशेष पाये जाते हैं। इन ध्वंसावशेषों में संस्कृत, तुर्की, चीनी और ईरानी हस्तलिखित ग्रन्थ मिले हैं। वहाँ के राजा चाउ ने सन् 480 में मैत्रेय का एक मन्दिर बनवाया था।

काशगर

इस क्षेत्र में कनिष्क के काल में बौद्ध धर्म का प्रचार हुआ। इसके पहले वह ब्राह्मण धर्म का केन्द्र था। फ़ाहियान 400 ईसवी में यहाँ आया था। उसने बताया है कि यहाँ एक विहार में एक हजार भिक्षु निवास करते थे।

तुन-व्हाङ

अन्य स्थानों में भी बौद्ध धर्म का और भारतीय संस्कृति का बहुत प्रचार था। चीन की सीमा के पास एक पर्वतमालिका है। यहाँ गुफा-मन्दिर हैं। इन गुफा-मन्दिरों में सिद्धार्थ गौतम बुद्ध के जीवन के चित्र हैं—जैसे कि अजन्ता में हैं। अन्तर यही है कि उनकी कला पर चीनी, यूनानी, तुर्की, ईरानी प्रभावों का सम्मिश्रण है। इन गुफाओं को सहस्र-बुद्ध गुहा-विहार कहते हैं। इन गुहाओं में अनेक बुद्ध मूर्तियाँ भी प्राप्त हुई हैं।

सिवाय इसके, वहाँ संस्कृत, तुर्की, उइगुर, तिब्बती और चीनी ग्रन्थों का अपूर्व भंडार उपलब्ध हुआ। ये सब ग्रन्थ बौद्ध धर्म तथा संस्कृति के सम्बन्ध में हैं। उनसे इतिहास पर भी प्रकाश पड़ता है। यूरोपीय विद्वान् उन्हें उठा-उठाकर अपने-अपने देश ले गये और आज तक उन ग्रन्थों की सूची भी नहीं बन पायी। इन ग्रन्थों में खरोष्ठी और ब्राह्मी लिपि का भी प्रयोग किया गया।

तुनव्हाङ के समान मध्य एशिया के अन्य क्षेत्रों में भी, पुस्तकों के भंडार मिले हैं—विशेषकर कुचि और काशगर में, जिनसे यह स्पष्टतः सूचित होता है कि भारतीय संस्कृति का प्रसार और विकास कितने दूर-दूर के क्षेत्रों में हुआ। तुनव्हाङ जैसी गुहाओं का निर्माण छठी सदी से लेकर चौदहवीं सदी तक होता रहा, और अनेकानेक मूर्तियाँ और चित्र, चैत्य और विहार बनते रहे। सहस्रबुद्ध गुहा विहार भी इसी तरह बना।

दूसरे शब्दों में, आठवीं सदी तक पश्चिमी एशिया से लेकर तो पूरे पूर्वी एशिया तक, यानी तुर्किस्तान से लेकर चीन तक, बौद्ध धर्म का प्रचार था। तुर्क जाति पूरी बौद्ध थी। बाद में आठवीं सदी के बाद तुर्क जाति के मध्य-एशियाई तथा पश्चिमी-एशियाई खंड ने इस्लाम अंगीकार कर लिया। किन्तु, पूर्व एशिया के तुर्क जैसे—उइगुर बौद्ध बने रहे। तुर्क जाति मंगोल जाति की ही एक शाखा है।

बृहत्तर भारत का विचार करते हुए हम सीरिया और मैसोपोटामिया को भी नहीं भूल सकते। वहाँ प्राचीन काल में बहुत-सी भारतीय बस्तियाँ थीं। किन्तु, ईसाई आक्रमणों से वे नष्ट-भ्रष्ट हो गयीं। उनके ध्वंसावशेष अभी भी कहीं-कहीं पाये जाते हैं।

यहाँ यह ध्यान में रखना होगा कि भारत के उत्तर में जो बौद्ध राज्य या बौद्ध सांस्कृतिक केन्द्र बने, उनमें थोड़े-बहुत भारतीय तत्त्व होते हुए भी, मुख्यतः, वे अ-भारतीय थे। तुर्क, मंगोल, शक, हूण, आदि जातियों के ये लोग थे। इनमें से जो पश्चिम और मध्य-एशियाई थे, कालान्तर में मुस्लिम बने, शेष बौद्ध बने रहे।

दक्षिण-पूर्वी भारतीय उपनिवेश

दक्षिण-पूर्वी एशिया में भारतीय बस्तियों का श्रेय मुख्यतः व्यापारियों को है—विशेषकर तमिल व्यापारियों को। व्यापारियों के पीछे धर्म-प्रचारक गये—बौद्ध और ब्राह्मण। इनका उद्देश्य वहाँ जाकर कोई साम्राज्य स्थापित करना नहीं था। वे शान्तिपूर्ण उद्देश्यों से वहाँ पहुँचे थे।

धीरे-धीरे वहाँ की जनता ने भारतीय धर्म और संस्कृति अपना ली। अपना तो ली, किन्तु उसमें उसने अपने तत्त्व भी डाल दिये। वहाँ की भाषाओं में खूब संस्कृत शब्द आ गये। हमारे देवता उनके देवता बन गये। यह सब होते हुए भी, वहाँ के राज्यों और राजवंशों को हम भारतीय नहीं कह सकते, क्योंकि वे भिन्न जाति के लोग थे—मलाया, ख्मेर आदि जातियों के वे लोग थे, और हैं। भारतीय संस्कृति को ग्रहण करके उन्होंने अपना स्वतन्त्र विकास किया। यह ठीक उसी प्रकार हुआ जिस प्रकार सिङक्याङ तथा अन्य पूर्व-पश्चिम के देश भारतीय प्रभाव में आकर भी भारतीय नहीं हुए। यह बात महत्त्वपूर्ण है।

यह सही है कि तमिल व्यापारियों ने वहाँ मुख्य-मुख्य केन्द्रों में अपनी बस्तियाँ बसायीं, धर्म-प्रचार करनेवालों ने अपना प्रभाव बढ़ाया, किन्तु भारतीय राज्य-शक्ति, संगठित रूप से अथवा असंगठित रूप से वहाँ कभी नहीं पहुँची। किसी राजनैतिक उद्देश्य से भारत विदेशों में नहीं गया। आज भी मलाया प्रायद्वीप में भारतीय जनता लगभग एक तिहाई है। ये तमिल भाषाभाषी हैं। दक्षिण ब्रह्मा, मलाया और सुमात्रा को, प्राचीन काल में भारत में स्वर्ण भूमि कहा जाता। भारतीयों ने शुरू में नदियों के किनारों पर अपनी बस्तियाँ स्थापित की होंगी, वे रवद्विन, इरावती, साल्विन, मेकांग तक पहुँचे होंगे। इस प्रकार वे, बर्मा से लेकर वियतनाम तक पहुँच गये होंगे, जल-मार्ग के द्वारा, स्थल-मार्ग के द्वारा भी। धीरे-धीरे, भारतीय संस्कृति का प्रभाव बढ़ा होगा, और ये पुराने भारतीय उपनिवेश उस देश की जनता में घुल-मिल गये होंगे।

इस प्रकार के मेल से जो सामाजिक-सांस्कृतिक चेतना वहाँ उत्पन्न हुई, उसने राजनैतिक रूप भी विकसित कर लिया और कई राज्य बन गये।

इनमें से एक प्रभावशाली राज्य आधुनिक कम्बोडिया में था। जब भारतीय सुदूर अतीत में वहाँ पहुँचे थे तो वहाँ के स्थानीय जन अभी भी असभ्यावस्था में थे। भारतीय संस्कृति का प्रथम प्रसार वहाँ कौंडिल्य नामक ब्राह्मण ने किया। वह वैदिक धर्मानुयायी था। वही वहाँ का सबसे पहला राजा हुआ। आगे चलकर, उसका राज्य फान-ची-मान नामक व्यक्ति के हाथ में चला गया। ईसा की चौथी सदी के अन्त में, फिर से कौंडिव्य नामक एक ब्राह्मण वहाँ पहुँचा। वहाँ की जनता ने उसे अपना राजा घोषित किया। उसके बाद, जयवर्मन और जयवर्मन के अनन्तर नागवर्मन का नाम मिलता है। उसने सन् 480 में अपना एक दूत चीन के बादशाह के यहाँ भेजा था। उसके बाद रुद्रवर्मन राजा बना। उसने सन् 517 से 539 तक कई राजदूत चीन भेजे। यहाँ शैवधर्म का प्रचार हुआ था। यह राज्य कुछ ही सालों बाद, चम्पा नामक राज्य में विलीन हो गया।

चम्पा

कम्बोडिया के पूर्व में चम्पा नामक एक प्रबल सत्ता सामने आयी। यह राज्य उन्नीसवीं सदी तक क़ायम था। इस राज्य का प्रारम्भिक इतिहास हम नहीं जानते। ईसा की दूसरी सदी में इस राज्य के एक राजा श्रीमार का नाम हमें मिलता है। इस राजा के पास एक विशाल जल-सेना थी। उसने चीन पर हमला करके उसका टाँगकिंग प्रान्त सर कर लिया था। वह चीन से हमेशा लड़ता रहा। आगे चलकर, चम्पानरेश फान-बेन नामक एक राजा ने सन् 347 में उत्तरी वियतनाम के उपजाऊ हिस्से भी छीन लिए। आगे चलकर, फान-हु-टा अर्थात् धर्म-महाराज श्री भद्रवर्मन ने चीन के और हिस्से छीने तथा चम्पा राज्य की सीमा थान-हो पहाड़ तक फैला दी। श्री भद्रवर्मन शैव था। उसने मायसन नामक स्थान पर एक विशाल मन्दिर बनाया।

चीन ने ज्यों ही अपनी ताक़त समेट ली, चम्पा को झुकना पड़ा। चम्पा चीन की अब खुशामद करने लगा। वहाँ से चीन को उपहार भेजे जाने लगे। आगे चलकर, उन्नीसवीं सदी में, अनाम नामक जाति ने चम्पा को जीत लिया; इसलिए इस प्रदेश का नाम अनाम हुआ। इन राज्यों के फलस्वरूप, थाईलैंड (सयाम), लाओस, कम्बोडिया, वियतनाम आदि प्रदेशों में भारतीय धर्म, संस्कृति, आचार-विचार, रीति-नियम फैल गये। स्थानीय जनता के प्राचीन विश्वासों से सम्मिलित होकर, उन्होंने उनकी अपनी जातीयता (राष्ट्रीयता) का विकास किया। साहित्य तथा संस्कृति की भाषा संस्कृत ही रही, जो वहाँ खूब फली-फूली। उसमें नये-नये ग्रन्थ बनने लगे। किन्तु, साथ ही जनता की अपनी वाणी का भी बहुमुखी विकास हुआ। भारतीय शिल्प

तथा चित्रकला की वहाँ नक़ल नहीं की गयी। किन्तु भारतीय संस्कृति से प्रेरणा प्राप्त करके, भारतीय शिल्प और चित्रकला ही का नया मोड़, एक नया रूप दिया गया। इस क्षेत्र में ब्राह्मण धर्म का खूब प्रचार हुआ।

ये राजा भारत की तीर्थयात्रा करते। चम्पानरेश इन्द्रवर्मा तृतीय बड़ा पंडित था। उसने भारत की तीर्थ यात्रा की थी।

श्रीक्षेत्र

इनके अतिरिक्त ब्रह्म देश में प्रोम के पास श्रीक्षेत्र नामक एक राज्य था। ज्ञात होता है कि उसका राज्य पूरे मलय प्रायद्वीप तक पहुँचा हुआ था। आधुनिक उत्खननों ने बहुत-सी बातें खोजकर निकाली हैं। वहाँ बौद्ध धर्म का प्रचार हुआ, जो वहाँ से सारे ब्रह्म देश में छा गया।

मलाया

मलाया प्रायद्वीप में बहुत-से भारतीय राज्य थे। इन राज्यों के ध्वंसावशेष अभी भी पाये जाते हैं। विष्णु, गरुड़ आदि की मूर्तियाँ, अनगिनत बौद्ध मन्दिर तथा बहुत-से शिलालेख मिले हैं।

श्रीविजय

सुमात्रा को प्राचीन काल में स्वर्णभूमि कहा करते थे—उसके राजनैतिक-सांस्कृतिक क्षेत्र के अन्तर्गत दक्षिण बर्मा भी आता था। सुमात्रा में श्रीविजय नामक नगर में ईसा की चौथी सदी में एक राज्य स्थापित हुआ। उसने शीघ्र ही अपने हाथ-पाँव फैलाये। सन् 684 में उसके बौद्ध धर्मावलम्बी राजा जयनाग ने जावा (यवद्वीप) को जीतने के लिए सेनाएँ भेजीं। कम्पर नदी पर स्थित यह नगर सदियों तक उन्नति करता रहा। वह धर्म, संस्कृति और विज्ञान का बड़ा केन्द्र था। चीनी यात्री इत्सिंग 688 से 695 तक यहाँ रहा था। सुमात्रा में बहुत-से शिलालेख संस्कृत भाषा में मिलते हैं, जिनमें यहाँ के राजाओं की कीर्ति-कथा अंकित है।

यवद्वीप (जावा)

चीनी कथाओं के अनुसार ईसवी पूर्व 65 में ही, यहाँ भारतीयों ने बसना शुरू कर दिया था। सन् 132 में देववर्मा नामक एक राजा ने चीन को अपना राजदूत भेजा

था। फाहियान यहाँ आया था। उस चीनी यात्री ने लिखा है कि यहाँ के बहुत से लोग शैवधर्मानुयायी थे।

गुणवर्मा नामक राजा ने यहाँ 5वीं सदी में बौद्ध धर्म का प्रचार किया। गुणवर्मा बहुत धर्मात्मा तथा वैभवशाली राजा था। चीन के भिक्षुओं ने अपने सम्राट् से प्रार्थना की थी कि वह गुणवर्मा को चीन आने का निमन्त्रण दे। गुणवर्मा ने चीन को भेंट दी। वह दक्षिण-पूर्व एशिया में बहुत बड़ा धर्म प्रचारक था।

और भी अनेकानेक राजा हुए। जावा में संस्कृत भाषा में कई शिलालेख मिलते हैं।

शैलेन्द्र साम्राज्य

ईसा की सातवीं सदी में सुमात्रा के श्रीविजय नरेशों ने—जो शैलेन्द्रवंशी थे—जावा को अपने साम्राज्य के अन्तर्गत कर लिया। साथ ही, दक्षिण बर्मा, मलाया़, और कम्बोडिया को भी अपने राज्य में मिला लिया। शैलेन्द्र बौद्ध धर्मावलम्बी थे। उन्होंने अपने क्षेत्र में बौद्ध धर्म का खूब प्रचार किया। फलतः, शैव और वैष्णव धर्म, दक्षिण एशियाई देश—जैसे ब्रह्मा, थाईलैंड, कम्बोडिया आदि—में कमज़ोर हो गया, उसका स्थान बौद्ध धर्म ने ले लिया। शैलेन्द्रों ने भारत से भी अपने सम्बन्ध बनाये रखे। उनके उत्कीर्ण लेख जावा, सुमात्रा, मलाया आदि प्रदेशों में उपलब्ध होते हैं।

इस वंश का इतिहास हमें क्रमबद्ध रूप से नहीं मिलता। किन्तु हम जानते हैं कि राजराजेन्द्र चोल से इनकी मुठभेड़ हुई थी। चोलों ने इनको कमज़ोर कर दिया था। किन्तु, चोल राज्य के नाश में, शैलेन्द्रों ने भी योग दिया।

शैलेन्द्रों ने साहित्य तथा शिल्प-कला का बहुत विकास किया। इन्होंने अनेक देशों में, मन्दिर, स्तूप, चैत्य, बनवाये। यहाँ तक कि नालन्दा में भी एक विहार बनवाया।

बाली

जावा के पास ही पूर्व की तरफ बाली नामक द्वीप में हिन्दू धर्म अभी भी जीवित है। बाली में हमें अनेक शिलालेख मिलते हैं, जो संस्कृत भाषा में लिखे हुए हैं।

बोर्नियो

ज्ञात होता है कि यहाँ सन् 400 के लगभग ब्राह्मण धर्म पूर्णतः विराजमान था। इस द्वीप में अनेक ध्वंसावशेष प्राप्त होते हैं। इनमें से एक गुफा मन्दिर है जिसमें शिव,

गणेश, नन्दी, ब्रह्मा, स्कन्द, महाकाल, अगस्त्य, नन्दीश्वर आदि की 18 मूर्तियाँ प्राप्त हुई हैं। यह गुफा तेलेन नदी की ऊपरी धारा के पूर्व में स्थित है। इस द्वीप में चार शिलालेख भी मिले हैं, जो संस्कृत भाषा में हैं। इनसे प्रतीत होता है कि वहाँ यज्ञयाग का बड़ा प्रचार था। इसी प्रकार के अवशेष हमें सेलेवीज़ और फिलिपाइन्स में मिलते हैं, जिनसे यह सिद्ध होता है कि भारतीय संस्कृति और धर्म का विस्तार पूरे दक्षिण-पूर्वी एशिया को समेट चुका था।

मध्य युग का आरम्भ
(सन् 700 से सन् 1200 तक)

भारतीय संस्कृति का यह ह्रास-काल था। समाज जड़ीभूत हो रहा था। इस बीच राजपूत राजाओं का अभ्युदय हुआ। किन्तु, शेष जगत् से भारत का सम्बन्ध टूट रहा था। ह्रास-दशा दर्शन, धर्म, साहित्य सबमें प्रकट हो रही थी। दक्षिण भारत में पूर्वयुगीन उन्मेष कुछ शेष था। कुछ राजपूत राजा बहुत पराक्रमी और विद्वान् हुए। किन्तु, वे कभी एकताबद्ध नहीं हो सके। विदेशी आक्रान्ताओं ने एक-के-बाद एक सबको धराशायी कर दिया। यह इस बात का सूचक है कि यदि समाज प्रगति नहीं करता तो वह जड़ हो जाता है, उसमें गति ही नहीं रहती।

एक अखिल भारतीय राज्य के स्थान पर अनेक छोटे-बड़े प्रादेशिक राज्यों के अभ्युदय होते रहने की प्रवृत्ति भारत में प्राचीन काल से रही आयी। हर्षवर्धन के साम्राज्य के अनन्तर यह प्रवृत्ति और भी बलवान हो उठी।

राजपूतों का उदय

इस युग में भारत के राजनैतिक रंगमंच पर राजपूतों का अभ्युदय एक प्रधान घटना है। राजपूतों ने राज्य-सूत्र हाथ में लेकर जो ऐतिहासिक घटनाएँ प्रस्तुत कीं उन्हें हमें जानना चाहिए।

कन्नौज के प्रतिहार और राठौर

कन्नौज एक ज़माने में सम्राट् हर्षवर्धन के साम्राज्य का एक भाग था। आगे चलकर वहाँ प्रतिहार राजपूतों ने अपना राज्य स्थापित किया। सन् 1018 में पश्चिम से होनेवाले मुस्लिम आक्रमणों ने उसे तहस-नहस कर दिया। इस घटना से फ़ायदा उठाकर गढ़वाल के राजपूतों ने वहाँ अपना राज्य बना लिया। अब हुआ यह कि पंजाब और अफ़ग़ानिस्तान के शासक मुहम्मद ग़ोरी ने राठौरों के अन्तिम राजा जयचन्द को मार गिराया। राठौरों ने कन्नौज छोड़ दिया, वहाँ से वे राजपूताने चले गये। मौका पाते ही, जोधपुर में उन्होंने अपना राज्य फिर से क़ायम किया।

दिल्ली के चौहान और तोमर

किसी तोमरवंशीय राजा ने सन् 993 में, प्राचीन इन्द्रप्रस्थ के समीप, दिल्ली नगर की स्थापना की। दिल्ली में उस वंश का राज्य सन् 1170 तक रहा। उसके अन्तिम राजा अनंगपाल को कोई पुत्र नहीं था; इसलिए, उसकी कन्या का पुत्र—अजमेर का चौहान राजा पृथ्वीराज—दिल्ली राज्य का उत्तराधिकारी हुआ। अब अजमेर और दिल्ली दोनों राज्य एक हो गये। सन् 1192 में मुहम्मद ग़ोरी ने युद्ध में पृथ्वीराज को परास्त करके उसे मार डाला। उस समय अजमेर और दिल्ली के दोनों राज्य मुस्लिम साम्राज्य के भाग हो गये।

सांबर के चौहान

बताया जाता है, चाहमान या चौहान वंश के एक सामन्त ने सातवीं सदी में, अजमेर के आस-पास अपना राज्य स्थापित किया। कालान्तर में, कन्नौज के प्रतिहारों के ये मांडलिक बन गये। ईसा की नवीं सदी में इन्होंने सिन्ध के अरबों से लोहा लिया। दसवीं सदी में इन्होंने अपनी स्वतन्त्रता की घोषणा कर दी और अब ये अपने को 'महाराजाधिराज' कहलाने लगे। इनके उत्तराधिकारियों ने राज्य का खूब विस्तार किया। ग़ज़नी के बादशाह महमूद ग़ज़नवी से भी इनका सामना हुआ, जिसमें गोविन्दराज चौहान नामक एक राजा ने ख्याति प्राप्त की। बारहवीं सदी में ये बहुत महत्त्वाकांक्षी हो उठे। इन्होंने मालवे के परमार राजाओं से, तो कभी उसके भी आगे बढ़कर, गुजरात के चालुक्यों से, छेड़छाड़ की। दिल्ली के तोमरों से उन्होंने कई बार युद्ध किये। पंजाब के मुस्लिम शासकों से इन्होंने बहुत बार मोर्चा लिया। बारहवीं सदी के प्रथम चरण में, अजयराज चौहान ने अजमेर बसाया। उसके अनन्तर, विग्रहराज नामक एक प्रचंड पराक्रमी वीर ने दिल्ली सर कर ली और पूर्व-उत्तर में सहारनपुर तक के भू-भाग पर अधिकार कर लिया। सन् 1178 में विख्यात राजा पृथ्वीराज राज्यारूढ़ हुआ। उसने चन्देलों के प्रमार (आल्हाखंड का परमर्दी) तथा गुजरात के भीम द्वितीय को युद्ध के लिए ललकारा।

तब तक पृथ्वीराज—जैसा कि पहले बताया जा चुका है—अजमेर और दिल्ली के संयुक्त राज्य का अधिपति हो चुका था। वह जितना पराक्रमी था, उतना ही उदार-हृदय भी था। ज्यों ही उसने सुना कि पंजाब का मुस्लिम शासक मुहम्मद ग़ोरी दिल्ली के राज्य पर चढ़ दौड़ा है, पृथ्वीराज 3 हज़ार हाथी और 3 लाख घुड़सवार लेकर मैदान में कूद पड़ा। मुहम्मद ग़ोरी (थानेश्वर के पास तलावड़ी या तराई के मैदान से) भाग खड़ा हुआ। यह घटना सन् 1191 की है।

अब हुआ यह कि मुहम्मद ग़ोरी को अपनी कमज़ोरी मालूम हो गयी। वह साल-भर तक फ़ौजी तैयारी करता रहा। तैयारी के बाद, उसने पृथ्वीराज को सन्देशा

भेजा कि वह इस्लाम कुबूल करे और ग़ोरी की अधीनता स्वीकार कर ले। पृथ्वीराज को ताव आ गया। बग़ैर पूरी फ़ौजी तैयारी किये, पृथ्वीराज मैदान में कूद पड़ा। वह वीर तथा पराक्रमी था। उसने जमकर लड़ाई लड़ी। पृथ्वीराज के असंख्य सैनिक मारे गये। उसे क़ैद कर लिया गया। और, अन्त में, मुहम्मद ग़ोरी ने जब उसका घनघोर अपमान करना चाहा, तब पृथ्वीराज ने उसे माकूल जवाब दिया। मुहम्मद ग़ोरी ने, बदले में, क़ैदी पृथ्वीराज को कत्ल कर दिया। उसके बाद मन्दिरों का विध्वंस हुआ। लोग भाग खड़े हुए। शेष राजपूत राजा देखते रह गये। यह घटना सन् 1192 की है। इस घटना का ऐतिहासिक महत्त्व है, क्योंकि उससे भारत में तुर्क-अफ़गान साम्राज्य का सूत्रपात हुआ।

जेजाकभुक्ति के चन्देल

नन्नुक नामक किसी चन्देल सामन्त ने जेजाकभुक्ति (बुन्देलखंड) में अपना राज्य स्थापित किया। इस वंश में धंग नामक प्रतापी राजा हुआ जिसने सन् 955 से सन् 1000 तक राज्य किया। उसके ज़माने में चन्देलों का राज्य यमुना नदी से दक्षिण में बेतवा तक फैल गया था, पश्चिम में कालिंजर और ग्वालियर से लेकर जबलपुर तक अपने कब्जे में कर लिया। उसने खजुराहो में विश्वनाथ मन्दिर का निर्माण किया। अरब इतिहासकार इब्न उल असीर ने उसके पौत्र विद्याधर को 'अपने समय का सबसे शक्तिशाली भारतीय राजा' कहा है। सन् 1022 में महमूद ग़ज़नवी के सामने चन्देलों की कुछ न चली। सन् 1202 में कुतुबुद्दीन ने भी चन्देलों को पराजित किया। चौदहवीं सदी के मध्य तक यह राज्य किसी-न-किसी तरह चलता रहा, उसके बाद उसका लोप हो गया।

मालवे के परमार

मालवे के परमारों में सर्वाधिक प्रसिद्ध राजा हुआ भोज। उसने विद्या-प्रेम की प्राचीन भारतीय परम्परा का निर्वाह किया। उसके विद्या-प्रेम, न्याय तथा विवेक ही अनगिनत कहानियाँ लोगों में प्रचलित हैं। उसके राज्य के अन्तर्गत, भोपाल-होशंगाबाद से लेकर धार और मन्दसौर तक का इलाका था। भोपाल नगर (भोजपाल नाम से) उसी ने बसाया। उसने अपने राज्य का विस्तार भी किया। राजस्थान, खानदेश, कोंकण और मध्य-दक्षिण के प्रदेश उसके राज्य के अन्तर्गत थे। सन् 1008 में उसने, दूरदर्शितापूर्वक, उत्तर पश्चिम के शाही राजा आनन्दपाल को महमूद ग़ज़नवी के विरुद्ध सहायता दी थी। उसने पूर्वी पंजाब पर भी हाथ मारा। मध्यप्रदेश के कलचुरि और गुजरात के चालुक्यों से उसकी बड़ी शत्रुता रही।

यह राज्य सन् 1205 तक किसी-न-किसी तरह चलता रहा। अलाउद्दीन ख़िलजी ने उसे नष्ट कर दिया।

अन्य राज्य

इनके अतिरिक्त मध्यप्रदेश में हैहय अथवा कलचुरि वंश तथा बंगाल में पाल तथा सेन वंश का राज्य रहा आया। दक्षिण भारत के सम्बन्ध में हम पहले कह आये हैं।

राजपूतों की जातीय विशेषताएँ

जातीय अभिमान राजपूतों की निजी विशेषता है। जाति की मान-मर्यादा की रक्षा उनका सर्वोच्च धर्म था। देशभक्ति का अर्थ उनके लिए जातीय राज्य के प्रति भक्ति और राजवंश के गौरव के प्रति निष्ठा रखना ही था। उसके लिए वे प्राण तक न्यौछावर कर देते। उनकी देशभक्ति को हम 'संकीर्ण गोत्रीय देशभक्ति' कह सकते हैं। यही भाव जातीय अहम्मन्यता का रूप भी धारण कर लेता।

अभिमानी कुलीन-तन्त्र

असल में, उनका राज्य कुल के नेताओं का निरंकुश स्वेच्छाचारी शासनतन्त्र था। उनके समाजतन्त्र और राजतन्त्र को हम कुलीन-तन्त्र ही कह सकते हैं। प्रत्येक कुल, अपनी उत्पत्ति को कन्हीं भारतीय देवी-देवताओं से या अति-प्राचीन वीरों से सम्बद्ध करता। कोई कहता, हमारा कुल सूर्य से उत्पन्न हुआ है, कोई कहता, चन्द्र से, कोई कहता हम अग्नि से उत्पन्न हुए हैं। पुराण-निर्माताओं ने उनकी उत्पत्ति के सम्बन्ध में अनेक कथाएँ गढ़ ली हैं। उनके छत्तीस कुल बताये गये हैं। कुलीन-तन्त्र में, न केवल वंशाभिमान और जातीय अभिमान की भावना थी, वरन् वीरत्व की, युद्धक्षेत्र में अपने आपको पूर्णतः समर्पित कर देने की, प्रज्वलंत भावना भी थी। पराजित शत्रु यदि शरण माँगता तो वे तुरन्त ही उसे क्षमा कर देने में आत्मगौरव और श्रेष्ठता का अनुभव करते। वे युद्ध में विश्वासघात न करते, दीन-निर्धन जनता को कष्ट न देते; स्वामिभक्ति का पालन करते। यहाँ तक कि यदि वे मुस्लिम राजा के अधीन हो जाते, और उसको स्वामी मान लेते तो वे बराबर उसकी सेवा करते जाते थे, भले ही वह उन्हें क्यों न त्याग दे। वे अपने वचन के पक्के होते थे। पुरुषों के समान ही राजपूतों की स्त्रियाँ भी दृढ़ चरित्र, मान-मर्यादा के लिए प्राण देनेवाली, तथा सतीत्व, सत्यनिष्ठा और देशभक्ति के उच्च आदर्शों से प्रेरित थीं। अपने सतीत्व और सम्मान के हेतु वे चिता में कूद पड़ती थीं। इसे जौहर प्रथा कहते हैं।

परस्पर-संघर्ष

ये कुल ज़रा-ज़रा-सी बात पर लड़ पड़ते। शत्रुता रखने की विधि भी रूढ़िबद्ध हो गयी थी। प्रतिशोध लेना एक ऊँचा काम समझा जाता। राजपूत अपनी आन-बान-शान को बनाने और बढ़ाने के लिए, पास-पड़ोस के राज्यों की राजकुमारियों का अपहरण कर लड़ाई मोल लेते। अपहृत राजकुमारियों से वे अपना विवाह करते, और फिर युद्ध में उल्लासपूर्वक कट मरते। युद्धोत्साह के वे ज्वलंत प्रतीक थे। जिस राजा के शरीर पर विभिन्न युद्धों के जितने अधिक घाव लगते, वह राजा उतना ही श्रेष्ठ और श्रद्धास्पद हो उठता। दूसरे राज्य की, वह फिर अन्य राजपूत राज्य ही क्यों न सही, मान-मर्यादा हरण कर, अपनी शान बढ़ाना अच्छा समझा जाता।

संकीर्ण दृष्टि

उनमें राजनैतिक सूझ-बूझ का सर्वथा अभाव था, वे दूरदर्शी नहीं थे, एकताबद्ध नहीं हो पाते थे। यदि कभी कोई राजपूत राजा किसी अन्य राजपूत राजा की सहायता के लिए दौड़ भी पड़ता था, तो इसका कारण केवल बन्धु-भाव था; राजनैतिक स्वरूप से प्रेरित होकर किया गया कार्य वह नहीं था। विदेशी आक्रान्ता एक के बाद एक राजपूत राज्य अधिकृत करता जाता था। बलशाली राजपूत वंश उसे दूर से ही देखते रहते थे। उनके पास राजनैतिक दृष्टि नहीं थी।

धर्म-भाव

वे भयानक धर्माभिमानी थे। किन्तु सोमनाथ के मन्दिर को लुटते देख सकते थे, संघ-बद्ध होकर, वे विदेशी अत्याचारियों का हाथ नहीं थाम सकते थे। धर्मपरायण वे अवश्य थे किन्तु धर्म को उन्होंने संकुचित अर्थ में ग्रहण किया—उनका धर्म कुलगत मान-मर्यादा, जातीय रीति-नियम और रूढ़ि, तथा अनेकों सम्प्रदायों में विश्वास तक ही सीमित रहा।

राज्य-व्यवस्था

राजपूत नरेश निरंकुश स्वेच्छाचारी राजा थे। एक राजा के अन्तर्गत कई मांडलिक और सामन्त रहते। इन सामन्तों के भी अपने छोटे उप-राज्य या कहिए—जागीर होती। जागीरदार प्रथा से कर (विशेषकर भूमिकर) वसूल करता, और उसके आधार पर वह अपनी शक्ति बनाता। ये जागीरदार या सामन्त ही राजा की असली शक्ति होते। इन

सामन्तों के पास अपनी-अपनी सेनाएँ भी होतीं। यद्यपि वे राजा को अपनी आय का एक विशेष भाग देते, फिर भी इनकी अपनी आर्थिक और सैनिक सत्ता रहती। राजा को कभी-कभी इनके सामने झुक जाना पड़ता। स्वामी-भक्ति का आदर्श, जातीय गौरव-भावना आदि के फलस्वरूप, राजा और उसके सामन्तों में भावनात्मक ऐक्य रहता।

युद्ध-व्यवसायी

वस्तुतः, राजपूत युद्ध-व्यवसायी थे। शासन-व्यवस्था का विशाल और सर्वांगीण प्रबन्ध और शासन के लोकोपयोगी भिन्न-भिन्न विभाग, जो हमें मौर्य अथवा गुप्त राजकीय व्यवस्था में दिखाई देते हैं, राजपूत शासन में नहीं पाये जाते।

राज्य-व्यवस्था तथा समाज-तन्त्र के विकास की दृष्टि से, राजपूत लोग उन्नति के प्राचीन स्तर से भी बहुत-बहुत नीचे आ गये थे। उनके पास देश, समाज या मानवता की उन्नति का कोई विशाल या व्यापक स्वप्न नहीं था।

राजपूत कौन थे?

'राजपूत' शब्द 'राजपुत्र' का विकृत रूप है। सम्भवतः, ये शक, हूण, कुषाण, गुर्जर, आभीर आदि जातियों की सन्तान थे। यह सही है कि उन्हें आर्य धर्म में दीक्षित किया जा चुका था; किन्तु लड़ते-भिड़ते रहने की आदत, गोत्र-अभिमान, शुद्ध रक्त का अभिमान, धर्मसम्बन्धी संकीर्ण भाव-दृष्टि, प्रतिशोध-प्रवृत्ति, यह सूचित करती है कि उनकी पूर्वकालीन क़बीलेवाली मनोवृत्ति अभी शेष थी। उन्हें सबसे बड़ी चिन्ता अपने जाति (क़बीले) की गौरव-रक्षा के सम्बन्ध में रहती ही थी। केवल अपने गोत्र या कुल की भक्ति ही सर्वोपरि थी।

राजपूतों की अन्य विशेषताएँ

उनमें बाल-विवाह प्रचलित था। विधवा-विवाह नहीं होता था। अधिक कन्याएँ उत्पन्न होने पर उनका वध कर दिया जाता। सती-प्रथा खूब प्रचलित थी। पति के हार जाने पर स्त्रियाँ जौहर करतीं। (जौहर प्रथा का स्पष्टीकरण किया जा चुका है)। वे अफ़ीम बहुत खाते। वे स्वाभिमानी, भोले-भाले, सीधे-सादे, दिल के सच्चे, बात के पक्के, कट-मरने के लिए तैयार, ईमानदार और वफ़ादार लोग थे। इसमें क्या आश्चर्य कि उनके इन गुणों को पहचानकर, मुग़ल सम्राट् अकबर उनकी सेवाएँ प्राप्त करे और उनके साहचर्य का उचित राजनैतिक उपयोग करे!!

भारत-पराजय के लिए कौन जिम्मेदार?

साधारणतः, अब तक भारत-पराजय का दोष राजपूत राजाओं पर मढ़ा जाता रहा। वे उत्तर तथा पश्चिम भारत के स्वामी थे। अगर उनमें राजनैतिक एकता, सूझ-बूझ और विवेक होता, तो निःसन्देह वे विदेशी आक्रान्ताओं को हटा सकते थे। किन्तु वे जड़ीभूत और स्थिर हो गये थे—वे सिर्फ़ आपस में ही मार-काट मचा सकते थे। यहाँ तक कि उनकी युद्ध-कला भी पुरानी पड़ चुकी थी। उनमें ताज़गी, स्फूर्ति और नयी-नयी बातें सीखने और ज्ञान-संवर्धन करने की शक्ति नहीं रही थी।

भारत ने शेष जगत् से अपना सम्बन्ध ही तोड़ लिया था। मुस्लिम आधिपत्य के पूर्व, भारतीय राजपूत राज्य बलूचिस्तान, अफ़ग़ानिस्तान, बल्ख, तक फैले हुए थे। अफ़ग़ानिस्तान में ग़ज़नी पर ब्राह्मण राजवंश राज्य करता था। यदि हमारे समाज और देश में जागृति होती तो उन मध्य-एशियायी प्रदेशों से गहरा सम्पर्क रखा जा सकता था और ज्ञानवर्धन द्वारा स्वयं का विकास किया जा सकता था। साथ ही, वहाँ की उलट-पुलट पर भी निगाह रखकर बचाव किया जा सकता था।

ह्रास-काल

किन्तु, उन दिनों सारा भारतीय समाज ही जड़ीभूत हो गया था। नालन्दा-विक्रमशिला जैसे विश्वविद्यालयों में तन्त्र-मन्त्र प्रधान विषय हो गये थे। पूर्वी भारत में बौद्ध धर्म विकृत होकर, वज्रयान का रूप धारण कर चुका था। निषिद्ध समझे जानेवाले व्यवहारों को मुक्ति का मार्ग समझा गया था। तन्त्र-मन्त्र अब वामाचार बन गया। यह वामाचार शाक्तों और शैवों में घुस गया। अघोरपन्थी तथा कापालिक, कालमुख और तरह-तरह के तान्त्रिक, त्रिपुर सुन्दरी के उपासक और तारा के भक्त, चमत्कारों और सिद्धियों के बखान से राजा और किसान दोनों को प्रभावित करने लगे। अनेकानेक साधु और योगी, सिद्ध और नाथ देश-भर का चक्कर लगाते थे। वे कहाँ नहीं थे? गौड़ और बंगाल, नेपाल और आसाम से लेकर वे गुजरात के सोमनाथ मन्दिर में भी अपनी धूनी रमाये थे। वे पश्चिमी पंजाब में नमक की पहाड़ी से लेकर तो अफ़ग़ानिस्तान तक में भ्रमण करते थे। घर में लोग शुद्ध शैव मत या भागवत मत का अनुगमन करते, किन्तु, साथ ही, वे अघोरियों और तांत्रिकों पर भी श्रद्धा रखते!! धर्म का सच्चा स्वरूप गौण हो गया; अन्धविश्वास ने प्रधान स्थान ग्रहण करके, आँख मूँदकर, गाँजा और चरस की दम मारी।

जड़ीभूत अभिरुचि

भारतीय लोक भाषाओं में साहित्य रचा जाने लगा। किन्तु मुख्य विषय केवल तीन ही थे : (1) वैराग्य या नीति; (2) शृंगार; (3) युद्ध। राजाओं की स्तुति और प्रशंसा

में अत्युक्तिपूर्ण वर्णनों से युक्त उनके सच्चे और झूठे पराक्रमों के गीत गाये जाने लगे। आख्यान-काव्य भी लिखे गये, जिनमें राजाओं के युद्धों और उनके विवाहों का बढ़ा-चढ़ाकर वर्णन किया जाता। इन्हें 'रासो' ग्रन्थ कहा गया। इनमें सर्वाधिक श्रेष्ठ और सुन्दर **पृथ्वीराज रासो** है, जिसमें अजमेर और दिल्ली के राजा पृथ्वीराज की जीवनगाथा है। इस ग्रन्थ में कई स्थानों पर सुन्दर वर्णन हुए हैं। संस्कृत में भी अनेक ग्रन्थों की रचना हुई, इनमें विलासितापूर्ण शृंगार भावना ही परिलक्षित हुई। मूर्तिकला में भी उत्कट शृंगार प्रकट हुआ। नारी केवल उपभोग्या हो उठी।

ज्वलन्त दीपक

मध्य युग के प्रारम्भिक चरणों में हमें कुछ-न-कुछ अंशों में प्राचीन भारत की गौरवशाली परम्पराएँ देखने को मिलती हैं। किन्तु, ज्यों-ज्यों हम सन् 1000 के आगे बढ़ते जाते हैं, साहित्यिक अभिरुचि अधिकाधिक चमत्कारवादी, अधिकाधिक जड़ीभूत दृष्टिगोचर होती जाती है। जिन प्रारम्भिक मध्ययुगीन राजाओं के यहाँ प्राचीन गौरवपूर्ण परम्पराएँ (चाहे वे थोड़ी-बहुत विकारग्रस्त क्यों न हो गयी हों) हमें प्राप्त होती हैं, उनमें राजा मुंज, राजा भोज, लक्ष्मणसेन और बछालसेन प्रमुख हैं। उन्होंने धर्म, दर्शन, विज्ञान, गणित आदि के विद्वानों को प्रश्रय दिया। काव्य, नाटक, काव्य मीमांसा, छन्द, व्याकरण, गणित, प्रहसन आदि भिन्न-भिन्न विषयों के मूल्यवान ग्रन्थ सामने आये। मध्य युग के प्रारम्भिक चरणों में शिक्षित व्यक्तियों की भाषा अधिकतर संस्कृत ही थी। अतएव, ग्रन्थ-रचना मुख्यतः, संस्कृत में ही होती थी। कभी-कभी कुछ जैन ग्रन्थ प्राकृत अथवा अपभ्रंश में लिखे जाते। ज्यों-ज्यों हम सन् 1000 को पार कर, सन् 1200 के निकट पहुँचते हैं त्यों-त्यों प्रादेशिक भाषाओं में साहित्यिक विकास के चिह्न हमें दिखाई देने लगते हैं। साहित्यिक अभिरुचि तो बिगड़ गयी थी। अब उसमें हमें शब्द-क्रीड़ा, उत्कट शृंगार और रूढ़िबद्धता दिखाई देने लगती है।

विशाखदत्त नामक एक लेखक ने 'मुद्रा राक्षस' नामक एक नाटक लिखा, उसमें हमें जिस समाज के दर्शन होते हैं, उससे प्रसन्नता नहीं हो पाती। चन्देल राजा हर्ष के राजकवि भीम (9वीं सदी), कलचुरि के यहाँ मुरारि (9वीं सदी), कन्नौज के राजकवि राजशेखर और क्षेमेश्वर (10वीं सदी) की रचनाओं में कथानक पौराणिक हैं। वे राजकीय जीवन के चित्र हैं या प्रहसन हैं। उनमें कोई स्वाभाविक भावोन्मेष नहीं है। सोमदेव कृत **'ललित विग्रहराज नाटक'** बीसलदेव नामक ऐतिहासिक पुरुष के जीवन के एक प्रसंग को लेकर लिखा गया है। उसमें भी वही रूढ़िवादिता तथा चमत्कारपूर्ण व्यंजनाएँ और अत्युक्तियाँ हैं।

12वीं सदी में कन्नौज के कवि श्रीहर्ष ने **नैषध-चरित** लिखा। इसके सौ साल पहले काश्मीर के कवि क्षेमेन्द्र ने भी अनेक सुन्दर रचनाएँ कीं, जिसमें **भारतमंजरी,**

रामायणमंजरी आदि बहुत प्रसिद्ध हैं। जैनों ने और बौद्धों ने भी काव्य रचना की। आठवीं सदी में **पार्श्वाभ्युदय** के रचयिता जिनसेन थे। काव्य शास्त्र की भी विशेष उन्नति हुई। विज्ञान, आयुर्वेद, छन्दशास्त्र, गणित, ज्योतिष, संगीतशास्त्र, शिल्पशास्त्र, धर्मशास्त्र—यहाँ तक कि इतिहास (काश्मीर के कवि कल्हण ने **राजतरंगिणी** लिखी) का भी साहित्य सामने आया।

लोककथाओं की तो इन दिनों बाढ़ आ गयी। इन्हें साहित्यिक रूप दिया गया। 11वीं सदी में काश्मीर के कवि क्षेमेन्द्र ने **बृहतकथामंजरी** लिखी, सोमदेव ने **कथासरितसागर** की रचना की। उसी प्रकार, **बेताल पंच विशिंतकर (बेताल पच्चीसी)** और **सिंहासनद्वात्रिंशिका (सिंहासन बत्तीसी)** भी प्रसिद्ध ग्रन्थ हैं।

राजपूत शासक योग्य निर्माता थे। उन्होंने मन्दिर, घाट, तालाब, किले, बुर्ज, राजप्रासाद खूब ही बनवाये। मध्यप्रदेश का खजुराहो मन्दिर उन्हीं के कला-प्रेम का स्मारक है।

राजपूत काल में मूर्तिकला भी खूब विकसित हुई। किन्तु, उसमें स्वाभाविक भावोन्मेष नहीं। केवल अतिरंजना द्वारा लालित्य बढ़ाने की चेष्टा है।

दक्षिण भारत

शंकराचार्य

हर्षवर्धन के अन्त के बाद में, प्राचीन युग एकदम लुप्त नहीं हुआ। दक्षिण भारत में वह कुछ अधिक समय तक रहा। केरल में, नम्बूद्रि ब्राह्मण जाति में शंकराचार्य जैसे महापंडित हुए, जिन्होंने बौद्ध दर्शन का खंडन किया और वेदान्त मत का पुनरुज्जीवन किया। उन्होंने अपने उपदेशों के प्रचार के लिए पश्चिम में द्वारका, पूर्व में जगन्नाथ पुरी, उत्तर में बदरीनाथ और दक्षिण में शृंगेरी नामक स्थानों में अपने मठ स्थापित किये। इन मठों में वेदान्त का अध्यापन होता। मठ के साधु संगठित रूप से वेदान्त का प्रचार करते। उन्होंने सृष्टि, आत्मा, परमात्मा सम्बन्धी प्रश्नों पर विचार करते हुए एक वेद-परम्परानुकूल सुसंगठित दर्शन प्रस्तुत किया। शंकराचार्य का दर्शन विश्व की श्रेष्ठतम उपलब्धियों में से है। शंकराचार्य, 'जगदगुरु' कहलाते। वैसी ही उनमें विलक्षण प्रतिभा थी। शंकराचार्य के दर्शन का महत्त्व इसमें है कि उन्होंने नीरस कर्मकांड को निरर्थक ठहराया। किन्तु वे जातिवाद के कट्टर समर्थक थे। उन्होंने जगत् को मिथ्या और माया बताया।

रामानुजाचार्य

दक्षिण में बारहवीं सदी में रामानुजाचार्य हुए, उन्होंने विशिष्टाद्वैत मत की स्थापना की। उन्होंने इस जगत् को माया मानने से इनकार कर दिया। मोक्ष का मार्ग ईश्वर

की सच्ची भक्ति है। उन्होंने अस्पृश्य जाति तक के लिए भक्ति का मार्ग खोल दिया। शंकराचार्य ने अपने विचारों तथा प्रयत्नों द्वारा वर्ण-व्यवस्था तथा जाति-व्यवस्था को दृढ़ किया था। रामानुजाचार्य ने ज्यादा उदारता बरती। ईश्वर तो केवल अपने भक्त की भावना देखता है, वह उसकी जाति या वर्ण नहीं देखता—रामानुजाचार्य के इस मत का आगे चलकर बड़ा क्रान्तिकारी परिणाम हुआ। रामानुजाचार्य वैष्णव थे। उनके प्रभाव से वैष्णव मत का काफी प्रचार हुआ।

शैव धर्म

यद्यपि शैव धर्म बिगड़कर कापालिकि और कालमुख जैसे सम्प्रदायों में बँट गया था, फिर भी काश्मीर में उसका प्रांजल रूप सुरक्षित था। नवीं और दसवीं सदी के बीच, काश्मीर में शैव धर्म ने अद्वैतवाद को आत्मसात् कर लिया। उसमें उच्च दार्शनिक भाव थे। उसी प्रकार, शैव धर्म को दक्षिण के चोल और पांड्य राजाओं ने आश्रय दिया।

लिंगायत

दक्षिण में एक शैव सम्प्रदाय था, जिसका नाम था लिंगायत या वीरशैव। ये ब्राह्मण-विरोधी, वैदिक-परम्परा विरोधी, तप-विरोधी, तीर्थ यात्रा-विरोधी तो थे ही, वे साथ ही बाल-विवाह का विरोध करते, विधवा-विवाह का समर्थन करते, मुर्दों को गाड़ते और शिवलिंग की पूजा करते थे। वैदिक परम्परा के विरोध की भी परम्परा इस प्रकार चल रही थी।

भारत में इस्लाम का आगमन तथा दिल्ली सल्तनत

भारत में इस्लाम के आगमन से नये युग का सूत्रपात होता है, दिल्ली में मुस्लिम साम्राज्य की स्थापना हो जाती है। केन्द्रीय शासन से मुक्त होकर, टुकड़ों-टुकड़ों में बँटकर बिखर जाने की ऐतिहासिक-राजनैतिक प्रवृत्ति उस समय भी जारी रहती है। प्रान्तीय मुस्लिम राज्यों का विकास होता है। प्रारम्भ में, खोई हुई अपनी स्वतन्त्रता पुनः प्राप्त करने की कोशिशें राजपूतों द्वारा की जाती हैं, नये स्वतन्त्र राजपूत राज्य बन जाते हैं। तैमूरलंग के आक्रमण सिद्ध कर देते हैं कि मुस्लिम सल्तनत की नींव कितनी कमज़ोर है।

हज़रत मुहम्मद

सन् 570 में हज़रत मुहम्मद के जन्म के पूर्व, अरब जाति अज्ञान के अन्धकार में पड़ी हुई थी। मुहम्मद साहब कुरैश जाति में जन्मे। जन्म के उपरान्त ही उनके पिता की मृत्यु हो गयी। अपने काका अबू तालिब की देख-रेख में उन्हें शिक्षा दी गयी। नवयुवक होने पर, वे सीरिया चले गये, वहाँ उन्हें एकेश्वरवाद की विचारधारा प्राप्त हुई। एक दिन उन्हें इलहाम (ईश्वरीय सन्देश) मिला। उन्होंने अरबों में एकेश्वरवाद का प्रचार किया। उन्होंने मूर्तिपूजा के विरुद्ध उपदेश देते हुए कहा कि ईश्वर एक है, और सबको उसमें श्रद्धा रखना चाहिए, और उसकी आज्ञा का पालन करना चाहिए। उनके कुरैश क़बीले के लोग उन पर बिगड़ पड़े, उन्हें मार डालने की ठानी। इस पर मुहम्मद साहब सन् 622 में मदीना आ गये। उस तिथि से इस्लाम का हिजरी सन् शुरू होता है।

इस्लाम का अर्थ है—'शान्ति' अथवा 'ईश्वरीय इच्छा के प्रति समर्पित होना।' इस्लाम से ही, मुसलमान शब्द बना जिसका अर्थ होता है, इस्लाम का अनुयायी।

इस्लाम धर्म सरल है। ईश्वर तथा उसके दूत (मुहम्मद साहब) में श्रद्धा रखना, तथा नैतिक आचरण करना और धर्म के नियमों के अनुसार, सतर्कतापूर्वक जीवनयापन करना ही इस्लाम है। ईश्वर का कोई आकार नहीं है, वह निर्गुण है; किन्तु वह जगत् का कर्ता और अनुशासक है। जितने भी जीव हैं सब उसके 'बन्दे' हैं, अर्थात् दास हैं। इन बन्दों का यह कर्तव्य है कि वे ईश्वर की इबादत (पूजा) करें। ईश्वर की प्रार्थना के लिए, किसी मध्यस्थ पुरोहित की आवश्यकता नहीं। हज़रत

मुहम्मद केवल उस ईश्वर के सन्देशवाहक हैं। एक सुनिश्चित दिन, ईश्वर न्यायदान करता है; मुहम्मद साहब पवित्र आत्माओं की ओर से उनकी सिफ़ारिश करते हैं। जो पापी हैं उन्हें दोज़ख़ (नरक) भेजा जाता है, जो पुण्यात्मा हैं, वे जन्नत (स्वर्ग) पहुँचते हैं। जन्नत में पुण्यात्माओं को सभी सुख प्राप्त होते हैं।

मुहम्मद साहब समय-समय पर समाधिस्थ हो जाते। समाधि से जागने पर, उनके मुँह से बोल निकल पड़ते। उनके वचनों का जो संग्रह है, उसे **क़ुरान** कहा जाता है। वह मुसलमानों का पवित्र ग्रन्थ है। दिन में पाँच बार नमाज़ पढ़ना, साल में रमज़ान महीने के सब दिन व्रत रखना, अपनी आय में से प्रतिवर्ष दान देना, भले ही वह बहुत थोड़ा क्यों न हो, मुस्लिम समाज के कल्याण के लिए एक निश्चित कर चुकाना आवश्यक है। अपने जीवन में एक बार मक्के की यात्रा करना भी ज़रूरी है—यह यात्रा 'हज' कहलाती है।

इस्लाम 'शान्ति का मार्ग' है। उसके भीतर, सब एक-बराबर हैं—स्त्री और पुरुष, ग़रीब और अमीर, शासक और शासित। धर्म के अन्तर्गत सामाजिक समानता है। ईश्वर और उसके रसूल को न मानना क़ुफ्र है। जो क़ुफ्र करते हैं, वे क़ाफ़िर हैं। क़ाफ़िरों को धर्म के अन्तर्गत लाना पुण्यकार्य है।

मुहम्मद साहब समाज-सुधारक थे। आपस में मार-काट मचानेवाली अरब जाति क्रमशः इस्लाम—'शान्ति के मार्ग'—पर अग्रसर हो गयी। मुहम्मद साहब ने मदिरा सेवन, जुआ खेलना आदि बुराइयों को दूर किया, और अरबों में एक नयी शक्ति उत्पन्न कर दी। उन्हें संगठित और एकताबद्ध कर दिया। अरब समाज अग्रसर हो उठा।

हज़रत मुहम्मद केवल समाज-सुधारक या धर्म-संस्थापक ही नहीं थे, वे अरबों के राष्ट्रीय नेता भी थे। उन्होंने विविध अरब राज्यों का अन्त कर दिया और सबल जातीय राज्य की स्थापना की। सन् 632 में उनका देहान्त हो गया।

उनके उत्तराधिकारी ख़लीफ़ाओं (धर्म-राजों) के समय, अरबों ने अपनी दिग्विजय यात्रा आरम्भ की। इधर, पूरब में वे भारत के उत्तर की तरफ़ पहुँच गये, उधर वे एशिया मायनर और इजिप्ट पादाक्रान्त करते हुए, उत्तर अफ्रीका के किनारे-किनारे आगे बढ़ते चले गये। शीघ्र ही उन्होंने मोरक्को पर विजय प्राप्त कर ली और यूरोप के एक देश स्पेन को अपने कब्जे में कर लिया। इस प्रकार, आठवीं सदी के पूर्व ही, उनका साम्राज्य स्पेन से पामीर तक फैल गया।

दक्षिण भारत में अरब आगमन

अब उन्होंने भारत की तरफ़ नज़र घुमाई। उत्तर-पश्चिम के मार्ग से आने के पहले, उनकी जल-सेना दक्षिण-पश्चिम के समुद्र तट पर आ लगी थी। अरब बहुत अच्छे

मल्लाह थे, साहसी व्यापारी थे, उनकी बस्तियाँ न केवल अरबस्तान में वरन् अफ्रीका के समुद्री तट पर भी थीं। इस्लाम के जन्म के पूर्व ही, बहुत-से अरब दक्षिण भारत के समुद्रतटीय नगरों में आबाद थे। इस्लाम के आरम्भ के बाद, नवीं सदी में, वे पश्चिमी समुद्र तट पर फैल गये। व्यापारी होने के नाते उनका भारत में खूब स्वागत किया गया, उन्हें तरह-तरह की सुविधाएँ दी गयीं। मलाबार के हिन्दू राजाओं ने उन्हें प्रभाव के पद और विशेषाधिकार दिये। कालीकट के जामोरिन ने उन्हें खूब प्रोत्साहन दिया। सौराष्ट्र के बलभी राजा ने भी इसी नीति का अनुसरण किया। अरबों के बहुतेरे नेता, भारतीय राज्यों में, मन्त्री, जल-सेनापति, राजदूत और यहाँ तक कि किसान बन गये। उन्होंने शान्तिपूर्वक अपने धर्म का भी प्रचार किया। मस्ज़िदें बनायीं, कब्रें बनायीं। ये स्थान उनके सन्तों और धर्म-प्रचारकों के केन्द्र बन गये। इसके फलस्वरूप, दक्षिण भारत की सांस्कृतिक प्रवृत्तियाँ इस्लाम से प्रभावित हुईं। दक्षिण भारत में इस्लाम सातवीं सदी के अन्त तक पहुँच चुका था।

अरब आक्रमण

सन् 712 ई. में बग़दाद के ख़लीफ़ा के एक सेनापति मुहम्मद बिन कासिम ने उत्तर-पश्चिम के मार्ग से भारत पर आक्रमण किया। भारत में उन दिनों कोई ऐसी शक्ति न थी, जो उनके आक्रमण को रोक सके। सिन्ध का राजा दाहिर लड़ाई में मारा गया। सिन्ध और पश्चिमी पंजाब का इलाका अरबों के हाथ लगा।

अरबों ने अब भारत के अन्य प्रदेशों पर हमले किये। किन्तु, गुर्जर-प्रतिहार और चालुक्य राजाओं ने उन्हें अपनी शक्ति का परिचय दिया। उन्होंने अरब-सेनाओं का मुक़ाबला करने में अद्भुत वीरता प्रदर्शित की। फलतः, अरबों में पूर्व की ओर बढ़ने की हिम्मत नहीं हुई।

सांस्कृतिक सम्पर्क

राजनैतिक दृष्टि से, अरब, भारत के सर्वप्रथम मुस्लिम शासक थे। भारत के सम्पर्क में आकर उन्होंने भारतीय विद्याएँ सीखीं। दर्शन, ज्योतिष, गणित, चिकित्साविज्ञान, रसायन शास्त्र और शासन कला अरबों ने भारत से ली और लेकर सारे यूरोप में, जबकि वह अज्ञान के अन्धकार में पड़ा हुआ था, उनका प्रचार किया। मध्य एशिया में बौद्ध काल में ही भारतीय संस्कृति का विस्तार हो चुका था। वहाँ इस्लाम फैल जाने के अनन्तर, कई लोग जो पहले ब्राह्मण और बौद्ध थे अब मुसलमान हो गये, किन्तु उन्हें अभी भी भारत की विद्या और समृद्धि का ज्ञान था। ऐसा ही एक व्यक्ति

प्रसिद्ध ख़लीफ़ा हारून अल रशीद का वज़ीर वरमक था। वह बल्ख़ का निवासी था, उसके पूर्वज किसी बौद्ध मठ में पदाधिकारी रह चुके थे। वरमक अभी भी भारत के बौद्धों और अन्य विद्वानों से सम्पर्क स्थापित किये हुए था। उसने विशेष आमन्त्रण देकर अनेक भारतीय विद्वानों को बग़दाद बुलाया और उन्हें उच्च पद प्रदान किये। यह घटना सन् 786 से 809 तक के काल की है। इसके पूर्व, ख़लीफ़ा मन्सूर (753-774 ई.) ने भी भारत के अनेक विद्वानों, पंडितों और ज्योतिषियों को बग़दाद बुलवाया था, और उनके द्वारा भारतीय ज्ञान-विज्ञान की पुस्तकें अरबी में अनुवादित करवायीं।

इस प्रकार, मध्ययुग के अज्ञान-अन्धकार में, जबकि यूरोप गहरी नींद ले रहा था, अरबों ने एक ओर यूनान की विद्या, तो दूसरी ओर, भारत की विद्या ग्रहण करके उन्हें और विकसित किया।

अरबों की सत्ता शीघ्र ही क्षीण होने लगी। गुर्जर-प्रतिहार नागभट्ट ने उन्हें पंजाब में थाम कर रखा था। उसी प्रकार सन् 884 ई. में जब उनके एक नेता ने कच्छ पर हमला करने का प्रयत्न किया तो गुर्जर के राजा मिहिरभोज ने उन्हें परास्त कर दिया। सिन्ध तथा मुलतान का यह अरब साम्राज्य छोटे-छोटे टुकड़ों में बँट गया। अरबों ने राज्य का प्रशासन ब्राह्मण कर्मचारियों के हाथ में रखा था।

महमूद ग़ज़नवी

अरबों की भारत विजय के उपरान्त, दसवीं सदी के उत्तरार्ध में ग़ज़नी के तुर्क वंश के दो राजा सुबुक्तगीन और उसके पुत्र महमूद ग़ज़नवी ने भारत पर आक्रमण किये। उन्होंने पंजाब में शाही वंश के राज्य को नष्ट कर, उसे अपने राज्य में मिला लिया। उसने भारत पर सत्रह आक्रमण किये। यह सही है कि वह कोई स्थायी साम्राज्य नहीं बना सका; किन्तु उसके हमलों से यह बात साबित हो गयी कि भारत, सामाजिक और राजनैतिक दृष्टि से बहुत कमज़ोर है।

दक्षिण-पश्चिम में काठियावाड़ तक उसने धावा मारा और सोमनाथ के मन्दिर को उसने तोड़ दिया। मन्दिर की मूर्ति में अटूट धन था। मन्दिर कापालिकों और अघोरपन्थियों तथा तरह-तरह के साधु-संन्यासियों का केन्द्र था। सम्पत्ति का हरण करके जब वह लौट रहा था तो धारा नगरी का विख्यात राजा भोज उसके पीछे पड़ गया। महमूद ग़ज़नवी भाग खड़ा हुआ।

यद्यपि अभी भी पराक्रमी राजा वर्तमान थे, फिर भी पश्चिमी पंजाब और सिन्ध तुर्कों के हाथ में ही रहे। सिर्फ़ यह कहा जा सकता है कि कुछ पराक्रमी राजाओं के कारण वे पूरा भारत सर नहीं कर सके। ग़ज़नवी ने ग्यारहवीं सदी के आरम्भ में एक आक्रमण और किया, किन्तु उसका विशेष प्रभाव नहीं हुआ।

मुहम्मद ग़ोरी

ग़ोर वंश के शहाबुद्दीन ग़ोरी ने सन् 1173 में ग़ज़नी फ़तह कर ली। अब इसके बाद, उसने दस वर्ष के भीतर, मुलतान, लाहौर और सिन्ध पर कब्जा कर लिया। दिल्ली और कन्नौज के चौहान और गहरवाल राजाओं से उसने अनेक युद्ध किये, जिनमें वह बहुत बार हारता रहा। किन्तु सन् 1192 में उसने दिल्ली के राजा पृथ्वीराज चौहान को परास्त कर दिया और उसके दो साल बाद कन्नौज के जयचन्द को। इन दो राजाओं ने आपस में मिलकर कभी उससे युद्ध नहीं किया। उसके बाद, उसने अजमेर और बनारस को कब्जे में ले लिया। उसके सेनापति कुतुबुद्दीन ऐबक और मुहम्मद बख्तियार ख़िलजी ने ग्वालियर, कालिंजर, बंगाल और बिहार को कब्जे में ले लिया।

दिल्ली का मुस्लिम राज्य

गुलाम वंश

ग़ोरी की मृत्यु के पश्चात् उसका दास कुतुबुद्दीन ऐबक, जो योग्य सेनापति था, दिल्ली का शासक बन गया। उसने अपने राज्य का विस्तार किया। वह दास होने के कारण, उसके वंश को गुलाम वंश कहा जाता है। इस वंश में आगे चलकर इल्तुतमिश नामक राजा हुआ, जिसको अपने सामन्तों के अनेक विद्रोहों का सामना करना पड़ा। उसने उनका दमन करके मालवा तथा सिन्ध को राज्य में मिला लिया। उसी वंश में, आगे चलकर, बलबन हुआ, जिसे (एशिया तथा यूरोप में एक के बाद एक विजय प्राप्त करनेवाले) प्रसिद्ध मंगोल सम्राट् चंगेज़ख़ान की सेनाओं का प्रतिरोध करना पड़ा। उसने अपने प्रान्तपतियों के विद्रोहों को कुचला और हिन्दू राजाओं को दबा डाला। भारत में मुस्लिम साम्राज्य को स्थायी बनाने का उसने प्रयत्न किया। बलबन के बाद, कैकूबाद नामक एक राजा का वध करके, जलालुद्दीन ख़िलजी नामक एक सरदार दिल्ली के तख्त पर बैठ गया। यह वंश सन् 1206 से 1290 तक रहा आया।

ख़िलज़ी वंश

जलालुद्दीन के भतीजे अलाउद्दीन ने अपने चाचा का क़त्ल करके खुद को सुल्तान ज़ाहिर किया। अलाउद्दीन ख़िलजी एक विलक्षण शासक था। वह जितना क्रूर था, उतना चालाक था, जितना चालाक था उतना ही वह स्वतन्त्र बुद्धिवाला शासक था। अलाउद्दीन, उत्तर भारत में साम्राज्य की जड़ें मजबूत करके, दक्षिण भारत की तरफ बढ़ा। उसने अनहिलवाड़े के चालुक्य राजा को पराजित किया तथा देवगिरी के यादव

राज्य को नष्ट कर डाला। पर वह पूरे राजपूताने को नहीं ले पाया। मेवाड़ तथा अन्य राज्यों ने हम्मीर के नेतृत्व में प्रबल पराक्रम किया था। वहाँ से असफल होकर ही वह दक्षिण की ओर मुड़ा था।

उसने सारी सत्ता अपने हाथों में केन्द्रित कर ली। उसने इस्लामी सिद्धान्त के विरुद्ध यह सिद्धान्त प्रतिपादित किया कि राज-प्रबन्ध और सुव्यवस्था का अन्तिम उत्तरदायित्व राजा पर है, न कि उलेमा (मुल्लाओं) पर। उसने मुल्लाओं का प्रभाव कम कर दिया। भारत में धर्मनिरपेक्ष राज्य की प्रवृत्ति दिखानेवाला वह पहला शासक है; इसलिए उसका महत्त्व है। साथ ही, उसने अर्थ-व्यवस्था में भी दख़ल दिया। चीज़ों की क़ीमतें तय कर दीं, कोई व्यापारी उससे ज़्यादा क़ीमत नहीं ले सकता था। उसी प्रकार, उसने सैनिक शासन में भी सुधार किये। अलाउद्दीन ख़िलजी एक बे-पढ़ा-लिखा सिपाही आदमी था, उसमें प्रबन्ध और संगठन की अद्भुत शक्ति थी। उसके बनाये नियमों की अवहेलना करनेवालों को वह कठोर दंड देता था। अलाउद्दीन ख़िलजी के बाद कोई विशेष महत्त्वपूर्ण शासक नहीं हुआ। उसके अन्तिम राजा को मारकर ग़यासुद्दीन तुग़लक़ गद्दी पर बैठा। यह राजवंश सन् 1290 से 1320 तक चला।

तुग़लक़ वंश

ग़यासुद्दीन तुग़लक़ और उसके पुत्र मुहम्मद तुग़लक़ ने मुस्लिम साम्राज्य को दूर-दूर तक फैला दिया। उन्होंने दक्षिण के द्वार-समुद्र, वारंगल और देवगिरी को अपने साम्राज्य में मिला लिया।

मुहम्मद तुग़लक़ : (1324 से 1353)

यह सुल्तान मौलिक सूझ-बूझ का आदमी था। वह फारसी का विद्वान् था। दर्शन तथा साहित्य के क्षेत्र में, उसकी बराबरी करनेवाला शायद ही कोई राजा हो। वह युद्ध-कला-प्रवीण था; साथ ही उसमें जबर्दस्त न्याय-भावना थी। उसे कुछ लोग पागल कहते—उसने अपने कामों से मुस्लिम समाज में लोकप्रियता खो दी थी।

पहली बात तो यह है, न्याय-निर्णय के समय वह यह नहीं देखता था कि कौन बड़ा है, और कौन छोटा है। जहाँ तक बने वहाँ तक वह पक्षपातहीन रहता था। दूसरे, योग्य विदेशी व्यक्तियों को उसने ऊँची जगहें देकर रखी थीं। तीसरी बात यह है कि वह पहला मुस्लिम शासक था, जो धर्म के क्षेत्र में उदार था। इसलिए वह कट्टरपंथी मुस्लिमों में अप्रिय हो उठा था। विशाल साम्राज्य का सुव्यवस्थित शासन करने के लिए उसने, साम्राज्य के मध्य में दौलताबाद में राजधानी बनायी। किन्तु, जब तरह-तरह

की अड़चनें आयीं तो निर्णय बदल दिया। इसी प्रकार, उसने मुद्रा-सुधार किया। वह प्रगतिशील विचारों का था, मौलिक सूझ-बूझ का आदमी था, किन्तु जिस समाज का वह शासक था, वह समाज बहुत धीरे चल रहा था; मुहम्मद तुग़लक़ आगे एकदम तेज़ बढ़ जाना चाहता था। शायद यही कारण है कि वह पागल कहा गया। फिर भी, जिस शासन को उसने परिचालित किया उसमें उसके व्यक्तित्व की न्याय-भावना, सहिष्णुता और उदारता प्रतिबिम्बित हो उठी।

किन्तु, उसकी इस उदारता की नीति के फलस्वरूप, असन्तुष्ट सरदारों ने विद्रोह कर दिया। राजपूत राजा तो स्वतन्त्र होने की राह देख ही रहे थे। परिणामतः उसकी मृत्यु के बाद साम्राज्य छिन्न-भिन्न होने लगा।

फ़िरोज तुग़लक़

मुहम्मद तुग़लक़ की मृत्यु के बाद फ़िरोज तुग़लक़ गद्दी पर बैठा। उसने विजय की नीति त्याग दी। फलतः, बंगाल, सिन्ध और दक्षिण फिर स्वतन्त्र हो उठे। फ़िरोज तुग़लक़ का यह विचार था कि राजा का कर्तव्य केवल राज्य जीतना ही नहीं है, वरन् प्रजा को सुखी रखना भी है। उसने लोक-कल्याण के लिए सड़कें बनायीं, नगर बसाये, बाग लगाये।

ह्रास

मुहम्मदशाह द्वितीय के ज़माने में मध्य एशिया के एक तुर्क विजेता तैमूरलंग ने भारत पर तूफ़ानी आक्रमण किया। पंजाब पार करता हुआ वह दिल्ली पर चढ़ दौड़ा। सड़कों पर खून की नदियाँ बहने लगीं। उसने दिल्ली निवासियों का क़त्ल कर डाला। दिल्ली से वह मेरठ गया। वहाँ जाकर उसने हाहाकार मचा दिया।

मज़ा यह है कि उस समय दिल्ली का राजा मुहम्मदशाह दूसरा दिल्ली में नहीं था। वह गुजरात में कहीं भटक रहा था। तैमूर ज्यों ही दिल्ली छोड़कर वापिस हुआ कि मुहम्मदशाह फिर अपने तख्त पर वापिस आ गया; लेकिन उससे उसके साम्राज्य की धाक जाती रही। दिल्ली का तख्त कमज़ोर हो गया। तब तक अनेक राजपूत राज्य प्रबल हो उठे जिनमें मेवाड़ के राजा प्रमुख थे। तुग़लक़ वंश सन् 1412 में समाप्त हो गया।

सैयद वंश

तुग़लक़ों के बाद सैयद ख़िज़र खाँ गद्दी पर बैठा। इस वंश के सुलतानों की सारी शक्ति सामन्तों को दबाने के लिए अनेकानेक युद्ध-यात्राओं और संघर्षों में ही व्यय

हो गयी। सन् 1451 में पंजाब के सूबेदार बहलोल लोदी ने दिल्ली के तख़्त पर कब्जा कर लिया।

लोदी वंश

बहलोल लोदी ने पूर्व में जौनपुर तथा कालपी और दक्षिण की तरफ़ जोधपुर का इलाक़ा जीत लिया। उसके उत्तराधिकारी सब निकम्मे निकले। इब्राहीम लोदी के ज़माने में, जब मुग़ल शासक बाबर ने दिल्ली पर आक्रमण किया, तो उस समय मेवाड़ के राणा ही भारत की प्रमुख शक्ति थे। सन् 1526 में पानीपत के युद्ध में इब्राहीम लोदी परास्त हो गया, और दिल्ली का तख़्त मुग़लों के हाथ में चला गया। यह युग मुहम्मद ग़ोरी के ज़माने से, अर्थात् सन् 1210 से शुरू हुआ और सन् 1526 तक चलता रहा। गुलाम और ख़िलजी वंश तथा फ़िरोज़ तुग़लक़ तक सुल्तान विलासी नहीं हुए थे। किन्तु, इन राजाओं ने दक्षिण से जो लूट हासिल की उसका बुरा परिणाम हुआ। अगले शासक विलासी हो गये—खाने-कमाने की ज़रूरत न रही। कुतुबुद्दीन मुबारक नामक एक सुल्तान तो स्त्रियों की वेशभूषा में सड़कों पर बाजे बजाते हुए नाच-गाना करता फिरता था।

अन्य राज्य

सन् 1350 के बाद, मुहम्मद तुग़लक़ के ज़माने से ही, स्वतन्त्र प्रान्तीय शासन क़ायम हो रहे थे। वे समय-समय पर कुचल दिये जाते थे। किन्तु वे फिर उठ खड़े होते। इनमें बंगाल, जौनपुर, मालवा, गुज़रात और दक्षिण का बहमनी राज्य प्रसिद्ध है। मुस्लिम राज्य दिल्ली के सुल्तान की अपेक्षा अधिक शक्तिशाली भी थे। उसी प्रकार, उन दिनों स्वतन्त्र राजपूत राज्यों का अभ्युदय हो चुका था। मेवाड़ के राजाओं ने गुजरात और मालवे के मुस्लिम शासकों से युद्ध करके अपना राज्य विस्तार कर लिया था। इन्हीं दिनों दक्षिण का विजयनगर राज्य सामने आया।

विजयनगर का उत्कर्ष

अलाउद्दीन ख़िलजी के आक्रमणों ने दक्षिण भारत में राज्य-सत्ताओं को हिलाकर, अराजकता मचा दी थी, जिससे फ़ायदा उठाकर, एक ब्राह्मण विद्वान् विद्यारण्य की सहायता से, हरिहर और बुक्क नामक दो वीरों ने सन् 1336 में स्वतन्त्र राज्य की नींव डाली। इस राज्य ने उत्तर में कृष्णा नदी तक और दक्षिण में कन्याकुमारी तक अपना प्रसार किया। इस क्षेत्र में मुस्लिम संस्कृति से अप्रभावित विशुद्ध भारतीय संस्कृति का विकास हुआ, इसलिए राजनैतिक महत्त्व के साथ, उसका सांस्कृतिक महत्त्व भी है।

सन् 1509 में कृष्णदेव राय नामक एक राजा ने इस राज्य को और विकसित किया। उसने जर्जर बहमनी राज्य के कुछ हिस्से अधिकार में ले लिए। उसी प्रकार कटक और उड़ीसा की विजय की।

कृष्णदेव राय और उसके बाद के राजाओं के काल में, इस राज्य की समृद्धि और ऐश्वर्य खूब ही बढ़ा। भारत में यही एक ऐसा राज्य था जो चौदहवीं, पन्द्रहवीं और सोलहवीं सदी में मुस्लिम प्रभाव को रोके रहा। सोलहवीं सदी के उत्तरार्ध में यह राज्य कमज़ोर होने लगा। फिर भी वह चलता ही गया। मुग़ल सम्राट् औरंगज़ेब की ताक़त ने उसे और क्षीण कर दिया। फलतः, उसके अन्तर्गत विभिन्न प्रदेश स्वतन्त्र हो बैठे। ये हिन्दू राजा उन्नीसवीं सदी में अंग्रेज़ों के प्रभुत्व में आकर समाप्त हो गये।

राजपूताना

सन् 1303 में अलाउद्दीन ख़िलजी ने चित्तौड़ को जीत लिया था पर उसकी मृत्यु के बाद हम्मीर ने स्वतन्त्रता के लिए संघर्ष किया और सन् 1325 में चित्तौड़ पर राजपूत ध्वजा लहराने लगी। इधर, कई और राजपूत राज्य क़ायम हुए। चित्तौड़ के पराक्रमी राणाओं ने दिल्ली के सुलतानों के विरुद्ध सतत, दृढ़ और सफल संघर्ष किया, जिससे अन्य राजपूत राज्यों में उनका सम्मान बढ़ गया। अब बहुत-से राजपूत राज्य उन्हें अपना नेता मानने लगे। मेवाड़ ने राजपूत राज-शक्तियों का नेतृत्व किया। सोलहवीं सदी में राणा सांगा ने ग्वालियर, धौलपुर बयाना के इलाक़े जीत लिए। उधर उन्होंने मालवा और गुजरात के सुलतानों को पीछे खदेड़ दिया। राणा सांगा ने गुजरात के सुल्तान से बड़े-गाँव, ईडर, अहमदाबाद तक के इलाके जीत लिए। इस प्रकार बाबर जब दिल्ली के तख़्त पर बैठा तो सबसे पहले उसे मेवाड़ के राजाओं से निपटना पड़ा।

मध्ययुगीन सांस्कृतिक अभ्युत्थान तथा मानव-सामंजस्य की प्रक्रियाएँ

प्रारम्भिक सदियों में मुस्लिम तत्त्व विदेशी ही रहे, किन्तु धीरे-धीरे उनका भारतीयकरण होता गया। एक ओर संकीर्णतावादी प्रवृत्ति, तो दूसरी ओर उदारवादी प्रवृत्ति; इन दोनों के बीच संघर्ष में उदार आदान-प्रदान ही की विजय होती गयी। इस्लाम का संस्पर्श पाकर, जन चेतना जाग उठी। भक्ति आन्दोलन देश-भर में लहराने लगा। पहुँचे हुए साधुओं ने सामान्य मानव-धर्म की प्रतिष्ठा करनी चाही। निम्न समझी जानेवाली जातियों में से महान् साधु और कवि उत्पन्न हुए—वे हिन्दू जन-साधारण और मुस्लिम जन-साधारण दोनों के श्रद्धास्पद बने। भारत के इतिहास में पहली बार, निम्न जनता ने अपने आपको प्रस्थापित करने का उद्योग किया—तत्कालीन सांस्कृतिक-सामाजिक समस्याओं को हल करना चाहा। हिन्दू जनता और मुस्लिम जनता पास-पास आ गयी। प्रान्तीय मुस्लिम शासनों ने इस एकता-आन्दोलन में समय-समय पर भाग लिया। मानव मात्र की एकता के भाव जाति और धर्म की दीवारें तोड़ने लगे। भारत के इस आध्यात्मिक मानवीय समन्वय युग ने महान् पुरुषों को उत्पन्न किया।

इस्लाम का भारतीय संस्कृति से सम्पर्क—तत्कालीन समस्याएँ

विदेशी मुस्लिम आक्रामक भारत में बसने के इरादे से आये। शुरू की सदियों में, निःसन्देह, वे विदेशी ही रहे। किन्तु, इन सदियों में भी, शासक श्रेणी में भारतीय तत्त्व घुसने लगे। अलाउद्दीन खिलजी के अधीन मलिक काफ़ूर भारतीय मुसलमान ही था, गुजरात का सुल्तान मुसलमान होने के पहले तक्षक जाति का हिन्दू ही था। हसन गंगू, जिसने दिल्ली सल्तनत के अन्तिम दिनों में, दक्षिण में बहमनी राज्य की स्थापना की, हिन्दू ही से मुसलमान हुआ था। दूसरे शब्दों में, शासक-श्रेणी में भारतीय तत्त्व घुसते जा रहे थे।

दिल्ली की अफ़ग़ान सल्तनत में बड़े राज-कर्मचारी भले ही मुसलमान हों, हिन्दुओं के बिना उनका काम नहीं चल सकता था। छोटे अधिकारी और साधारण राज-कर्मचारी हिन्दू ही थे। इन हिन्दू कर्मचारियों के सहयोग से ही भूमि-कर तथा

अन्य कर वसूल किये जाते। इस प्रकार, मुस्लिम जन-साधारण तथा हिन्दू जन-साधारण में सम्पर्क होता जाता था, जो कालान्तर में और गहरा हो गया।

सल्तनत के ह्रास-हाल के समय, चौदहवीं सदी के अन्तिम चरणों में, जिन स्वतन्त्र मुस्लिम राज्यों का अभ्युदय हुआ, उनमें हिन्दू और मुसलमान और भी पास-पास आ गये। न केवल ऊँचे ओहदों पर हिन्दुओं की नियुक्तियाँ होतीं, वरन् शासन संचालन के काम भी उनके हवाले कर दिये जाते। मालवे में मांडू के सुल्तान ने चन्देरी के राजा मेदिनी राय को और उनके मित्रों को महत्त्वपूर्ण अधिकार दे रखे थे। बंगाल के सुल्तान हुसैनशाह ने न मालूम कितने ही हिन्दुओं पर राज-काज चलाने की जिम्मेदारी सौंपी। उसके उच्च पदाधिकारियों में सनातन, पुरन्दर तथा रूप नामक व्यक्ति अधिक प्रसिद्ध हैं।

मुस्लिम शासक हिन्दू मन्दिरों और समाधियों के लिए दान देते। बिहार के मुहम्मद शाह नामक एक जागीरदार ने अपनी जागीर का एक मुख्य भाग बौद्ध गया के मन्दिरों को दे रखा था। काश्मीर का सुल्तान ज़ैनुलआबदीन शारदा देवी और अमरनाथ के मन्दिर में दर्शनार्थ जाया करता था। उसने यात्रियों के लिए अनेक विश्रामस्थल भी बनाये थे। मुहम्मद तुग़लक़ जैसे सुल्तान हिन्दू योगियों और साधुओं के पास अपनी आन्तरिक इच्छाओं की पूर्ति के हेतु जाने लगे। इस बात का उल्लेख है कि राजपूतों की देखा-देखी मुसलमानों ने भी 'जौहर' प्रथा अपना ली। भटनेर के मुस्लिम सूबेदार कमालुद्दीन और उसके अनुयायियों ने जब यह देखा कि तैमूरलंग की सेनाएँ अब दुर्ग को नष्ट कर देंगी तो उसकी और उसके अनुयायियों की स्त्रियों ने 'जौहर' किया। (चिता में कूदकर नष्ट हो गयीं), और वह सूबेदार तथा उसके अनुयायी तैमूरलंग से लड़ते-लड़ते मारे गये। हिन्दू पगड़ी मुसलमानों में लोकप्रिय हो गयी। मुस्लिम स्त्रियाँ चूड़ियाँ पहनने लगीं। इसी प्रकार हिन्दुओं ने भी मुस्लिम पोशाक अपना ली।

यही क्यों, बीजापुर के मुस्लिम दरबार में राज-काज मराठी भाषा में चलता रहा। बीजापुर के सुल्तान आदिलशाह कहलाते थे। इब्राहिम आदिलशाह इतना विद्वान् और प्रजावत्सल था कि उसकी प्रजा उसे 'जगद्गुरु' कहकर पुकारती थी। बहमनी सल्तनत ने भी हिन्दुओं को राज-काज में खींचा। उधर, विजयनगर के राज्य में कई सेनाध्यक्ष मुसलमान थे। फौज में मुस्लिम सिपाही तो रहते ही थे।

भारत में मुस्लिम साम्राज्य की दृढ़ स्थापना के पहले ही, मुस्लिम फ़क़ीर हमारे देश में आ चुके थे। विशेषकर सूफ़ी। मुस्लिम देशों में सूफ़ी साधुओं और फ़क़ीरों को भी क़ाफ़िर समझा जाता था। फलतः, बहुत से फ़क़ीर भारत की ओर मुड़ने लगे।

ग्यारहवीं सदी में मुस्लिम राजवंश की स्थापना इस देश में नहीं हुई थी। मुस्लिम फ़क़ीरों और पीरों को राजनैतिक शक्ति का सहारा प्राप्त न था। किन्तु उनका चरित्र-बल ऊँचा था। उनके सिद्धान्त, उपनिषद् तथा वेदान्त से मिलते-जुलते थे।

ग्यारहवीं सदी में शेख़ इस्माईल, और बारहवीं सदी के प्रथम चरणों में नूर सतागर ईरानी ने शूद्र जातियों को मुसलमान बनाया। ये जातियाँ मुसलमान तो हो गयीं, किन्तु अपनी प्राचीन धर्म-प्रवृत्तियों और संस्कारों को न भूल सकीं।

ये जातियाँ ग़रीब थीं। इसलिए ग़रीब हिन्दुओं से जल्दी घुल-मिल जातीं। एक ग़रीब दूसरे ग़रीब की भावनाएँ जल्दी समझ सकता था। इस्लाम ने ऐसी ही एक जाति—योगी जाति—को, जो जुगी भी कहलाती थी, अपने में दीक्षित कर लिया। एक ज़माने में जो वस्तुतः योगी थे, उन्होंने बाद में गृहस्थाश्रम ग्रहण कर लिया था। इसलिए वे योगी शूद्र जाति के अन्तर्गत हो गये। बाद में ऐसी ही 'जुगी' नामक शूद्र जाति ने जब इस्लाम धर्म ग्रहण कर लिया तो उन पर इस्लाम के संस्कार कम और योगी जाति के संस्कार अधिक थे। कबीर ऐसी ही एक शूद्र जाति के थे, जिन पर योग के प्राचीन संस्कार शेष थे। संक्षेप में, मुस्लिम जन-साधारण का हिन्दू जन-साधारण से अधिकाधिक गहरा आत्मीय सम्बन्ध स्थापित होता गया। निम्न दरिद्र जनता के स्तर पर, यह परस्पर सम्पर्क और सम्बन्ध ज़्यादा गहरा और अधिक आत्मीय था।

किन्तु जहाँ तक समाज के सर्वोच्च वर्गों का प्रश्न है, वहाँ उनमें टकराहट होना ही स्वाभाविक था। विशेषकर वहाँ, जहाँ एक ने स्वतन्त्रता खो दी हो और दूसरे ने अपना शासन जमा लिया हो। मुस्लिम शासक और उनके उच्च राज-कर्मचारी तथा सेनाध्यक्ष, धर्म के नाम पर, राजनैतिक स्वार्थ तथा आर्थिक लोभ को तृप्त कर रहे थे। बहुत बार मुस्लिम सल्तनत में धर्म की भावना को उभाड़ा जाता, और मुस्लिम सामन्तों की भूख को, हिन्दू सामन्तों के विनाश द्वारा, धर्म के नाम पर, तृप्त किया जाता। इस्लाम ने, या कहिए उसके व्याख्याताओं अर्थात् धर्माचार्य मुल्लाओं ने, सुल्तानों को छूट दे रखी थी, और क़ाफ़िर को मुसलमान बनाना पवित्र कार्य है यह सिखा दिया गया था। हिन्दू जाति की संस्कृति प्राचीन थी, उसमें धर्म-गौरव की भावना थी, उसके पास ज्ञान था। अगर उसके पास कोई चीज़ नहीं थी तो वह राजनैतिक शक्ति नहीं थी; किन्तु उसे प्राप्त करने की वे लगातार कोशिश करते जाते थे।

मुस्लिम सामन्त शासक थे, हिन्दू जनता और हिन्दू सामन्त शासित थे। बहुत बार मुस्लिम सामन्तों के हिन्दुओं पर अत्याचारों ने उग्र अमानुषिक रूप धारण कर लिया यह एक ऐतिहासिक तथ्य है।

किन्तु इस तथ्य को उत्पन्न करनेवाला मूल कारण यह है कि ये लोग जो मध्य-एशिया से आये थे, भले ही सभ्य कहलाये, वे वस्तुतः सभ्य नहीं थे; इनके अंग-अंग में, उनके कण-कण में, घुमक्कड़, युद्ध-व्यवसायी जीवन का खून बहता था। जब ये मध्य एशिया तथा पूर्वी एशिया के घास के मैदानों में घूमते-फिरते थे, यही लोग बौद्ध बना दिये गये थे। अशोक के उपदेशों ने और कनिष्क के धर्म-प्रचार ने

और बौद्ध भिक्षुओं के सत्संग ने उन्हें केवल ऊपरी तौर पर और बाहरी ढंग से सभ्य बना दिया था। जब ये पश्चिमी एशिया में मार-काट मचाते हुए, इस्लाम के सम्पर्क में आये तो अपना पूर्वतर बौद्ध धर्म भूल गये और झट से मुस्लिम बन गये।

एक विशेष देश, काल और परिस्थिति में, अरब जाति के एकीकरण के हेतु, हज़रत मुहम्मद ने 'जिहाद', धर्म-युद्ध, को महत्त्वपूर्ण माना था। जिन-जिन धर्मों से मुहम्मद साहब का परिचय था, उन धर्मों के ऋषियों को उन्होंने पैग़म्बर भी मान लिया था। मुस्लिम विजेताओं ने राजनैतिक स्वार्थ पर धार्मिक मुलम्मा चढ़ा दिया था।

प्रत्येक देश और काल में मानव जाति ने एक साथ दो विरोधी प्रवृत्तियाँ प्रकट की हैं—(1) संकीर्णतावादी प्रवृत्ति, (2) उदारमतवादी प्रवृत्ति। इस्लाम के भीतर ही, ख़ास कुरान को माननेवाले, किन्तु ईश्वर-प्रेम के नशे में मस्त करनेवाले सूफी साधुओं को फाँसी की सज़ा मिली है। मुल्लाओं और सुल्तानों द्वारा वे भी क़ाफ़िर कहे गये।

जब ये तुर्क जातियाँ मुसलमान हुईं तो उन्हें संकीर्णतावादी प्रवृत्ति अपने अनुकूल प्रतीत हुई। मुस्लिम धर्माचार्यों का प्रभाव भी कुछ ऐसा था कि जिससे ये प्रवृत्तियाँ दृढ़ हुईं। अब तुर्क जातियों के पुराने खूँख्वारपने को एक धार्मिक आधार भी मिल गया। राजनैतिक और आर्थिक स्वार्थों को पूरा करने के लिए अब धर्म का जोश दिलाया जाने लगा। धर्माचार्यों (मुल्लाओं) की बन आयी। लुटेरापन वीरता समझी जाने लगी। जिस लुटेरेपन को हमने अन्य विदेशी जातियों—जैसे शकों और हूणों में देखा—वही अब और भी भयानक होकर, उन्हीं हूणों और शकों की नयी मुस्लिम सन्तानों में देखा गया। ये तुर्क ठीक उन्हीं मानवजातियों के भाग थे, जिन्होंने पूर्वी एशिया से मार-काट मचाते हुए, पूर्वी यूरोप के मैदानों पर धावा मारा था।

मन्दिरों और मूर्तियों को तोड़नेवाले ये खूँख्वार लोग, लोभ और राजनैतिक स्वार्थ के कारण, धर्म के नाम पर, अपने अनुयायियों को जोश दिलाते थे। अगर ये लूटमार न मचायें तो अपने सिपाहियों को पैसा नहीं दे सकते थे, फौज का ख़र्च नहीं उठा सकते थे। उसे पैसा दिलाने के लिए, धर्म और आर्थिक आवश्यकता दोनों की पूर्ति आवश्यक थी। इसलिए, युद्ध एक व्यवसाय हो गया था—राजपूत क्षत्रियों के लिए भी युद्ध एक व्यवसाय ही था।

भारत में भी, अति प्राचीन काल से ही, युद्ध-व्यवसायी जाति और उनका पृष्ठ-पोषण करनेवाली पुरोहित जाति वर्तमान थी। इसलिए, एक ओर, अनवरत युद्ध होते रहते थे, और कोई केन्द्रीय शक्ति अधिक दिनों तक नहीं टिक पाती थी; तो दूसरी ओर, पुरोहित जाति अपनी धार्मिक विधियों द्वारा युद्ध-व्यवसायियों को बढ़ावा देती रहती थी। भारत ने सुसभ्य और सुसंस्कृत देश होने के फलस्वरूप, धर्म-युद्ध और युद्ध-नियम, युद्ध-बन्दियों के प्रति मानवीय व्यवहार, शत्रुओं के प्रति सद्भावनापूर्ण व्यवहार तथा क्षमा, दया और करुणा का सामाजिक और सांस्कृतिक, आध्यात्मिक और राजनैतिक महत्त्व प्रतिपादित किया।

फिर भी भारत में पहले ही से, एक विशाल युद्ध-व्यवसायी जाति के प्राधान्य के फलस्वरूप, युद्ध होते ही रहते थे, यहाँ तक कि यह विश्वास उत्पन्न हो गया था कि लड़ाई के मैदान में लड़ते हुए मरने से स्वर्ग प्राप्त होता है। अन्तर यही था कि भारतीय युद्ध-व्यवसायी वर्ग को अर्ध-सभ्य, खूँख्वार युद्ध-व्यवसायी जाति से मुक़ाबला करना पड़ा, जिनकी युद्ध-पद्धति अलग थी। वे आतंक उत्पन्न करके, अराजकता मचाकर, अपनी नृशंसता की धाक पैदा करके और फिर धर्म का नाम लेकर, लड़ाई के मैदान में उतरते थे। वे विदेशी थे, यहाँ नये आये थे, भयोत्पादन उनका प्रमुख अस्त्र था।

किन्तु, क्रमशः, भारत की जलवायु ने उन्हें बदलना शुरू किया। उन्होंने यहाँ की अर्थव्यवस्था में दख़ल नहीं दिया। कृषि और वस्तुओं के उत्पादन के लिए, वे भारतीयों पर ही निर्भर थे। यह आवश्यक था कि भारतीय जनता का एक भाग उनका अपना हो। इसीलिये, एक ओर उनके धर्म-प्रचारक शूद्र जातियों को मुसलमान बनाते जाते तो दूसरी ओर उच्चवर्गीय हिन्दू, आतंक और लोभ से अभिभूत होकर, उनका धर्म स्वीकार कर लेते।

शुरू-शुरू में मुस्लिम शासक वर्ग विदेशी था, यद्यपि उसमें भी भारतीय तत्त्व घुसते जा रहे थे। ऐसी विदेशी शक्ति आतंक द्वारा ही सुसभ्य और गर्वपूर्ण जाति पर शासन कर सकती थी। फलतः, उसके नृशंस आतंक और बर्बर कृत्यों की स्मृतियाँ हिन्दू जाति में सदा जीवित रहीं। किन्तु क्रमशः धर्माभिमानी हिन्दू जाति उनके सम्पर्क में आकर उन्हें ज़्यादा समझने लगी। मुस्लिम शासक वर्ग से उसके घनिष्ठ सम्बन्ध स्थापित होने लगे; और साथ ही भारतीय भावों व विचारों का उन पर प्रभाव भी पड़ने लगा। इस प्रकार, मुस्लिम शासक वर्ग में ही दो प्रवृत्तियाँ दिखाई दीं। एक उदारमतवादी प्रवृत्ति; दूसरी संकीर्णतावादी प्रवृत्ति। इन दोनों प्रवृत्तियों का कभी मेल नहीं हो सकता।

हिन्दू सामन्त सभ्यता में भी ये दो प्रवृत्तियाँ प्रकट हुईं। एक प्रवृत्ति, भारतीय धर्म के नाम पर, रूढ़ि और जातिवादी संकीर्ण दृष्टिकोण को ही धर्म मानती हुई आगे बढ़ी।

दूसरी ओर मानव मात्र के लिए ऐसे सामान्य धर्म की तलाश हुई, जिस पर हिन्दू और मुसलमान, ब्राह्मण और शूद्र—सब अपने जातीय भेद-भाव भूलकर—ईश्वर-प्रेम में मस्त होकर, उचित मानव-सम्बन्ध स्थापित कर सकें।

मानव-मात्र के लिए सर्व-सामान्य धर्म की आवश्यकता पर ज़ोर देनेवाले लोग समाज के निचले स्तर से निकले, जहाँ हिन्दू जन-साधारण और मुस्लिम जन-साधारण की घनिष्ठता थी। निर्गुण सम्प्रदाय के लोग और सूफ़ी इस प्रवृत्ति के समर्थक थे।

इसके विरुद्ध, ब्राह्मण प्राधान्य का आग्रही, कर्मकांडप्रधान, जाति-व्यवस्था प्रधान हिन्दू धर्म, अधिक-से-अधिक कट्टर होता चला गया। वेदान्त और ईश्वर में आस्था रखनेवाले ब्राह्मण वर्ग के लिए जातीय और उपजातीय नियम ईश्वरीय विधान के

अन्तर्गत थे। दक्षिण भारत में हिन्दू सामन्त, शासक वर्ग का एक भाग होने से ब्राह्मणों की बन आयी। फलतः, वहाँ कट्टरपन ज़्यादा-से-ज़्यादा बढ़ता गया।

आज दक्षिणी भारत में ब्राह्मण-अब्राह्मण समस्या ज़ोरदार है। इस समस्या का सूत्रपात प्राचीन काल में ही हुआ; किन्तु मध्य युग में वह ज़ोर पकड़ गयी। यह इसलिए हुआ कि भक्ति-आन्दोलन के अन्तर्गत साधु और फ़कीर निचली जातियों में से पैदा होने लगे—ऐसी जातियों में से, जिन्हें शूद्र समझा जाता था। फलतः, दक्षिण भारत के इन भक्तों को, अपने समाज द्वारा तरह-तरह का उत्पीड़न सहन करना पड़ा। ये शूद्र सन्त, जाति-भेद से परे, सामान्य मानव-धर्म में विश्वास करते थे और उस आधार पर अखिल मानव जाति की एकता उत्पन्न करना चाहते थे। यही कारण है कि कबीर को पंडित और मुल्ला दोनों को डाँटना पड़ा और दोनों के अन्धविश्वासों की आलोचना करनी पड़ी। महत्त्व की बात है कि यह आवाज़ निचले वर्गों से उठी थी—चाहे वह हिन्दू हो, चाहे मुस्लिम। वैसे, बौद्ध और जैन साधु-सन्त, अति प्राचीन काल में, शील-सदाचार, प्रेम और करुणा पर ज़ोर देते हुए, जातिवाद का विरोध कर चुके थे। किन्तु, अब नयी ऐतिहासिक पार्श्वभूमि में, इस पुकार ने नया महत्त्व धारण कर लिया। नाथ सम्प्रदाय वालों ने, ग्यारहवीं सदी में ही, उत्तर-पश्चिम भारत में ऐसे विचारों का प्रचार आरम्भ कर दिया था। निर्गुणी सन्तों ने दक्षिण और उत्तर-भारत में इसी ढंग का प्रचार किया। दक्षिण भारत के लिंगायत सम्प्रदाय ने, महाराष्ट्र के महानुभाव पन्थ ने, इसी धर्म-नीति का अधिक-से-अधिक प्रचार किया; और उनके इस मार्ग का, इस दृष्टि का, विरोध भी पुरोहित वर्ग द्वारा खूब ही हुआ।

जब धर्म और ईश्वर के नाम पर, परस्पर-घृणा का प्रचार किया जा सकता था तो धर्म और ईश्वर के नाम पर ही, मानव-मात्र की एकता और प्रेम का प्रचार भी किया जा सकता था। इसमें क्या आश्चर्य है कि बहुत से हिन्दू सूफ़ी हो गये और बहुत-से मुसलमान कृष्ण के भक्त हुए; न मालूम कितने ही मुसलमान और अछूत, नानक और कबीर के अनुयायी हुए। राजा भर्तृहरी के गीत गाते हुए न मालूम कितने ही मुस्लिम फ़कीर भारतीयों के श्रद्धा-भाजन हुए।

चौदहवीं सदी के अन्त में, हिन्दू-मुस्लिम सांस्कृतिक मैत्री और एकता के वातावरण में, यदि प्रान्तीय सुलतानशाहियों के अन्तर्गत और राजशाहियों के अन्तर्गत परस्पर विश्वास उत्पन्न होकर, अब तक विधर्मी समझे जानेवाले लोग आत्मीय-जैसे लगने लगे तो इसमें आश्चर्य ही क्या है?

आज भारत में राजनैतिक स्वार्थों की पूर्ति करने के लिए जब जातिवाद और प्रादेशिकतावाद, सिर ताने खड़ा हुआ है, उन दिनों के सन्तों और फ़कीरों, पहुँचे हुए कवियों और सूफ़ियों का नाम स्मरण करके हृदय पवित्र हो उठता है क्योंकि उन्होंने जाति, वर्ण और प्रदेश के ऊपर उठकर, मनुष्य मात्र के लिए सामान्य धर्म की प्रतिष्ठा करने का प्रयत्न किया था।

इस वातावरण में साँस लेनेवाले मुस्लिम और हिन्दू सामन्त भी प्रभावित हुए बिना न रह सके। बंगाल के सुल्तान हुसैन (1493-1518) ने 'सत्यपीर' नामक सम्प्रदाय की स्थापना की। 'सत्यपीर'—देवता का नाम है। इस देवता की उपासना हिन्दू और मुसलमान दोनों करते। आगे चलकर, पन्द्रहवीं सदी में सतनामी और नारायणी नामक सम्प्रदायों का विकास हुआ, जिसमें हिन्दू और मुसलमान दोनों शामिल हुए।

संक्षेप में, मुग़ल काल तक आते-आते, हिन्दू-मुस्लिम जनता की सांस्कृतिक मैत्री और मानव-आदर्श का वातावरण बनता जा रहा था। महान् मुग़ल सम्राट् अकबर को यह वातावरण पहले ही से मौजूद मिला। उसने उसे राजनैतिक-सामाजिक वास्तविकता में परिणित करना चाहा।

यह तो सम्प्रदायों की बात हुई। मुस्लिम साधु-सन्तों ने वेदान्त और वैष्णव धर्म की बहुत-सी बातें स्वीकार कर लीं। इस्लाम की सूफ़ी साधना में योग मार्ग ने प्रवेश किया। मुस्लिम साधु-सन्तों के प्रति हिन्दू जनता की, हिन्दुओं की आस्था बढ़ गयी। दोनों समुदायों में सामंजस्य और सहयोग की भावना के फलस्वरूप, हिन्दू मनःस्थिति और मनीषा में परिवर्तन हो गया। हिन्दू धर्म, हिन्दू कला और हिन्दू ज्ञान-विज्ञान में मुस्लिम तत्त्वों ने प्रवेश किया। ईश्वर-प्रेम और मानव-प्रेम, दोनों समाजों को एक करने लगा। पीरों और फ़कीरों को हिन्दू अपना समझते।

उनकी कब्रों पर हिन्दू मिठाइयाँ चढ़ाते और क़ुरान के पाठ का श्रवण करते। वे कुरान को भी देववाणी के समान मानने लगे। उधर, मुसलमान कवि भारतीय भाषाओं में कृष्ण-भक्ति प्रकट करने लगे। हिन्दू अब अपने घरों में, जीवन में बुरे प्रभावों से बचने के लिए, अपशकुनों से बचने के लिए, क़ुरान की किताब रखने लगे, अपने घर में मुसलमानों को भोजन कराने लगे। पंजाब के अब्दुल कादिल जिलानी, बहराइच के सैयद सालार महमूद, रावलपिंडी के बहुत-से ब्राह्मणों के भक्त दोनों जातियों के लोग थे। अजमेर के शेख मुईनुद्दीन चिश्ती के सैकड़ों उपासक हिन्दू थे। उसी प्रकार, बंगाल प्रदेश में मुसलमान लोग हिन्दुओं की शीतला माता, काली माता, धर्मराज और वैद्यनाथ नामक देवी-देवताओं की मूर्तियों की पूजा करने लगे, यद्यपि स्वयं उनका धर्म मूर्ति-पूजा का विरोधक था। उसी प्रकार, मुसलमानों ने अपने नये देवताओं की भी कल्पना की, जैसे नदियों का देवता ख्वाज़ा ख़िज्र अथवा सिंह-वाहिनी वनदेवी, और उसका प्रेमी और अंगरक्षक जिन्दा ग़ाज़ी। ये नवीनतम मुस्लिम देवता थे। हमने एक-दूसरे की कुरीतियाँ भी लीं। हिन्दू स्त्रियाँ पर्दा करने लगीं। मुसलमानों में भी जाति-व्यवस्था उत्पन्न हो गयी। धार्मिक उत्सवों का भी आदान-प्रदान हुआ। हमारे यहाँ की शिवरात्रि के अनुसार वहाँ 'शबे बरात' हो गयी। हमारे यहाँ आरती करते और उनके यहाँ 'उतारा' उतारते।

इस्लाम में भक्ति-भावना का उदय हुआ। उसमें कोमलता आ गयी। रसार्द्रता उत्पन्न हुई। राजनैतिक और सामाजिक क्षेत्रों में भी परस्पर घनिष्ठ सम्बन्ध होने लगे।

हिन्दू और मुसलमान दोनों के बीच में अन्तर्जातीय प्रणय-सम्बन्ध के उदाहरण सामने आये। हिन्दू, मुसलमान प्रेमिकाओं को अपने यहाँ रखने लगे। प्रसिद्ध साहित्यशास्त्री पंडितराज जगन्नाथ की स्त्री मुसलमान थी, यह लोकश्रुति है। इस प्रकार के सम्बन्ध, हिन्दू और मुस्लिम सामन्तों के बीच जो हुए होंगे सो हुए होंगे ही, एक बात निश्चित है कि सामान्य हिन्दू-मुस्लिम जनता के बीच ऐसे सम्बन्ध पुराने ज़माने में होते रहते थे। अकबर ने इस प्रकार के सम्बन्ध जो राजपूत घरानों से स्थापित किये थे, असल में भारतीय जनता में किसी-न-किसी रूप में पहले ही से विद्यमान थे। राजनैतिक क्षेत्र में जिस प्रकार हिन्दू राजा मुसलमानों के मांडलिक हो उठे, उसी प्रकार हिन्दू राजाओं के यहाँ भी मुस्लिम नवाब, मुस्लिम जागीरदार और सरदार भी रहे आये।

भारतीय जनता, अपने ढंग से, सामाजिक संश्लेषण करती जा रही थी। हिन्दुओं का मुसलमानों से और मुसलमानों का हिन्दुओं से प्रेम-सम्बन्ध बनता जा रहा था। किन्तु औरंगज़ेब सरीखे धर्मान्धों की प्रवृत्ति और शक्ति कम न थी। स्वयं मुग़ल दरबार में ही एक ओर शाहजहाँ का एक पुत्र दारा उस समय की उदार-मतवादी प्रवृत्ति का प्रतिनिधित्व करता था, तो उसी का भाई औरंगज़ेब उसके विरुद्ध संकीर्णतावादी प्रवृत्ति का। ये दोनों परस्पर-संघर्षशील प्रवृत्तियाँ हिन्दू-समाज में भी काफ़ी थीं।

ये प्रवृत्तियाँ आज भी हैं, जिसके फलस्वरूप भारत में सामाजिक संस्कृति का विकास नहीं हो पाता।

आर्थिक सामाजिक दशा

हम पहले ही कह चुके हैं कि युद्ध-व्यवसायी वर्ग या जाति के लिए युद्ध लगभग अनिवार्य होता है। यदि झगड़ने का कारण न मिले तो खोज लिया जाता है। इसलिए, राज्य-विस्तार करते जाना, यानी कि वैमनस्य, शत्रुत्व और संघर्ष में लगे रहना, लगभग एक प्राकृतिक नियम हो जाता है। यह विशेषकर तब होता है जबकि राज्यों का संचालन युद्ध-व्यवसायी जाति या वर्ग ही कर रहा हो और शेष जनता सो रही हो।

लूट से सेना का ख़र्च चलाने की प्रवृत्ति प्राचीनतम काल से लेकर हूण, मंगोल, तुर्क और मराठों तक में विद्यमान रही। ऐसे समय, धन के लालच से साहसी वीर लोग सेना में भरती हो जाते। दिल्ली सल्तनत के युग में, स्वतन्त्र राज्यों को जीतकर लूट द्वारा सेना का ख़र्च चलाने की प्रवृत्ति खूब ही थी। फलतः, अफ़ग़ान सल्तनत ने आर्थिक अवस्था के सुधार की ओर कोई ध्यान नहीं दिया।

किन्तु साथ ही उसने अर्थ-व्यवस्था में कोई हस्तक्षेप भी नहीं किया। व्यवसायी और व्यापारी अपने संगठनों में संगठित थे। कारीगर लोग भी अपना काम करते जा रहे थे। हाँ, एक बात हुई। और, वह यह कि सरदारों और सैनिकों की आवश्यकताओं की पूर्ति के लिए, वस्त्र, शस्त्र आदि की बड़ी आवश्यकता थी। इसलिए, दिल्ली के

सुलतानों ने अपने यहाँ बहुत-से कारख़ाने खुलवाये। राज्य द्वारा स्थापित रेशमी कपड़े के कारख़ाने में 4000 जुलाहे काम करते थे। ये रेशमी वस्त्र श्रीमानों द्वारा उपयोग में लाये जाते। सूती व ऊनी कपड़ों के लिए सरकारी कारख़ाने थे। और भी कई वस्तुएँ सरकारी कारख़ानों में तैयार की जाती थीं। किन्तु, इन कारख़ानों से देश की अर्थव्यवस्था पर कोई प्रभाव नहीं पड़ता था। शिल्पी-श्रेणियों के साथ में वस्तुओं के उत्पादन का व्यवसाय था और वे गाँवों और नगरों में जनता की आवश्यकता की पूर्ति के कार्य अपनी प्राचीन परिपाटी के अनुसार करते जाते थे।

निरन्तर युद्धों के कारण, खेतिहर, शान्ति और निश्चिन्तता के साथ काम नहीं कर पाता था। देश में अव्यवस्था उत्पन्न हो गयी थी। इसका सबसे बुरा प्रभाव खेती पर पड़ा। फलतः जलालुद्दीन ख़िलजी और मुहम्मद तुग़लक़ के ज़माने में बड़े-बड़े अकाल पड़े। सबसे ज़्यादा नुकसान ग़रीब खेतिहर जनता को होता। दिल्ली के आस-पास एक भयानक अकाल, सन् 1340 में, पागल कहे जानेवाले सुल्तान मुहम्मद तुग़लक़ के ज़माने में पड़ा। सात बरस तक पानी नहीं बरसा। 'पागल' सुल्तान ने दिल्लीवासियों के लिए 6 महीने तक के अनाज का इन्तज़ाम किया। जब देखा कि अकाल कम नहीं होता है तो उसने अयोध्या के समीपवर्ती क्षेत्र में कोरा नामक स्थान पर एक नये नगर का निर्माण करके वहाँ दिल्लीवासियों को छह बरस तक रखा।

ऐसा क्यों हुआ? इसलिए कि साम्राज्य तो बन गया था किन्तु, आवागमन के साधनों का विकास नहीं किया गया था। सड़कें नहीं थीं, ऐसी व्यवस्था नहीं थी कि जिससे सुरक्षापूर्वक यात्रा और व्यापार हो सके। मन्दिर और मस्जिद भले ही बन जायें, सड़कें नहीं बन सकती थीं।

फिर भी, व्यापार तो होता ही था—विशेषकर उन वस्तुओं का जो सरदारों और अमीरों के काम में आतीं, या विदेशों में पहुँचायी जाकर महँगी बेची जा सकती थीं। चीन, मलाया, अरब और यूरोप से जल-मार्ग द्वारा खूब व्यापार होता। कालीकट और भड़ौच के बन्दरगाह प्रमुख थे। स्थल-मार्ग द्वारा मध्य एशिया, ईरान और भूटान से सम्बन्ध था। विदेशों में मसाले, कपड़ा, अनाज और अफ़ीम जाती थी। विदेशों से बदले में सोना आता।

सामाजिक दशा

हिन्दुओं की सामाजिक दशा गिरी हुई थी। राज्य में वे निचली श्रेणी के नागरिक थे। सुल्तान के दरबार में उनके साथ तुच्छता का बरताव होता। अलाउद्दीन ख़िलज़ी ने तो उन्हें आर्थिक दृष्टि से हीन करने के लिए तरह-तरह के टैक्स लगाये थे।

दिल्ली सल्तनत में दास-प्रथा बड़े ज़ोरों पर थी। ये दास विदेशों से मँगाये जाते थे। इनमें कुछ भारतीय भी होते। अमीरों और सरदारों को दास रखने का शौक़ था।

दासों से अनेक प्रकार की सेवाएँ ली जातीं—सैनिक सेवा, राज सेवा और वैयक्तिक सेवा। किन्तु जिन दासों में विशेष प्रतिभा या योग्यता होती उन्हें दासता से मुक्त करके ऊँचे पदों पर नियुक्त कर दिया जाता था। युद्ध में पराजित सैनिकों को भी दास बनाया जाता। स्त्रियों को दासी बनाया जाता। सुन्दर दासियों का मूल्य बहुत अधिक था।

मुसलमानों की इस दासप्रथा का अनुकरण हिन्दू सामन्तों ने भी किया। राजस्थान के रजवाड़ों के यहाँ यह प्रथा आज भी देखी जा सकती है। आज भी वहाँ के बड़े-बड़े ठिकानेदारों, रजवाड़ों और राजाओं के यहाँ स्त्रियाँ दहेज में दी जाती हैं। हिन्दू समाज में आज जो बहुत-सी कुरीतियाँ हैं उनका स्रोत भी वही पूर्व-मध्य युग का काल है। पर्दा प्रथा का अनुकरण हिन्दुओं ने किया। साथ ही, जीवन की सामान्य असुरक्षा, भविष्य की असुरक्षा को देखते हुए ही बाल-विवाह सर्वत्र प्रचलित हो गया।

साहित्य

इस युग में सांस्कृतिक क्षेत्र की दो प्रधान घटनाएँ हैं—(1) भक्ति आन्दोलन का उत्थान और प्रसार; (2) देशी भाषाओं का उत्थान तथा उनमें साहित्य का उत्कर्ष; इन सब बातों का यहाँ पूरा विवरण देना मुश्किल है।

साहित्य की श्रीवृद्धि तीन केन्द्रों से हुई। एक केन्द्र—राज दरबार, चाहे मुस्लिम हो चाहे हिन्दू; दो—जन-साधारण; तीन—इन दोनों से पृथक् और स्वतन्त्र व्यक्ति।

राज-सभाओं में साहित्यिक उत्कर्ष

राज-सभाओं में साहित्यिकों तथा अन्य विद्वानों का आसन रहना, एशियायी संस्कृति की विशेषता है। चाहे ईरान की राजसभा हो या बग़दाद की, राज-सभा की शोभा, सरदारों और सेनाध्यक्षों के अतिरिक्त, विद्वानों और कवियों द्वारा ही पूरी होती थी। हमारे भारत में भी अति प्राचीनकाल से यही पद्धति चली आयी। कइयों को यह जानकर आश्चय होगा कि 'विदेशी' भारत विजेता मुहम्मद ग़ोरी के दरबार में (तथा युद्ध में भी), हिन्दी के प्रकांड पंडित डाक्टर हजारी प्रसाद द्विवेदी के अनुसार, केशवराव नामक एक भाषा का (हिन्दी का) कवि था। सम्भवतः वह भाट होगा। अजमेर तथा दिल्ली प्रसिद्ध, राजा पृथ्वीराज चौहान के दरबार में भी चन्द बरदाई नामक एक कवि था, जिसने पृथ्वीराज के प्रेम, शृंगार, वीरता, उद्यान, प्रासाद, अभियान आदि का अपने महाकाव्य **पृथ्वीराज रासो** में वर्णन किया। पृथ्वीराज के दरबार में भी हिन्दी कवि थे और उसके शत्रु मुहम्मद ग़ोरी के दरबार में भी हिन्दी कवि थे। आज यह विचित्र बात मालूम होती है, इसलिए कि आज हमारा दृष्टिकोण

बदल गया है। किन्तु यदि हम ऐतिहासिक तथ्यों का उद्घाटन करें तो पायेंगे कि अफ़ग़ानिस्तान, बलूचिस्तान तथा बल्ख़ तक का पूरा प्रदेश भारतीय संस्कृति का अंग रहा आया। कनिष्क अपने सिक्कों पर 'शाहानुशाहि' अर्थात् शहंशाह लिखता था, जो संस्कृत की विभक्ति के साथ, प्राचीन ईरानी का शब्द है। उसी प्रकार, मुहम्मद ग़ज़नवी ने, तथा उसके आगे के कुछ उत्तराधिकारियों ने, अपने सिक्कों पर, इस्लामी सन्देश के संस्कृत अनुवाद को अंकित किया है। मुहम्मद ग़ज़नवी के दरबार में बहुत-से भारतीय विद्वान् थे। ग़ज़नी तथा सुदूर उत्तर-पश्चिम के अन्य प्रदेशों में कभी ब्राह्मणों का भी राज रहा आया, यद्यपि वहाँ बहुतों ने इस्लाम कबूल कर लिया, किन्तु ऐसे भी कुछ होंगे, जिन्होंने वैसा नहीं किया। जिन्होंने धर्म-परिवर्तन नहीं किया उन्होंने नये बने मुसलमानों के राजवंशों में चाकरी की, क्योंकि उनका पूर्वतर, पारिवारिक सम्बन्ध एकदम नहीं भुलाया जा सकता था। सम्भवतः, मुहम्मद गोरी के दरबार में ऐसे ही स्थानीय परिवार का कोई प्राकृत-अपभ्रंश कवि केशवराय रहा होगा।

असल में ये सब चारण कवि थे। किन्हीं में कवित्व अधिक था, किन्हीं में अल्प। हिन्दी के पूर्व-मध्य काल में इस प्रकार का चारण साहित्य बहुत लिखा गया है। सभी ने वर्णनात्मक काव्य लिखे। पृथ्वीराज के समकालीन जयचन्द के दरबार में भी विद्याधर नामक एक कवि था, जिसने अपने ग्रन्थ में जयचन्द के पराक्रमों की बड़ी प्रशंसा की थी। यह ग्रन्थ अब नहीं मिलता। **पृथ्वीराज रासो** इतना लोकप्रिय हुआ कि आगे की सदियों में उसके प्रेमियों ने उसमें अपनी ओर से बहुत कुछ मिला दिया। फलतः आजकल जो ग्रन्थ प्राप्त है, उसको मूल पाठ ठीक नहीं माना जाता। जगनिक कवि कृत **आल्ह खंड** प्रबन्ध काव्य और गीत के बीच की बड़ी ज़ोरदार रचना है। किन्तु, आजकल जो पाठ प्राप्त होता है, वह उसका मौलिक रूप नहीं है। लोगों ने तो उसकी भाषा तक को परिवर्तित किया है। शारंगधर कवि कृत **हम्मीर रासो** एक प्रसिद्ध वीर-काव्य है। हमीर तथा अलाउद्दीन ख़िलज़ी के बीच हुए युद्ध का उसमें ओजस्वी वर्णन है। उसी प्रकार वीर-गीत के रूप में **बीसलदेव रासो** भी उल्लेखनीय है।

राजसभा के साहित्यकारों में, विद्यापति का स्थान सर्वश्रेष्ठ है। वे मिथिला के राजकवि थे, उन्होंने मैथिल भाषा में सुन्दर शृंगार पूर्ण रचनाएँ कीं। मिथिला की राज-सभा संस्कृत-साहित्य को भी खूब प्रोत्साहन देती थी। वाचस्पति मिश्र सरीखे अनेक प्रकांड ग्रन्थकारों ने संस्कृत में रचना की। उस दरबार में संस्कृत को विशेष प्रश्रय मिला।

मुस्लिम दरबार में ख़िलज़ी और तुग़लक़ काल में अमीर खुसरो जैसे बहुमुखी प्रतिभावाले लेखक विद्यमान थे। फारसी को उन्होंने विशेष प्रश्रय दिया। वे भारतीय ज्ञान-विज्ञान से, दर्शन और तर्कशास्त्र से, चिकित्साशास्त्र और ज्योतिर्विद्या से विशेष प्रभावित थे। मुहम्मद तुग़लक़ स्वयं प्रकांड विद्वान् होने के अतिरिक्त बहुत जिज्ञासु

व्यक्ति था। वह अपने युग का सचमुच श्रेष्ठ विद्वान् तथा मनीषी था। उसके दरबार में, अनेक दार्शनिक तथा विज्ञान-सम्बन्धी विषयों पर, उपस्थित भारतीय तथा विदेशी विद्वानों के बीच बहस हो जाती। इस वाद-विवाद में मुहम्मद तुग़लक़ (जिसे सब लोग पागल कहते थे) स्वयं भाग लिया करता था।

उसके उत्तराधिकारी फ़िरोज तुग़लक़ ने भारतीय दर्शन, ज्योतिर्विद्या तथा अन्य विषयों से सम्बन्धित ग्रन्थों का फ़ारसी में अनुवाद कराया। सिकन्दर लोदी के आश्रय में, भारत के आयुर्वेदिक ग्रन्थों का फ़ारसी में अनुवाद हुआ। ख़िलज़ी और तुग़लक़ राजसभाओं की शोभा बढ़ानेवाले, बहुमुखी प्रतिभा से सम्पन्न और अमीर खुसरो, जिसका उल्लेख हम पहले ही कर चुके हैं, फ़ारसी के उत्तम विद्वान्, संगीतज्ञ तथा ज्ञान-लिप्सु थे। उन्होंने खड़ी बोली तथा ब्रजभाषा दोनों में उत्तम रचनाएँ कीं। उनकी पहेलियाँ तथा मुकरियाँ बहुत प्रसिद्ध हैं। यद्यपि, स्वभावतः वे मुसलमानों के पक्षपाती थे, किन्तु हिन्दू ज्ञान, संस्कृति, हिन्दी भाषा, हिन्दू दर्शन हिन्दू संगीत तथा भारत के प्राकृतिक सौन्दर्य के वे परम अनुरागी तथा प्रशंसक थे। उनकी ब्रजभाषा बहुत ही ललित है।

जौनपुर का स्वतन्त्र प्रान्तीय मुस्लिम राज्य विद्वानों का उदार आश्रयदाता था। वहाँ उनका बहुत सम्मान होता था। जौनपुर (फ़ारसी के बजाय) अरबी पांडित्य, इस्लामिक दर्शन तथा साहित्य का प्रधान केन्द्र था। वहाँ के नरेश इब्राहिम शर्की का नाम इस सम्बन्ध में उल्लेखनीय है।

किन्तु उन दिनों बंगाल का मुस्लिम दरबार सचमुच अपनी निराली विशेषता रखता था। उसने बंगला भाषा को प्रधानता दी, विद्वानों को आश्रय दिया। बंगाल के सुल्तानों ने संस्कृत के रामायण और महाभारत को बंगला भाषा में अनुवादित करने के लिए विद्वानों को माननीय पदों पर नियुक्त किया। गौड़, जो बंगाल का एक भाग है, उसके सुल्तान नसरत शाह ने बंगला में महाभारत का अनुवाद कराया। बंगाल के प्रसिद्ध कवि कृत्तिवास को बंगाल के सुल्तानों का आश्रय प्राप्त था। सुल्तान हुसैन शाह का आश्रय पाकर, मलधर बसु ने गीत का अनुवाद बंगला में किया। बंगाल की मुस्लिम राजसभा ने बंगला के साहित्यिक उत्कर्ष के लिए बहुत कुछ किया।

दक्षिण में विजयनगर के राजा कृष्ण देवराय ने तेलुगु साहित्य के स्वर्ण-युग का उद्घाटन किया। राज्य के प्रोत्साहन के फलस्वरूप तेलुगु साहित्य का बहुमुखी विकास हुआ।

राजसभाओं द्वारा एक नयी भाषा को भी प्रोत्साहन दिया गया। उर्दू खड़ी बोली का ही मुस्लिम संस्करण है। दकनी हिन्दी के नाम से (शुरू में यही नाम था, वह खड़ी बोली हिन्दी भी थी और उर्दू भी) वह दक्षिण के मुस्लिम राज्यों द्वारा प्रोत्साहित की गयी। जब वह वहाँ फली-फूली तो दक्षिण भारत की राजसभाओं से साहित्यिक रूप धारण करके उत्तर भारत की राजसभाओं में आयी।

राजा और सुल्तान अपने दरबारों में प्रकांड पंडितों और कवियों को पाकर स्वयं को गौरवान्वित अनुभव करते थे। किन्तु साहित्यिक उत्कर्ष का मूल केन्द्र वहाँ न होकर, जन-साधारण थे। जन-साधारण प्रतिभाशाली पुत्रों को उत्पन्न कर रहे थे। वे पढ़े-लिखे, अक्खड़ और गँवार, दीन और दयनीय समझी जानेवाली जनता के जीवन में आन्दोलन मचा हुआ था। भक्ति की धारा उसके अन्तःकरण में प्रवाहित हो रही थी। साधु, सन्तों और फकीरों के उपदेशों से और पहुँचे हुए ज्ञानी पुरुषों के सत्संग से उसके हृदय में ज्ञान और प्रेम की अजस्र धारा बह रही थी। उसके प्रतिभासम्पन्न पुत्रों में कबीर और नामदेव, रैदास और पलटू, नानक और दादू, तुकाराम और नरसी मेहता, चंडीदास और ज्ञानेश्वर जैसे महान् सन्तों और कवियों के नाम गिनाए जा सकते हैं। मराठी के ज्ञानेश्वर भारतवर्ष के अत्यन्त प्रतिभाशाली कवियों में से थे, जिनकी रसार्द्र वाणी ने ज्ञान और भक्ति, योग और प्रेम की अजस्रधारा विशाल जन-समुदायों में प्रवाहित की। तुकाराम के अभंग सुन-सुनकर, आज भी महाराष्ट्र के जन-साधारण अपने हृदय को पवित्र करते हैं और मानव-प्रेम में डूब जाते हैं। नरसी मेहता की वाणी आज भी गुजरात की झोपड़ियों में गूँज रही है। ऐसा कौन भारतवासी है जिसने मीरा के पदों को सुनकर अपने हृदय में प्रेम की पीड़ा का अनुभव न किया हो। यद्यपि वह राजरानी थी, किन्तु, साधारण जनों जैसी ही उन्मुक्त उसकी वाणी थी। 'गिरिधर के आगे नाचूँगी' वाली यह मीरा युग-युगों तक भारतीय जनों के हृदय को प्रेम से आप्लावित करती रहेगी। चंडीदास के विरह-गीतों को सुनकर, भक्ति-गीतों को सुनकर आज भी बंगाली जनों की पलकें भींग जाती हैं। हृदय को धोकर, भिगोकर, डुबोकर वह उठनेवाली यह भक्ति-धारा शायद ही किसी देश में इस प्रकार प्रवाहित हुई हो। सूरदास, तुलसीदास, रसखान, जायसी उस काल के ज्वलन्त नक्षत्र हैं।

कबीर और नानक मानव-समानता के प्रचारक, शील और स्नेह पुरस्कर्ता तो थे ही, उन्होंने मानव-मात्र के लिए सामान्य धर्म की प्रतिष्ठा करनी चाही—वह धर्म नहीं जो किताबों और ग्रन्थों में बँधा रहता है, जो रूढ़ियों और रिवाज़ों में फँस जाता है, जो मनुष्य-मनुष्य के बीच, गर्व और दम्भ, पाखंड और द्वेष की दीवालें खड़ी करके मानवता को अलग-अलग टुकड़ों में काटकर तितर-बितर कर देता है। वरन् उन्होंने उस धर्म को प्रतिष्ठित किया, जो मानवमात्र के अन्तःकरण में मानवगुण के रूप में विराजमान है, जो हृदय का गुण और आत्मा का स्वभाव है, जिसके द्वारा मानवता अखंड हो जाती है, जनता एक हो जाती है। और अन्तःकरण पर प्रेम और सद्भावना में आलिंगन पड़ जाते हैं।

कबीर का कवित्व केवल साहित्यिक महत्त्व ही नहीं, वरन् ऐतिहासिक महत्त्व रखता है। अक्खड़, बेदरकार, बेलौस, बेमुरव्वत कबीर में मानव-स्नेह का अजस्र निर्झर प्रवाहित होता था। उनके दोहे हम में प्राण-शक्ति का संचार करते हैं। नानक की

वाणी ईश्वरीय प्रेरणा से युक्त है, उसमें ज्ञान का प्रकाश तथा भावना का गीलापन है। रैदास के नम्र हृदय में सारा विश्व आर्द्र होकर विराजमान था। सेना नाई और पलटू, ईश्वरीय ज्योति हृदय में धारण करके लगभग मसीहा थे; किन्तु न उनका बाना मसीहाई था, न उनका रहना। अगर पलटू सामने आकर खड़े हो जायें तो शायद वे इतने दीन होंगे कि हम अपने बरामदे से उन्हें निकाल देंगे।

इसीलिये उन दिनों यह खयाल था कि नारायण (ईश्वर, भगवान) स्वयं दीनजन का रूप धारण करके घूमते फिरते हैं। पता नहीं, बाहर नंगे पाँव घूमते हुए इन दीन जनों में कौन सचमुच भगवान हो।

दिल्ली सल्तनत की राजनैतिक घटनाओं को देख-देख, बहुतों का हृदय उदास हो जाता है। किन्तु भारतीय प्रतिभा ने यदि राजनीति को इतना महत्त्व दिया होता तो वैसी घटनाएँ कभी हो ही न पातीं। किन्तु, यदि भारतीय धर्मों को इतने बड़े पैमाने पर चुनौती न मिल पाती तो शायद उस युग का वह अजस्र उत्थान, जिसके सामने हमारा आधुनिक युग फ़ीका है, हमारे सामने कभी न आ पाता, भारतीय धर्मों में हृदय की आर्द्रता, मानव-मात्र के प्रति उदार प्रेम और जीवन-ज्ञान का आलोक न हो पाता। उससे रूढ़ियों और भेदोपभेदों में बन्दी मानव, ईश्वर के सामने आकर, अपने भेदों को भूल गया। इस्लाम का भारतीयकरण हो गया। हिन्दू इस्लाम के आलोक में नहा उठा।

निःसन्देह राजाओं की सभाओं में पनपनेवाले साहित्य में पांडित्य की जड़ता, अलंकरण-प्रियता और विलासाकुल वृत्ति है। इसके विपरीत जन-साधारण की झोपड़ियों में गूँजनेवाले गीतों की भावना छन्द तोड़कर उमड़ उठती है। बात ठोस है; ठिकाने की है, सीधी चोट करती है। उसमें एक उमड़ती हुई पुकार है, एक झगड़ता हुआ आक्रोश है और रगड़ती हुई चुनौती है। उसमें बालक और स्त्रियों की करुणा-कातर भावना है, और नम्र प्रेम है। यदि आधुनिक युग में, न सही ईश्वर-भक्ति, किन्तु थोड़ा-सा भी हृदय-गुण आ सके तो हमारा जीवन अधिक आह्लादमय, सरस और आर्द्र ओ उठे!

उन दिनों संगीत, चित्रकला, भवन-निर्माण-कला नयी ऊँचाइयाँ छूने लगी। बडे-बड़े किलों की मेहराबों में एक नयी सुकुमारता आ गयी। नये राग चलाये गये। भव्यता और कोमलता इन दोनों गुणों से संयुक्त होने लगी हमारी कला। मुसलमानों ने इन कलाओं को आत्मीय बनाकर उनमें नया रस डाला। क्या संगीत को हिन्दू संगीत और मुस्लिम संगीत कहा जा सकता है? कला के क्षेत्र में इस प्रकार का भेद करना असम्भव इसलिए हो उठता है कि कला मानव-हृदय से उत्पन्न होती है और कलाओं में प्रकट मुस्कानों और आँसुओं को हम नहीं कह सकते कि ये हिन्दू मुस्कान हैं वे मुस्लिम मुस्कान, ये हिन्दू आँसू हैं, वे मुस्लिम आँसू! क्यों? इसलिए कि ये कलाएँ हिन्दू और मुस्लिम सामन्तों ने नहीं बनायीं। सामान्य जनता में से उत्पन्न होनेवाले

कलाकारों और कारीगरों ने उन्हें प्रसूत किया। चूँकि वे अपनी जनता के सच्चे बेटे थे, इसलिए उनके हृदय में भी वही आह्लादकारिणी मानव-हृदय की एकता और अभिन्नता वर्तमान थी। क्या उस काल की यह देन आज की कला से किसी क़दर भी कम थी? वह आज की कला से अधिक उच्च और स्थायी थी, इसलिए कि वह समय के हथौड़ों से जाँची जा चुकी है, खरी उतरी है।

मध्य और पश्चिम एशिया को सुशोभित करनेवाले गुम्बज और मीनार, भारतीय कलाकारों के हाथ में पड़कर निःसंग भूरा रूखापन भूल गये। इनमें एक नया लालित्य और सौकुमार्य आ गया—किन्तु मज़बूती वैसी ही बनी रही। हिन्दू और मुस्लिम प्रतिभा के योग से भवन-निर्माण की एक नयी शैली का ही विकास हुआ।

मेहराबें हृदय की कोमलता प्रकट करने लगीं। बागों में लगाये जानेवाले तरह-तरह के झरने तथा दीवालों पर अंकित या खुदी हुई सुनहरी फूल-पत्तियाँ हृदय के उत्साह और आनन्द को, उत्फुल्ल सौन्दर्य-भावना को और विशालता की संवेदना को, एक साथ प्रकट करने लगीं।

उस काल की ये महान् उपलब्धियाँ अन्य युगों से किसी भी हालत में कम नहीं हैं।

भारत में मुग़लों का आधिपत्य

भारत में बसने के उद्देश्य से मुग़लों ने भारत में प्रवेश किया। उन दिनों देश में अनेकानेक शक्तिशाली मुस्लिम और राजपूत राज्य थे। प्रारम्भिक मुग़ल शासकों को युद्ध ही युद्ध करना पड़ा। फिर भी अब तक आये हुए विदेशी मुस्लिम आक्रान्ताओं में वे ही सर्वाधिक सभ्य और सुसंस्कृत थे। भारत की युद्ध-विद्या के इतिहास में पहली बार तोपों का प्रयोग हुआ। वह बाबर द्वारा किया गया। इस काल का एक उज्ज्वल रत्न मुग़ल शासक न होकर अफ़गान सुल्तान शेरशाह सूर है। मलिक मुहम्मद जायसी ने अपने काव्य ग्रन्थ पद्मावत में शेरशाह के सम्बन्ध में कहा—"सेरसाहि देहली सुलतानू, चारिउँ खंड तपै जस भानू।"— वह भारत के महान् शासकों में से है।

चौदहवीं सदी के अन्त में मध्य एशिया के फ़रग़ाना नामक रियासत का शासक बाबर था। वह तैमूरलंग का वंशज था। अपनी रियासत की रक्षा के लिए, उसे पास-पड़ोस की रियासतों से लड़ना पड़ता। ये रियासतें उसी के सम्बन्धियों की थीं। उनसे तंग आकर वह एक दिन अपनी सेनाओं के साथ, नया राज्य जमाने के लिए निकल पड़ा। उसने अपनी जन्मभूमि का त्याग कर दिया। हिन्दूकुश के पर्वतों को पार कर उसने काबुल को जीत लिया। कुछ ही दिनों बाद उसने भारत की ओर प्रयाण किया।

उन दिनों दिल्ली के अफ़ग़ान सुल्तान निर्बल थे। गुजरात, मालवा और बंगाल में स्वतन्त्र मुस्लिम राज्य थे। सन् 1525 में उसने दिल्ली के सुल्तान इब्राहीम लोदी को पराजित किया और भारत में मुग़ल वंश की स्थापना की। मंगोल शब्द ही का बिगड़ा हुआ रूप—'मुग़ल' है।

किन्तु, बाबर को तब तक चैन नहीं हो सकता था जब तक वह मेवाड़ के राणा साँगा से मोर्चा न ले। राणा साँगा बहुत अनुभवी योद्धा और पराक्रमी था। साँगा की दृष्टि भी दिल्ली ही पर थी। उसके नेतृत्व में राजपूत राज्यों का एक संघ था। भारत के शक्तिशाली राज्यों में से एक मेवाड़ भी था।

युद्ध होना अनिवार्य था। दोनों पक्ष इसे समझ रहे थे। राजपूत नरेशों ने उत्साहपूर्वक राणा साँगा का साथ दिया। सन् 1527 में सीकरी में घमासान युद्ध हुआ।

बाबर ने तोपों का प्रयोग किया। भारतीय इतिहास में तोपों के प्रयोग की यह पहली घटना थी। राजपूतों के तलवार और भाले तथा व्यक्तिगत पराक्रम किसी काम न आये। भारतीय युद्ध-विद्या कमज़ोर थी। मुग़ल युद्ध-कला अधिक विकसित थी।

राणा साँगा की पराजय के बाद, बाबर को राजपूताने पर कब्जा करने में ज़्यादा देर न लगी। इसके बाद, उसने बिहार और बंगाल को भी जीत लिया और सन् 1530 तक अपनी मृत्यु के पहले, उसने सारे उत्तर भारत में अपना साम्राज्य फैला दिया।

हुमायूँ

किन्तु, मुग़ल साम्राज्य को दृढ़ होने में अभी देर थी। हुमायूँ के राज्यारोहण के तुरन्त उपरान्त, अनेक प्रान्तों में विद्रोह की अग्नि भड़क उठी। बिहार में शेर खाँ नामक बहादुर अफ़गान सरदार ने बगावत कर दी, जिसे दबाने के लिए हुमायूँ बिहार की ओर बढ़ा। उसका दमन करके ज्यों ही वह लौटा कि उसे खबर मिली कि गुजरात में विद्रोह हो गया है। हुमायूँ सेना सहित गुजरात की तरफ़ रवाना हुआ। इस बग़ावत से फ़ायदा उठाकर, शेर खाँ ने फिर से अपनी ताक़त बढ़ा ली। गुजरात की लड़ाई में हारा-थका हुमायूँ जब दिल्ली में थोड़ी आराम की साँस ले रहा था कि शेर खाँ ने दिल्ली पर हमला बोल दिया। हुमायूँ को दिल्ली छोड़ देनी पड़ी। वह राजस्थान होते हुए ईरान चला गया। शेर खाँ—शेरहशाह सूर के नाम से—दिल्ली के राजसिंहासन पर बैठा। यह घटना सन् 1540 की है। शेरशाह सूर के वंश ने सिर्फ़ 15 वर्षों तक राज्य किया।

शेरशाह सूर

यह सुल्तान भारत के महान् शासकों में से है। उसने अपने राजत्व के अल्पकाल में ही अनेक निर्माण-कार्य किये। उसने बंगाल से पंजाब तक बहुत बड़ी सड़क बनायी, उनके दोनों ओर पेड़ लगवाये, जगह-जगह सरायें बनायीं, वहाँ कुएँ खुदवाये। इन सरायों में हिन्दू और मुसलमान दोनों प्रकार के यात्रियों के लिए रहने की व्यवस्था थी। सरायों में हिन्दुओं के लिए भोजन की अलग व्यवस्था थी और भोजन बनाने के लिए ब्राह्मणों को नियुक्त किया। साथ ही, यात्रियों के जानवरों के लिए घास आदि का बन्दोबस्त किया। प्रत्येक सराय में मुसलमानों के लिए मस्जिद भी बनायी।

राज्य-शासन की सुव्यवस्था के लिए उसने अलग-अलग महकमे बनाये। न्याय और सहिष्णुता की भावना से प्रेरित होकर, उसने हिन्दुओं को अपनी ओर मिला लिया।

देश की आर्थिक स्थिति के सुधार के लिए उसने बहुत-से प्रयत्न किये जिसमें भूमि-कर-सुधार प्रमुख है। राज्य के नागरिकों की रक्षा के लिए उसने बाक़ायदा पुलिस विभाग का संगठन किया। अगर इस विभाग के अधिकारीगण खून या चोरी की ठीक जाँच करके अपराधी को पकड़ न पाते तो उन्हें ही कठोर दंड दिया जाता।

शेरशाह ने कहा—"धर्म-विधियों में सर्वश्रेष्ठ विधि है—न्याय। मुसलमान राजाओं के अलावा, हिन्दू राजाओं ने भी न्याय की प्रशंसा की है।" शेरशाह ने केवल अपराधों के विरुद्ध न्याय-निर्णय ही नहीं दिये; वरन् उसके अलावा, उसने सामाजिक न्याय-भावना तथा सहिष्णुता भी बतायी।

शेरशाह बहुत बुद्धिमान तथा न्याय परायण शासक भी हैं। वह प्रजावत्सल भी था। उसने डाक विभाग का भी संगठन किया; साथ ही, विभिन्न प्रान्तों की हलचलें जानने के लिए, संवाद-वाहक भी नियुक्त किये।

दुर्भाग्य से वह शीघ्र ही मर गया। उसका राजवंश अधिक दिनों तक नहीं चला। प्रान्तीय शासक फिर से स्वतन्त्र होने लगे। इस अराजकता से फ़ायदा उठाकर, हुमायूँ ने ईरान में संगठित सैन्य की सहायता से दिल्ली को फिर से जीत लिया।

हुमायूँ दीर्घकाल तक ईरान में रहा था। वहाँ उसके सामन्त भी गये थे। अब वह वहाँ से लौटा तो ईरानी सेना और सामन्त दोनों लेता आया। फलतः हुमायूँ के शासन-पद पर योग्य ईरानियों की नियुक्ति हुई। दरबार में ईरानी संस्कृति का प्रभाव बढ़ता गया।

बाबर और हुमायूँ दोनों ज्ञान-प्रेमी थे। बाबर ने अपना आत्मचरित लिखा है। उसने केवल अपने गुणों का ही नहीं, दोषों तक का उल्लेख किया है। वह मुख्यतः सैनिक था। वह कुशल प्रबन्धक प्रतीत नहीं होता था। उसका पुत्र हुमायूँ भी शूरवीर था। गणित, फलित, ज्योतिष और भूगोल का वह प्रेमी था। फिर भी वह एक विशेष अर्थ में अभागा था, उसके भाइयों ने, जो बड़े-बड़े सूबेदार थे, संकट में उसकी कोई मदद नहीं की। सिवाय इसके वह अफ़ीम भी खाता था। हुमायूँ जब अपने पुत्र अकबर को छोड़कर मरा उस समय पूरा साम्राज्य असुरक्षित था।

अकबर महान्*

मुग़ल अभ्युदय के पूर्व ही भारत के ग्रामों और नगरों में हिन्दू-मुस्लिम सांस्कृतिक सामंजस्य का वातावरण बन गया था। इस सांस्कृतिक प्रवृत्ति को अकबर ने राजनैतिक रूप दिया तथा राष्ट्रीय राजतन्त्र की स्थापना की। एक ओर राजपूतों ने मुग़ल आधिपत्य स्वीकार कर लिया, तो दूसरी ओर मुग़ल शासन के प्रधान शक्तिशाली पदों पर आसन जमाकर उन्होंने मुग़ल साम्राज्य की वृद्धि की। मुग़ल साम्राज्य की रक्षा तथा प्रसार का दायित्व बहुत कुछ राजपूतों पर आ गया था। शक्तिशाली मुग़ल साम्राज्य का वज़ीरेआज़म टोडरमल हुआ। इस प्रकार, इस साम्राज्य के विकास और प्रसार का श्रेय हिन्दुओं और मुसलमानों दोनों को है। जिस महान् व्यक्तित्व ने यह घटित करके बता दिया उसका नाम भारत के महान् शासकों में गिना जाता है।

भारत के सर्वश्रेष्ठ सम्राटों में अकबर की गिनती होती है। मुग़ल साम्राज्य का वास्तविक संस्थापक अकबर ही माना जाता है।

हुमायूँ अकबर के लिए जब राज्य छोड़कर मरा तब पूरी मुग़ल सल्तनत असुरक्षित थी। दिल्ली के अधिकार से वंचित अफ़ग़ान राजवंश सूरवंश के उत्तराधिकारी आदिल शाह सूर के हिन्दू प्रधानमन्त्री हेमू ने सन् 1556 में दिल्ली पर हमला किया। यह हमला उसी सन् में हुआ जिस सन् में हुमायूँ की मृत्यु हुई और अकबर गद्दी पर बैठा। उस समय अकबर की आयु केवल 14 वर्ष की थी। किन्तु, पिता के साथ उसका जो पिछला जीवन बीता था, उसमें उसे युद्ध का पर्याप्त अनुभव हो चुका था। उसके सौभाग्य से बैरम खाँ नामक एक कठोर-हृदय वीर पुरुष मुग़ल सेना का अध्यक्ष था। उसने, बग़ैर अकबर से पूछे, मुग़ल सेनाओं के उन प्रमुखों का, जिन्होंने शत्रु का सतर्कतापूर्वक प्रतिरोध नहीं किया था, सर अलग कर दिया। इसके फलस्वरूप, बैरम खाँ का आतंक छा गया। पानीपत की लड़ाई में, जो 15 नवम्बर, सन् 1556 में हुई, हेमू की सेना को नष्ट कर दिया गया। हेमू की मृत्यु के बाद, अगले चार साल तक बैरम खाँ ही प्रधानमन्त्री का काम करता था।

---

* पाठ्य पुस्तक में यह अध्याय 'राष्ट्रीय राजतन्त्र की स्थापना' शीर्षक से था।—सं.

बैरम खाँ स्वामिभक्त किन्तु कठोर-हृदय और ज़िद्दी आदमी था। इधर, अकबर ने होश सँभाला, उसकी नीति कुछ और थी। फलतः, अकबर और बैरम में मतभेद हुए। बैरम को निकाल दिया गया। उसका अन्त बहुत दुखदायक हुआ।

अकबर के सामने एकदम कई सवाल थे। शेरशाह सूर के सुप्रबन्ध की जो कीर्ति थी वह उसने सुन रखी थी। साथ ही, साम्राज्य के कौन शत्रु थे, वह उन्हें अच्छी तरह जानता था। वे दो थे—एक, स्वतन्त्र अफ़ग़ान जो भारत में फैले हुए थे। दूसरे, राजपूत। परिस्थिति का उसने सही-सही विश्लेषण किया था। उसे मालूम था कि बादशाह के कमज़ोर होते ही तरह-तरह के षड्यन्त्र और विद्रोह होने लगते हैं। सन् 1560 से 1566 तक उसे उनका अनुभव भी हो गया।

अफ़ग़ानों और मुग़लों का धर्म एक था। किन्तु, वहाँ राजनैतिक स्वार्थों की टकराहट थी। राजपूत विधर्मी थे, किन्तु, उनके नैतिक सद्गुणों के सम्बन्ध में उसने अपने पिता से बहुत कुछ सुन रखा था। वे वीर थे, साहसशील थे, ईमानदार थे, और स्वामिभक्त थे। ये उनके जातीय गुण थे। साथ ही वे कट्टर धर्माभिमानी भी थे। अफ़ग़ानों और राजपूतों की तुलना करने के बाद, अकबर ने दूरदर्शिता और बुद्धिमत्तापूर्वक हिन्दुओं को अपनी ओर मिलाने का निर्णय किया।

अकबर ने भारत में मुग़ल शासन की स्थापना करने के लिए, राजपूतों के सामने मैत्री का हाथ बढ़ाया। उनसे विवाह-सम्बन्ध स्थापित किये। सबसे पूर्व जयपुर के राजा भागमल ने अपनी कन्या का विवाह अकबर के साथ कर दिया। इसके बाद, अनेक राजाओं ने अकबर के साथ वैवाहिक सम्बन्ध स्थापित किये। अकबर ने इन राजाओं को मुग़ल साम्राज्य में ऊँचे-ऊँचे पद प्रदान किये और उनकी सेवाओं की सहायता से भारत के बड़े भाग की विजय की।

उधर राजपूतों की ही सहायता से उसने रणथम्भौर, चित्तौड़, गोंड़वाना, बंगाल, बिहार, उड़ीसा, अहमदनगर, काश्मीर, सिन्ध, काबुल और बलूचिस्तान को अपने कब्ज़े में ले लिया। उसके प्रतिरोधियों में दो मुख्य हैं—एक चित्तौड़ के महाराणा प्रताप, दूसरे गोंडवाने की रानी दुर्गावती।

राणाप्रताप

राणाप्रताप एक शूरवीर योद्धा था। वह प्रचंड धर्माभिमानी था। उसने अकबर की अधीनता स्वीकार नहीं की तथा राजपूतों की पुरानी परम्परा को जारी रखा। जब चित्तौड़ छिन गया तो उसने जंगल में शरण ली। वहाँ से राणाप्रताप ने अकबर के विरुद्ध संघर्ष जारी रखा।

जिन हिन्दू राजाओं ने वीरतापूर्वक अकबर की शक्ति का प्रतिरोध किया उनमें मध्यप्रदेश के गढ़ामँडला की रानी दुर्गावती उल्लेखनीय है। वह अकबर की सेनाओं से लड़ते-लड़ते मारी गयी।

राजपूत राज्यों ने एक मुस्लिम सम्राट् को अपनी कन्याएँ प्रदान करना क्यों स्वीकार किया? इसका उत्तर अपनी-अपनी मनोवृत्तियों के अनुसार ही अब तक दिया गया है। किन्तु, यदि हम पूरे भारतवर्ष में फैले हुए उस सांस्कृतिक वातावरण को ध्यान में रखें, जिसमें हिन्दू और मुस्लिम दोनों प्रकार की रूढ़ियों की भर्त्सना की जा रही थी—साधारण पुरुषों के द्वारा नहीं, वरन् असाधारण पुरुषों के द्वारा, ऐसे व्यक्तियों द्वारा जिन्होंने मानव-मात्र के सामान्य धर्म की प्रतिष्ठा के लिए देश में अनुकूल वातावरण उत्पन्न किया था, तो हमारे लिए यह सोचना सहज ही हो जाता है कि राजपूत राजाओं ने देश के तत्कालीन वातावरण को देखकर ही यह क़दम उठाया। किन्तु किसी ब्राह्मण पुरोहित का यह साहस नहीं था कि वह इन राजपूतों को जात से बाहर निकाले। वे इस बात को सहने के लिए तो तैयार थे कि अपने समाज का कोई पुरुष (या स्त्री) अन्य धर्मावलम्बी हो जाय; किन्तु इस बात के लिए तैयार नहीं थे कि अन्य धर्म की कोई स्त्री या पुरुष हिन्दू समाज में ले लिया जाये। यही कारण है कि उन हिन्दुओं को, जिन्होंने मुस्लिम स्त्रियों से सम्बन्ध रखा, रूढ़िवादियों द्वारा तरह-तरह के कष्ट दिये गये।

प्रसिद्ध पंडितराज जगन्नाथ की स्त्री यवनी थी। रूढ़िवादियों ने उन्हें बहुत अधिक कष्ट दिया। एक कथा के अनुसार, पंडितराज (तथा उनकी यवनी स्त्री) ने गंगा-लहरी स्रोत पढ़ते-पढ़ते गंगा की धारा में अपने प्राण विसर्जित किये। रूढ़िवादी समाज का क्रोध इसलिए था कि उसने अन्य धर्मावलम्बी स्त्री को अपने घर में स्थान दिया। (यह शाहजहाँ के ज़माने की बात है।)

स्वयं अकबर कट्टर मुसलमान न था। बचपन में मुल्लाओं द्वारा उसकी शिक्षा नहीं हो पायी थी। प्रखर-बुद्धि होने के अतिरिक्त वह जिज्ञासु भी था। वह ईरान रह आया था। ईरान के मुसलमान शिया मत के थे। अकबर के दरबार में उच्च पदों पर शिया लोग मौजूद थे। धार्मिक मतभेदों से वह खूब परिचित था। उसने फतेहपुर सीकरी में एक इबादतखाना (आराधना-गृह) बनवाया। यहाँ वह मुल्लाओं और मौलवियों का, धार्मिक विषयों पर वाद-विवाद सुनता। बाद में, इस इबादतखाने में वह विभिन्न धर्मों के आचार्यों को भी बुलाने लगा। अब इन सबके बीच, वाद-विवाद होने लगे। अकबर अपने विद्वान् मित्र अबुल फ़ज़ल तथा अबुल फ़ैज़ी समेत, यह वाद-विवाद सुनता; और जितना गुनना होता, गुन लेता।

मुल्लाओं और मौलवियों ने एक बार 'विवाह' इस प्रश्न पर बहस छेड़ी। अन्त में, यह तय नहीं हो पाया कि एक मुसलमान को कितने विवाह करने का अधिकार है। इस मसले पर अन्तिम निर्णय नहीं हो सका। तब मुल्लाओं ने अकबर ही से प्रार्थना की कि वह स्वयं इस झगड़े का तस्फ़िया करे (अकबर ने न मालूम कितने ही विवाह किये थे)।

अकबर ने मुल्लाओं द्वारा की गयी इस प्रार्थना का तुरन्त ही राजनैतिक लाभ उठा लिया। उसने एक कागज़ पर लिखवा लिया कि धर्म-सम्बन्धी मामलों में अन्तिम

निर्णय देने का अधिकार मात्र सम्राट् को है, न कि मुल्लाओं और मौलवियों को। जितने भी उपस्थित मुल्ला और मौलवी थे उन सबके दस्तख़त उस पर ले लिए। परिणाम यह हुआ कि अकबर ने धर्म की शक्ति भी अर्जित कर ली।

इस इबादतगाह में प्रत्येक गुरुवार को सभा होती थी, जिसमें हिन्दू, जैन, पारसी, यहूदी, ईसाई तथा मुस्लिम धर्म के दो पन्थ शिया और सुन्नी आदि विविध सम्प्रदायों और मार्गों के विद्वान् उपस्थित होते थे। सम्राट् अकबर के सामने हिन्दू धर्म की व्याख्या करनेवालों में पुरुषोत्तम तथा देवी नामक दो ब्राह्मण अधिक उल्लेखनीय हैं। देवी नामक ब्राह्मण ने ब्रह्मा, विष्णु, महेश तथा इस त्रिदेव के अतिरिक्त, राम और कृष्ण जैसे अवतार, और साथ ही देवी महामाया के पीछे जो आध्यात्मिक तथा दार्शनिक भावनाएँ और धारणाएँ हैं, उनकी विवेचना की। उसने अकबर को हिन्दू धर्म का उपदेश किया। अकबर उस ब्राह्मण से बहुधा धर्म-चर्चा किया करता था। उसी प्रकार जैन मुनि हरि विजय सूरि, जिनचन्द्र, भानुचन्द्र उपाध्याय तथा मुनिराज विजय सेन सूरि अकबर के सामने जैन धर्म के स्वरूप पर प्रकाश डालते थे। सन् 1579 के बाद, एक-न-एक जैन मुनि बादशाह के दरबार में रहा आया। उन्हीं के धर्मोपदेशों का प्रभाव था कि अकबर ने कुछ निश्चित तिथियों पर पशुवध बन्द करा दिया था।

अकबर ने पारसियों द्वारा प्राचीन ईरानी धर्म पर प्रवचन सुना। पारसी धर्मोपदेशक दस्तूर मेहरजी राणा ने अकबर को अपने धर्म की बहुत-सी बातें बतायीं, जिससे प्रभावित होकर अकबर ने सूर्य की पूजा आरम्भ कर दी। सूर्य ईरानियों के आराध्य-देवता अग्नि ही का तो प्रतीक है। सिक्ख धर्म के प्रति तो अकबर की अपार श्रद्धा थी। उस धर्म ने हिन्दुओं और मुसलमानों को एक करने का प्रयत्न किया था।

ईसाई धर्म से परिचय प्राप्त करने के लिए अकबर ने गोवा के पुर्तगीज़ पादरियों से सम्पर्क स्थापित किया। उन्हें अपनी राजसभा में बुलाया। किन्तु, पुर्तगीज़ पादरियों ने मुहम्मद साहब और कुरआन पर तरह-तरह के आक्षेप शुरू किये। परिणाम यह हुआ कि ईसाई मज़हब से बहुत-से मुसलमान नाराज़ हो गये।

दीन-इलाही

अनेकानेक धर्मों को ध्यान में रखकर, अकबर ने सोचा कि एक ऐसे धर्म का विकास हो जिसमें सारे धर्मों के सार-तत्त्व समा जायें। इसलिए, उसने दीन-इलाही नामक धर्म चलाया। इस धर्म का सिद्धान्त यह है कि ईश्वर एक है, अकबर उसका दूत है, मनुष्य का यह पवित्र कर्तव्य है कि वह अपने विवेक से सत्य और असत्य का निर्णय करे। दीन-इलाही में किसी व्यक्ति या बात पर अन्धविश्वास के विरुद्ध चेतावनी दी गयी है। अन्धविश्वास का स्थान-स्थान पर विरोध करते हुए, स्वतन्त्र बुद्धि पर ज़ोर दिया

गया है। दीन-इलाही में पशुहिंसा को पाप समझा गया, मांस-भक्षण का निषेध किया गया। अकबर के अन्तःकरण में निःसन्देह एक स्वतन्त्र शोध-बुद्धि थी।

अकबर सुबह उठते ही सबसे पहले उगते हुए सूर्य को नमस्कार करता, और उसमें यह अनुभूति उत्पन्न होती कि ईश्वरीय तेज का प्रकट रूप अग्नि है। वह अग्नि को भी दिव्य शक्ति का प्रतीक मानता।

बहुत-से लोग, जो उसके दरबार में उठते-बैठते थे, दीन-इलाही के अनुयायी हो गये। उनमें हिन्दू और मुसलमान दोनों शामिल थे। यह सच है कि सम्राट् को प्रसन्न करने के लिए, उन्होंने दीन-इलाही स्वीकार किया। यह धर्म चला नहीं। किन्तु, उससे तत्कालीन युग की धार्मिक प्रवृत्तियों पर प्रकाश पड़ता है।

ऐसे मुसलमान को अगर राजपूत राजाओं ने अपनी कन्याएँ दीं तो इसमें उन्होंने, जाने या अनजाने, एक महत्त्वपूर्ण कार्य किया। भारत की तत्कालीन समाज-सामंजस्य-प्रधान, मानवतावादी वृत्तियों को ही उन्होंने प्रोत्साहन दिया, भले ही उन्होंने वैसा किसी राजनैतिक हेतु से किया हो।

अकबर की स्वतन्त्र बुद्धि के विकास में उसकी हिन्दू रानियों का हाथ था; साथ ही शेख़ मुबारक जैसे सूफ़ियों का भी योगदान था। शेख़ मुबारक के दो पुत्र अबुल फ़ज़ल और अबुल फ़ैज़ी के विचारों का अकबर के मन पर बहुत प्रभाव पड़ा।

हिन्दू स्त्रियों से विवाह करके उसने मुग़ल राजवंश को भारतीय बनाना चाहा। शासक-वर्ग में हिन्दू रक्त प्रवाहित किया। यदि हम उस युग के रूढ़िवाद को देखें—चाहे वह हिन्दू रूढ़िवाद हो, चाहे मुस्लिम—तो हमें यह महसूस होगा कि अकबर का यह क़दम क्रान्तिकारी था। क्रान्तिकारी इसलिए कि भले ही हिन्दुओं ने अपनी कन्याएँ देकर उन कन्याओं को मुस्लिम धर्म के हवाले कर दिया हो, किन्तु अकबर ने उन हिन्दू कन्याओं को मुसलमान नहीं बनाया, उन्हें इस्लाम कुबूल करने के लिए नहीं कहा। मुसलमान मुल्लाओं और ब्राह्मण पुरोहितों—दोनों को यह एक बड़ी चुनौती थी।

अपनी हिन्दू रानियों के लिए उसने, उनके क़िले के भीतर ही, तुलसी-तरु, मन्दिर आदि की व्यवस्था की। यहाँ तक कि क़िले के अन्दर हिन्दू रानियों के निवास-स्थान की स्थापत्य कला भी हिन्दू हो जाती है, मेहराबें और कमानियाँ, गवाक्ष (झरोखे) और द्वार हिन्दू रूप धारण कर लेते हैं। अपनी हिन्दू रानियों को प्रसन्न करने के लिए, साथ ही अपनी हिन्दू प्रजा के निकटतर आने के लिए, अकबर स्वयं हिन्दू पोशाक धारण करता, तिलक लगाता और माला फेरता।

ध्यान में रखने की बात है कि अकबर ने जिन प्रान्तीय मुस्लिम राज्यों को अपने साम्राज्य में मिला लिया था, उन राज्यों में हिन्दू-मुस्लिम सांस्कृतिक मैत्री घनिष्ठ हो चुकी थी। हिन्दुओं और मुसलमानों में आत्मीय सम्बन्ध स्थापित हो चुके थे।

इन्हीं मुस्लिम राज्यों में हिन्दुओं का सर्वाधिक उत्कर्ष हुआ था। साथ ही, शेरशाह सूर ने अल्पकाल में ही धार्मिक सहिष्णुता का तथा प्रजावत्सलता का परिचय दिया

था। उधर, भक्ति-आन्दोलन के फलस्वरूप, समाज में आध्यात्मिक मानवतावाद का वातावरण उत्पन्न हो चुका था।

अकबर ने इसी परम्परा को कई क़दम आगे बढ़ाना चाहा। उसके मत-विश्वास, धार्मिक संकीर्णता से विकृत नहीं हुए थे। वह खुद बेपढ़ा-लिखा था किन्तु, वह उदार चिन्तकों, बुद्धिमान तार्किकों, फ़ारसी तथा हिन्दी के कवियों और हँसोड़ किन्तु तेजस्वी बुद्धिवाले मित्रों में उठता-बैठता था। उसका परिणाम यह हुआ कि उसने तत्कालीन सामंजस्य और समन्वय की भावना को, सामाजिक और राजनैतिक वस्तुस्थिति में परिणित करना चाहा।

इन विवाह-सम्बन्धों के फलस्वरूप ख़ास मुसलमानों के केन्द्रीय स्थानों में हिन्दुओं का प्रवेश हुआ; दुर्ग के भीतर अन्तःपुर में हिन्दू सभ्यता और संस्कृति के छोटे-छोटे केन्द्र बन गये। राजपूत राजाओं को शासन के सर्वोच्च पदों पर नियुक्त करके, उसने मुग़ल शासन-यन्त्र में हिन्दुओं के प्रभाव विस्तार को प्रोत्साहन दिया। राजा टोडरमल सरीखे कार्य-दक्ष पुरुष को माल महकमा सौंपा गया। उसने शेरशाह सूर के भूमि सुधारों को इधर-उधर परिवर्धित करके साम्राज्य भर में लागू किया। हिन्दुओं पर अकबर ने विश्वास किया, उन्हें अपने विश्वास में लिया। साम्राज्य की रक्षा का बहुत कुछ भार उसने उन्हीं पर डाल दिया। उत्तर-पश्चिम के बड़े-बड़े युद्ध अब राजपूतों की बहादुरी से लड़े जाने लगे। साथ ही, राजपूत राजाओं के राज्य को उसने क़ायम रहने दिया।

वह जानता था कि भारत में बहुसंख्यक हिन्दू ही हैं। उनका विश्वास प्राप्त करना उसके लिए आवश्यक था। प्रान्तीय मुस्लिम राज्य पहले ही से यह विश्वास प्राप्त कर चुके थे। उसने इस राजनैतिक प्रवृत्ति-प्रक्रिया को और आगे बढ़ाया।

फलतः, वह सही मानी में राष्ट्रीय राजतन्त्र का संस्थापक था। तत्कालीन सामंजस्यवादी वातावरण को उसने पूरे भारत में राजनैतिक रूप प्रदान किया; और इस प्रकार पहली बार भारत में राष्ट्रीय साम्राज्य का उदय हुआ! हम उसे राष्ट्रीय राजतन्त्र क्यों कहते हैं? इसलिए कहते हैं कि इस्लाम के सिद्धान्तों के अनुसार राजा केवल मुसलमानों का राजा होता है। इस्लाम में राज्य-संचालन के भी सिद्धान्त हैं। ग़ैर-मुस्लिमों की सत्ता तो मुस्लिम राज्य स्वीकार नहीं करता, उनकी जान-माल की रक्षा के बदले उनसे विशेष कर वसूल किया जाता है। यह कर जजिया कहलाता है। इस प्रकार, समाज दो भागों में विभक्त हो जाता है—एक मुस्लिम, दूसरा गैर-मुस्लिम!

राष्ट्रीय राजतन्त्र

अकबर ने हिन्दुओं पर से जजिया कर उठा दिया। इस प्रकार, नागरिकों की दो सामाजिक-राजनैतिक कोटियों को समाप्त कर दिया। अब सम्राट् के सामने हिन्दू-मुस्लिम दोनों की स्थिति एक समान थी; सिर्फ़ मुस्लिम होने के नाते, कोई

नागरिक बड़ा नहीं हो सकता—सरकार की आँखों में—इसलिए इस शासन को राष्ट्रीय शासन कहा जाता है। किन्तु, केवल इसी आधार पर तत्कालीन राजतन्त्र को राष्ट्रीय कहना ठीक नहीं; वह 'राष्ट्रीय' राजतन्त्र इसलिए भी था कि उसमें भारतीय जनता की महत्त्वपूर्ण तथा प्रधान प्रवृत्तियों और आकांक्षाओं का प्रतिनिधित्व होता था। वह प्रधान प्रवृत्ति थी—विभिन्न धर्मों और धर्मानुयायियों के बीच सामंजस्य तथा समन्वय की भावना तथा भारतीय जनता में उस भावना का वातावरण।

राष्ट्रीय राजतन्त्र होते हुए भी, वह आधुनिक ढंग का राष्ट्रवादी राजतन्त्र नहीं था। किन्तु, उसने जातीय ऐक्य के क्षेत्र में आधुनिक राष्ट्रवादी युग से अधिक सफलता प्राप्त की थी। उस राष्ट्रीय राजतन्त्र के फलस्वरूप समाज-सामंजस्य का कार्य और भी आगे बढ़ा।

ऐसी स्थिति में अगर राजस्थान के राजपूत राज्य अकबर से न केवल प्रसन्न हों, वरन् मुग़ल साम्राज्य के उच्चपदाधिकारी बनने में गौरव और प्रतिष्ठा का अनुभव करें तो इसमें आश्चर्य ही क्या है? सूबेदार और सेनापति, सरदार और मनसबदार बनकर, मुग़ल साम्राज्य के वास्तविक संरक्षण का कार्य उनके हाथ में आ गया था। वे यह खूब समझते थे कि साम्राज्य की शक्ति और समृद्धि उन्हीं के सहयोग पर निर्भर है।

जजिया कर उठाने के अतिरिक्त, अकबर ने काशी, प्रयाग, अयोध्या, हरिद्वार, मथुरा आदि हिन्दू तीर्थों का यात्रा करनेवालों पर जो टैक्स लगाया जाता था, वह भी उठा लिया। जजिया और तीर्थ-यात्रा कर उठा लेने का ऐतिहासिक राजनैतिक महत्त्व है। इस क़दम से राज्य का स्वरूप बदल गया। तुर्क-अफ़ग़ान युग में, राज्य था—एक विशेष धर्म और उसके अनुयायियों का, किन्तु अब वह सब जातियों और धर्मों का सम्मिलित शासन था। इस अर्थ में अकबर ने भारत में राष्ट्रीय राजतन्त्र का निर्माण किया।

इस अखिल भारतीय मुग़ल सत्ता का प्रधानमन्त्री—वज़ीरे आज़म—राजा टोडरमल था। वह खत्री था। क्रमशः वह पदोन्नति पाता गया, और अन्त में प्रधानमन्त्री बन गया। उसके हाथ में वित्त तथा भूमि-व्यवस्था का भी कार्य था।

उसके सर्वोच्च सेनाध्यक्ष थे—राजा मानसिंह और राजा भगवानदास। अफ़ग़ानिस्तान जैसे मुस्लिम प्रदेश का शासन राजा मानसिंह के हाथ में था। उसी प्रकार बंगाल तथा अन्य प्रदेश के सर्वोच्च शासक भी राजपूत ही थे।

किन्तु ध्यान रहे वह सामन्त सभ्यता, सामन्ती समाज-व्यवस्था थी। उस व्यवस्था में आधुनिक प्रकार के राष्ट्रवाद की गुंजाइश नहीं थी। स्वयं प्रजा अपने राजा को अर्थात् अकबर को ईश्वर का अंश मानने लगी थी। वह अब न केवल मुसलमानों का 'ख़लीफ़ा' हो उठा, वरन् उसने अब प्रजा की सन्तुष्टि के लिए 'जगद्गुरु' की उपाधि भी धारण कर ली। लोगों में यह भावना हो उठी कि जिस प्रकार प्रातःकाल सूर्य के दर्शन किये जाते हैं उसी प्रकार सुबह उठकर सम्राट् के दर्शन होना चाहिए। लोग इसे अपना पुण्य कर्तव्य समझते।

बहुत-से लोग दुर्ग के झरोखे के नीचे, मैदान में सम्राट् के दर्शन के लिए एकत्र होते। अकबर स्वयं अपने राज-प्रासाद के खुले गवाक्ष में, सूर्योदय के दो घड़ी बाद, जनता को दर्शन देता।

अकबर के समय ऐसा सम्प्रदाय ही उत्पन्न हो गया था जो सम्राट् के दर्शन के बिना भोजन ग्रहण नहीं करता था, न पानी ही पीता था। इस सम्प्रदाय को 'दर्शनिया' सम्प्रदाय कहते थे। सच बात तो यह थी कि भारत की भावुक जनता ने सम्राट् के अतुल्य प्रताप को देखकर उनमें देवत्व की भावना कर ली थी। यहाँ तक कि आगे चलकर जहाँगीर और शाहजहाँ अपने को 'ईश्वरीय' अंश मानने लगे थे–जहाँगीर की रानी नूरजहाँ ने 'जगत्-गुसाँइनी' की उपाधि धारण कर ली थी।

वह सामन्त सभ्यता, सामन्ती समाज-व्यवस्था थी। उसके अन्तर्गत, सम्राट् सर्वोच्च पुरुष थे, सारे राजनैतिक अधिकार उसके पास थे। वह निरंकुश, स्वेच्छाचारी, सार्वभौम अधिपति था।

जिस प्रकार अफ़गान-युग में 'सत्य-पीर' नामक सम्प्रदाय का उदय हुआ–जिसमें हिन्दू और मुस्लिम दोनों का सामंजस्य किया गया था, उसी प्रकार मुग़लकाल में सतनामी और नारायणी सम्प्रदाय उत्पन्न हुए। नारायणी सम्प्रदाय में हिन्दू और मुस्लिम दोनों थे। वे पूर्व की ओर मुँह किये दिन में पाँच बार प्रार्थना करते। ईश्वर के अनेक नामों में 'अल्लाह' का भी समावेश करते थे। मुर्दों को जलाने के बजाय, ज़मीन में गाड़ते थे।

इस युग की समन्वय-सामंजस्य भावना का मूर्त प्रतीक है–एक साधक, जिसका नाम था प्राणनाथ। प्राणनाथ के अनुयायी दोनों थे–हिन्दू और मुसलमान। महत्त्व की बात यह है कि उसके सम्प्रदाय में दीक्षित होने के लिए हिन्दू और मुसलमान दोनों को एक ही पंगत में भोजन के लिए बैठना पड़ता था। प्राणनाथ कहता था–'सबका धर्म और ईमान एक होना चाहिए।' उसने मूर्ति-पूजा, जातिवाद और ब्राह्मण-प्रभुत्व के विरुद्ध एक आन्दोलन ही खड़ा कर दिया था।

उधर अकबर स्वयं ख़लीफ़ा हो उठा था। उसने सन् 1580 ई. में नमाज़ में हज़रत मुहम्मद साहब का उल्लेख करने की मनाही कर दी। रमज़ान के महीने के उपवास का भी उसने निषेध किया। बादशाह के सामने सिज़्दा (दंडवत) करने का हुक्म दिया। गो-हत्या बन्द कर दी।

समाज-सुधार

अकबर ने नवजात बालिकाओं की हत्या का रिवाज़ बन्द कर दिया। सती-प्रथा पर भी रोक लगाने का प्रयत्न किया। स्वेच्छा से तो कोई स्त्री सती हो सकती थी, किन्तु उस पर ज़बर्दस्ती नहीं की जा सकती थी। राजा भगवान दास के एक सम्बन्धी की

स्त्री को जब ज़बर्दस्ती सती बनाया जाने लगा, तुरन्त ही उसने एक अश्वारोही दल भिजवाकर उसे रुकवा दिया।

अकबर का नाम लेते ही हमारे सामने ये व्यक्ति आते हैं—राजा मानसिंह, राजा टोडरमल, अबुल फ़ज़ल, अबुल फ़ैज़ी और निज़ामुद्दीन। उसके दरबारियों में ये सर्वश्रेष्ठ थे। इसके अतिरिक्त उसका परम सखा था—बीरबल। प्रसिद्ध संगीतकार तानसेन उसका दरबारी था, और साथ-ही-साथ इतिहास-लेखक बदायूँनी का नाम भी नहीं भुलाया जा सकता।

अकबर की नीति के तीन मुख्य सिद्धान्त थे :

(अ) राज्य-व्यवस्था को किसी एक ही धर्म या जाति के एकाधिकार में न रखना। एक ही धर्म या जाति की शक्ति के आधार पर राज्य-व्यवस्था खड़ी न करना अर्थात् राजतन्त्र को राष्ट्रीय स्वरूप देना और उसका निर्वाह करना।

(ब) हिन्दुओं की सहानुभूति, समर्थन और सहयोग प्राप्त करना।

(स) सम्पूर्ण भारत पर साम्राज्य स्थापित करके उसे एक राजनैतिक इकाई बना देना।

अकबर के बाद

(सत्रहवीं सदी से अठारहवीं सदी के मध्य तक)

अकबर के अनन्तर, जहाँगीर और शाहजहाँ ने राष्ट्रीय राजतन्त्र बराबर बनाये रखा। किन्तु, शाहजहाँ के अन्तिम काल में, संकीर्णतावादी मनोवृत्तियों ने सिर उठाया। औरंगज़ेब ने, राष्ट्रीय राजतन्त्र को बलपूर्वक धर्मतन्त्र बना दिया। फलस्वरूप, उसकी मृत्यु के उपरान्त, मुग़ल साम्राज्य का विघटन आरम्भ हुआ। भारत अनेक राजनैतिक केन्द्रों में बँट गया। मराठा तथा सिक्ख शक्ति का अभ्युत्थान हुआ। इस काल में, वाणिज्य, व्यापार, साहित्य, शिल्प तथा चित्रकला का विशेष उत्कर्ष हुआ। तत्कालीन भारत विश्व के अत्यन्त वैभवशाली तथा कला-सम्पन्न देशों में से था।

जहाँगीर

सन् 1605 में जब अकबर की मृत्यु हो गयी तो जहाँगीर सम्राट् हुआ। उसने, सामान्यता, अकबर की ही नीति का अनुसरण किया। वह बहुत उदार हृदय, न्यायपरायण और विलासी था। जहाँगीर का दरबार बहुत समृद्धिशाली था। उसकी स्त्री नूरजहाँ बहुत प्रतिभाशील थी। उसके प्रभाव के अन्तर्गत राजसभा और साम्राज्य में ईरानियों का प्रभाव-विस्तार होने लगा।

शाहजहाँ

पिता की मृत्यु के उपरान्त सन् 1627 में शाहजहाँ सम्राट् हुआ। उसे राज्य-सिंहासन की प्राप्ति के लिए कठोर संघर्ष करना पड़ा। उसको ख़ानजहाँ लोदी, गोलकुंडा तथा बीजापुर के सुल्तान तथा बुन्देलों से युद्ध करना पड़ा। उसके काल में, राजतन्त्र का स्वरूप राष्ट्रीय ही रहा। मुग़लों का चरम उत्कर्ष उसी के काल में हुआ; किन्तु साथ ही ह्रास के लक्षण भी दिखाई देने लगे।

शाहजहाँ अपने पुत्र दारा शिकोह से बहुत प्रेम करता था। दारा हिन्दू धर्म, दर्शन तथा संस्कृति से बहुत प्रभावित था। उसने उपनिषदों का अनुवाद फ़ारसी में किया।

यदि शाहजहाँ के बाद, दारा भारत का सम्राट् होता तो अकबर द्वारा आरम्भ की गयी परम्परा का और भी उत्कर्ष होता। भारत में हिन्दू-मुस्लिम सम्बन्ध दृढ़तर होते जाते।

औरंगज़ेब

अपने भाइयों को क़त्ल करके और अपने पिता शाहजहाँ को क़ैद में डालकर, औरंगज़ेब सन् 1658 में दिल्ली की गद्‌दी पर बैठा। उसने इतिहास को पीछे ढकेलने की कोशिश की। उसने राजतन्त्र के राष्ट्रीय स्वरूप को बदलकर उसे धर्मतन्त्रवादी राज्य बना दिया।

औरंगज़ेब ने हिन्दुओं पर जजिया कर फिर से लगाया। हिन्दू मन्दिरों को तोड़ने की आज्ञा जारी की। हिन्दू व्यापारियों पर कर बढ़ाया गया, जबकि मुस्लिम व्यापारियों पर वैसा नहीं किया गया। यह आज्ञा प्रचलित की कि हिन्दू सार्वजनिक रूप से उत्सवों में भाग नहीं ले सकते। शासकीय पदों पर हिन्दुओं को हटाकर मुसलमानों की नियुक्ति की। जो हिन्दू मुसलमान बन जाते उन्हें पुरस्कार दिया जाता। उसने दिल्ली दरबार के बहुत-से हिन्दू रीति-रिवाजों को निकाल दिया।

यह हिन्दूविरोधी नीति साम्राज्य के लिए घातक सिद्ध हुई। मुग़ल सत्ता के विरुद्ध विद्रोह आरम्भ हुए, जिनमें से मुख्य इस प्रकार हैं :

(1) दक्षिण में, शिवाजी ने मुग़लों को चुनौती दी, मराठा राज्य की नींव डाली, जिसका अन्तिम उद्‌देश्य 'हिन्दू-पदपादशाही' था।

(2) राजपूताने में दुर्गादास के नेतृत्व में ज़बर्दस्त विद्रोह हुआ। मेवाड़ के राजा राजसिंह ने दुर्गादास का साथ दिया। पच्चीस वर्ष तक युद्ध होता रहा। अन्ततः, औरंगज़ेब को राजपूतों से समझौता करना पड़ा, उन्हें सन्तुष्ट करना पड़ा।

(3) पंजाब में सिक्खों के गुरु तेग़बहादुर निर्भीकतापूर्वक औरंगज़ेब का विरोध कर रहे थे। औरंगज़ेब ने बहुत क्रूरतापूर्वक उनका वध किया। गुरु के वध का समाचार सुनकर, सिक्खों की आँखों में खून उतर आया। उन्होंने औरंगज़ेब से अपने गुरु का बदला लेने की ठानी। इस समय, सिक्खों का नेतृत्व करने के लिए गुरु गोविन्दसिंह आगे आये। उन्होंने सिक्खों को संगठित किया। इस प्रकार, सिक्ख एक सैनिक शक्ति (खालसा) बन गये; और वे मुग़लों के विरुद्ध संघर्ष करते रहे।

(4) मथुरा के समीप जाट जाति भी औरंगज़ेब से तंग आ गयी थी। उन्होंने विद्रोह का झंडा खड़ा किया। बीस साल तक उन्होंने औरंगज़ेब को चैन न लेने दिया।

(5) नारनौल नामक स्थान के समीप सतनामी जाति ने औरंगज़ेब से विद्रोह किया। बड़ी मुश्किल से शाही सेनाएँ उन्हें कुचल सकीं।

औरंगज़ेब की मृत्यु के अनन्तर, मुग़ल साम्राज्य शीघ्रतया पतन की ओर जाने लगा।

जिन सन्तों ने समस्त भारत में जन-साधारण में आध्यात्मिक और सांस्कृतिक आन्दोलन किया था उन्हीं सन्तों में से बहुत-से महाराष्ट्र में मराठी भजनों, अभंगों और ओवियों द्वारा सामान्य जनता में आध्यात्मिक भावना जगा रहे थे। इन सन्तों की कृपा से महाराष्ट्र के जन-साधारण ने आत्मगौरव और आत्म-शक्ति का अनुभव किया। उन दिनों मराठा सरदार इस या उस मुस्लिम राज्य की चाकरी कर रहे थे। किन्तु जन-साधारण में असन्तोष घर करता जा रहा था। अनवरत चलनेवाले युद्धों, राज-कर्मचारियों के अत्याचारों से यह असन्तोष उग्र हो रहा था।

ऐसे समय एक वीर पुरुष सामने आया जिसका नाम था शिवाजी। सौभाग्य से उसे सन्त रामदास सरीखा गुरु मिला, जिसने उसे मुस्लिम राजसत्ताओं से संघर्ष के लिए प्रेरित किया। महाराष्ट्र में हिन्दुओं की राजसत्ता की स्थापना ही उसका राजनैतिक उद्देश्य था।

शिवाजी केवल वीर पुरुष ही नहीं था। वह कुशल सेनानी था। उसकी सेना के विभिन्न नेता निम्न जातियों में से आये थे। यद्यपि वह खुद मराठा क्षत्रिय था, उसका गुरु ब्राह्मण था, उसके मन्त्री ब्राह्मण थे; किन्तु सेना की कमान निम्न जातियों के प्रतिभाशाली पुत्रों के हाथ में थी, इनमें कुछ मराठा भी थे। शिवाजी में धार्मिक उदारता थी। वह मुस्लिम पवित्र स्थानों का सम्मान करता था, उसकी सेवा में बहुत-से मुस्लिम कर्मचारी थे। उसका उद्देश्य हिन्दुओं पर होनेवाले अत्याचारों को थामना था। उन दिनों कई मुस्लिम राज्य थे। उनकी निर्बलता से पूरा फ़ायदा उठाकर शिवाजी ने पूना के आस-पास के क़िलों को कब्जे में ले लिया। ये क़िले बीजापुर के आदिलशाह के थे। इसलिए, शिवाजी को उससे बहुत संघर्ष करना पड़ा। विवश होकर बीजापुर के आदिलशाह को शिवाजी से सन्धि कर लेनी पड़ी। इस प्रकार, शिवाजी का राज्य अस्तित्व में आया। किन्तु, राज्यविस्तार करते रहना आवश्यक था। औरंगज़ेब की मुग़ल सेनाएँ शिवाजी की ताक में थीं। दोनों में युद्ध होना अवश्यंभावी था। मुग़ल बादशाह खुद चाहता था कि सारे दक्षिण भारत पर उसका आधिपत्य हो।

शिवाजी को कुचल देने के लिए, औरंगज़ेब ने शाईस्ता खाँ, जसवन्तसिंह तथा जयसिंह जैसे अनुभवी तपे हुए सेनाध्यक्षों को भेजा; किन्तु उनकी एक न चली। शिवाजी की युद्ध-कला मुग़लों से भिन्न थी। शिवाजी के पास सेनाएँ कम थीं। किन्तु, उनमें चपलता, स्फूर्ति और आघात-शक्ति अधिक थी। उसकी सेना छापेमार लड़ाई करती। वह बहुत कम बार मुग़लों के आमने-सामने आयी। उसकी सेना का एक ही उद्देश्य था। मुग़ल सेना को तितर-बितर करना और फिर उसे काटना। शिवाजी पहला भारतीय था जिसने बड़े पैमाने पर गेरिल्ला (छापेमार) युद्ध-प्रणाली को अंगीकार किया।

जयसिंह ने सलाह दी कि वह औरंगज़ेब की अधीनता स्वीकार कर ले, फिर मुग़ल शक्ति उसके अपने राज्य में हस्तक्षेप नहीं करेगी। इस आशा से शिवाजी को औरंगज़ेब के यहाँ ले जाया गया। औरंगज़ेब ने उसके साथ ठीक बर्ताव नहीं किया, और मुँहतोड़ जवाब मिलने पर उसे क़ैद में डाल दिया गया। बड़ी ही चतुरता और कुशलता से शिवाजी औरंगज़ेब की क़ैद से भागा। फिर वेश बदलकर काशी होता हुआ वह दक्षिण की ओर आया। पूना लौटकर उसने अपने राज्य को भली-भाँति संगठित किया। सन् 1674 में रायगढ़ के क़िले में उसका राज्याभिषेक किया गया। इसके छह वर्ष बाद शिवाजी की मृत्यु हो गयी। वह एक कुशल राजनीतिज्ञ था, उत्तम राज्य-प्रबन्धक था, उदार-चरित देश-भक्त था; तथा धार्मिक असहिष्णुता का उसमें नाम नहीं था।

शिवाजी की मृत्यु तब हुई औरंगज़ेब जीवित था। उसने सम्भाजी को फुसलाकर अपनी ओर मिला लिया। इसका परिणाम सम्भाजी को शीघ्र ही भुगतना पड़ा। बहुत क्रूरतापूर्वक औरंगज़ेब ने उसकी हत्या करवायी और उसके पुत्र शाहू को अपने संरक्षण में ले लिया। किन्तु, पूना में मराठी राज्य की स्थापना हो चुकी थी। मुग़लों से ख़तरे बढ़ रहे थे। औरंगज़ेब की मृत्यु के बाद, शाहू छोड़ दिया गया। वह शिवाजी के राज्य का शासक बना। उसने बालाजी विश्वनाथ नामक एक ब्राह्मण को अपना पेशवा (प्रधानमन्त्री) नियुक्त किया। इस बीच, पेशवा बालाजी विश्वनाथ ने मराठा रियासत की धाक जमा दी। दूसरा पेशवा बाजीराव बड़ा ही वीर पुरुष था। उसने हिन्दू-पद पादशाही की घोषणा की, जिसका उद्देश्य था—अखिल भारतीय हिन्दू साम्राज्य की स्थापना की जाये और महाराष्ट्र में उसका केन्द्र हो। इस पेशवा के ज़माने में मराठा राज्य उत्तर भारत में फैल गया। ग्वालियर में सिन्धिया ने, गुजरात में गायकवाड़ ने, इन्दौर में होलकर ने, नागपुर में भोंसले ने, बड़े-बड़े मराठा राज्य क़ायम किये। ये राज्य केवल वैधानिक दृष्टि से पूना के पेशवाओं के अधीन थे, वैसे वे लगभग स्वतन्त्र थे।

बाजीराव की मृत्यु के पश्चात् उसका पुत्र बालाजी बाजीराव गद्दी पर बैठा। वह मराठा शक्ति के चरमोत्कर्ष का काल था। उसी काल में नागपुर के भोंसले ने उड़ीसा और बंगाल पर आक्रमण किये। पेशवा के भाई रघुनाथ राव ने पंजाब पर चढ़ाई की; एक मराठा सरदार ने रुहेलखंड को जीत लिया। तीसरे ने सिन्ध पर आक्रमण करके अटक नामक नगर पर अपना झंडा फहराया। सन् 1757 में मुग़ल सम्राट् से उन्होंने सन्धि की। यह सम्राट् मराठों की कठपुतली था। अब दिल्ली में मुग़ल सम्राट् नाम भर को था।

इस बीच एक आपत्ति टूट पड़ी। एक अफ़गान सरकार अहमदशाह अब्दाली ने भारत पर हमला किया। पानीपत में मराठों ने उससे मोर्चा लिया। उसमें मराठों की हार हो गयी। सच बात तो यह है कि मराठों को अब अहंकार हो गया था। छापेमार लड़ाई का अपना पुराना तरीक़ा छोड़कर, अब वे खास मुग़लिया ढंग से लड़ते थे। इसका परिणाम जो होना था, वही हुआ।

मराठा शक्ति को यह एक बहुत बड़ा धक्का था। पेशवा माधवराव ने उन्हें बहुत कुछ सँभाला, और मराठा राज्य के उत्कर्ष के उसने कई प्रयत्न किये।

मराठा राज्य-शक्ति की एक बहुत बड़ी विशेषता थी। वे जिन प्रदेशों को जीतते उनमें से कुछ भाग अपने पास रखते—वास्तविक मराठी राज्य 'स्वराज्य' कहलाता; शेष जीते हुए प्रदेशों से वे दो प्रकार के कर नियमित रूप से उगाहते। एक, चौथ; दूसरा, सरदेशमुखी। इस प्रकार के प्रदेशों को वे 'मुगलाई' कहते जो 'मुगलाई' प्रदेश कर न दे पाते; उन पर एकाएक हमला कर दिया जाता। हैदराबाद का निज़ाम मराठों के हमलों से बचने के लिए बराबर कर दिया करता था।

सन् 1750 के बाद भारत का राजनैतिक मानचित्र इस प्रकार का था। (अ) दिल्ली और उसके आस-पास के प्रदेशों में मुग़लों का राजा था; बंगाल में लगभग स्वतन्त्र मुस्लिम राज्य था; अवध में पृथक् मुस्लिम राज्य था, हैदराबाद दक्षिण में निज़ाम का राज्य था। (ब) इस काल में मराठों का राज्य उत्तर भारत में क़ायम हो चुका था; ग्वालियर, इन्दौर, नागपुर, बड़ौदा और महाराष्ट्र में उनके शक्तिशाली राज्य थे; ऐसे प्रदेशों पर भी उनका आधिपत्य था, जिनसे वे चौथ और सरदेशमुखी वसूल करते। (स) मुग़ल वंश के उत्कर्ष काल में, यद्यपि राजपूतों ने दिल्ली सम्राट् की अधीनता मान ली थी, फिर भी उनके राज्य लगभग स्वतन्त्र थे। मुग़ल सेनाओं के सेनाध्यक्ष और प्रान्तपतियों के रूप में उन्होंने अपनी राजनैतिक शक्ति बहुत बढ़ा ली थी। औरंगज़ेब की मृत्यु के अनन्तर, दिल्ली की मुस्लिम राजनीति में वे खुलकर हिस्सा लेते थे। (ड) सिक्ख—सन् 1761 में पानीपत के युद्ध में मराठों की पराजय के बाद, पंजाब में सिक्खों ने शक्ति की वृद्धि की। उन्होंने सन् 1767 में अब्दाली को परास्त कर अपना राज्य क़ायम कर लिया। (प) सन् 1750 तक दिल्ली और आगरे के इधर-उधर जाटों के छोटे-छोटे राज्य क़ायम हो चुके थे। पानीपत में मराठों की पराजय के बाद, जाटों ने सूरजमल नामक एक वीर पुरुष के नेतृत्व में आगरा से लेकर धौलपुर और मथुरा तक अपना राज्य क़ायम कर लिया। भरतपुर को उन्होंने अपनी राजधानी बनाया।

इस प्रकार, अठारहवीं सदी के मध्य में सात समुन्दर पार की एक विदेशी शक्ति को अपना राज्य-विस्तार करने का स्वर्णिम अवसर प्राप्त हुआ। इसका वर्णन आगे किया जायेगा।

मुग़ल युग की विशेषताएँ

अखिल भारतीय शासन

मुग़ल सम्राटों का एक ही उद्देश्य रहा। वह यह कि सारे भारत को जीत कर उसे एक केन्द्र से संचालित किया जाये। अकबर से लेकर औरंगज़ेब तक, सबका यही प्रयत्न रहा।

राष्ट्रीय राजतन्त्र

मुग़ल सम्राट् का शासन किसी एक धर्म या जाति के एकाधिकार [के] अन्तर्गत नहीं था। वह सच्चे अर्थों में राष्ट्रीय था। उसमें हिन्दुओं और मुसलमानों को समान रूप से उन्नति करने का अवसर मिलता था। यहाँ तक कि हिन्दू-द्रोही औरंगज़ेब भी राष्ट्रीय राजतन्त्र का सम्पूर्ण नाश नहीं कर सका। उसके अधीन सर्वोच्च सेनाध्यक्षों के रूप में राजा जसवन्तसिंह और राणा जयसिंह थे। उसी प्रकार उसके दरबार में **कालिदास** जैसा हिन्दी कवि भी था, जो आलमगीर (औरंगज़ेब) की बहादुरी का वर्णन करता था।

उदार शासन

मुग़ल दरबार ने विद्वानों, कवियों, इतिहास लेखकों, आदि को उदारतापूर्वक आश्रय दिया था। अरबस्तान, ईरान, मिस्र से बहुत-से विद्वान् मुग़ल दरबार में आये थे।

विदेशी व्यापार

उस काल में विदेशी व्यापार में अत्यधिक वृद्धि हुई। भारत का नाम पूरे एशिया और यूरोप में गूँज उठा। अंग्रेज़ व्यापारी इसीलिये भारत की ओर आकृष्ट हुए। पुर्तगीज़, डच तथा फ्रेंच व्यापारियों का भारत में स्वागत किया गया, उन्हें प्रोत्साहन दिया गया।

राष्ट्रीय ऐक्य

भेद तथा फूट के बीज, अर्थात् विकेन्द्रीकरण और विभिन्नीकरण की प्रक्रिया भारत में हमेशा चलती रही। किन्तु मुग़ल आधिपत्य में ऐक्य और सामंजस्य की प्रक्रिया को और बढ़ावा दिया गया। यह सामंजस्य-प्रक्रिया सांस्कृतिक क्षेत्र में सर्वाधिक घनिष्ट रूप से प्रकट हुई। चित्रकला और संगीत में, स्थापत्य और मूर्तिकला में, हिन्दू और मुस्लिम प्रतिभाओं का योगदान हुआ। साहित्य में हिन्दू और मुसलमान समान रूप से सक्रिय हुए, मुसलमान हिन्दी में लिखने लगे, हिन्दू फ़ारसी में। यह तो अभिव्यक्ति के माध्यम की बात हुई। मुख्य बात यह है कि दोनों को निगूढ़ आत्मिक भाव एक और उदात्त हो गये। उसी समय हिन्दी, उर्दू, या हिन्दुस्तानी के रूप में उर्दू का विकास हुआ।

शांन्ति और व्यवस्था

यह सब अपेक्षाकृत शान्ति और समृद्धि के कारण था। मुसलमानों का भारतीयकरण हो गया। मुस्लिम जन-साधारण और हिन्दू जन-साधारण एक-दूसरे के बहुत समीप आ गये। यह हिन्दू-मुस्लिम मैत्री अप्रत्यक्ष रूप से शान्ति और सुव्यवस्था का परिणाम थी, जिसको क़ायम करने में हिन्दू और मुसलमान दोनों ने हाथ बँटाया था।

व्यापार-व्यवसाय

मुग़ल युग का औरंगज़ेब तक का काल भारत की अत्यधिक समृद्धि और वैभव का काल था। मुस्लिम तथा हिन्दू सरदार और सामन्त बहुत शानोशौक़त से रहते। उनके लिए बड़े-बड़े शहरों में कारख़ाने चल रहे थे, जिनमें उनके उपयोग की वस्तुएँ बनायी जातीं। ढाका और चंदेरी, पाटण और बुरहानपुर, बनारस और जौनपुर में सुन्दर-सुन्दर सूती तथा रेशमी कपड़े बनाये जाते। ये वस्त्र विदेशों में भी निर्यातित होते। सोने तथा चाँदी की भी उत्तमोत्तम चीज़ें बनतीं। मुग़ल काल में तरह-तरह की कला-कारीगरी की उन्नति हुई। कच्छ, खम्भात और अन्य बन्दरगाहों में जहाज़ बनाये जाते। पुर्तगालियों ने अपने सर्वश्रेष्ठ जलयान भारत में ही तैयार करवाये थे।

आवागमन के साधन

व्यापार की वृद्धि के साथ-ही-साथ आवागमन के साधन भी बढ़ गये थे। साम्राज्य के प्रधान नगरों को सड़कों से जोड़ दिया गया था। बंगाल से पंजाब जानेवाली ग्रैंड ट्रंक रोड को शेरशाह ने पूरा किया। यह सड़क शुरू में प्राचीन मौर्यों की देन थी। उसी प्रकार एक बड़ी सड़क दिल्ली से दक्षिण में अहमदाबाद तक जाती। गंगा नदी में बड़ी-बड़ी नावों द्वारा दूर-दूर तक व्यापार किया जाता।

गरीबी

किन्तु भारत की सामान्य जनता, कारीगर और खेतिहर, साधारण निम्न श्रेणी के राज-कर्मचारी, ग़रीब ही थे। चीज़ों के भाव बहुत सस्ते थे, किन्तु, आमदनी और वेतन भी बहुत कम था। फिर भी यह कहा जा सकता है कि वे भूखों नहीं मरते थे, और उन्हें काम भी मिलता था। देश में, व्यापार, समृद्धि, वैभव था।*

---

* यहाँ पांडुलिपि में वाक्य अधूरा रह गया है।—सं.

साहित्य तथा कला

मुग़ल युग में साहित्य तथा कला की विशेष उन्नति हुई। अकबर स्वयं चित्रकला को बहुत अधिक प्रोत्साहन देता था। उसने चित्रकला को 'ईश्वरीय साक्षात्कार का एक माध्यम' माना था। वह उनकी साप्ताहिक प्रदर्शनियाँ लगवाता था। अकबरकालीन चित्रकला में भारत और ईरानी तत्त्वों का सामंजस्य था। जहाँगीर के काल में चित्रकला का अभूतपूर्व उत्कर्ष हुआ। उसमें एक नयी ताज़गी और रमणीयता आ गयी। साथ ही, चित्रकला शैली की दृष्टि से विशुद्ध भारतीय बन गयी। शाहजहाँ के काल में चित्रकला मुग़ल दरबार की शान प्रकट करने का माध्यम बन गया; फलतः उसमें ह्रास के चिह्न दृष्टिगोचर होने लगे। शाहजहाँ ने चित्रकला की अपेक्षा भवन-निर्माण कला को बहुत प्रोत्साहन दिया। उसने अपनी प्रिय पत्नी मुमताजमहल की स्मृति को चिरस्थायी रखने के लिए आगरे में ताजमहल का निर्माण किया। भवन-निर्माण-कला का मुग़ल युग में अभूतपूर्व विकास हुआ। अनेक सुन्दर-सुन्दर क़िले बनाये गये। आगरा, दिल्ली, लाहौर के क़िले सुप्रसिद्ध हैं। फतेहपुर सीकरी अकबर की बनायी है, वह भवन-निर्माण कला का श्रेष्ठ उदाहरण है। इस काल में संगीत कला की भी विशेष उन्नति हुई। सुप्रसिद्ध गायक तानसेन और मुहम्मद शाह रंगीले का नाम कौन नहीं जानता?

किन्तु, औरंगज़ेब के बाद कला का ह्रास होने लगा। चित्रकला में दो नयी शैलियाँ निकलीं—एक, राजस्थानी चित्रकला; दूसरी, पहाड़ी चित्रकला—दोनों में अपनी-अपनी विशेषताएँ थीं। सबसे बड़ी विशेषता यह थी कि वे जन-जीवन के अधिक निकट थीं।

उस काल में साहित्य का विशेष उत्कर्ष हुआ। हिन्दी के प्रसिद्ध कवि मलिक मुहम्मद जायसी शेरशाह सूर के ज़माने में हुए थे। इन सूफ़ी कवियों ने, जो मुख्यतः मुसलमान थे, हिन्दी की बड़ी सेवा की। उन्होंने उत्तमोत्तम लोककथाएँ लेकर उनके द्वारा सूफ़ी मत का प्रचार किया। वे प्रेम-तत्त्व को ईश्वरीय समझते और इसीलिये वे उसका प्रचार करते थे। इन महान् आत्माओं ने लोकभाषा अवधी का प्रयोग किया। उसे उन्नत और समृद्ध बनाया। आगे चलकर अकबर के काल में तुलसीदासजी ने अपने काव्य द्वारा जन-हृदय में भक्तिभाव का संचार किया। उन्होंने समाज को आदर्श मार्ग पर चलने का आग्रह किया और कर्तव्यविमुख होने से बचाया। इसके कुछ समय पहले, भक्तवर सूरदासजी ब्रजभाषा में हृदय के रस का संचार कर रहे थे। उनके काव्य से मानव हृदय आर्द्र हो उठा। वात्सल्य के वे अप्रतिम कवि थे—शायद अभी तक सारे विश्व में वात्सल्य-काव्य का अधिकारी कवि नहीं हुआ है।

दरबारी कविता की परम्परा पहले ही से थी। अकबर ने दरबार में गंग तथा नरहरि जैसे विख्यात कवि थे। अब्दुल रहीम ख़ानख़ाना का तो कहना ही क्या!

रहीम के दोहे किसे पसन्द नहीं! उनके बरवै अपना सानी नहीं रखते! उनकी मिठास अभी भी अपूर्व है। रहीम ने खड़ी बोली में भी कविता की। उनकी ब्रजभाषा बड़ी मीठी है।

इन दिनों ब्रजभाषा का साहित्यिक उत्कर्ष हुआ। दरबारी कवियों ने उसे माँजा-सँवारा। रसखान, आलम और शेख जैसे भावप्रधान मुस्लिम कवि हुए, घनानन्द और मतिराम, देव और विहारी, पद्माकर और ठाकुर जैसे सुन्दर और श्रेष्ठ कवि हुए। यहाँ भूषण का नाम भी नहीं भुलाया जा सकता, न बुन्देला नरेश छत्रसाल के कवि 'लाल' का। दोनों वीर रस के अप्रतिम कवि थे। भूषण का काव्य तो बहुत प्रेरणाप्रद और शक्तिपूर्ण है!

उर्दू में भी मनोहर काव्य की सृष्टि हुई। एक ओर भारत राजनैतिक दृष्टि से अस्त-व्यस्त हो रहा था, तो उधर उर्दू की तथा संगीत की बहार आ गयी थी। उर्दू का काव्य, दूसरे ढंग से, ब्रजभाषा की भावुक परम्परा का ही मुस्लिम रूप था। दूसरी ओर, उसमें उच्च सूफ़ी भावों का भी प्रवेश हुआ। बंगला, मराठी, तथा अन्य भारतीय भाषाओं में भी खूब साहित्य-समृद्धि हुई।

इस प्रकार हम देखते हैं कि एक ओर राजनैतिक अस्त-व्यस्तता आ गयी थी, तो भी भारतीय जनता की सामान्य मनोवृत्तियों के आधार पर सामंजस्यवादी मानव-भावना अभी तक वर्तमान थी। ग्वालियर नरेश दौलतराव सिंधिया अपने राज-कर्मचारियों सहित मुसलमानों की भाँति हरे कपड़े पहनकर मुहर्रम के समारोह में भाग लेते थे। सन् 1825 तक (ग़दर के 32 साल पहले तक) दिल्ली के मुग़ल सम्राट् के दरबार में दुर्गा पूजा का महोत्सव होता था। दिल्ली के दो शक्तिशाली सरदार सैयद बन्धुओं द्वारा होली त्यौहार धूमधाम से और सार्वजनिक रूप से मनाया जाता था। बंगाल के नवाब सिराजुद्दौला और मीर जाफ़र अपने इष्ट-मित्रों के साथ होली खेला करते थे। बावजूद इसके कि हिन्दू राजा और मुस्लिम सुल्तान आपस में लड़ा करते थे, यह सांस्कृतिक सामंजस्य-भावना भारत में क़ायम रही।

सात समुन्दर पार के जहाज

एक ओर मुग़ल साम्राज्य नष्ट हो रहा था, मराठों और सिक्खों की शक्ति बढ़ रही थी तो दूसरी ओर सात समुन्दर की एक विदेशी जाति ने भारत में हाथ-पैर फैलाना शुरू कर दिया। देश की राजनैतिक अस्त-व्यस्तता का उसने पूरा लाभ उठाया और उन्नीसवीं सदी के मध्य तक पूरा भारत अंग्रेज़ों का गुलाम हो गया।

ज़माने को चक्कर आ गया। एक के बाद एक भारतीय राज्य ढहते गये। किन्तु साथ ही भारत यूरोप की एक उन्नतिशील जाति के सम्पर्क में आया।

मुग़लकाल में भारत की सर्वतोमुखी प्रगति और अर्थ-वृद्धि की कीर्ति-कथा यूरोप में फैल गयी थी। कोलम्बस नामक एक साहसी मल्लाह भारत की ओर जानेवाले जल-मार्ग की तलाश करते-करते अमरीका के समुद्र-तट तक आ गया था। पन्द्रहवीं सदी के अन्त में, यूरोप के दक्षिणी-पश्चिमी एटलांटिक तट पर स्थित पुर्तगाल देश की जहाजी ताक़त दुनिया के सब देशों से बढ़ी-चढ़ी थी। सन् 1499 ई. में उसके एक साहसी मल्लाह वास्कोडिगामा ने भारत के कालीकट बन्दरगाह में लंगर डाल दिया। धीरे-धीरे उन्होंने पश्चिमी समुद्र-तट के प्रदेशों में व्यापारिक कोठियाँ बनाने की इजाज़त ले ली। इसके साथ, उन्होंने उन कोठियों की रक्षा के हेतु सेना रखने की भी सुविधा प्राप्त कर ली। धीरे-धीरे, ये कोठियाँ समृद्ध होती गयीं और उनके रक्षार्थ अब तक जो सेनाएँ थीं उनका भी विस्तार होता गया। अब नये-नये क्षेत्र अधिकार में लेकर राज्य स्थापित करने की इच्छा भी बढ़ गयी। परिणामतः, क्रमशः पुर्तगीज़ साम्राज्य भारत में स्थापित हुआ (जो सन् 1961 ई. के दिसम्बर में ही लुप्त हुआ) एक ज़माने में इस साम्राज्य के अन्तर्गत बम्बई का बन्दरगाह भी था।

पुर्तगालियों ने भारत का माल लेकर जब यूरोप में बेचना शुरू किया तो वह माल इतना अधिक लोकप्रिय हुआ कि वहाँ के सुविस्तृत भू-प्रदेशों में भारतीय माल की माँग बढ़ गयी। इससे पुर्तगीज़ व्यापारियों को खूब फ़ायदा हुआ। ये लोकप्रिय वस्तुएँ थीं—मसाले और मलमल। पुर्तगाली यूरोप से तरह-तरह की चीज़ें लाते, विजयनगर

के राज्य को वे ईरानी घोड़े बेचते। विजयनगर राज्य का विदेशी व्यापार, मुख्यतः, पुर्तगालियों के हाथ में था।

पुर्तगालियों ने भारत में रोमन कैथोलिक धर्म को प्रचारित किया। भारत में आजकल एक बहुत बड़ा जन-समूह रोमन कैथोलिक है। साथ ही भवन-निर्माण भी मध्ययुगीन यूरोप के ढंग का होने लगा। मद्रास में मायलापुर का विशाल गिरजाघर पुर्तगीज़ धार्मिक कला का प्रतीक है।

भारतीय व्यापार के कारण पुर्तगाल की बढ़ती हुई समृद्धि को देख, यूरोप के अन्य देश भी हमारी तरफ ललचाई आँखों से देखने लगे। सन् 1600 ई. में ब्रिटेन में 'ईस्ट इंडिया कम्पनी' की स्थापना हुई। इस कम्पनी का उद्देश्य व्यापार करना तथा ब्रिटेन के अधिपति की ओर से राज्य-विस्तार करना भी था। पुर्तगालियों ने इसका मुक़ाबला करना चाहा, लेकिन उन्हें मुँह की खानी पड़ी। अब हुआ यह कि इस कम्पनी ने मुग़ल-सम्राट् से बहुत-सी व्यापारिक सुविधाएँ प्राप्त कर लीं। कोठियों की रक्षा के लिए अंग्रेज़ों ने सेनाएँ भी रखीं। धीरे-धीरे इन्होंने भारतीय राजनीति में प्रवेश किया। मद्रास और कलकत्ता ब्रिटेन के प्रधान नगर बन गये। सन् 1664 में फ्रेंच ईस्ट इंडिया कम्पनी की स्थापना हुई। उसने अपना केन्द्र मद्रास के समीप पांडिचेरी बनाया। दोनों कम्पनियाँ अपनी-अपनी सेनाएँ तो रखती ही थीं, अब कभी-कभी वे आपस में लड़-भिड़ जातीं और भारतीय नरेशों के यहाँ अपने-अपने प्रभाव-विस्तार का प्रयत्न करतीं; अनुकूल समय प्राप्त होने पर, वे अपना राज्य-विस्तार भी कर लेतीं। फ्रांसीसी (फ्रेंच) कम्पनी का कुशल नेता और सेनानी डूप्ले था और अंग्रेज़ कम्पनी का रॉबर्ट क्लाइव।

उधर, जैसा कि आपको मालूम होगा, अठारहवीं सदी के उत्तरार्ध में भारत में केन्द्रीय शासन का अभाव था। सारा देश विभिन्न राज्यों में बँट चुका था। मराठों का प्रभुत्व स्थापित हो चुका था। उनका आतंक सारे भारत पर था। पर वे किसी अखिल भारतीय शासन संघ की नींव नहीं डाल पा रहे थे। यहाँ तक कि उनमें भी आपस में फूट थी। पूना के पेशवा राजनीति-कुशल होने के कारण राज्य के विभिन्न सेनानी सामन्तों में शक्ति-सन्तुलन रखने का प्रयत्न करते रहते। उधर, देश के व्यापार में वृद्धि हो गयी थी। भारतीय हिन्दू और मुस्लिम राज्यों के शासक विलास-सुख में पड़े हुए थे। किन्तु साथ ही आपस में मार-काट भी होती रहती थी।

उस अशान्ति और विलास-निद्रा के युग में, मार-काट और लोलुपता के काल में, इन विदेशी शक्तियों ने अपना सिर उठाया। भारत के विविध राजाओं, नवाबों और सुलतानों के आपसी ईर्ष्या-द्वेष से लाभ उठाकर अंग्रेज़ों ने (फ्रांसीसी कम्पनी के नेता डूप्ले को मात देते हुए) अपना राज्य विस्तार किया। अठारहवीं सदी के उत्तरार्ध से लेकर उन्नीसवीं सदी के मध्य तक का यह काल ब्रिटिश राज्य के विस्तार का समय था।

फ्रांसीसी और अंग्रेज़ी फ़ौजों की भिड़न्त कर्नाटक युद्धों के नाम से प्रसिद्ध है। सन् 1761 ई. में जब क्लाइव ने फ्रांस के भारतीय केन्द्र पांडिचेरी पर हाथ साफ़ किया तो भारत में फ्रांसीसियों की प्रतिष्ठा को बहुत धक्का लगा इसके बाद, वे अपना सिर फिर कभी न उठा सके।

उधर, दक्षिण के राज्यों में एका न था। निज़ाम और मराठों की कभी नहीं बनी। मैसूर के हिन्दू राजा को निकालकर सुल्तान बने हुए वीर पुरुष हैदर अली और उसके पुत्र टीपू सुल्तान ने कई बार अंग्रेज़ों को भारतीय शक्ति का मज़ा चखा दिया। टीपू ने फ्रांस के प्रसिद्ध सेनानी और सम्राट् नैपोलियन से पत्र-व्यवहार किया और उसकी सहायता लेनी चाही, यहाँ तक कि मौरिशस द्वीप के कुछ फ्रांसीसी सैनिक टीपू की सेना में आ भी गये। किन्तु मजा यह है कि मराठों ने उसे कोई सहायता नहीं की, टीपू ने परस्पर द्वेष के कारण, लेनी ही नहीं चाही।

उन दिनों फ्रांसीसी सलाहकार भारत के कई राजाओं के यहाँ रहने लगे थे। निज़ाम हैदराबाद के दरबार में फ्रांसीसी प्रभुत्व का प्रदेश हो चुका था। ग्वालियर के महादजी सिन्धिया का एक सेनाध्यक्ष फ्रांसीसी था। उसने मध्यभारत में एक नयी बस्ती की नींव डाली। वह आज सिर्फ़ गाँव है, जिसका नाम ईसागढ़ है।

प्लासी की लड़ाई भारत के इतिहास में बहुत प्रसिद्ध है। इस युद्ध में अंग्रेज़ों की विजय के फलस्वरूप सारे देश में उनकी धाक बैठ गयी।

प्लासी कहाँ है? उस युद्ध को इतना महत्त्व क्यों? ईस्ट इंडिया कम्पनी का सदर-मुकाम कलकत्ता था। कलकत्ते में बैठकर अंग्रेज़ बंगाल के राज्य-शासन में गुप्त और प्रकट रूप से हस्तक्षेप करते जा रहे थे।

भारत में शत्रुओं को मदद पहुँचानेवाले लोगों की कभी कमी नहीं रही। अंग्रेज़ों ने शासन के, समाज के, बहुत-से व्यक्तियों को जिनमें बड़े-बड़े व्यापारी, राज-कर्मचारी, सेनापति, सामन्त और सरदार शामिल थे, अपनी ओर कर लिया था। उनकी मदद से सारे बंगाल पर उनका राजनैतिक, सैनिक और आर्थिक प्रभाव हो गया था। बंगाल का सुल्तान नाम-मात्र का सुल्तान रह गया था।

एक ज़माना यह भी आया जब अंग्रेज़ों ने पूरा राज्य अपने कब्जे में करना चाहा। बंगाल का नवाब मीर सिराजुद्दौला बहादुरी से लड़ा लेकिन बुरी तरह हार गया। यह घटना सन् 1757 की है।

बंगाल के राज्य में बिहार और उड़ीसा के भी प्रदेश थे। दिल्ली के नाम-मात्र के सम्राट् शाहआलम के अधीन भी वे नाम-मात्र के ही लिए थे। इस नाम-मात्रता की परम्परा को निबाहने के लिए, अंग्रेज़ों ने शाहआलम से माल-गुज़ारी और न्याय विभाग के अधिकार ले लिए। उधर बंगाल के राज्य-शासन पर उन्होंने एक के बाद एक दो कठपुतली नवाब मीर जाफ़र और मीर कासिम बैठा दिये। सच्ची शक्ति कम्पनी के

हाथ में ही थी। सन् 1772 ई. में उन्होंने नवाबों को उड़ा दिया और बंगाल-उड़ीसा का राज्य, प्रत्यक्षतः, अपने अधीन कर लिया।

इसके बाद उन्होंने शाहआलम पर दबाव डालकर इन प्रान्तों से (नाम मात्र के लिए ये प्रान्त मुग़ल बादशाहत के अंग समझे जाते थे) न्याय विभाग और मालगुज़ारी वसूली के अधिकार ले लिये। इसके बाद भारत की राजनीति में उन्होंने बड़े तरीक़े से बहुत चतुर होकर, लेकिन ज़ोरदार ढंग से, हस्तक्षेप किया। सन् 1799 ई. में कम्पनी ने मैसूर के शेर टीपू सुल्तान को ख़त्म करके उसका राज्य अपने अधीन कर लिया।

सन् 1818 ई. में उसने पूना के पेशवा राज्य को, उसी सन् में नागपुर के भोंसला राज्य को समाप्त कर दिया। सन् 1843 ई. में सिन्ध ख़त्म हो गया और सन् 1848 ई. में गौरवमय सिक्ख राज्य का लोप हो गया। इस बीच छोटे-छोटे राज्यों ने ब्रिटिश ईस्ट इंडिया कम्पनी की शक्ति से भयभीत होकर उसकी अधीनता ग्रहण कर ली। भारत में अब तक जो देशी राज्य बच रहे थे, वे केवल अंग्रेज़ों की कृपा के कारण। सन् 1857 ई. तक सारा भारतवर्ष अंग्रेज़ों के हाथ में आ गया। इस विस्तार कार्य का श्रेय क्लाइव के बाद वारेन हेस्टिंग्ज, कार्नवालिस, वेलेज़ली हार्डिंग और डलहौज़ी जैसे अंग्रेज़ गवर्नर जनरलों को है। ये भारत में ब्रिटिश साम्राज्य-निर्माता थे।

भारतीय पराजय के कारण

अंग्रेज़ों ने संगठित रूप से भारत की विजय की। उनमें अनुशासन था। उनकी सेनाओं में अनुशासन था। उन्होंने देश की फूट से लाभ उठाया। उन्होंने हर राजा और नवाब के दरबार के बहुत-से आदमी अपनी ओर कर लिये थे। हर राजा और नवाब के घर की हालत उन्हें मालूम थी। वे एक राजा का पक्ष लेकर दूसरे राजा से लड़ाते। उन्होंने बहुत दिनों तक राजाओं-नवाबों के मन में यह भाव उत्पन्न करके रखा कि वे अपना राज्य क़ायम नहीं कर रहे हैं, वरन् भारतीय राजाओं को सिर्फ़ मदद-भर दे रहे हैं।

भारतीय राजा-नवाब अपनी-अपनी चहारदीवारी में घिरे हुए थे। बाह्य जगत् का ज्ञान अपूर्ण और विकृत था। सम्पूर्ण देश का पूरा भौगोलिक ज्ञान भी उनके पास नहीं था। अंग्रेज़ों की गतिविधियों का उन्हें पता न चलता, किन्तु उनकी हलचलों की जानकारी अंग्रेज़ों को मिल जाती।

वे एकताबद्ध नहीं थे। आपस में मार-काट थी। किन्तु घर के भीतर भी फूट थी। ऐन मौक़े पर उनके सरदार अंग्रेज़ों से मिल जाते। सामन्त-समाज व्यवस्था जर्जर हो गयी थी, प्रशासन शिथिल था। सेनाओं में अनुशासन नहीं था।

इन राजवंशों में एकाध राजा, एकाध नवाब पराक्रमी, अनुशासन-प्रिय निकलता। किन्तु उसकी मृत्यु के उपरान्त फिर वही अस्त-व्यस्तता आ जाती। अस्त-व्यस्तता और अव्यवस्था, आपसी मार-काट और घर की फूट परम्परागत थी। एकता और

अनुशासन, प्रबन्ध-कुशलता और सद्भावना की परम्परा का अभाव था। किन्तु मुख्य बात यह है कि वे अपनी चहारदीवारी में बन्द थे। फलतः वे अज्ञानी थे।

अंग्रेज़ अधिक विकसित-समाज-व्यवस्था के प्रतिनिधि थे। यह समाज-व्यवस्था आधुनिक समाज-व्यवस्था है, जो आज अंग्रेज़ों की क्रूर कृपा के कारण हमारे यहाँ है। यह समाज-व्यवस्था अधिक विकसित, अधिक कुशल और अधिक ज्ञान सम्पन्न होने से उसके आगे भारत की पुरानी समाज-व्यवस्था के प्रतिनिधि टिक नहीं सके।

[भारत की पराजय क्यों हुई? यह एक स्वतन्त्र अध्याय के रूप में लिखा गया था। प्रकाशित पुस्तक में इसी अध्याय का कुछ मिलता-जुलता हिस्सा देखकर इस अध्याय को यहाँ देना ही श्रेयस्कर जान पड़ा। —सं.]

झिलमिलाते दीप

अठारहवीं-उन्नीसवीं सदी के अराजक युग में भी कुछ ऐसे शासक हुए, जो अपने समय से बहुत कुछ आगे थे। उनके कुछ विशेष गुणों का महत्त्व तब का युग आँक ही नहीं सका। वैसे, भारत में उस ज़माने में वीरता तथा पराक्रम की कमी न थी। आवश्यक है कि हम उन सबका परिचय प्राप्त कर लें।

औरंगज़ेब के ज़माने से ही भारत में अराजकता बढ़ रही थी। पुर्तगीज़ और अंग्रेज़ भारत आ चुके थे। यूरोप से व्यापार चल रहा था।

सवाई जयसिंह

उस ज़माने में, औरंगजेब़ का एक राजपूत सेनाध्यक्ष जिसे अवसरवादी भी कहा जा सकता है, (वह वैसा था भी) जयपुर के महाराजा के रूप में इस देश में वर्तमान था। उसका नाम सवाई जयसिंह था। हम उसका उल्लेख यहाँ न करते; किन्तु वास्तविक ज्ञान-विज्ञान के प्रति अभिरुचि का एकमात्र उदाहरण हमें युगों के बाद मिला और उसके अनन्तर फिर आधुनिक काल के आने तक फिर वैसा नहीं मिलता।

सवाई जयसिंह ने जो जयपुर का राजा था, औरंगज़ेब की अधीनता मान ली थी। औरंगज़ेब की मृत्यु के बाद उसने बादशाह की तरफ़ से आगे बढ़ते हुए मराठों से भी सन्धि कर ली थी। वह एक वीर और पराक्रमी सेनाध्यक्ष था, साथ चतुर राजनीतिज्ञ था। सन् 1743 में अर्थात् प्लासी की लड़ाई के चौदह साल पहले, उसकी मृत्यु हो चुकी थी। वह अपने युग से बहुत कुछ आगे था!!

ज्योतिर्विद

वह महान् ज्योतिर्विद था। उसने जयपुर, बनारस, उज्जैन और दिल्ली में बड़ी-बड़ी वेधशालाएँ बनवायीं। उसने पुर्तगीज़ मिशनरियों (धर्म-प्रचारकों) से सुन रखा था कि उनके देश में ज्योतिषशास्त्र की बहुत उन्नति हुई। इसलिए, उसने इन मिशनरियों

के साथ अपने कुछ विद्वानों को पुर्तगाल के राजा इमैन्युएल के दरबार में भेजा। कई ग्रहों और नक्षत्रों की गतियों के नक्शे लेकर, उन गतियों का गणित लेकर, वे लोग पुर्तगाली राजदूत ज़ेवियर दा सिल्वा के साथ जयसिंह के यहाँ पहुँचे। वह गणित, और उनकी सारिणी (नक्शे) द ला हायद नामक पुर्तगीज़ ज्योतिर्विद द्वारा तैयार किये गये थे। उनके सहारे, रात्रि के आकाश का अध्ययन कर चुकने के बाद, जयसिंह इस नतीजे पर पहुँचा कि उन नक्शों और सारिणियों में त्रुटियाँ हैं। जयसिंह ने बताया कि इन त्रुटियों का कारण है निरीक्षण के साधन यन्त्रों में 'व्यास की कमी'।

गणितशास्त्री

जयसिंह ने भारतीय गणितशास्त्र पर पूरा अधिकार तो कर ही लिया था, साथ ही वह यूनानी गणित में भी पारंगत हो गया था। उसने सम-स्तरीय तथा गोलीय त्रिकोणमिति पर (प्लेन तथा स्फेरिकल ट्रिगनौमेट्री पर) तथा स्थाने-गति (लोगेरिदम्स) की रचना पर और उनके उपयोग पर अधिकार कर लिया था। उसने इन विषयों की यूनानी पुस्तकों का संस्कृत भाषा में अनुवाद भी कराया। उसके विशाल ग्रन्थालय में बहुत-सी यूरोपीय ज्ञान-विज्ञान-सम्बन्धी पुस्तकें थीं, जिनमें तत्कालीन अधुनातन वैज्ञानिक प्रगति लक्षित होती थी। यूक्लिड नामक ज्यामितिशास्त्री की पुस्तकें तो थी हीं।

वैज्ञानिक कर्मचारी

उसने वैज्ञानिक कर्मचारियों का एक दल तैयार किया था, जो विभिन्न विषयों का अध्ययन करके, अपने निष्कर्ष निकालता। फिर, उन निष्कर्षों की वैज्ञानिक पद्धति से परीक्षा होती रहती। ये वैज्ञानिक कर्मचारी सवाई जयसिंह को उसके शोध-कार्यों में मदद करते।

इतिहासविद्

भारत में वास्तविक तथ्यात्मक इतिहास की रचना तथा अध्ययन का कार्य होता ही नहीं था। केवल मुस्लिम दरबारों में इतिहास लेखक थे। सवाई जयसिंह की इतिहास सम्बन्धी जिज्ञासा बहुत बढ़ी-चढ़ी थी। उसने इतिहास के अध्ययन को विशेष प्रोत्साहन दिया था। भारत की राजनैतिक अस्त-व्यस्तता के कारणों की खोज में उसने बहुत सर खपाया होगा।

नगर-योजना

वह एक बहुत बड़ा नगर-निर्माणविद् था। जयपुर नगर उसकी निर्माण कला का स्मारक है। इस नगर-निर्माण के पूर्व, सवाई जयसिंह ने यूरोप के अनेक नगरों के नक्शे मँगवाये। उनका अध्ययन कर चुकने के बाद, उसने अपने हाथ से जयपुर के भावी नगर की योजना तैयार की। ये नक्शे जयपुर के कला संग्रहालय (जयपुर म्यूज़ियम) में अभी तक सुरक्षित हैं।

निष्कर्ष

सवाई जयसिंह में प्रचंड वैज्ञानिक जिज्ञासा थी। इससे यह सिद्ध होता है कि किसी-न-किसी स्तर पर यह जिज्ञासा उन दिनों भी वर्तमान थी। किन्तु, विज्ञान को राज्याश्रय प्राप्त न था। जयसिंह ने उसकी पूर्ति की। वह स्वयं वैज्ञानिक था। सामाजिक दुर्भावनाओं के बावजूद, उसने अपने दूतों को पुर्तगाल भेजा, सिर्फ़ इसलिए कि वहाँ से वे नया ज्ञान-विज्ञान लायें। किन्तु भारत में ऐसे कितने राजा और सामन्त थे, जिन्हें ज्ञान-वर्धन के प्रति अभिरुचि थी!

रणजीत सिंह

जिज्ञासा से परिपूर्ण एक और व्यक्ति था जो असल में जाट था। इस जाट सिक्ख ने पंजाब में सिक्ख राज्य क़ायम किया। वह बढ़ते-बढ़ते सीमा प्रान्त और काश्मीर तक फैल गया। वह विलक्षण व्यक्ति था, यद्यपि उसमें कुछ कमज़ोरियाँ भी थीं। एक फ्रांसीसी व्यक्ति जाक मोंट (Jacque mont) लिखता है कि वह अत्यधिक वीर पुरुष था। भारत में जितने भी लोग मुझे मिले, उनमें यह पहला आदमी था जो अत्यधिक जिज्ञासु था। उसकी जिज्ञासा पूरे राष्ट्र की उदासीनता की पूर्ति करती थी। उसका वार्तालाप, एक दुःस्वप्न की भाँति, हमें चकित और स्तब्ध कर देता था।

उन दिनों भारतीय विद्वान् अंग्रेज़ों और फ्रांसीसियों से दूर-दूर रहते थे, उनसे बात नहीं करते थे। सिर्फ़ रस्मी मौक़ों पर कभी-कभी थोड़ी बात होती थी। एक कारण यह भी था कि अंग्रेज़ और फ्रांसीसी लोग भ्रष्टाचारपूर्ण सरदारों और सामन्तों की खुशामद में रहते थे। ऐसे मौक़े पर, अंग्रेज़ विद्वानों के बारे में भारतीय विद्वानों में दुर्भाव होना स्वाभाविक ही था।

इस वातावरण में भी, रणजीत सिंह यूरोपियनों से ऐसे प्रश्न पूछता था कि वे दंग रह जाते थे। वे उसके प्रश्नों का क्या उत्तर देते! उन पर उन्होंने कभी सोचा

ही नहीं था। महाराजा रणजीत सिंह से बात करने में यूरोपीय पंडितों की नाड़ी छूटती थी।

रणजीत सिंह में केवल बौद्धिक जिज्ञासा ही नहीं थी वरन् भयानक क्रूरताओं के उस युग में वह बहुत उदार और कोमल हृदय शासक था। उसके पास बड़ी प्रबल सेना थी। लड़ाई के मैदान में भले ही उसने जान ली हो, वैसे उसने कभी किसी के प्राण नहीं लिए। उसके राजत्वकाल में जनता पर कोई अत्याचार नहीं हुआ। प्रिन्जेप नामक एक विद्वान् लिखता है कि रणजीत सिंह ही ऐसा था जिसने कम-से-कम पाशविकता करके इतना बड़ा साम्राज्य बनाया हो।

हैदर अली

दक्षिण भारत में एक ओर मराठों की धाक थी, तो दूसरी तरफ़, अंग्रेज़ों का प्रभुत्व बढ़ रहा था। उन दिनों (सन् 1765 में) मैसूर का सुल्तान हैदर अली था। वह एक साहसी व्यक्ति था, वीर सेनानी था। उसका शरीर किसी रोग से पीड़ित था। फिर भी वह बहुत ही दक्ष और कार्यक्षम व्यक्ति था। अपने काल के राजाओं से वह बहुत आगे था, इसलिए कि उसके पास एक विशेष दृष्टि थी। समुद्र-शक्ति का महत्त्व वह पहचान चुका था। समुद्र-शक्ति पर आधारित राज्य-शक्ति के महत्त्व को उसने खूब जान लिया था।

उसके अन्तःकरण में किसी-न-किसी प्रकार का राष्ट्रीय आदर्श अवश्य था। वह एक ऐसा शासक था, जिसके पास एक राजनैतिक स्वप्न था। अंग्रेज़ों को भारत भूमि से निकाल फेंकने के लिए उसने भारतीय राजाओं के एक संयुक्त मोर्चे का प्रस्ताव रखा था। यह प्रस्ताव उसने, अपने राजदूतों द्वारा, मराठों के पास, हैदराबाद के निज़ाम और अवध के नवाब शुजाउद्दौला के पास भिजवाया था। लेकिन इन राजाओं ने चुप्पी साध ली। सब अपनी-अपनी धुन में मगन थे। किसी ने उसके प्रस्ताव की परवाह नहीं की, यहाँ तक कि उन्होंने प्रस्ताव की पहुँच की स्वीकृति का उत्तर भी नहीं भेजा। आख़िरकार, वह खुद ही अपनी समुद्र-शक्ति बढ़ाने लगा। मालदीव द्वीप-समूह पर अधिकार करके, उसने वहाँ अपना जल-सेना-केन्द्र स्थापित किया, और जहाज़ बनवाये। उसका पुत्र टीपू सुल्तान भी जहाज़ी सेना मज़बूत करता रहा। उसने फ्रांस के बादशाह को तथा कुस्तुनतुनिया के सुल्तान को सन्देश भी भिजवाये।

किन्तु भारत सोया हुआ था। उसे ज़िन्दगी में अभी गहरी मात खानी थी। इस प्रकार, भारतवर्ष में उन दिनों कोई भी ऐसा राज्य नहीं था, जिसके पास वर्तमान राजनैतिक अवस्था का विस्तृत चित्र हो, न किसी के पास भविष्य का सपना था। सब अपनी-अपनी चहारदीवारी में घिरे हुए थे।

अन्य उल्लेखनीय व्यक्ति

कुछ ऐसे उल्लेखनीय व्यक्ति अवश्य थे, जिनकी चारित्रिक गरिमा और प्रबल पराक्रम अथवा कूटनीतिज्ञता की उन दिनों बड़ी धाक थी। उनमें से एक था पूना दरबार का नाना साहब फड़नवीस। वह कुशल राजनीतिज्ञ था, यद्यपि उसकी राजनीति केवल घरेलू मामलों में ही रहती थी। उसे मालूम था कि मराठा सामन्तों में फूट के बीज गहरे हो गये हैं; फिर भी उनमें शक्ति-सन्तुलन स्थापित करके, और शत्रुओं को आतंकित रखकर, वह किसी-न-किसी प्रकार मराठा साम्राज्य की गाड़ी आगे बढ़ाये जा रहा था। उसको तीसरे बाजीराव पेशवा ने जेल में डाल दिया। उसके कुछ ही वर्षों बाद सन् 1818 में पूना का पेशवा राज्य खत्म हो गया।

उन दिनों महादजी सिन्धिया और मल्हारराव होलकर सरीखे वीर पुरुष भी थे, जो मराठा राज्य की धाक जमाये हुए थे। जब तक ये रहे, अंग्रेज़ों की दाल न गली। जिन दिनों अंग्रेज़ों के अत्याचारों और युद्धों से बिहार, बंगाल, उड़ीसा और दक्षिण भारत त्रस्त थे, उन दिनों इन्दौर और ग्वालियर के राज्यों में सुख-शान्ति थी। अहिल्याबाई होलकर का नाम तो भुलाया ही नहीं जा सकता। प्रजावत्सलता, सदाचार और शील की वे मूर्तिमान प्रतीक थीं।

इस प्रकार, हैदर अली, रणजीत सिंह, महादजी सिन्धिया, मल्हारराव और अहिल्याबाई तथा यशवन्तराव होलकर और नाना साहब फड़नवीस के ज़माने में भारत में कुछ स्पन्दन था। वे दीप की अन्तिम लौ थे। इन वीर और तेजस्वी महापुरुषों में सब गुण थे, किन्तु एकता का भाव नहीं था, दूरदर्शिता नहीं थी। व्यक्तिगत रूप से ये महान् थे, किन्तु भारत पर चारों ओर से बढ़ते हुए ख़तरों का ये अनुमान न कर सके।

इसका परिणाम भारत को भुगतना पड़ा।

कम्पनी राज और सन् सत्तावन का स्वतन्त्रता-युद्ध

कम्पनी राज में भारत नंगा हो गया। बंगाल में लूट मची। 'लूट' अंग्रेज़ी शब्द बन गया। बंगाल के धन से इंग्लैंड में औद्योगिक क्रान्ति का सूत्रपात हुआ। अब वहाँ बड़े पैमाने पर उत्पादन शुरू हो गया। तैयार माल भारत आने लगा। देशी वस्त्रोद्योग ठप हो गया। लाखों कारीगर बेकार हो गये। अकाल पड़े। भयानक अकाल!! कम्पनी राज ने परम्परागत भारतीय अर्थव्यवस्था बलपूर्वक नष्ट कर दी। पंचायती आत्मनिर्भर ग्राम-समाज चौपट हो गये। भूमिपति भारत की भूमि में ज़बर्दस्ती आरोपित किये गये। उधर, कुछ देशी रजवाड़ों के साथ गहरा अन्याय किया गया। जनता में असन्तोष था ही। पुराने सामन्तों और राजाओं ने विद्रोह का झंडा खड़ा किया। यही सन् सत्तावन का ग़दर था। उसका होना ही स्वाभाविक था। अगर वह न होता तो अस्वाभाविक बात होती।

भारत में सबसे ज़्यादा ग़रीबी कहाँ है? 'भूखा बंगाली'—यह मुहावरा किसे नहीं मालूम? आज भी भारत में सर्वाधिक दारिद्र्य बंगाल, उड़ीसा, और मद्रास के कुछ इलाकों में पाया जाता है। सामान्य जनता का जीवन-स्तर यहाँ अत्यधिक नीचे है। पंजाब की सामान्य जनता का जीवन-स्तर सबसे ऊँचा है।

मद्रास का नगर अंग्रेज़ों के आधिपत्य में लगभग 305 साल तक रहा। दूसरे इलाक़े 150 साल के ऊपर उनके अधीन रहे। आज यदि यहाँ दुर्भिक्ष के ऊपर दुर्भिक्ष पड़ते हों तो इसमें आश्चर्य ही क्या है? बंगाल, बिहार और उड़ीसा में अंग्रेज़ों का शासन 200 वर्षों तक रहा। उत्तर प्रदेश में उनका आधिपत्य लगभग 130 वर्षों तक रहा। पंजाब में उनका राज्य सिर्फ़ 98 साल रहा।

लूट

बंगाल में, ईस्ट इंडिया कम्पनी ने सीधी और खुली लूट मचाई थी। जो भूमि-व्यवस्था उन्होंने क़ायम भी की, वह लूट मचाने के लिए। न सिर्फ़ उन्होंने खेतिहरों की जेब से धेला-धेला निकाल लिया, वरन् मरे हुए खेतिहरों के नाम से भी वसूली की। एडवर्ड टॉमस और जी. टी. गैरेट नामक इतिहासज्ञों ने लिखा है कि उन दिनों अंग्रेज़ पागल होकर लूट करते थे। क्लाइव ने बंगाल में जो अंग्रेज़ सल्तनत कायम की, वह सिर्फ़

लूट के लिए। खेतिहरों और कारीगरों पर भयानक-से-भयानक अत्याचार किये गये। ये अत्याचार बीसियों सालों तक लगातार चलते रहे। यहाँ तक कि 'लूट' शब्द अंग्रेज़ी भाषा में स्वीकृत हो गया। आगे चलकर इस लूट को व्यापार कहा जाने लगा। क़ानून का रूप धारण कर अब यह लूट और भी भयानक हो उठी।

इस लूट से अंग्रज़ों के देश में एक नयी प्रक्रिया चल पड़ी। सन् 1700 ई. में ब्रिटेन में औद्योगिक क्रान्ति आरम्भ हुई। इसी बीच बंगाल पर अंग्रेज़ों का प्रभाव बढ़ा और वहाँ का धन तथा सम्पत्ति इंग्लैंड जाने लगी। सन् 1757 में प्लासी की लड़ाई के बाद, बंगाल में खुली-अनखुली लूट ब्रिटेन भेजी जाने लगी। इससे ब्रिटेन में चल रही औद्योगिक क्रान्ति बड़ी तेज़ी से बढ़ने लगी। विज्ञान तथा उद्योग की उन्नति और प्रसार के लिए, करोड़ों और अरबों रुपयों की ज़रूरत लगातार रहती है। यह सारा धन और सम्पत्ति बंगाल से इंग्लैंड गयी। बंगाल के धन से इंग्लैंड में एक के बाद एक मशीनें निकलती गयीं, जिनका प्रयोग उद्योगों में होने लगा। इंग्लैंड में औद्योगिक उत्पादन बड़े भारी पैमाने पर होने लगा। विशेषकर वस्त्रोद्योग का प्रचंड विकास हुआ। उसी प्रकार, अन्य उद्योगों की भी उन्नति हुई।

जिस बंगाल ने ब्रिटेन में औद्योगिक क्रान्ति का खर्च दिया, उसी बंगाल में भुखमरी फैलने लगी। सन् 1770 ई. में बहुत बड़ा अकाल पड़ा। अनगिनत लोग मरे।

इधर ब्रिटेन से अब बना-बनाया माल भारत आने लगा। हमारे यहाँ छोटे-बड़े शहरों में करोड़ों कारीगर थे। (मशीनें न होने से, हाथ से काम होता था, इसलिए लाखों लोगों की आजीविका कारीगरी से चलती थी—वह उनके जीवन का मुख्य साधन था) ये कारीगर अब भूखों मरने लगे, उनका व्यवसाय चौपट हो गया। करोड़ों लोग बेकार हुए। उनमें से बहुत-से सिर्फ़ भूख से मर गये। उनकी मृत्यु-संख्या (कई दशाब्दियों को मिलाकर) करोड़ों तक पहुँची। भारत के गवर्नर जनरल लॉर्ड बेंटिक ने लिखा—'व्यापार और वाणिज्य के इतिहास में, कष्टों की भयानकता का ऐसा उदाहरण कभी सामने नहीं आया। भारत के मैदानों में बुनकरों की सफ़ेद हड्डियाँ सब ओर बिखरी हुई हैं।'

बहुत-से लोग जो प्राण बचाकर भागे वे खेतों की ओर गये। खेत पहले ही से बँटे हुए थे। इन बेचारों के आने से वे बँटकर बहुत छोटे-छोटे हो गये। ज्यों-ज्यों अंग्रेज़ों का राज फैलता गया त्यों-त्यों कारीगरों में बेकारी बढ़ती गयी, उनकी मौतें होती रहीं। शेष बेकार लोग खेती की ओर बढ़ते रहे। इस प्रकार असंख्य लोग शहरों से गाँव की ओर भागने लगे।

खेती पर बहुत अधिक भार आ पड़ा। इससे खेतिहर की औसत आमदनी घटती चली गयी। भारत में जिन जगहों पर अंग्रेज़ों की हुकूमत थी, वहाँ त्राहि-त्राहि मच गयी।

उधर इंग्लैंड ने भारत की परम्परागत समाज-व्यवस्था के मूलाधार बने हुए आत्मनिर्भर ग्राम-समाजों पर आघात किया। प्रत्येक ग्राम-समाज में अपनी आवश्यकताओं की पूर्ति के सभी साधन थे—लुहार, कुम्हार, दर्जी, सुनार, पुरोहित, वैद्य, इत्यादि। इन सबकी सहकारिता के आधार पर, पंचायती ढंग से, ग्राम-समाज का शासन होता था। यह शासन पंचायती देख-रेख के भीतर चलता था। असल में वे एक प्रकार के ग्राम-राज्य थे, यद्यपि वहाँ कोई राजा या गवर्नर न था।

भारत के करोड़ों खेतिहरों से सम्बन्ध स्थापित करना और उनसे नियमित रूप से भूमि-कर वसूल करना अंग्रेज़ों के लिए कठिन था। इसलिए, उन्होंने इंग्लैंड के नमूने पर, भूमिपति (ज़मींदार अथवा मालगुज़ार) पद्धति की स्थापना की। अब गाँव का मालिक ज़मींदार या भूमिपति हो गया। उसका काम था—वह भूमिकर वसूल करे और नियमित रूप से, निश्चित समय पर उसे अंग्रेज़ सरकार को दे। अंग्रेज़ों का उद्‌देश्य यह भी था कि वे एक ऐसे वर्ग का निर्माण करें कि जो अपनी आय और धन-सम्पत्ति के लिए केवल उन्हीं पर निर्भर हो, साथ ही जिसका अधिकार और प्रभाव विस्तृत जन-समाज पर, विशेष रूप से किसान जनता पर रहे। इस उद्‌देश्य से उन्होंने एक ओर भूमिपतियों को और दूसरी ओर बचे-खुचे राजे-रजवाड़ों को अपनी ओर करके, भारत का उपयोग इंग्लैंड की औद्योगिक उन्नति और विकास के लिए तथा ब्रिटिश साम्राज्य की रक्षा और उन्नति के लिए किया।

सन् 1857 ई. के स्वाधीनता-युद्ध के पहले भारतीय जनता की दुर्दशा हो चुकी थी। देश की सामान्य जनता में भी असन्तोष छा गया था। यहाँ तक कि अंग्रेज़ों की भारतीय सेनाओं में भी बेचैनी फैल रही थी।

सन् सत्तावन का स्वतन्त्रता-युद्ध

बंगाल पूरी तौर से अंग्रेज़ों द्वारा कुचल दिया गया था; वहाँ ऐसे नये वर्ग निकल आये थे, जिनका सामान्य जन-समाज पर प्रभाव था। किसान जनता ने, दुःख को स्थायी समझकर, उससे समझौता कर लिया था। पुराना सरदार सामन्तवर्ग या तो अंग्रेज़ों से पूरा समझौता कर चुका था, या उसे नष्ट कर दिया गया था। उसी प्रकार, मद्रास की भी हालत कर दी गयी थी। उधर, पंजाब के सिक्खों को अंग्रेज़ों की फ़ौज में सिर्फ़ भरती ही नहीं किया गया था, उनके लिए सुख-सुविधा के अनेक प्रबन्ध किये गये। इस प्रकार, पंजाब को अनुकूल बनाया गया था, बंगाल और मद्रास को कुचल दिया गया था। महाराष्ट्र गुलामी की ज़ंजीर में आ चुका था। वहाँ के सरदारों और सामन्तों का प्रभाव पेशवाई के अन्तिम दिनों में ही समाप्त हो रहा था।

किन्तु उत्तर प्रदेश, मध्यप्रदेश, मध्य भारत और दिल्ली के समीपवर्ती क्षेत्रों में जान बाक़ी थी। समाज का सर्वोच्च वर्ग अभी भी पुराना सरदार-सामन्त वर्ग था। वह

अंग्रेज़ों से असन्तुष्ट था। उसी प्रकार सामान्य जनता भी क्षुब्ध थी। अंग्रेज़ों के एक गवर्नर जनरल लॉर्ड डलहौज़ी ने उनके साथ अन्याय किया था। इसलिए यह वर्ग बहुत क्षुब्ध था।

अंग्रेज़ अपने-आप में एक शासक जाति बन गये थे। वे भारतीय जनता से अलग और दूर रहते थे। दोनों के बीच में ज़बर्दस्त खाई थी। वे अपने गोरे रंग के कारण भी भारतीयों से द्वेष रखते थे। भारतीयों के साथ वे दुर्व्यवहार भी करते रहते थे। अंग्रेज़ हिन्दुस्तान में रहने के लिए नहीं आया, माल की लूट करने और सात समुन्दर पार अपना घर भरने के लिए आया था। इसलिए, भारतीय जनता में उसके विरुद्ध विक्षोभ होना स्वाभाविक ही था।

ग़दर की आग मेरठ से उठी और दिल्ली से लेकर कानपुर होती हुई नागपुर तक फैल गयी। अवध और झाँसी उस आग में जगमगाने लगे। उस ग़दर ने बड़े-बड़े नेता पैदा किये, तात्या टोपे और झाँसी की रानी लक्ष्मीबाई, अज़ीमुल्ला ख़ान, और दिल्ली के अन्तिम मुग़ल वंशधर बहादुरशाह के सम्बन्धी फीरोज़शाह, नाना साहब पेशवा और अन्य। हिन्दू-मुस्लिम एकता हो गयी। भारतीय सामान्य जनता ने साथ दिया। बाग़ियों ने कानपुर से अपना अख़बार निकाला। वह मराठी, हिन्दी और उर्दू में एक साथ निकला। उसके प्रथम अंक में बहादुरशाह का सन्देश प्रकाशित किया गया, मुख-पृष्ठ पर। वह हस्तलिखित पत्र था, जिसकी सैकड़ों और हज़ारों प्रतियाँ निकलती थीं। वह गुप्त रूप से एक प्रदेश से दूसरे प्रदेश, एक फ़ौजी कैम्प से दूसरे फ़ौजी कैम्प भेजा जाता। लाने-ले जाने का काम औरतें करतीं। विद्रोह की ज्वाला सुलगाने में उस पत्र ने बड़ा काम किया। भारत के हृदय-प्रदेश में एकाएक नये चैतन्य का, जागृति और स्फूर्ति का संचार हुआ। विद्रोहियों ने कई नगर जीते, अंग्रेज़ों को पीछे खदेड़ा। उन्हें भारतीय तेजस्विता का परिचय करा दिया। किन्तु विद्रोही असंगठित थे। एक-न-एक दिन उनकी हार होनेवाली थी। सो, होकर रही। बाक़ी प्रान्त तमाशा देखते रहे, या अंग्रेज़ों की मदद करते रहे। तात्या टोपे विद्रोहियों का सबसे कुशल, सर्वाधिक वीर, तथा साहसी सेनाध्यक्ष था। उसको फाँसी लगा दी गयी। महारानी लक्ष्मीबाई अंग्रेज़ों के साथ लड़ते-लड़ते मरी।

इस तरह काम तमाम हुआ। लेकिन ब्रिटेन तथा यूरोप में अंग्रेज़ों की पोल खुल गयी। उनकी बर्बरता और दुष्टता का इतिहास, सावरकर लिखित **भारत का स्वाधीनता युद्ध** पढ़ने लायक है। स्वयं प्रधानमन्त्री पंडित नेहरू ने अपनी पुस्तक **डिसकवरी ऑफ इंडिया** में उस पुस्तक का उल्लेख किया है। उन्होंने कहा कि अंग्रेज़ों ने इस पुस्तक को तो दबा दिया (उसे ग़ैरक़ानूनी कर दिया था। उसी प्रकार पंडित सुन्दर लाल का **भारत में अंगेजी राज** भी निषिद्ध कर दिया था), किन्तु शहरों में विभिन्न स्थानों पर अंग्रेज़ों के पुतले खड़े किये गये। सारा भारतीय इतिहास उन्होंने इस तरह लिखा, जिसमें साम्राज्यवादी दृष्टिकोण उचित ही और सही माना जाये।

तात्या टोपे, अज़ीमुल्लाह इत्यादि तथा मंगल पांडे सरीखे असामान्य साहसी भारतीय वीरों की हमारे यहाँ कहीं कोई मूर्ति नहीं है, उनका कोई स्मारक नहीं है। किन्तु उनका स्मारक वे कथाएँ हैं, जो नगरों तथा ग्रामों की जनता में प्रचलित रहीं, जिनमें अवध की बेगमों पर किये गये अत्याचार, नागपुर के सीतावर्डी किले के पास वीरों को दी गयी फाँसियाँ महत्त्वपूर्ण स्थान रखती हैं।

सन् 1857 के ग़दर के परिणामस्वरूप, ब्रिटिश ईस्ट इंडिया कम्पनी का शासन समाप्त हो गया और वह ब्रिटिश सम्राट् तथा उसकी पार्लमेंट के पास पहुँच गया।

भारत की पराजय क्यों हुई

भारत की पराजय से किसे दुःख नहीं पहुँचा! आज भी इतिहास का विद्यार्थी जब उन घटनाओं को देखता-पढ़ता है, उसे वेदना होती है। आख़िर, क्या कारण था कि हम हारते चले गये? हममें एकता का अभाव था! किन्तु, एकता क्यों नहीं थी? हम में क्षेत्रीय संकुचित मनोवृत्ति थी! किन्तु ऐसी मनोवृत्ति क्यों थी? क्या कारण है कि जब-जब नयी विदेशी शक्ति ने धावे मारे, हमारे शक्तिशाली राज्य समाप्त होते गये? क्या हमें इस विषय में सोचना आवश्यक नहीं है?

आख़िर ऐसा क्यों हुआ?

राजनैतिक अस्त-व्यस्तता के कारण भारत की राज-शक्तियाँ सात समुन्दर पार से आये हुए व्यापारियों की सेनाओं के सामने टिक नहीं सकीं। यदि आप तत्कालीन ऐतिहासिक वृत्तान्त पढ़ें तो आपके हृदय में एक कसकती हुई लकीर खिंचती चली जायेगी। हमारी वीरता और पराक्रम धरा रह गया। हैदर अली और टीपू सुल्तान, महादजी सिंधिया और नागपुर के भोंसले, सिक्ख नरेश और जाट—एक के बाद एक, धराशायी होते गये! यदि हम तत्कालीन भारतीय राजाओं की, ब्रिटिश ईस्ट इंडिया कम्पनी के नेताओं से तुलना करें तो हमें कई बातें एक साथ चुभती रहेंगी। पहली तो यह कि विदेशी नेतृत्व संगठन-कुशल था, उनकी सेनाओं में अनुशासन था। साथ ही, उनके विभिन्न कार्य-विभाग थे। प्रत्येक कार्य-विभाग में अनुशासन था। यह सैनिक अनुशासन नहीं था, वरन् एक लक्ष्य और एक उद्देश्य से प्रेरित लोगों की क़दम-से-क़दम मिलाकर चलने की प्रवृत्ति थी। उनके पास पूरे भारत का भौगोलिक और ऐतिहासिक ज्ञान था। अंग्रेज़ सन् 1600 में आये और लगभग 100 साल के भीतर ही उनके दफ़्तरों में प्रत्येक भारतीय राज्य का ऐतिहासिक वृत्त, उनकी वर्तमान स्थिति, उनकी कमज़ोरियाँ, उनकी आर्थिक और सैनिक शक्ति—सबका विशद् अध्ययन और सूक्ष्म विश्लेषण मौजूद था।

उनका गुप्तचर विभाग सारे भारत में क्रियाशील था। किस दरबार में क्या हो रहा है, इसकी पूरी जानकारी उनके पास थी। स्वयं राजा को अपने राज्य का हाल मालूम नहीं होता था; किन्तु अंग्रेज़ों को मालूम हो जाता था। अंग्रेज़ अफ़सरों का

काम, जो विविध दरबारों से सम्बन्ध बनाये रखते थे, यही था कि वे प्रत्येक राज्य और हर दरबार में, रिश्वत देकर; लोभ और लालच देकर, भीतरी गुप्त बातें जानते रहे; और अपने आदमी तैयार कराते रहे। इस तरह प्रत्येक राज्य में बहुत-से भारतीय सरदार और सामन्त अंग्रेज़ों से मिले हुए थे।

अंग्रेज़ भारतीय शासकों को पचासों सालों तक इस धोखे में रखते रहे कि उनका उद्देश्य राज्य करना नहीं, वरन् केवल व्यापार, मात्र व्यापार करना है। वे तो केवल व्यापार की सुविधा चाहते हैं, और कुछ नहीं! प्लासी की लड़ाई में बंगाल और उड़ीसा को अपने कब्जे में ले चुकने के बाद भी, वे मुग़ल सम्राट् शाहआलम की सार्वभौम सर्वोपरि सत्ता को रस्मी तौर पर स्वीकार करके, उसके एजेंट बनकर राजनीति में हस्तक्षेप करते रहे; जबकि वास्तविकता यह थी कि वे स्वयं राज्य के मालिक थे, कभी मुग़ल सम्राट् से नहीं पूछा करते थे। भारतीय राजाओं की आँखों में वे अपने को तटस्थ और निष्पक्ष सिद्ध करने की भरसक कोशिश करते रहे। जब भारत में अंग्रेज़ी राज्य स्थापित हो गया तब कहीं यहाँ के सामन्तों और सरदारों की आँखों के सामने सच्ची बातें आयीं!!

उनकी सेना सुसंगठित थी। वह रोज ड्रिल और परेड करती थी। युद्ध अनुशासनबद्ध होता था। व्यक्तिगत पराक्रम को स्थान होते हुए भी, युद्ध-योजना (लड़ाई का नक्शा) महत्त्वपूर्ण होती थी। ये सिपाही अंग्रेज़ न होकर, भारतीय ही होते थे—ऐसे भारतीय जो बेकार थे और जिनकी रोटी-पानी का कोई ठिकाना न था।

और, अन्त में, अंग्रेज़ ब्रिटेन की उस नयी समाज-व्यवस्था और राजतन्त्र के प्रतिनिधि थे, जिसमें, सरदारों और सामन्तों के हाथ से राजसत्ता छिनकर, व्यापारियों और औद्योगिक पूँजीपतियों के पास आ गयी थी। अंग्रेज़ कारख़ानेदार और सौदागर ही राजसत्ता और समाज-व्यवस्था का सूत्रधार था। वह अपने तैयार माल की बिक्री के लिए दुनिया के अलग-अलग देशों में राज क़ायम कर रहा था। इसीलिये, भारत में आयी हुई हर यूरोपीय व्यापारिक कम्पनी अपने पास विशाल सेनाएँ रखती थी।

अब इसकी तुलना भारत से कीजिये। यहाँ सरदारों और सामन्तों का राज था। हमारे यहाँ के उद्योग पूँजीपतियों के पास न होकर, जाति-बिरादरियों के हाथ में थे। भारत उस ज़माने में दुनिया का एक बहुत बड़ा उद्योग प्रधान देश था। किन्तु, उद्योग चलानेवालों के पास अथवा व्यापारी वर्ग के पास राजनैतिक सत्ता न थी। वे दोनों वर्ग राजाओं, सामन्तों-सरदारों पर निर्भर थे। देश पिछड़ा हुआ था—ज्ञान-विज्ञान की दृष्टि से। उसमें वह ज्ञानेच्छा नहीं रह गयी थी, जो ब्रिटेन में वैज्ञानिक अभ्युत्थान के रूप में प्रकट हो रही थी। देश में सड़कें बहुत कम थीं, एक प्रदेश, दूसरे प्रदेश से घनिष्ठ सम्पर्क नहीं रखता था। डाक-व्यवस्था नहीं थी। यात्रा कष्टकर, असुरक्षित और ख़तरे से भरी हुई थी। हम अपने-अपने प्रदेशों और प्रान्तों में सिकुड़े-सिमटे रहते थे। इस प्रकार, हममें क्षेत्रीय मनोवृत्ति थी।

मौर्य, गुप्त, तुर्क-अफ़ग़ान, मुग़ल शासन, लगभग अखिल भारतीय शासन होने के बावजूद, एक क्षेत्र का दूसरे क्षेत्र से, एक प्रान्त का दूसरे प्रान्त से सम्बन्ध टिकाये रखने के लिए विशाल सेना रखते थे। सेना के भरोसे, ये सम्बन्ध टिकते थे। केन्द्रीय शासन निर्बल होते ही, पृथक्-पृथक् प्रान्तों में पृथक्-पृथक् राजसत्ताएँ क़ायम हो जाती थीं। अन्तर्प्रान्तीय सम्बन्धों को घनिष्ठ करने के लिए, एक-दूसरे के विलीनीकरण के लिए वैसी आर्थिक व्यवस्था आवश्यक थी, कि जिससे एक प्रान्त दूसरे प्रान्त पर आर्थिक जीवन ही के लिए निर्भर रह सके। बंगाल के माल के बिना गुजरात का काम न चल सके, गुजरात के सहयोग के बिना, दिल्ली न रह सके, बलूचिस्तान-अफ़ग़ानिस्तान (गान्धार और काम्बोज) के बिना, आसाम का (कामरूप और प्राग्-ज्योतिष) काम न चल सके। यदि वैसी परस्पर-निर्भरता होती तो हममें क्षेत्रीय सीमाओं में सिकुड़-सिमिट बैठने की प्रवृत्ति न होती। किन्तु, ये प्रान्त और प्रदेश और उनके अन्तर्गत ज़िले आर्थिक उत्पादन की दृष्टि से पूर्ण आत्म-निर्भर और स्वयंपूर्ण थे। फलतः, सैनिक शक्ति के ज़ोर से पैदा किया गया केन्द्रीय शासन निर्बल होते ही फिर वही क्षेत्रीय मनोवृत्ति जाग उठती थी!

इसका परिणाम यह होता था कि हमारे यहाँ के राजा और सुल्तान नहीं जान पाते थे कि सुदूर स्थित प्रान्तों और प्रदेशों में क्या हो रहा है। यहाँ तक कि कई राजाओं को भारत का भौगोलिक ज्ञान भी नहीं था। बंगाल अंग्रेज़ों ने जीत लिया तो मराठा राज्य को बहुत दिनों बाद अस्पष्ट-सी ख़बर लगी कि, हाँ, ऐसा कुछ हुआ है! पंजाब में हूणों ने आक्रमण किया तब बंगाल सो रहा था। संक्षेप में, हम अपनी-अपनी छोटी-छोटी चहारदीवारियों में घिरे हुए थे। ये चहारदीवारियाँ सहस्त्रों वर्षों से चली आ रही थीं। पेशवाओं के दफ़्तर में, दक्षिण भारत का एक नक्शा मिला है। उस नक्शे को देखकर हमें हँसी भी आती है और रोना भी आता है। विद्वान् समझे जानेवाले इस ब्राह्मण राजवंश के यहाँ अज्ञान का अन्धकार था। यही हाल सब जगह था।

जहाँ आदमी छोटी-छोटी चहारदीवारियों में घिरे होते हैं वहाँ न केवल वे अज्ञान के घनघोर अन्धकार में रहते हैं, वरन् वे एक-दूसरे के प्रति वैमनस्य और शत्रुत्व के भावों से पीड़ित भी रहते हैं। टीपू सुल्तान ने नेपोलियन से सहायता मँगायी, किन्तु मराठों से नहीं। निज़ाम कभी मराठों और कभी फ्रांसीसियों से सहायता लेता था। अगर भारतीय नरेश चाहते तो अंग्रेज़ों और फ्रांसीसियों से बहुत-कुछ सीख भी सकते थे। लेकिन, वैसा नहीं हुआ। दूसरे, ये अंग्रेज़ और फ्रांसीसी धोखेबाज़ भी थे; किन्तु अगर हम चाहते तो उन पर कड़ी नज़र रखी भी जा सकती थी। किन्तु वैसा नहीं हुआ। जब तक हमारी निजी रोटी पर घी डल रहा है, तब तक हमें दूसरों से क्या मतलब! साथ ही अंग्रेज़ों की विद्या पर अविश्वास किया जाता रहा!

संकुचित क्षेत्रीय मनोवृत्ति, वैमनस्य, अज्ञान-अन्धकार, और इन सबके परिणामस्वरूप राजनैतिक स्वार्थों की पूर्ति के लिए विदेशी शक्तियों का भारतीय राजदरबारों में सम्मान-सत्कार! इसका कुफल हमने भुगता।

जिन दिनों हमने अपनी अज़ादी खोई, उन्हीं दिनों संयुक्त राज्य अमरीका ने अंग्रेज़ों के चंगुल से छुटकारा पाया। उस देश में भाषाओं तथा जातियों की विभिन्नता, ग़रीबी, और पिछड़ापन था। सन् 1947 तक (जब अंग्रेज़ों के चंगुल से भारत निकला) वह देश—जो उन दिनों के लिहाज़ से हमसे ज़्यादा ग़रीब, हमसे ज़्यादा पिछड़ा हुआ और हमसे ज़्यादा असंस्कृत था, वह देश (भारत में अंग्रेज़ी राज के दौरान) सन् सैंतालीस तक दुनिया की सबसे बड़ी ताक़तों में से एक बन गया। और हम अभी-अभी सिर्फ़ अपने पैरों पर खड़े होने की कोशिश-भर कर रहे हैं। और हम अभी भी पिछड़े हुए हैं। अंग्रेज़ी राज ने हमारी प्रगति को इतने दीर्घ काल तक रोक कर रखा था।

औरंगज़ेब के अन्त काल से लेकर तो सन् 1857 के ग़दर तक, जो थोड़े-बहुत राजनीतिकुशल और विद्वान् नरेश भारत में पैदा हुए, वे नरेश जिनके पास जीवन का कोई स्वप्न था, उनका थोड़ा-सा उल्लेख करना यहाँ आवश्यक है।

[आगे की पांडुलिपि अप्राप्य। इस अध्याय का विषय देखते हुए इसे यहाँ रखा गया है—सं.।]

भारत में आधुनिक युग का उषःकाल

अंग्रेज़ों ने प्राचीन भारतीय समाज-व्यवस्था—सामन्त-व्यवस्था—को बलपूर्वक नष्ट कर दिया। और उसके स्थान पर आधुनिक समाज-व्यवस्था के विकास की नींव डाली; इसलिए नहीं कि भारत को वे नये युग में लाना चाहते थे, वरन् इसलिए कि उसके बिना उनका स्वयं का अर्थ-तन्त्र चल ही नहीं सकता था। इस प्रकार जाने-अनजाने ढंग से, अंग्रेज़ों ने भारत में, बलपूर्वक ही क्यों न सही, आमूल सामाजिक क्रान्ति उपस्थित कर दी। भारत में नवीन व्यवस्था पर आधारित, आधुनिक ढंग की नयी समाज-रचना उपस्थित हो गयी। सन् सत्तावन के ग़दर के पहले ही, बंगाल में आधुनिक सभ्यता आरम्भ हो गयी थी तथा शिक्षित मध्य-वर्ग का उदय हो गया।

अंग्रेज़ों ने प्राचीन भारतीय समाज-व्यवस्था, सामन्त-व्यवस्था को बलपूर्वक उखाड़ फेंका। भारत के गवर्नर जनरल लॉर्ड डलहौज़ी के ज़माने में (सन् 1848 से 1856 ई.) भारत में रेलवे लाइनें बिछायी जाने लगीं। आधुनिक ढंग की डाक-व्यवस्था क़ायम की गयी। तार भेजे जाने लगे। डलहौज़ी ने एक पृथक् शिक्षा-विभाग क़ायम किया। सिवा इसके आधुनिक ढंग का शासन-यन्त्र भी काम करने लगा। सन् 1857 के पूर्व, बंगाल में आधुनिक सभ्यता का आरम्भ हो गया था। ऐसी न्याय-व्यवस्था कार्य करने लगी थी, जिसमें कानून के सामने व्यक्तियों की समानता का सिद्धान्त स्वीकार किया गया था। अंग्रेज़ी ढंग की शिक्षा का भी प्रारम्भ हो चुका था। सबसे पहले, ऐसी शिक्षा ईसाई मिशनरी दे रहे थे। भारत में पाश्चात्य संस्कृति से प्रभावित वर्ग सामने आ गया था। इस वर्ग का सामान्य जनता से विशेष सम्बन्ध न था। किन्तु यह नव-शिक्षित वर्ग पाश्चात्य ज्ञान को आत्मसात् करके आगे बढ़ना चाहता था। सन् 1880 ई. के आस-पास, बंगाल के कुछ विचारक शिक्षा तथा संस्कृति-सम्बन्धी प्रश्नों पर विचार करने लगे। उनमें ईश्वरचन्द्र विद्यासागर और राजा राममोहन राय के नाम प्रमुख हैं। कम्पनी सरकार ने कलकत्ते में संस्कृत कॉलेज की स्थापना की, तो इसका विरोध करते हुए राजा राममोहन राय ने अपने स्मरण-पत्र में सरकार से अनुरोध किया कि गणित, रसायनशास्त्र, प्राकृतिक दर्शन, शरीर-रचना-शास्त्र तथा अंग्रेज़ी साहित्य पढ़ाने की व्यवस्था तुरन्त होनी चाहिए। अंग्रेज़ी तथा पाश्चात्य ज्ञान-विज्ञान की शिक्षा की माँग

बढ़ती ही गयी। फलतः धीरे-धीरे अंग्रेज़ी स्कूल खुलते गये तथा क्रमशः पाश्चात्य ढंग की शिक्षा का प्रचार भारत में होता गया।

पश्चिम के सम्पर्क में आये हुए भारतीयों ने अब छापेखाने शुरू किये। किताबें निकलने लगीं। राजा राममोहन राय ने **बंगदूत** नामक समाचार-पत्र की स्थापना की। इसका एक पृष्ठ हिन्दी में निकलता था। उधर अंग्रेज़ों ने कई समाज-सुधार भी किये। अंग्रेज़ गवर्नर-जनरल बैंटिंक ने सती-प्रथा बन्द कर दी। भारत में दास-प्रथा भी ग़ैरक़ानूनी हो गयी। बैंटिंक के शासन-काल में ज़मीन की पैमाइश भी की गयी।

इन सबके परिणामस्वरूप, भारत में एक नया शिक्षित मध्य-वर्ग निकल आया। यह मध्य-वर्ग भारत के सभी प्रान्तों में थोड़ा-बहुत था। किन्तु उसका सबसे अधिक ज़ोर अंगेज़ी शिक्षा के केन्द्रों में, जैसे कलकत्ता, बम्बई और मद्रास में, रहा आया।

सुधारवादी आन्दोलन

पश्चिमी शिक्षा से प्रभावित होकर, इस वर्ग ने जड़ीभूत सामाजिक रूढ़ियों का विरोध किया; रूढ़ि को ईश्वर-प्रेम से पृथक् किया। राजा राममोहन राय ने ब्रह्म-समाज की स्थापना की। एक नया समाज, प्रार्थना-समाज भी चल पड़ा। ये आन्दोलन सामाजिक एवं धार्मिक सुधार चाहते थे। इनका प्रभाव कुछ ही शिक्षित लोगों पर था। शिक्षित जनता में से कुछ लोग ऐसे थे जो रहन-सहन, चाल-ढाल में अंग्रेज़ों की नक़ल करते थे। समाज उनकी निन्दा करता था। ये लोग वह मध्य-वर्ग था जो कम्पनी सरकार के दफ़्तरों में बाबू बना हुआ था।

संस्कृति का प्रभाव

उधर भारत में आये हुए अंग्रेज़ों में से कुछ लोग भारतीय विद्या, धर्म और दर्शन से प्रभावित हुए। अब तक मिशनरियों ने यहाँ के सम्बन्ध में यूरोप में भ्रम का प्रचार कर रखा था। बैंटिंक, आकलैंड, गैंट मैकॉले सरीखे लोगों ने भी उन्हीं भ्रमपूर्ण बातों का समर्थन किया था। किन्तु वारेन हेस्टिंग्ज, प्रिन्जेप, जोंस, मिन्टो, विल्सन जैसे भी लोग थे। जिन्होंने अपने अध्ययन द्वारा भारत की सांस्कृतिक श्रेष्ठता पर प्रकाश डाला। फलतः, अंग्रेज़ों में भारतीय विद्या का व्यापक अध्ययन शुरू हुआ। विलियम जोन्स ने कालिदास के **अभिज्ञान शाकुन्तलम्** का अनुवाद किया, स्वयं विश्वविख्यात जर्मन कवि गेटे ने इस अनुवाद को पढ़कर प्रशंसा के अनुपम उद्गार निकाले थे। उधर मैक्समूलर ने वेदों का अनुवाद किया। सन् 1801-2 में उपनिषदों का फ्रेंच भाषा में अनुवाद हुआ, जिसे पढ़कर शॉपेनहॉर नामक जर्मन दार्शनिक बहुत प्रभावित हुआ। तब से यूरोप में पाश्चात्य दर्शन पर भारतीय दर्शन का प्रभाव पड़ने लगा। यूरोप में

संस्कृत भाषा का ज़ोरों से अध्ययन आरम्भ हुआ और यह जानकर यूरोप में प्रसन्नता की लहर फैल गयी कि संस्कृत भी ग्रीक, लैटिन आदि भाषाओं की सगी बहन है। यूरोपियनों द्वारा संस्कृत के अध्ययन का परिणाम यह हुआ कि ज्ञान की एक नयी शाखा फूट पड़ी, जिसे 'भाषाशास्त्र' कहा जाता है। इधर भारत में उन्हीं दिनों, बी.जी. भंडारकर, राजेन्द्र लाल मित्रा, के.टी. तैलंग और रानाडे सरीखे महान् विद्वान् उत्पन्न हुए। यह कहना बिलकुल सही है कि 'यदि अंग्रेज़ी शिक्षा पूर्व को पश्चिम की व्याख्या दे रही थी तो ये पूर्वीय विद्वान् एक ओर पश्चिम को, तो दूसरी ओर पूर्व को, पूर्व ही की व्याख्या दे रहे थे।'

सन् 1857 के इधर या उधर, जो नेता मैदान में आये उनमें ईश्वरचन्द्र विद्यासागर, राजा राममोहन राय, विवेकानन्द, दादाभाई नौरोजी, सर सैय्यद अहमद ख़ाँ नयी सांस्कृतिक-सामाजिक जागृति का प्रतिनिधित्व कर रहे थे।

खून से लथपथ होकर ही क्यों न सही, भारत ने नये युग में प्रवेश किया। ज्यों ही वह नये प्रकाश में आया, उसकी प्रचीन सांस्कृतिक गरिमा भी यूरोप में फैल गयी। साथ ही भारतीय समाज-सुधारकों और विद्वानों का एक ऐसा नया दल सामने आया जिसने भारतीय कीर्ति को और भी विकसित तथा प्रसारित किया।

राष्ट्रीय चेतना का विकास : प्रथम चरण

क्रमशः भारत में समाज-सुधार तथा सांस्कृतिक अभ्युत्थान की प्रक्रियाओं ने शिक्षित जनता में आत्म-गौरव तथा आत्मविश्वास की भावना उत्पन्न कर दी। राष्ट्रीय चेतना का विकास हुआ। कांग्रेस की स्थापना हुई। बंग-भंग विरोधी आन्दोलन से, देश में नयी राष्ट्रीय चेतना की लहरें फैलने लगीं। गोखले सरीखे नरमदली और बाल गंगाधर तिलक सरीखे गरमदली लोग सामने आये। देश में राष्ट्रीय उत्साह का वातावरण फैल गया। प्रथम राष्ट्रीय स्वाधीनता युद्ध की परिसमाप्ति के अनन्तर, भारत का शासन ब्रिटेन की रानी विक्टोरिया और वहाँ की पार्लियामेंट के हाथ में आ गया। उन्होंने घोषणा की कि किसी के धर्म में हस्तक्षेप नहीं किया जायेगा।

किन्तु जनजीवन में गहरा असन्तोष था। यह तत्कालीन साहित्य से देखा जा सकता है। बंगाल के उपन्यासकार बंकिमचन्द्र चटर्जी और हिन्दी के महान् लेखक भारतेन्दु हरिश्चन्द्र के साहित्य में यह असन्तोष स्पष्ट रूप से झलकता है। किन्तु यह भी सच है कि विक्टोरिया के शासन-काल में शान्ति रही। नया मध्यवर्ग पाश्चात्य ज्ञान-विज्ञान को ग्रहण करता रहा, शिक्षा का भी विकास और प्रसार होता रहा। उच्च-शिक्षा-प्राप्त युवकों में, एक ओर, पाश्चात्य ज्ञान-विज्ञान शीघ्र-से-शीघ्र आत्मसात् करने की प्रवृत्ति रही, तो दूसरी ओर, अपने प्राचीन धर्म और दर्शन के गौरव का भाव भी बढ़ता रहा। उधर रेलवे लाइनें फैलती रहीं। नये मध्यवर्ग को नौकरियाँ मिलती रहीं। सामान्य-जन अंग्रेज़ों के ज्ञान-विज्ञान से बहुत प्रभावित हुए। आवागमन के साधनों की प्रचुरता के कारण, विभिन्न प्रान्त परस्पर सम्पर्क में पहले से ज़्यादा आने लगे। एक प्रान्त की विचारधारा दूसरे में फैलने लगी। अख़बारों और मुद्रणालयों की संख्या बढ़ गयी। किन्तु, अंग्रेज़ सरकार की नीति देशी उद्योगों को बढ़ावा देने की नहीं थी। उन दिनों हम लोग लंकाशायर की धोतियाँ पहनते थे। इस प्रकार के कर लगा दिये गये थे कि जिससे एक प्रान्त में बना माल दूसरे प्रान्त में अंग्रेज़ी माल से महँगा बिके। हिन्दुस्तान ब्रिटिश साम्राज्यवादी अर्थव्यवस्था का एक अंग बन गया था।

उधर अंग्रेज़ों ने अपने कारख़ाने भारत में खोल दिये। बंगाल की जूट-मिलें, कानपुर और बम्बई की सूती मिलें, मैंगनीज़ और कोयले की खदानें, तथा अन्य उद्योग

अंग्रेज़ों के हाथ में थे। साथ ही आसाम के चाय-बागान, नीलगिरि के कॉफी के खेत इत्यादि, ब्रिटिश स्वामित्व के अन्तर्गत थे।

फलतः, एक नया भारतीय मजदूर वर्ग निकल आया। इधर धीरे-धीरे भारतीय औद्योगिक पूँजीपति वर्ग के उदय के लक्षण भी दिखाई देने लगे। लोग अब मज़दूरी के लिए गाँवों से शहरों की ओर जाने लगे। मध्य-वर्ग के लोग भी नौक़रियों की तलाश में भिन्न-भिन्न प्रान्तों में जा बसे। संयुक्त परिवार के बन्धन ढीले पड़ गये। खेती का विस्तार किया गया। सिंचाई के साधनों का भी विकास हुआ। गंगा और गोदावरी नदियों से नहरें निकाली गयीं। नहरें निकालने की कम्पनियाँ ब्रिटिश थीं। उन्हें खूब लाभ हुआ। इन योजनाओं से जनता को भी फ़ायदा हुआ।

इन सबका कुल मिलकार परिणाम यह हुआ कि विक्टोरिया रानी के राजत्वकाल के 30 वर्षों तक भारतीय स्वाधीनता के प्रश्न पर विचार करने का किसी को साहस नहीं हुआ। सन् 1906 में प्रथम बार कलकत्ता कांग्रेस के प्लेटफार्म से दादा-भाई नौरोजी ने 'स्वराज्य' शब्द का उच्चारण किया।

रानी विक्टोरिया के ज़माने में नया उठता हुआ मध्यवर्ग पुराने श्रीमानवर्गों से ही पैदा हुआ था। वह तो केवल इतना ही चाहता था कि भारतीय प्रशासनिक सेवाओं में उसे अधिक स्थान मिले। इसलिए वह अंग्रेज़ों से फ़रियाद करने लगा। उन्हें दरख़ास्त देने लगा। वह सिर्फ़ सुधारों की माँग ही तो कर सकता था। किन्तु, ऐसी माँग करनेवाला यह वर्ग सुशिक्षित था, उसमें साम्प्रदायिकता नाम के लिए भी नहीं थी।

राष्ट्रीय राजनैतिक चेतना का प्रथम स्पंदन

भारतीय सुशिक्षित जनता अंग्रेज़ों से किसी तरह भी कम प्रतिभाशाली नहीं थी। अंग्रेज़ों की अधीनता में काम करना, उनके भी गौरव के विरुद्ध था। इसलिए मन के भीतर अंग्रेज़ों के विरुद्ध एक भावना तो रहती ही थी। उधर भारतीय धर्म, दर्शन, गणित विद्या आदि का पश्चिम में जो स्वागत और सम्मान हुआ, स्थापत्य, गणित विद्या, कलाओं आदि ने यूरोप में जो कीर्ति-लाभ किया, उससे इस सुशिक्षित मध्यवर्ग में नया आत्म-गौरव और नया आत्मविश्वास उत्पन्न हुआ।

किन्तु भारत की मूर्तिमान वास्तविकता यह थी कि भारत पराधीन हो गया था। अंग्रेज़ डिप्टी कलेक्टर 'राजा' हो गया था। उसकी अधीनता में काम करने के बजाय, सुशिक्षित वर्ग में से बहुतेरे लोग वकील-बैरिस्टर, डॉ. आदि बनना ज़्यादा पसन्द करते थे। इसलिए कि ये लोग अपेक्षाकृत स्वाधीनता बरत सकते थे।

यह वर्ग अपने विचारों का प्रचार चाहता था। अंग्रेज़ों के जो अख़बार थे, उन पर तो कोई पाबन्दी नहीं लगायी गयी थी, किन्तु देशी भाषाओं के पत्रों पर विशेष

प्रतिबन्ध था। भारतीयों के विरुद्ध इस प्रकार के जो अनेकानेक प्रतिबन्ध थे उनके विरोध में जनमत निर्माण करने के लिए सुरेन्द्रनाथ बनर्जी ने सन् 1876 में कलकत्ते में 'इंडियन एसोसिएशन' नामक संस्था बनायी। उसका उद्देश्य था—भारतीय युवकों में देश-सेवा का भाव निर्माण करना और देश के हितों के लिए कार्य करना। कुल मिलाकर, शासन-यन्त्र में भारतीयों को अधिकाधिक नौकरियाँ दिलाना और इस प्रकार उस शासन को भारतीय जनता के अधिक अनुकूल बनाना—यही इस संस्था का लक्ष्य था।

कांग्रेस की स्थापना

एक उदारवादी अंग्रेज़ सर ऑक्टेवियस ह्यूम तथा अन्य भारतीयों के प्रयत्नों से सन् 1885 में 'भारतीय राष्ट्रीय कांग्रेस' की स्थापना हुई। इसकी सभाएँ, सामान्यतः, बड़े-बड़े नगरों में होतीं। शिकायतों के आधार पर प्रस्ताव बनाये जाते। कांग्रेस का उद्देश्य था—विभिन्न जातियों और समुदायों में राष्ट्रीय एकता की स्थापना करना; इस उद्देश्य की सिद्धि के लिए, राजनैतिक, सामाजिक और नैतिक उन्नति और विकास के द्वारा, राष्ट्र में पुनर्जागरण उत्पन्न करना; भारत तथा ब्रिटेन, इन दो देशों के बीच मैत्री स्थापित करके भारतीय हितों के विरुद्ध जानेवाली बातों को हटाना।

इन उद्देश्यों को पढ़कर यह स्पष्ट हो जाता है कि शुरू में कांग्रेस सुधारवादियों के हाथ में थी। अभी उसमें कोई देशव्यापी आन्दोलन छेड़ने का साहस नहीं आ पाया था। फिर भी शुरू में कांग्रेस के सदस्यों की संख्या जो सिर्फ़ 78 थी, वह बढ़ते-बढ़ते तीन वर्षों में ही 1848 हो गयी। इधर कांग्रेस गवर्नर-जनरल की केन्द्रीय विधान-समिति में भारतीय प्रतिनिधियों को स्थान दिलवाने का प्रयत्न करने लगी। लॉर्ड रिपन ने (1880-1884) देशी भाषाओं के समाचार-पत्रों पर लगे हुए प्रतिबन्धों को हटाकर, विचार-स्वातन्त्र्य के लिए कुछ अधिक अवकाश दिया। सन् 1892 में पार्लियामेंट ने, भारत को म्यूनिसिपैलिटियों में, चुनाव द्वारा, लोक-प्रतिनिधि भेजने की इजाज़त दे दी। इन लोक-प्रतिनिधियों को वार्षिक आय-व्यय पर बहस करने की तथा महत्त्वपूर्ण घटनाओं पर वाद-विवाद करने की भी छूट दे दी गयी।

किन्तु इस बीच भारत में बढ़ते हुए जन-जागरण से घबराकर अंग्रेज़ शासक देश में फूट पैदा करने की तज़वीज़ों पर विचार करने लगे। अब बात यह थी कि भारत में पहले राज्य-भोग किये हुए दो वर्ग थे—हिन्दू और मुसलमान। इन दोनों को एक-दूसरे से अलग करने की नीति का समर्थन करनेवाले अंग्रेज़ शासक मैदान में आये। लॉर्ड कर्ज़न ने सन् 1905 में, हिन्दू और मुस्लिम जनसंख्या के आधार पर, बंगाल के दो टुकड़े कर दिये।

बंग-भंग के परिणाम

लेकिन लॉर्ड कर्ज़न को मुँह की खानी पड़ी। अभी भारत में हिन्दू-मुस्लिम एकता बाक़ी थी। बंग-भंग से बंगाल के आर्थिक हितों पर भी कुठाराघात होता था। इसलिए देश में बंग-भंग के विरुद्ध असन्तोष पैदा होने लगा। शीघ्र ही इस असन्तोष ने देशव्यापी राष्ट्रीय आन्दोलन का रूप धारण कर लिया। दक्षिण में, प्रसिद्ध लोक-नेता बाल गंगाधर तिलक ने बंग-भंग के विरोध में ज़बर्दस्त आन्दोलन किये। उधर पंजाब में लाला लाजपत राय ने ज़ोर-शोर से बंग-भंग के विरुद्ध जनमत पैदा किया। यह आन्दोलन बंगाल, पंजाब और महाराष्ट्र के केन्द्रों में देशभर में फैल गया। इस आन्दोलन से भारतीय जनता में अपूर्व जागृति हुई। उदार-मतवादी नेता गोखले भी अब लॉर्ड कर्ज़न की तुलना औरंगजेब से करने लगे।

किन्तु अंग्रेज़ों ने एक न सुनी। इस बीच कुछ ऐसी घटनाएँ हो गयीं जिनसे भारतीय जनमत पर गहरा असर पड़ा। सन् 1905 में जापान जैसे छोटे एशियाई देश ने रूस जैसे बलशाली और विस्तृत देश को लड़ाई के मैदान में पछाड़ दिया। इसका निष्कर्ष यह निकाला गया कि ब्रिटिश साम्राज्य जैसी प्रचंड शक्ति भी भारत द्वारा नष्ट की जा सकती है।

इसी प्रकार, इटली के राष्ट्र-पुरुष मैज़िनी ने अपने देश को जब स्वतन्त्र कर दिया तो उसका भी प्रभाव भारत पर पड़ा। आयरलैंड के स्वाधीनता आन्दोलन से भी भारत ने प्रेरणा ग्रहण की। अब यह निश्चित माना जाने लगा कि भारत के अधःपतन और अवनति का मूल कारण अंग्रेज़ हैं। ब्रिटेन में लंकाशायर नगर के उद्योगपतियों के हित के लिए, भारतीय उद्योग-धन्धों पर लगायी गयी एक्साइज़ ड्यूटी, अफ्रीका के ब्रिटिश उपनिवेशों में गये हुए तथा उसी प्रकार कनाडा गये हुए भारतीयों के प्रति अंग्रेज़ों का इसलिए दुर्व्यवहार कि वे काले हैं, इत्यादि बातों की ओर देश का ध्यान टिक गया। फिर लॉर्ड कर्जन ने बंग-भंग रद्द करने के बजाय लोकमत को कुचलने की कोशिशें कीं। फलतः सन् 1905 ई. में बनारस में गोखले की अध्यक्षता में जो कांग्रेस अधिवेशन हुआ, उसमें यह साफ़ दिखाई देने लगा कि अब सुधारवादी नरम नीति से काम नहीं चलेगा, वरन् उसके लिए दूसरे उपायों को खोजना ज़रूरी है। उधर बंगाल की जनता ने आगे बढ़कर विदेशी माल के बहिष्कार का एक विशाल आन्दोलन खड़ा कर दिया। उसके अगले साल के कांग्रेस अधिवेशन ने राष्ट्रीय आन्दोलन को मान्यता भी दी। यह अधिवेशन सन् 1906 में महर्षि दादाभाई नौरोजी की अध्यक्षता में हुआ था।

धीरे-धीरे अब कांग्रेस के भीतर दो दल सामने आये—एक नरम, दूसरा गरम। गरम दल का नेतृत्व लोकमान्य तिलक कर रहे थे। नरम दल का नेतृत्व बैरिस्टर गोखले। उधर आयरलैंड के स्वाधीनता आन्दोलन में आतंकवाद का भी प्रयोग हुआ,

जिसके फलस्वरूप, हमारे यहाँ भी आतंकवादी प्रवृत्तियाँ जाग उठीं। इधर, बहुतेरे प्रख्यात नरमदली नेताओं का देहावसान हो गया था। गरमदली नेता चाहते थे कि जनता में बड़े पैमाने पर संगठित रूप से आन्दोलन किया जाये, जिसमें ब्रिटिश माल के बहिष्कार को भी स्थान मिले। सन् 1907 में सूरत में कांग्रेस अधिवेशन हुआ। उसमें गरम और नरमदली लोगों के बीच न सिर्फ़ मतभेद हुआ, वरन् आपस में झगड़ा हो गया। अधिवेशन भंग हो गया। गरम दलवाले कांग्रेस से निकल गये। उधर बैरिस्टर गोखले, मदन मोहन मालवीय और फीरोजशाह मेहता ने अपने अनुयायियों की सभा करके कांग्रेस के नये ध्येय की रूपरेखा निश्चित की। उन्होंने मांग की कि जिस प्रकार, ब्रिटिश राष्ट्रमंडल में कनाडा, आस्ट्रेलिया इत्यादि को डोमीनियन स्टेटस मिला हुआ है, उसी प्रकार ब्रिटिश साम्राज्य के अन्तर्गत भारत को भी स्थान प्राप्त हो, तथा इस उद्देश्य की पूर्ति के लिए वैधानिक पद्धति से कार्य किया जाये।

किन्तु, उधर तिलक ने देश को नारा दे दिया था—'स्वराज्य मेरा जन्मसिद्ध अधिकार है।' देश का भविष्य तिलक के साथ था, यह बेचारे अंग्रेज़ों को क्या मालूम!

राष्ट्रीय चेतना का विकास : द्वितीय चरण

महात्मा गांधी के महान् नेतृत्व में राष्ट्रीय चेतना की लहरें अपार और दुर्निवार होने लगीं। इस राष्ट्रपुरुष ने देश की आत्मा का प्रतिनिधित्व किया और अन्त में स्वाधीनता दिलाई।

इस बीच अंग्रेज़ सरकार, एक ओर, जनता का भयानक दमन करती, तो दूसरी ओर, सम्प्रदायवादियों के ज़रिए देश में फूट फैलाती। आख़िरकार देश को स्वाधीनता प्राप्त हुई। पाकिस्तान का निर्माण हुआ। इस प्रकार दक्षिण एशिया का एक वृहद भाग अंग्रेज़ों के पंजे से निकल गया।

तिलक के उग्रवादी रुख से चिढ़कर अंग्रेज़ों ने (उन्हें जेल में तो कई बार डाला था) अब दूसरे तरीक़े इस्तेमाल किये। भारत का राष्ट्रवादी आन्दोलन अब तिलक से प्रेरणा पा रहा था। उधर लाला लाजपतराय शेरे पंजाब कहलाते थे। बंगाल में पाल महोदय का प्रभाव विस्तृत हो गया था। लाल-बाल-पाल गरमदली लोग थे, जो प्रथम अखिल भारतीय नेताओं के रूप में सामान्य जनता में सम्मानित हुए।

महत्त्व की एक बात और है। प्राचीन भारतीय धर्म तथा दर्शन के व्यापक अध्ययन के फलस्वरूप, भारत अपने को प्राचीन सांस्कृतिक गौरव से सम्बद्ध करने लगा। उसी प्रकार मुस्लिम धर्म-दर्शन आदि के अध्ययन के फलस्वरूप, मुस्लिम विद्वान् भी अपने को पूर्वतर इस्लामिक अभ्युत्थान से सम्बद्ध करने लगे। इस प्रकार हमारे राष्ट्रवाद में हिन्दू संस्पर्श और मुस्लिम संस्पर्श उत्पन्न हुआ।

यह सम्भव था कि ये पुनरुत्थानवादी प्रवृत्तियाँ हिन्दू और मुस्लिम रहते हुए भी परस्पर-मैत्री के सूत्र में गुँथी-बिंधी रहतीं। परन्तु अंग्रेज़ी शिक्षा प्राप्त युवक अंग्रेज़ों के बनाये इतिहास-ग्रन्थ पढ़ते थे। इन ग्रन्थों में हिन्दुओं की और मुसलमानों की भावनाएँ एक-दूसरे के विरुद्ध उभाड़ने की कोशिश की गयी थी। अंग्रेज़ों की नीति ही यह थी कि इन दोनों जातियों में कभी एकता न हो।

उन्होंने हिन्दू-मुस्लिम वैमनस्य का प्रचार करके दोनों जातियों में मनोमालिन्य बढ़ाने का प्रयत्न किया। किन्तु बंग-भंग-विरोधी आन्दोलन ने हिन्दू-मुस्लिम एकता क़ायम कर दी थी। इसे तोड़ने के लिए ज़रूरी था कि कोई नयी संस्था क़ायम की जाये। फलतः अंग्रेज़ों ने अपने एक ख़ास आदमी, सर आग़ाख़ान को चुना। उसके हाथों सन् 1906 में मुस्लिम लीग की स्थापना की गयी।

अंग्रेज़ों के विरुद्ध आन्दोलन बढ़ता ही गया और जनता में असन्तोष पैदा होने के नये-नये कारण सामने आने लगे। सरकार ने कुछ समाचार-पत्रों की उग्र भाषा देखकर उनके ख़िलाफ़ मामले चलाये। इस बीच रावलपिंडी, लाहौर तथा पंजाब के अन्य स्थानों में सरकार के विरुद्ध उग्र प्रदर्शन हुए। सरकार ने लाला लाजपत राय और अजीत सिंह को जेल में डाल दिया। उधर बंगाल के मुजफ़्फ़रपुर में बम का विस्फोट हुआ! इस विस्फोट के फलस्वरूप कुछ अंग्रेज़ मारे गये। भारत में वह पहला राजनैतिक बम विस्फोट था।

इस बम विस्फोट पर तिलक ने अपने साप्ताहिक पत्र **केसरी** में एक राजनैतिक लेख लिखा, जिसके फलस्वरूप उन पर राजद्रोह का मुकदमा चलाया गया। उन्हें छह साल के लिए मांडले जेल भेज दिया गया। उधर, प्रेस एक्ट के द्वारा, सरकार की उग्र-आलोचना पर पाबन्दी लगा दी गयी। सभाओं पर भी प्रतिबन्ध लगाये गये।

इस प्रकार भारत में अंग्रेज़ों ने दमन द्वारा राष्ट्रीय आन्दोलन को कुचलना चाहा। लेकिन भीतर-ही-भीतर आग सुलगती रही।

एक ओर दमन किया गया। किन्तु, दूसरी ओर, अंग्रेज़ों ने ऐसे भारतीयों को जो उनसे हाथ मिलाने के लिए तैयार हों, उन्हें अपने साथ लाने के लिए कुछ वैधानिक सुधार किये। मोर्ले-मिंटो सुधार के अन्तर्गत, प्रान्तीय विधान सभाएँ बनीं, प्रान्तीय मन्त्रिमंडल बनाने की व्यवस्था की गयी। उसी प्रकार केन्द्र में एक लेजिस्लेटिव एसेम्बली तथा कौंसिल ऑफ़ स्टेट—राज्य परिषद्—बनायी गयी। ये सुधार निःसार थे। सारी शक्ति गवर्नरों के और गवर्नर-जनरल (अब वह वाइसराय कहलाने लगा था) के हाथ में थी।

जलियाँवाला बाग़

उधर ब्रिटिश सरकार ने डॉ. सत्यपाल और डॉ. सैफुद्दीन किचलू को गिरफ़्तार करके प्रान्त से निकाल दिया था। इसके विरोध में अमृतसर में लोगों ने प्रदर्शन किया। दूसरे दिन, एक मेले में बहुत-से गाँववाले जमा हुए। ब्रिटिश सरकार ने सभाओं पर प्रतिबन्ध लगा दिया था। किन्तु, बावजूद इसके सभा हुई। ओ-डायर नाम के अंग्रेज़ जनरल ने मानव-हत्या का एक कलंकपूर्ण उदाहरण प्रस्तुत किया। उसने शान्तिपूर्ण जन-समूह पर 1605 गोलियाँ दागीं। सरकारी आँकड़ों के अनुसार, 378 लोग वहीं-के-वहीं मर गये, और 1200 के ऊपर बुरी तरह जख्मी हुए। जो जख्मी हुए उन्हें अस्पताल नहीं ले जाया गया। इस मानव-हत्या की अनुमति पंजाब सरकार ने दे रखी थी। ओ-डायर का बाल-बाँका नहीं हुआ। यही नहीं, जलियाँवाला बाग़ की घटना सुनकर, जब गुरुदासपुर के लोग उत्तेजित होकर सड़कों पर जमा होने लगे तो उस नगर पर और

समीपवर्ती गाँवों पर बम बरसाए गये और लगभग ढाई महीने मार्शल लॉ लगा दिया गया। यह घटना सन् 1920 की है।

ख़िलाफ़त आन्दोलन

सारे देश में, अंग्रेज़ों के विरुद्ध रोष छा गया। सब जगह उनका धिक्कार किया गया। इसी बीच देश में ख़िलाफ़त आन्दोलन चल पड़ा। तुर्किस्तान का बादशाह, इस्लाम के अन्तर्गत, 'ख़लीफ़ा' (सर्वोच्च धर्माधिपति) भी था। सन् 1914 की लड़ाई में जर्मनी के साथ तुर्किस्तान भी हार गया था। इसलिए, अंग्रेज़ों ने तुर्किस्तान के बादशाह के अधिकार कम कर दिये थे। ख़िलाफ़त आन्दोलन भारतीय मुस्लिम भावनाओं के अनुकूल था। उसका उद्देश्य तुर्की के साथ किये गये ब्रिटिश दुर्व्यवहार का विरोध करना था। उसके नेता मुहम्मद अली और शौकत अली थे। महात्मा गांधी, जो पहले दक्षिण अफ्रीका में भारतीयों को वर्ण-द्वेष के विरुद्ध मानवोचित अधिकार दिलाये जाने के सम्बन्ध में आन्दोलन कर रहे थे, अब भारत आ चुके थे। देश के महान् नेता लोकमान्य बाल गंगाधर तिलक की (सन् 1920 में) मृत्यु हो चुकी थी। महात्मा गांधी ने ख़िलाफ़त आन्दोलन का समर्थन किया। वे अब अली-बन्धुओं के साथ देश में घूम-घूमकर राष्ट्रीय प्रचार करने लगे। हिन्दू-मुस्लिम एकता स्थापित हुई और राष्ट्रीय चेतना की लहरें देश-भर में फैलने लगीं।

असहयोग और सत्याग्रह

इस आन्दोलन का ऐतिहासिक महत्त्व है। उसके दौरान में महात्मा गांधी ने जनता के सामने तीन सिद्धान्त—(1) असहयोग, (2) सत्याग्रह और (3) अहिंसा—रखे। असहयोग का अर्थ है—अंग्रेज़ों की कोर्ट-कचहरियों, नौकरियों और शिक्षालयों को त्याग देना, प्रशासन कार्य में अंग्रेज़ों से कोई सहयोग न करना। यह असहयोग का सिद्धान्त था। अंग्रेज़ों को कर न देना, दमन का सामना शान्तिपूर्वक करते जाना—यह सत्याग्रह है। असहयोग और सत्याग्रह अहिंसात्मक पद्धति ही से होना चाहिए। उन दिनों बारडोली का सत्याग्रह बहुत गूँजा।

गांधीजी का यह आन्दोलन सन् '20 का आन्दोलन कहलाता है। सारे देश में महात्मा गांधी के नेतृत्व में यह आन्दोलन चला। किन्तु कुछ जगहों पर उसका रूप अहिंसात्मक न रह सका, विशेषकर, चौरीचौरा में। गांधीजी ने अहिंसा-सिद्धान्त का पालन न होते देख उसे वापिस ले लिया।

अंग्रेज़ तो मौक़ा देख ही रहे थे। आन्दोलन ढीला पड़ते ही उनकी प्रेरणा से स्थान-स्थान पर हिन्दू-मुस्लिम दंगे करवाये गये (एक भयानक दंगा मालाबार में हुआ)। उधर राष्ट्रीय नेताओं को जेल में ठूँस दिया गया।

अंग्रेज़ों ने महात्मा गांधी को गिरफ्तार कर छह साल के लिए जेल में डाल दिया। मुहम्मद अली तथा शौकत अली को लम्बी सज़ा दी गयी। इधर एक राष्ट्रीय नेता चित्तरंजन दास क़ैद से छूटे। उन्होंने नयी बनायी गयी स्वराज्य पार्टी के द्वारा विधानमंडलों में जाकर, जनता की आवाज़ बुलन्द करने की ठानी। सन् 1924 में जेल में महात्मा गांधी बीमार पड़ गये, इसलिए उन्हें छोड़ दिया गया। उधर स्वराज्य पार्टी केन्द्रीय एसेम्बली में जाकर जनता की भावनाएँ प्रकट करने लगी।

नेहरू कमेटी

कांग्रेस ने पंडित जवाहरलाल नेहरू के नेतृत्व में एक कमेटी क़ायम की थी, जिसका उद्देश्य स्वराज्य की रूपरेखा बनाना था। सन् 1929 में कांग्रेस ने घोषणा कर दी कि अगर भारत को एक साल के भीतर 'स्वराज्य' (डोमीनियन स्टेटस) नहीं दिया गया तो वह पूर्ण स्वतन्त्रता प्राप्ति का प्रस्ताव पास करेगी।

उन दिनों अंग्रेज़ों ने भारतीय स्वायत्तशासन-सम्बन्धी प्रस्तावों के बारे में जाँच-पड़ताल के लिए साइमन कमीशन नियुक्त किया था। वह सालों तक काम करता रहा, नतीजा कुछ न निकला। पंजाब की जनता ने साइमन कमीशन का बहिष्कार किया। उग्र प्रदर्शन हुए। लाठी-चार्ज हुआ। इसके फलस्वरूप पंजाब के वीर नेता लाला लाजपत राय बुरी तरह घायल हुए। शीघ्र ही उनका देहान्त हो गया। सारे देश का वातावरण गरम हो गया। आतंकवादी प्रवृत्तियाँ बढ़ने लगीं। इसी बीच किसी आतंकवादी ने केन्द्रीय एसेम्बली में पब्लिक गैलरी में से बम का गोला फेंक दिया।

इस उत्तेजित वातावरण पर ठंडा पानी डालने के लिए, अंग्रेज़ों ने इंग्लैंड में गोलमेज़ परिषद् आयोजित किये जाने का ऐलान किया। महात्मा गांधी ने भी घोषित किया कि अगर सन् '30 के भीतर डोमीनियन स्टेटस नहीं दिया गया तो सत्याग्रह शुरू कर दिया जायेगा।

सविनय अवज्ञा

महात्मा गांधी ने अब नमक सत्याग्रह शुरू किया। अंग्रेज़ों ने नमक पर कर लगाया था। नमक सम्बन्धी क़ानून को तोड़ने के लिए गांधीजी स्वयंसेवकों के एक दल के साथ दांडी गये और वहाँ जाकर क़ानून भंग किया। उस दिन से सरकारी कानून तोड़ने की एक मुहिम चल पड़ी। हजारों स्वयंसेवक देश-भर में क़ानून तोड़ने लगे और जेल गये। उसके बाद जंगल सत्याग्रह शुरू हुआ। ब्रिटिश माल के बहिष्कार का आन्दोलन देशव्यापी हो गया। मद्य-निषेध का आन्दोलन भी ज़ोरों से चल पड़ा। उधर अंग्रेज़ सरकार ने जुलूस निकालने, सभा आयोजित करने, इत्यादि पर भी कई नगरों में रोक

लगा दी। यहाँ तक कि एक जुलूस का नेतृत्व करते हुए पंडित मदन मोहन मालवीय को भी क़ैद करके जेल में डाल दिया गया।

चूँकि यह आन्दोलन कांग्रेस द्वारा चलाया जा रहा था, इसलिए कांग्रेस कार्यकारिणी ग़ैरक़ानूनी बना दी गयी। कांग्रेस के सदस्यों पर मुकदमे चला-चलाकर उन्हें जेल में डाला जाने लगा।

गोलमेज़ परिषद्

उधर, इंग्लैंड में लेबर पार्टी के नेता मैक्डोनल्ड प्रधानमन्त्री थे। कुछ नेताओं तथा अंग्रेज़ों की कोशिश से यह सुझाव सामने आया कि प्रान्तीय विधान-सभाओं तथा केन्द्रीय विधान-सभा को अधिक अधिकार दिये जायें और कांग्रेस वैधानिक तरीक़े से काम करे। इसलिए, लंदन में एक गोलमेज़ परिषद् बुलाई गयी। कांग्रेस ने सत्याग्रह बन्द कर दिया और महात्मा गांधी आदि नेता गोलमेज़ परिषद् में भाग लेने के लिए लंदन गये। इस गोलमेज़ परिषद् को दूसरी गोलमेज़ परिषद् कहते हैं।

इस परिषद् में महात्मा गांधी कांग्रेस की तरफ से प्रतिनिधि थे।

अंग्रेज़ तो सिर्फ़ समय चाहते थे जिससे कि वे भारत में ऐसी शक्तियों को प्रोत्साहन दे सकें कि जो शक्तियाँ बढ़ते हुए राष्ट्रीय आन्दोलन की प्रगति में बाधा डाल दें। हुआ यही, गोलमेज़ परिषद् में हिन्दू प्रतिनिधित्व, मुस्लिम प्रतिनिधित्व का प्रश्न उठाया गया, यहाँ तक कि अस्पृश्यों को अलग प्रतिनिधित्व दिये जाने का प्रस्ताव भी रखा गया। भारत को अनेक विभेदों में डालकर, उसकी राजनैतिक एकता को छिन्न-भिन्न करने का यह तरीक़ा था। गांधीजी निराश होकर गोलमेज़ परिषद् से लौट आये। देश में आते ही गांधीजी को जेल में डाल दिया गया। नेहरू को भी जेल दी गयी। सरकार अब विशेष आदेशों-अध्यादेशों के द्वारा राज करने लगी। लगभग 30 हज़ार नेता जेल पहुँचे। किन्तु धीरे-धीरे सत्याग्रह आन्दोलन शिथिल होता चला गया।

क़ारावास में गांधीजी ने आत्मशुद्धि के लिए अनशन शुरू किया। इस भय से कि कहीं गांधीजी को कुछ हो गया तो जनता भड़क उठेगी, उन्हें जेल से रिहा कर दिया गया। गांधीजी ने बाहर आकर, कुछ दिनों बाद, सामुदायिक सत्याग्रह बन्द करके व्यक्तिगत सत्याग्रह शुरू किया।

उधर, अंग्रेज़ सरकार ने एक नया विधान लागू किया। अब भारत के सभी प्रान्तों में विधान-सभाएँ बन गयीं। उन्हें पहले से ज़्यादा अधिकार दिये गये। इन प्रान्तों के ऊपर दो केन्द्रीय सभाएँ—विधान-सभा और राज्य-परिषद्—बनीं। उन्हें पहले से अधिक अधिकार दिये गये। यह प्रस्तावित हुआ कि सम्पूर्णतः भारतीय मन्त्रिमंडल बने जो विधान-सभा के प्रति उत्तरदायी रहे। किन्तु, महत्त्व की बात यह है कि इन सभाओं को प्रतिरक्षा विभाग, विदेश विभाग, ईसाई धर्म विभाग नहीं दिये गये, तथा विभिन्न

देशी रियासतों के प्रश्नों पर विचार करने के अधिकार भी इन्हें नहीं दिये गये। दूसरी ओर, गवर्नर-जनरल के भी अधिकार बढ़ा दिये गये। वह मन्त्रिमंडल की सलाह को ठुकरा सकता था। ब्रिटिश कारख़ानों को नुकसान पहुँचानेवाले या उनके व्यापार में बाधा डालनेवाले प्रस्ताव विधान-सभा ने पास किये तो गवर्नर-जनरल उन्हें नामंजूर कर सकता था।

सिर्फ़ एक बात थी। प्रत्यक्ष मतदान पद्धति के स्थान पर अप्रत्यक्ष मतदान पद्धति अमल में लायी गयी। यह अच्छी बात थी, किन्तु वास्तविक अधिकार तो अंग्रेज़ों के ही हाथ में रह आये। कुछ ऐसे विषय भारत को दे दिये गये, जिनका सम्बन्ध देश के भीतरी मामलों से था (ब्रिटिश व्यापार, देशी रियासतें आदि को छोड़कर), जैसे शिक्षा, राजस्व इत्यादि। इसके अतिरिक्त, सारे ब्रिटिश स्वार्थों को लोक-प्रतिनिधियों के प्रभाव से मुक्त रखा गया था। उसी प्रकार, प्रान्तीय विधान-सभाओं में मुसलमानों, अछूतों, सिक्खों, ईसाइयों, एंग्लो-इंडियनों, यूरोपीयनों और स्त्रियों के लिए पहले ही से स्थान निश्चित कर दिये गये थे। अंग्रेज़ जातीय आधार पर निर्वाचन चाहते थे। वे सम्प्रदायवाद को अधिक-से-अधिक बढ़ावा देना चाहते थे, जिससे कि वे एक गुट को दूसरे गुट के ख़िलाफ़ करते हुए, अपना शासन क़ायम रख सकें।

कांग्रेस ने एक बार अपनी शक्ति नापने की सोची। प्रान्तीय विधान-सभाओं के लिए कांग्रेस ने चुनाव लड़ा। भारत के लगभग सभी प्रान्तों में, यहाँ तक कि सीमा प्रान्त में भी, उसके मन्त्रिमंडल बन गये। यह साबित हो गया कि मुस्लिम क्षेत्र में भी, सब जगह, मुस्लिम लीग मुसलमानों का प्रतिनिधित्व नहीं करती।

इधर कांग्रेस को शासन का भी कुछ अनुभव प्राप्त हो गया। राज-कर्मचारी अब कांग्रेसी मन्त्रियों को सलाम करने लगे। देश में एक नये वातावरण की सृष्टि हुई।

इसी बीच, देश में एक ओर मुस्लिम लीग के नेतृत्व में सम्प्रदायवाद खूब बढ़ा। राष्ट्रीय नेताओं ने लीगी नेता जिन्ना से बार-बार समझौता करना चाहा, लेकिन असफलता ही मिलती गयी।

फलतः, हिन्दू सम्प्रदायवाद भी बहुत बढ़ गया। अब मुस्लिम लीग ने पाकिस्तान का नारा लगाया। राष्ट्रीय आन्दोलन ने इस नारे का विरोध किया। जानबूझकर जगह-जगह साम्प्रदायिक दंगे कराने की कोशिश की गयी। इनमें अंग्रेज़ सरकार का अप्रत्यक्ष-सहयोग रहा आया।

अन्तर्राष्ट्रीय घटना-चक्र

कांग्रेस ने उन राष्ट्रों के प्रति अपनी सहानुभूति प्रकट की जो अपनी आज़ादी के लिए लड़ रहे थे। सैनिक तानाशाह फ्रैंको ने स्पेन की जनतन्त्रवादी सरकार के विरुद्ध विद्रोह किया। हमारे राष्ट्रीय आन्दोलन ने जनतन्त्रवादी स्पेन का समर्थन किया। उसी प्रकार

इटली के फ़ासिस्ट तानाशाह मुसोलिनी ने अफ्रीका के एक छोटे देश अबीसीनिया पर हमला किया, उसी तरह जापान ने चीन पर हमला करके उससे मंचूरिया छीन लिया। अब जापान ने आगे चलकर ख़ास चीन के दूसरे हिस्से भी कब्जे में कर लिये। कांग्रेस तथा पूरे राष्ट्रीय आन्दोलन की सहानुभूति चीन के साथ रही।

दूसरा विश्वयुद्ध

नात्सी तानाशाह हिटलर के नेतृत्व में जर्मनी ने, इटली और जापान के साथ एक होकर, यूरोप में ज़बर्दस्त लड़ाई छेड़ दी। फ्रांस तथा अन्य राष्ट्र उसके कब्जे में चले गये, ब्रिटेन पर भी हमला किया। बाद में रूस पर भी वह चढ़ दौड़ा। इस प्रकार, एक ओर, ब्रिटेन, अमरीका और रूस का एक पक्ष, तथा दूसरी ओर, जर्मनी, जापान और इटली का दूसरा पक्ष—इन दो के बीच भयानक युद्ध शुरू हुआ। (यह घटना सन् 1939-45 है।)

लड़ाई छिड़ती देखकर अंग्रेज़ों ने गवर्नर जनरल को अधिक अधिकार दे दिये। रही-सही ताक़त भी जब अंग्रेज़ों के हाथ में आ गयी, तो कांग्रेस ने मन्त्रिमंडल छोड़ दिये। उधर ब्रिटिश सरकार के एक प्रतिनिधि, सर स्टैफर्ड क्रिप्स, अंग्रेज़ों की तरफ़ से एक नयी योजना लेकर आये, जो यदि स्वीकृत की जाती तो हिन्दुस्तान के दो नहीं अनेक टुकड़े हो जाते। कांग्रेस ने उसे अस्वीकार कर दिया।

भारत छोड़ो आन्दोलन

शीघ्र ही 'भारत छोड़ो' आन्दोलन शुरू हुआ। अंग्रेज़ों ने कांग्रेस को ग़ैरक़ानूनी करार दिया। सब नेताओं को गिरफ्तार कर जेल में डाल दिया। साम्प्रदायिक उत्तेजना का वातावरण बनाया गया। सिन्ध और सीमा प्रान्त में हिन्दू-मुस्लिम दंगे कराये गये। इधर जनता एक होकर 'भारत छोड़ो' आन्दोलन चलाती जा रही थी। राष्ट्रीय आन्दोलन की उग्रता बढ़ती ही जा रही थी। अंग्रेज़ों ने आन्दोलनकारियों को बहुत ही पशुतापूर्वक कुचला। आष्टी और चिमूर नामक गाँवों में उन्होंने अत्याचार की पराकाष्ठा कर दी।

बंगाल का अकाल

इसी बीच बंगाल में अकाल पड़ा। युद्ध के कारण भाव महँगे हो गये थे। फसल खूब अच्छी हुई थी। किन्तु कीमतें इतनी बढ़ गयी थीं कि ग़रीब किसानों के पास अनाज ख़रीदने के लिए पैसा नहीं रहा। शहरों और गाँवों के ग़रीब मरने लगे। ग़रीब औरतें

अपने बच्चे बेचने लगीं। लाखों लोग भूख से मर गये। भारतीय जनता ने देश-भर में चन्दा करके उसे बंगाल पहुँचाया। अंग्रेज़ों के विरुद्ध वातावरण अब और प्रक्षुब्ध हो उठा।

महात्मा गांधी के अनन्य सहचर महादेव देसाई और गांधीजी की पत्नी सौ. कस्तूरबा जेल में ही मर गयीं। गांधीजी का स्वास्थ्य खराब हो गया। उन्हें जेल से रिहा कर दिया गया।

उधर जर्मनी रूस के भीतर तक घुस आया था। धीरे-धीरे रूसी सँभले, और उन्होंने जर्मनी को पीछे ढकेलना शुरू किया। क्रमशः, रूसी बर्लिन तक आने लगे। इधर पश्चिमी देशों की सेनाएँ फ्रांस में उतरीं और अन्त में धीरे-धीरे हिटलर के जर्मनी का ख़ात्मा हो गया। इटली भी हार गया। जापान के दो नगरों, हिरोशिमा और नागासाकी, पर अमरीका ने ऐटम बम डाला। जापान ने घुटने टेक दिये।

अब दुनिया में दो देश सर्वाधिक बलिष्ठ दिखाई दिये—रूस और अमरीका। भारत में अंग्रेज़ों के ख़िलाफ़ वातावरण बनता रहा। सुभाषचन्द्र बोस ने भारत के बाहर जाकर अपनी एक सेना बनायी थी, जिसे इंडियन नेशनल आर्मी कहते हैं। युद्ध समाप्त होने पर सैनिकों को पकड़ लिया गया और उन पर मुकदमे चलाये गये, जिसका परिणाम यह हुआ कि देश-भर में जोश छा गया। उधर बम्बई के पास की जहाजी सेनाओं के भारतीय अफ़सरों ने विद्रोह कर दिया, और उत्तर प्रदेश तथा बिहार की पुलिस ने हड़ताल कर दी।

जब फ़ौज और पुलिस में भी विद्रोहपूर्ण भावनाएँ फैलने लगीं और भारत की उत्तरी सीमा पर रूस प्रबल हो उठा तब अंग्रेज़ों ने स्वाधीनता प्रदान की। स्वाधीनता प्रदान करने के पहले उन्होंने देश के दो टुकड़े कर दिये। कांग्रेस के कुछ नेताओं ने, जिनमें महात्मा गांधी और मौलाना अबुलक़लाम आज़ाद थे, भारत-विभाजन का विरोध किया। किन्तु देश स्वतन्त्रता के लिए लालायित था। इसलिए पूरी परिस्थिति देखकर, भारत-विभाजन स्वीकार कर लिया गया। इस प्रकार 15 अगस्त, 1947 के दिन भारत को स्वाधीनता प्राप्त हुई।

भारत से अंग्रेज़ी राज समाप्त हो गया! प्रथम केन्द्रीय मन्त्रिमंडल में पंडित जवाहरलाल नेहरू प्रधानमन्त्री बने।

पाकिस्तान बनने के कारण देश में साम्प्रदायिक दंगे हुए। उधर पाकिस्तान में भी भयानक दंगे हुए। वहाँ से लाखों हिन्दू भारत की तरफ़ भागे, और यहाँ से लाखों मुसलमान पाकिस्तान चले गये। इस भगदड़ में असीम हानि हुई, बच्चे खो गये, औरतें लापता हो गयीं, सम्पत्ति का नाश हुआ।

प्रथम मन्त्रिमंडल को सबसे पहले शरणार्थियों की समस्या तथा देश में शान्ति और सुव्यवस्था की समस्या का सामना करना पड़ा। उधर सरदार वल्लभभाई पटेल के नेतृत्व में देशी राज्यों को भारत में विलीन कर लिया गया। किन्तु पाकिस्तान

काश्मीर को हथियाना चाहता था, इसलिए उसने काश्मीर के एक हिस्से को अपने कब्जे में कर लिया। काश्मीर की बहुसंख्यक जनता मुस्लिम होते हुए भी राष्ट्रीय स्वाधीनता आन्दोलन के साथ रही आयी। वहाँ कभी भी मुस्लिम सम्प्रदायवाद का प्रभाव नहीं था।

इधर उत्तेजित होकर एक हिन्दू सम्प्रदायवादी ने प्रार्थना सभा में जाते हुए महात्मा गांधी को अपनी गोली का शिकार बनाया। परिणामस्वरूप, देश-भर में शोक छा गया, दुःख की काली छाया विस्तीर्ण हो उठी।

यह घटना 30 जनवरी, 1948 की है।

जनवरी सन् 1950 में भारत में नया संविधान लागू हुआ। भारत एक सार्वभौम गणतन्त्र राज्य बन गया। भारत के इतिहास में एक महान् परिवर्तन हो गया।

राष्ट्रपिता महात्मा गांधी

महात्मा गांधी ने देश की स्वाधीनता, विश्व की शान्ति और मैत्री तथा अन्याय के विरुद्ध अहिंसात्मक प्रतिरोध और मानव-हृदय को नैतिक बल प्रदान किया। उन्होंने देश और विश्व के बड़े-बड़े मनीषियों के विचारों को अपने में रंग दिया, भारतीय जनता को नये आध्यात्मिक संस्कार प्रदान किये। देश की महत्तम विभूतियों में महात्मा गांधी का नाम है।

राष्ट्रपिता महात्मा गांधी

हज़ारों वर्षों में एकाध बार जो आदमी नज़र आते हैं, उनमें महात्मा गांधी का नाम आता है। क्यों? इसलिए कि उन्होंने राजनैतिक उद्देश्यों की पूर्ति के लिए विशुद्ध नैतिक अस्त्रों का सफलतापूर्वक प्रयोग किया। 'अहिंसा तथा सत्याग्रह'—उनके ये दो प्रधान सिद्धान्त हैं, जिनके प्रयोग द्वारा उन्होंने भारतीय स्वाधीनता स्थापित की। ब्रिटिश साम्राज्य में एक जमाने में सूरज कहीं नहीं डूबा करता था। आज भी सूरज उगता है, लेकिन ब्रिटिश साम्राज्य चुक गया है। इस प्रचंड ब्रिटिश साम्राज्य को, जो सन् सैंतालीस के पहले दुनिया के सभी हिस्सों में था, महात्मा गांधी ने ऐसी करारी चोट दी कि वह हिल गया।

महात्मा गांधी ने अपने इस कार्य द्वारा विश्व-इतिहास में एक महान् घटना उपस्थित कर दी। आज अमरीका और अफ्रीका की नीग्रो तथा अन्य पराधीन जातियाँ गांधीजी के नैतिक अस्त्रों का प्रयोग करती हैं। महात्मा गांधी के अहिंसा तथा सत्याग्रह के सिद्धान्त इतने सफल क्यों हुए?

महात्मा गांधी न केवल अपने नैतिक सिद्धान्तों में विश्वास करते थे, जनता की आध्यात्मिक और नैतिक शक्ति में उनकी निष्ठा थी। उन्हें मालूम था कि जनता त्याग और बलिदान के उच्च आदर्शों का निर्वाह करते हुए एक-न-एक दिन भारत को स्वाधीन करायेगी ही। इसीलिये उन्होंने निष्ठापूर्वक अपने को जनता का बना लिया। वे उसके अपने हो गये। वे झोपड़ियों में रहते, नंगे पैर चलते, एक धोती-भर पहनते। जिस तरह भारत का दरिद्र-नारायण रहता है, उसी प्रकार उन्होंने अपने को ढाल लिया।

हाँ, ढाल लिया! मोहनदास करमचन्द गांधी के पितृश्री राजकोट रियासत के दीवान थे। उनके यहाँ सबकुछ था—धन, दौलत, पैसा, इज़्ज़त और ताक़त। गांधीजी ने सबको ठुकरा दिया। अपनी आदतों को सुधारा, अपने आप पर काबू किया, स्वयं को वशीभूत कर लिया। वे हृदय की शुद्धि के लिए अनशन करते। उपवास करते।

क्यों करते? इसलिए कि जब मन सुखेच्छाओं के वशीभूत रहता है तो कर्तव्यकार्य करने के कठोर मार्ग पर नहीं चल सकता। इसीलिये, मन को वश में रखना आवश्यक है। उसको मजबूत बनाने के लिए यह ज़रूरी है कि वह अपने सुख या दुःख को न देखकर, दूसरों के दुःख को देखे।

वैष्णव जन तो तेणे कहिए,
जे पीर पराई जाणे रे!

इस पराई पीर के पीछे, उन्होंने अपना सबकुछ त्याग दिया। इसीलिये वे महात्मा थे। उनकी झोपड़ी में हिन्दू, मुस्लिम, सिक्ख, ईसाई सभी धर्मों के भजन और गीत, स्तोत्र और आयतें गूँजती रहती थीं। सन् 1928 में महात्मा गांधी ने कहा था—'मैं इन निर्णयों पर आया हूँ : (1) सब धर्म सत्य हैं; (2) सब धर्मों में कोई-न-कोई ग़लती है; (3) जैसा मुझे मेरा हिन्दू धर्म प्यारा है, वैसे ही मुझे सब धर्म प्यारे हैं।'

जिस समय महत्मा गांधी राजनीति में अवतीर्ण हुए उन दिनों देश की दशा क्या थी? जनता कष्ट में डूबी हुई थी, लेकिन सिर ऊँचा नहीं कर सकती थी। शिक्षित मध्यवर्ग को मालूम नहीं था कि वह किधर जाये। प्राचीन की ओर जाने में उसकी आँखों से सामाजिक जीवन-लक्ष्य लुप्त हो जाता है। जो कुछ नवीन था, वह पश्चिम से मिला था, उसकी उस पर अटूट श्रद्धा न थी। सर्वोच्च रईस-ज़मींदार वर्ग अंग्रेज़ों के आँचल में दुबक गया था। उद्योगपति वर्ग अंग्रेज़ों से नाराज़ था, लेकिन कर कुछ नहीं सकता था, क्योंकि उसके प्रतिदिन के स्वार्थ अंग्रेज़ों से लगे हुए थे। देश में विफलता और उदासीनता का साम्राज्य था।

उस समय राजनीति दो ढंग की थी। या तो कांग्रेस-अधिवेशनों में प्रस्ताव पास करते रहिए और देश में भाषण देते जाइए, या आतंकवादी विस्फोट करते रहिए। दोनों प्रकार की राजनीति में सामान्य जनता को कहीं भी क्षेत्र नहीं मिलता था।

यद्यपि कांग्रेस जनतन्त्रात्मक संस्था थी, फिर भी वोट देने का अधिकार सीमित था और वह उच्चतर वर्गों के ही हाथ में था! महात्मा गांधी ने सबसे पहले कांग्रेस के विधान में संशोधन कर, उसे पूरी जनता के लिए, किसानों और मज़दूरों के लिए खुला कर दिया। उसमें किसान-ही-किसान आये, जिसमें मध्यवर्ग के लोग भी छिटके हुए दिखाई देते थे। कांग्रेस पर किसानों का प्रभाव बढ़ता चला गया। मज़दूर भी आये, किन्तु कम।

अब काम का नम्बर आया। आतंकवादी रास्तों का विरोध किया गया, पुराने शिकायती तरीक़े और उग्र भाषण छोड़कर, काम की एक नयी पद्धति अंगीकार की

गयी। अंग्रेज़ों के प्रतिरोध के लिए, निर्भयता और सत्यनिष्ठा की बुनियाद पर, असहकार और सत्याग्रह का सिद्धान्त रखा गया।

कार्यक्रम दो प्रकार के थे : (1) शान्तिपूर्ण ढंग से, अहिंसात्मक पद्धति से, अंग्रेज़ों के आधिपत्य का प्रतिरोध; (2) समाज-सुधार तथा रचनात्मक कार्य—जैसे अस्पृश्यता का नाश, अल्पसंख्यकों की समस्याओं का समाधान, चर्खा चलाना तथा ग्रामीण उद्योगों को प्रोत्साहन देना इत्यादि।

उन दिनों सामान्य जनता पर अंग्रेज़ों की धाक थी, दबदबा था। विदेशी शासकों के कृपापात्र रहनेवालों का भी समाज पर खूब प्रभाव था! यह आवश्यक था कि जनता पर छायी हुई विदेशी धाक और दबदबे का, उसकी प्रतिष्ठा और साख का लोप हो, जनता के दिल खुलें, उसमें साहस उत्पन्न हो, वह निर्भय और सत्यपरायण बने। अंग्रेज़ सरकार की बुनियाद को खिसका देने के लिए ही महात्मा गांधी ने सबसे पहले विदेशी शासकों द्वारा दी गयी उपाधियों के त्याग का अनुरोध किया। लोग 'सर', 'रायबहादुर', 'खानबहादुर' और 'राय साहब' की उपाधियाँ एक के बाद एक छोड़ते चले गये। परिणाम यह हुआ कि जनता को यह प्रतीत हुआ कि ये उपाधियाँ नैतिक अधःपतन की, मानसिक दासता की, सूचक हैं। ये उपाधियाँ भद्देपन का लक्षण हैं, निर्लज्जता की निशानी हैं। जनता पर से अंग्रेज़ों की धाक उड़ गयी, उनकी प्रतिष्ठा जाती रही, लोग निर्भय होने लगे। जनता के अनुकूल एक नया वातावरण सामने आया। महात्मा गांधी के जीवन का अनुकरण करते हुए, खाते-पीते लोग सादगी से रहने लगे। धनी, सम्पन्न वर्ग के लोगों ने भी सादगी से रहना शुरू किया। और इस प्रकार से सामान्य जनता के समान दिखायी देने लगे। गांधीजी ने जीवन के नये आदर्श सामने रखे, पुराने मिट गये।

अब तक राजनीतिज्ञ शहरों में लम्बे-चौड़े भाषण देता था। किन्तु अब महात्मा गांधी ने बड़े-बड़े नेताओं को सादगी सिखाकर उन्हें गाँवों में भेजना शुरू किया, जिससे कि वे राष्ट्रीय मुक्ति का सन्देश गाँववालों को दे सकें। इस प्रकार ग़रीब जनता का प्रभाव कांग्रेस पर बढ़ता गया और उसके उत्थान को लक्ष्य में रखा गया। गाँवों और क़स्बों में नया जीवन लहराने लगा।

भारत के सम्बन्ध में गांधीजी की कल्पना क्या थी? 'मैं ऐसे भारत के लिए काम करूँगा जिसमें ग़रीब-से-ग़रीब यह महसूस करेगा कि यह उसका देश है और जिसके निर्माण में उसका भी प्रभावशाली हाथ है। ऐसा भारत जिसमें न उच्च वर्ग है, न निम्न वर्ग, जिसमें अस्पृश्यता का अभिशाप अथवा उत्तेजक मद्यों या बूटियों के अभिशाप को कोई स्थान नहीं है, जहाँ स्त्रियों को वही अधिकार है जो पुरुषों को, यह मेरे स्वप्नों का भारत है।'

ऐसी स्थिति में, महात्मा गांधी भारतीय जनता को एक चुम्बक की भाँति अपने पास खींच लेते, उन्हें मन्त्रमुग्ध कर देते। वे व्यक्ति को समाज से, प्राचीन को भविष्य

से, जोड़ रहे थे। वे जनता को स्वावलंबन, आत्मनिर्भरता, प्रेम, सद्भावना, मानव-एकता तथा सादगी सिखाते थे।

हाँ, धनी और अंग्रेज़ी तरीके से ज़िन्दगी बितानेवाले लोगों को गांधीजी का रास्ता कठिन मालूम हुआ, लेकिन ग़रीब जनता को बहुत आसान लगा। महात्मा गांधी ने जनता के साथ अपने को एकाकार कर लिया। जनता का उत्थान उनका प्रथम लक्ष्य हो गया, धर्म उससे गौण रहा।

महात्मा गांधी ने कहा, 'आधी भूखी जनता कोई धर्म नहीं रख सकती न कोई कला, न कोई संगठन।' 'मेरे लेखे करोड़ों भूखे लोगों को जो उपयोगी दिखाई दे वह सुन्दर है; और तब जीवन का सारा सौन्दर्य और अलंकरण आप-ही-आप अनुगत होगा। मैं ऐसी कला और साहित्य चाहता हूँ जो करोड़ों जनता से बोल सके।'

पहली बार, भारत के इतिहास में करोड़ों भूखे जनों को महत्त्व देनेवाला, इनका सगा बननेवाला, एक व्यक्ति सम्मुख आया, जिसने उसी ग़रीब दबी-कुचली जनता को नैतिक साहस प्रदान करके क्या-का-क्या बना दिया! उस नैतिकतापूर्ण जन-शक्ति के आघात से, ब्रिटिश साम्राज्य चूर-चूर हो गया। नये भारत के उस प्रणेता की मृत्यु भी उसी शहीदाना तरीक़े से हुई। बिस्तर पर मरने या चलते हुए हार्टफेल होने के बजाय, वह महान् आत्मा हमारा राष्ट्रपिता रामनाम का पाठ करते हुए एक तुच्छ हिन्दू सम्प्रदायवादी की गोली का शिकार हुआ!

भारत ही नहीं, विश्व-भर ने उसकी मृत्यु का शोक मनाया। भारत में 30 जनवरी, 1948 का दिन काली छायाओं में डूब गया था।

भारत की स्वाधीनता का सूर्य

प्रधानमन्त्री पंडित जवाहरलाल नेहरू के नेतृत्व में भारतीय जनतन्त्र की प्रतिष्ठा हुई। भारत उत्तरोत्तर प्रगति करता गया। आज हमारा देश विश्व में सम्मानित होता है और उसकी आवाज़ को ध्यान से सुना जाता है। इसका मूल कारण पंडित नेहरू का महान् व्यक्तित्व और नेतृत्व है। पंडित नेहरू की नीति विश्व में अधिकाधिक सद्भावना तथा मैत्री के प्रसार के लिए है। यह आवश्यक है, भय से विश्व मुक्त हो। शान्ति के वातावरण में रहकर ही, विश्व और भारत उन्नति कर सकता है। पंडित नेहरू के पास देश का एक स्वप्न है। भारत शक्तिशाली बने—आर्थिक दृष्टि से आत्मनिर्भर हो, सम्पन्न हो, जनता शिक्षित, सुसंस्कृत बने।

भारत की स्वाधीनता विश्व के इतिहास में एक महान् घटना है। प्रचंड शक्तिशाली ब्रिटिश साम्राज्य भारत की चोट से तिलमिलाकर छिन्न-भिन्न होने लगा। शीघ्र ही, विश्व के अन्य राष्ट्र, ब्रिटिश, फ्रेंच, डच साम्राज्यों से मुक्ति पाने लगे। भारत के स्वाधीनता-युद्धों से इन्हें भी प्रेरणा मिली। भारत के साथ ही, सीलोन और ब्रह्म देश भी स्वाधीन हो गया।

इधर, द्वितीय विश्व युद्ध के विजेता देश रूस और अमरीका के बीच प्रतिद्वन्द्विता उठ खड़ी हुई। यूरोप और एशिया में कई देश साम्यवादी हो गये। एक गुट रूस का हुआ। दूसरा, पश्चिमी शक्तियों का, जिसका नेतृत्व अमरीका करता था। दोनों ने अपनी-अपनी शक्ति का विकास करते हुए, अणुबम, हाइड्रोजन बम, राकेट आदि का निर्माण किया।

अपने देश के हितों को ध्यान में रखकर, दोनों प्रतिद्वन्द्वी देशों के बीच भारत ने तटस्थता की नीति बरती। साथ ही, विश्व-शान्ति और निःशस्त्रीकरण की दिशा में भारत ने प्रयत्न किया। भारत ने संयुक्त राष्ट्रसंघ के हाथ मज़बूत किये। इस प्रकार हमने विश्व में युद्ध के वातावरण को घटाने के लिए, नैतिक वातावरण का सृजन करने का प्रयत्न किया। भारत ने 'पंचशील' नामक सिद्धान्तों को विश्व के सम्मुख रखा, जिसके अन्तर्गत यह निश्चित किया गया कि एक देश दूसरे की स्वाधीनता का सम्मान करे और उसकी आन्तरिक राजनीति में हस्तक्षेप न करे।

किन्तु, भारत तब तक अपनी शक्ति नहीं बढ़ा सकता था, जब तक वह आर्थिक दृष्टि से भी आत्मनिर्भर नहीं हो जाये। कृषि तथा उद्योग के विकास के लिए, भारत सरकार ने पंचवर्षीय योजनाएँ कार्यान्वित कीं, जिसके फलस्वरूप देश में भिलाई, राउरकेला, दुर्गापुर, आदि स्थानों पर लोहे के कारखाने स्थापित किये गये। हीराकुंड और भाखरा-नांगल जैसे बाँध बनाये गये, जिनके उपयोग से सिंचाई तथा विद्युत-निर्माण किया जाने लगा। बिजली की भारी मशीनें बनाने, रेलवे इंजन बनाने, पैनिसिलिन नामक अत्यन्त महत्त्वपूर्ण औषधि बनाने, इत्यादि के कारख़ाने खुले। भारत का औद्योगिक विकास और विस्तार होने लगा।

उधर, नये-नये विश्वविद्यालय और कॉलेज खुले। भारत के लोग वैज्ञानिक तथा औद्योगिक प्रशिक्षण के लिए रूस और अमरीका जाने लगे। भारत की सही-सही विदेश नीति और सही-सही राष्ट्र-निर्माण नीति के फलस्वरूप, भारत की प्रतिष्ठा विश्व में बढ़ती गयी। रूस के सर्वोच्च नेता ख़ुश्चेव, बुलगैनिन तथा अमरीका के राष्ट्राध्यक्ष आइज़ेनहॉवर ने भारत की भेंट की, दौरा किया। वे भारत की प्रगति से बहुत प्रभावित हुए।

सन् 1961 के दिसम्बर में भारत ने गोवा लिया, और इस प्रकार साढ़े चार सौ साल से चले आ रहे पुर्तगीज़ साम्राज्य का भारत से लोप हो गया। काश्मीर का एक भाग जो पाकिस्तान ने हथिया लिया, और काश्मीर का उत्तरी सीमान्त का कुछ हिस्सा जो चीन ने ले लिया—ये समस्याएँ अभी बची हुई हैं। धैर्य और शान्ति, सद्‌भावना और शक्ति, मैत्री और बल दोनों के प्रयोग से ये समस्याएँ भी धीरे-धीरे सुलझ जायेंगी।

संयुक्त राष्ट्रसंघ के अन्तर्गत भारत की सेनाओं ने उत्तरी तथा दक्षिणी कोरिया के बीच शान्ति स्थापित की। भारत ने, दक्षिण-पूर्वी एशिया के उलझे हुए मामलों में हस्तक्षेप करके, शान्ति स्थापित करने का प्रयत्न किया। आज भारत विश्व के अन्यतम देशों में है। उसकी आवाज़ सब देशों को सुननी पड़ती है। उसकी सलाह में एक वजन होता है।

इस सबका श्रेय विश्व के अन्यतम राजनीतिज्ञ पंडित जवाहरलाल नेहरू को है। अगर कोई पूछे कि भारत के श्रेष्ठतम राजनैतिक पुरुष कौन हुए, जिनका नाम और काम दुनिया को जानना चाहिए, तो इसका उत्तर होगा, अशोक, अकबर, महात्मा गांधी और पंडित जवाहरलाल नेहरू!

अंग्रेज़ों की देन

अंग्रेज़ों ने ज़बर्दस्ती ही क्यों न सही, भारत को नवयुग में प्रवेश कराया। अपने स्वार्थों की पूर्ति के लिए (पढ़िए **डिसकवरी ऑफ इंडिया**) अंग्रेज़ों ने भारत को खून से

तर-ब-तर कर दिया फिर भी यह श्रेय उन्हें देना ही होगा कि भारत में आधुनिक सभ्यता का उदय अंग्रेज़ों के कारण हुआ। साथ ही, प्राचीन सामन्ती समाज-व्यवस्था भारत में हमेशा-हमेशा के लिए नष्ट हो गयी।

वैज्ञानिक संचार-साधनों तथा आवागमन के साधनों का जाल देश-भर में फैल जाने से जो घनिष्ट परस्पर-सम्पर्क स्थापित हुआ, उसके फलस्वरूप यह बोध उत्पन्न हुआ कि भारत एक राष्ट्र है, हम सब उसके अंग हैं। राष्ट्रवाद के अभ्युत्थान की आधार-भूमि अंग्रेज़ों ने, जाने-अनजाने ढंग से, तैयार की।

हमने उनसे राजनैतिक सामाजिक संस्थाएँ भी लीं, जैसे पार्लियामेंट, कांग्रेस, निर्वाचन, कानून, यूनिवर्सिटी, सरकारी महकमे और उनकी कार्य-विधियाँ, इत्यादि। इनको प्राप्त करने के लिए हमें सर नहीं मारना पड़ा।

हमने पश्चिम से ब्रिटेन के ज़रिये औद्योगिक संगठन, वैज्ञानिक साधन, जैसे, बिजली, तार, मोटर, रेल-इंजन, जहाज़, इत्यादि का शास्त्र प्राप्त किया। अंग्रेज़ी भाषा भी हमें उनसे मिली, जिसके माध्यम से हम विश्व के ज्ञान को भारत में ला सके। साथ ही, आधुनिक राजनैतिक, सामाजिक, सांस्कृतिक विचारधाराएँ हमें अंग्रेज़ी से मिलीं।

ब्रिटेन ने हमारा नुकसान बहुत किया। हमारे देश के धन और सम्पत्ति के द्वारा, ब्रिटेन में औद्योगिक क्रान्ति हुई, औद्योगिक विकास और प्रसार हुआ। हमने कितना खोया यह इस बात से सिद्ध होगा कि जिन दिनों हमने स्वतन्त्रता खोई, उन्हीं दिनों के आस-पास संयुक्त राज्य अमरीका ने (जो हमसे, उन दिनों के लिहाज़ से, बहुत पिछड़ा हुआ, निर्धन, तथा बहु-जातीय था) स्वाधीनता प्राप्त की। किन्तु डेढ़ सौ साल की विकास-प्रक्रिया के दौरान में वह विश्व के सर्वाधिक शक्तिशाली दो राष्ट्रों में से एक बन बैठा। और हम अपने हज़ारों सालों से चले आते हुए पिछड़ेपन को दूर करने के प्रारम्भिक प्रयत्न ही कर रहे हैं। किन्तु, प्रधानमन्त्री पंडित जवाहरलाल नेहरू के नेतृत्व में भारत की उन्नति दिन दूनी रात चौगुनी हो रही है, यह हमीं नहीं, सारी दुनिया कह रही है।

महानों का मन्वन्तर

भारतीय सांस्कृतिक पुनर्जागरण और राष्ट्रीय अभ्युत्थान में अनेकों महान् आत्माओं ने योगदान दिया। उनमें से कुछ पश्चिम की तरफ़ झुके, कुछ पूर्व की ओर, किन्तु सबने राष्ट्रीय चेतना के विकास-स्तर को ऊँचा उठाने का प्रयत्न किया। उनमें से कुछ के नाम अविस्मरणीय रहेंगे। उन्नीसवीं सदी के मध्य से बीसवीं सदी के मध्य तक ये महान् पुरुष हमारे सामने आये। इसलिए हम पिछले सौ सालों को 'महानों का मन्वन्तर' भी कह सकते हैं।

उन दिनों सुशिक्षित जनता में दुमुँही प्रवृत्ति थी। एक वह थे जो पश्चिम के ज्ञान को आत्मसात् कर भारत को रूढ़ि की दासता से मुक्त करना चाहते थे, एक वे थे जो हमें प्राचीन संस्कृति का भान करा रहे थे। इन दोनों के बीच संघर्ष होना भी स्वाभाविक था।

दयानन्द सरस्वती

उन्नीसवीं सदी के उत्तरार्ध में जिन उद्‌भट समाज-सुधारकों का जन्म हुआ उनमें दयानन्द सरस्वती प्रधान हैं—ऐतिहासिक दृष्टि से। आज के रूढ़िग्रस्त धर्म का विरोध करने के लिए उन्होंने पश्चिम की ओर नहीं देखा, वरन् प्राचीन वैदिक आर्य धर्म से उन्होंने प्रेरणा ग्रहण की। उसका पुनरुज्जीवन करने का उन्होंने प्रयत्न किया। वे स्वतन्त्र विचारवादी विद्वान् चिन्तक थे। उन्होंने हिन्दुओं के धार्मिक अन्धविश्वासों पर कुठाराघात किया; किन्तु प्राचीन वैदिक विश्वासों और प्रणालियों का उन्होंने स्पष्टीकरण भी किया। उन्होंने अन्य धर्मावलम्बियों को हिन्दू बनाने का मार्ग खोल दिया। उन्हें 'शुद्ध' किया जाने लगा। फलतः आर्य-समाज की टक्कर उन धर्मों से हुई, जो स्वयं ही अपने में दूसरों को दीक्षित करते थे। बीसवीं सदी के प्रारम्भिक दशकों में पंजाब और उत्तर प्रदेश में आर्यसमाज का बड़ा स्थान था, जो अभी भी है।

विवेकानन्द

स्वामी रामकृष्ण परमहंस के शिष्य स्वामी विवेकानन्द का व्यक्तित्व अपने आप में एक मनोहर और उदात्त दर्शन था। मुखमंडल पर अपूर्व तेज, सहज आत्मविश्वास, अपने मन और कार्य के औचित्य की स्वाभाविक भावना, प्रकृति-जात आत्म-सन्तुलन और कोमल आवेशमय दृष्टि सब ओर प्रेरणा के विद्युतकण बिखेरती थी। उन्होंने विश्व को भारत का आध्यात्मिक सन्देश प्रदान किया—ऐसा आध्यात्मिक सन्देश, जिसमें कोई अन्धविश्वासपूर्ण रहस्यवाद नहीं था, या तर्क-वितर्कपूर्ण वितंडा नहीं था, वरन् प्रखर विश्लेषण से युक्त समग्र-बोध था। वैज्ञानिक बुद्धि के द्वारा दार्शनिक तत्त्व-निरूपण करते हुए भी उनके वेदान्त में सृजनशील निष्ठा का आवेश था।

जाति, सम्प्रदाय और राष्ट्र की दीवारें तोड़कर, उसके परे सर्वजनहिताय मात्र मानव-सेवा के लिए, विवेकानन्द ने रामकृष्ण मिशन की स्थापना की। आज यह मिशन भारत, पाकिस्तान, अमरीका, फिजी और दक्षिण अफ्रीका में निःस्वार्थ मानव-सेवा कर रहा है; और इस प्रकार, वह मानव-कल्याण का साक्षात् और ज्वलंत उदाहरण सामने रखे हुए हैं।

विवेकानन्द स्वयं प्रभावशाली वक्ता और लेखक थे। सन् 1893 में उन्होंने अमरीका के शिकागो नगर में सर्व-धर्म-सम्मेलन (पार्लियामेंट ऑफ रिलीजन्स) में भाग लिया। वहाँ वे एकाध साल रहे। उसके बाद यूरोप का दौरा करते हुए वे इजिप्ट और चीन गये। यूरोप के धर्मों से वे प्रभावित नहीं हुए थे। विश्व यात्रा से लौटकर भारतीय दर्शन में उनकी निष्ठा पहले से ज़्यादा हो गयी।

वे कहते थे कि मानव में ईश्वरीय आत्मा देखना ही धर्म है। मानव अन्तःकरण स्वयं ईश्वरीय गुणों का समुदाय है। केवल इन गुणों के सक्रिय होने की देर है। विवेकानन्द का दर्शन उदात्त मानव दर्शन था।

यद्यपि उन्होंने राजनीति में भाग नहीं लिया किन्तु उनके सामाजिक और राजनैतिक विचार सुस्पष्ट थे। वे बार-बार स्वाधीनता, समानता, जनता के उत्थान के कार्य पर जोर देते थे। वे कहते—'कार्य और विचारों की स्वाधीनता, जीवन-विकास तथा कल्याण की मूल भूमि है। जहाँ उसका अस्तित्व नहीं है, वहाँ मनुष्य, मानव जाति और राष्ट्र नष्ट होनेवाले हैं।'

विवेकानन्द ने कहा, 'भारत की आशा का केन्द्र केवल जनता है; उच्चतर वर्ग मानसिक और नैतिक धरातल पर मृतवत् हो गये हैं।' उन्होंने कहा, 'मैं समाजवादी हूँ, इसलिए नहीं कि वह व्यवस्था सर्वगुणसम्पन्न है, वरन् इसलिए कि जहाँ रोटी ही नहीं है, वहाँ आधी रोटी अच्छी है। अन्य व्यवस्थाओं का प्रयोग किया जा चुका, और उनमें ख़ामियाँ पायी गयीं। अब इसका प्रयोग किया जाये, अगर और किसी बात के लिए नहीं तो केवल उसकी नवीनता ही के लिए क्यों न सही।'

विवेकानन्द क्रमशः अन्तर्राष्ट्रीयवादी होते गये। उन्होंने एक जगह कहा, 'भारत के पतन का मूल कारण है अपने घरौंदे में जाकर बैठ जाना और अन्य राष्ट्र से सम्पर्क तोड़ देना। फलतः, भारतीय सभ्यता मसाले से भरी शव-मूर्ति जैसी जड़ीभूत हो गयी!' उन्होंने एक जगह कहा, 'समाजशास्त्र और राजनीति में भी बीस साल पहले जो समस्याएँ केवल राष्ट्रीय थीं, वे आज केवल राष्ट्रीय आधार पर हल नहीं की जा सकतीं। आज उन्होंने बृहद् आकार और विशाल रूप धारण कर लिया है। वे तभी हल की जा सकती हैं जब उन्हें व्यापक दृष्टि से अन्तर्राष्ट्रीय आधार पर देखा जाये।'

भारतीय जनों को सम्बोधित करते हुए वे बार-बार कहते, 'निर्भय बनो, शक्तिमान बनो।'

'सत्य की कसौटी है—जो चीज़ तुम्हारे शरीर को, बुद्धि को, आत्मा को कमजोर बनाती है उसे ज़हर के समान निकालकर फेंक दो, क्योंकि उसमें कोई प्राण नहीं है। इस दर्शन को स्वीकारो। श्रेष्ठतम सत्य दुनिया की सबसे सीधी बातें हैं। इतनी सीधी और आसान जितना कि तुम्हारा होना।' उन्होंने अन्धविश्वासों से जनता को आगाह किया, 'मैं तुम्हें अन्धविश्वासी मूर्खों की अपेक्षा घनघोर नास्तिक देखना पसन्द करूँगा, क्योंकि नास्तिक जीवन-पूर्ण होता है; और उससे आप कुछ कर सकते हैं। किन्तु यदि अन्धविश्वास आ जाये, तो दिमाग़ चला जाता है, दिमाग़ नरम पड़ने लगता है, और अधःपतन ज़िन्दगी पर हावी हो जाता है।'

इस्लाम के सम्बन्ध में उनके क्या खयाल थे? वेदान्त उनके लिए सर्वोपरि था। किन्तु उस वेदान्त का व्यावहारिक रूप वे इस्लाम में देखते थे, भले ही इस्लाम वेदान्त से अपरिचित रहे। पंडित नेहरू ने अपनी **'डिस्कवरी ऑफ इंडिया'** में विवेकानन्द के वचन दिये हैं। क्यों? इसलिए कि इस्लाम में मानव समानता का व्यावहारिक रूप था। उन्होंने कहा, 'दूसरी ओर, हमारा अनुभव है कि यदि किसी भी धर्म के अनुयायी अपने दैनिक जीवन के व्यावहारिक क्षेत्र में इस समानता के पास पहुँचते हैं—वे ऐसे व्यवहार के गहरे अर्थ और सन्निहित सिद्धान्त जिन्हें हिन्दू भली-भाँति देखते हैं, स्वयं भले ही न समझें—तो वह धर्म इस्लाम और केवल इस्लाम है। हमारे मातृत्व के लिए ही दो महान् व्यवस्था का संयोग—हिन्दू धर्म और इस्लाम, वेदान्त मस्तिष्क और इस्लाम शरीर—ही आशा केन्द्र है।' विवेकानन्द कहते हैं, 'मैं अपने मन की आँखों के सामने भविष्य के उस सर्वगुणान्वित पूर्ण भारत को, उस कीर्तिमान अपराजेय भारत को, देखता हूँ, जिसका देह इस्लाम है और मस्तिष्क वेदान्त है।' वे कहते थे, 'हमारा विश्वास है कि वेदान्त भविष्य की ज्ञानपूर्ण मानवता का धर्म है।'

विवेकानन्द ने भारत के दक्षिण कोण कुमारी अन्तरीप से भाषण देते हुए, गरजते हुए, उत्तर में हिमालय तक की यात्रा की। उन्होंने अपने को इतना क्षीण कर लिया कि वह भव्य देह और दिव्य आत्मा केवल उनतालीस साल की अवस्था में ही स्वर्ग सिधार गयी। यह घटना सन् 1902 की है।

रवीन्द्रनाथ ठाकुर

रवीन्द्रनाथ बंगाल की महान् परम्परा के चरम उत्कर्ष के रूप में सामने आते हैं। यह परम्परा एक ओर राजा राममोहन राय, केशव चन्द्र सेन से होती हुई, तो दूसरी ओर, रामकृष्ण परमहंस और विवेकानन्द से प्रभावित होती हुई, और इन सबको समेटती हुई, रवीन्द्रनाथ ठाकुर के व्यक्तित्व और साहित्य में फूट पड़ी। इस परम्परा में, जो रवीन्द्र के रूप में सामने आयी, एक ओर, अथाह मानव प्रेम तथा तल्लीन सौन्दर्य-भावना थी; उसमें झलकते हुए ईश्वर प्रेम की ज्योति मानव प्रेम में रंगीन हो उठी। उसी परम्परा में, दूसरी ओर, मानव-उत्थान में गहन अनुराग और मानव समानता और मानव एकता के आधार पर विश्वमैत्री का बोध झलक उठता था। उनके व्यक्तित्व और साहित्य में पूर्व और पश्चिम का विलक्षण समन्वय था। उन्होंने अपने व्यक्तित्व और साहित्य द्वारा न केवल विभिन्न प्रान्तों के साहित्यिकों को, वरन् यूरोप के साहित्यिकों को भी, प्रभावित किया। आयरलैंड के विश्वविख्यात कवि डब्ल्यू. बी. यीट्स ने उनकी **गीतांजलि** का अंग्रेज़ी में अनुवाद किया। फ्रांस के महामनीषी उपन्यासकार रोम्याँ रोलाँ ने उन पर पुस्तक लिखी।

उन्होंने बीसवीं सदी के प्रारम्भिक दशकों में स्वदेशी आन्दोलन में भाग भी लिया। उन्होंने मानव व्यक्तित्व की सर्वांगीण उन्नति से प्रेरित होकर, शान्तिनिकेतन और श्रीनिकेतन नामक दो संस्थाएँ स्थापित कीं। श्रीनिकेतन में कला, कारीगरी, तथा शान्तिनिकेतन में विभिन्न भाषाएँ, साहित्य, दर्शन, चित्रकला, संगीत, नृत्य आदि की पढ़ाई होती थी। उन्होंने संगीत की एक नयी पद्धति चलायी, तथा चित्रकला में भी मौलिक कार्य किया। शान्तिनिकेतन में न केवल भारतीय विद्वान् और कलाकार रहते थे, वरन् विभिन्न राष्ट्रों के विद्वान् वहाँ आकर पढ़ाने में गौरव समझते थे।

समय-समय पर रवीन्द्र स्वयं राष्ट्रीय भावना से प्रेरित होकर, क़दम बढ़ाते थे। उन्होंने अपनी 'सर' नामक उपाधि अंग्रेज़ों को लौटा दी। उसी प्रकार देशवासियों को तरह-तरह के ख़तरों से वे आगाह करते रहे। रवीन्द्रनाथ ने रूस-यात्रा की। मानव समानता की भावना, शिक्षा का स्तर आदि देखकर वे रूस से बहुत प्रभावित हुए। अपनी रूस यात्रा पर उन्होंने **रसियार चिट्ठी** नामक एक पुस्तक भी लिखी। उन्होंने किसानों और मज़दूरों के सम्बन्ध में कविताएँ भी लिखीं।

अब तक यह देखा गया है कि मनुष्य ज्यों-ज्यों बूढ़ा होता जाता है, वह कट्टर रूढ़िवादी और संकुचित विचारधारावाला होता जाता है। इसके विपरीत, रवीन्द्रनाथ की उमर ज्यों-ज्यों बढ़ती गयी, उनके विचार अधिकाधिक रूढ़िविरोधी, मानव-समानतामूलक, उदार और प्रख़र होते चले गये। वे दलित-पीड़ित जनता के महान् समर्थक और अन्तर्राष्ट्रीय मैत्री के उपासक थे। उन्होंने भारतीय राष्ट्रवाद के आधार को व्यापक कर दिया। इस महान् मानवतावादी कलाकार की स्मृति में, यदि

आज उस कवि का बनाया 'जन-गण-मन' हमारा राष्ट्रगान हो जाये तो यह स्वाभाविक ही है।

सैयद अहमद खाँ

ग़दर के बाद, अंग्रेज़ों ने मुसलमानों को बहुत दबाया उनमें ज़बर्दस्त अंग्रेज़-विरोधी भावनाएँ फैली हुई थीं। साथ-ही-साथ, भयानक रूढ़िवाद था। रूढ़िवादी प्रवृत्ति के कारण, वे अंग्रेज़ी तालीम भी नहीं लेते थे। जब सर सैयद अहमद मैदान में आये तो उनके दो काम थे। एक, मुसलमानों की अंग्रेज़-विरोधी भावनाएँ हटाना; दूसरे मुसलमानों को पश्चिमी शिक्षा-दीक्षा के अन्तर्गत लाना। उन्हें विश्वास था कि जब तक अंग्रेज़-विरोधी भावनाएँ मुसलमानों के दिल से नहीं हटाई जातीं, तब तक पश्चिमी शिक्षा का प्रचार उनमें नहीं हो सकता।

आवश्यकता इस बात की थी कि हिन्दुओं की भाँति ही पश्चिमी शिक्षा प्राप्त कर मुस्लिम मध्यवर्ग उत्पन्न हो इसके लिए, सर सैयद अहमद ने अलीगढ़ में मोहम्मडन ओरियन्टल कॉलेज खोला। उसमें पुराने मुस्लिम विद्वानों के साथ ही, अंग्रेज़ प्रोफ़ेसर भी पढ़ाते। उसे आगे चलकर विश्वविद्यालय का रूप दिया गया।

उन्होंने खुद लिखा है कि धर्म कोई राजनैतिक या राष्ट्रीय महत्त्व नहीं रखता। उन्होंने कहा, 'क्या तुम एक ही देश में नहीं रहते? याद रखो कि हिन्दू और मुस्लिम ये दो शब्द अपना-अपना धरम बताने के लिए हैं। वैसे, सब लोग, चाहे वे हिन्दू हों या मुसलमान, या वे ईसाई जो भारत में रहते हैं, वे सब इस विशेष दृष्टि से एक ही राष्ट्र के अंग हैं।'

मौलाना अबुलकलाम आज़ाद

ये नौजवानी में ही इस्लाम के धर्म-दर्शन, साहित्य तथा अन्य विद्याओं में पारंगत हो गये। मिस्र, बग़दाद, कुसतुनतुनिया के विद्वानों से उनका गहरा सम्पर्क था। वे अनेक राष्ट्रों के उत्थान और पतन का इतिहास जानते थे। वे धर्म-सूत्रों की गहन और मौलिक व्याख्या करते थे। इस्लाम धर्म को वे समझते थे। उनमें प्राचीन इस्लामिक परम्परा, बुद्धिवादी भाव, और आधुनिक ज्ञान-दृष्टि थी। वे उत्तम लेखक थे। उनकी भाषा शैली अपनी थी। उन्होंने अपने विचारों से और भाषा से मुस्लिम जगत् में सनसनी पैदा कर दी। मौलाना अबुल कलाम आज़ाद ने उर्दू में **अलहिलाल** साप्ताहिक पत्र निकाला। उन दिनों उनकी उमर सिर्फ़ 24 साल की थी। उन्होंने अपने पत्र द्वारा नये भावों और विचारों का प्रसार-प्रचार आरम्भ किया। फलतः, मुस्लिम लीग भी कांग्रेस के समीप आती चली गयी। उधर, उन्हें **'दि कॉमरेड'** (अंग्रेज़ी) पत्र के

सम्पादक के रूप में मौलाना मुहम्मद अली जैसा नेता मिला। मौलाना मुहम्मद अली एक साथ प्राचीन इस्लाम की परम्परा और ब्रिटेन के ऑक्सफोर्ड यूनिवर्सिटी की परम्परा आत्मसात् किये हुए थे। शुरू में, वे अलीगढ़ परम्परा के साथ में रहे, किन्तु ज्यों-ज्यों वे आगे बढ़ते गये उन्होंने अधिकाधिक ब्रिटिश-विरोधी नीति अपनायी। उन्हें तथा उनके भाई शौकत अली को जेल में डाल दिया गया।

मुहम्मद अली ने महात्मा गांधी के साथ एकता स्थापित करके ख़िलाफ़त आन्दोलन चलाया, जिसका उद्देश्य तुर्कों के साथ अंग्रेज़ों के कार्य-व्यवहार का विरोध करना था और भारत के हिन्दुओं-मुसलमानों में राष्ट्रीय चेतना उत्पन्न करना था। महात्मा गांधी मुहम्मद अली के साथ देश-भर में घूमे। और उस समय उन्होंने अपने सविनय अवज्ञा आन्दोलन का प्रचार किया।

मुहम्मद अली ने युवक मुसलमान की विद्रोही मनोवृत्तियों को देखकर आन्दोलन चलाया था। मुहम्मद अली-शौकत अली ने कांग्रेस की राष्ट्रीय राजनीति में हिस्सा लिया। किन्तु दुर्भाग्य से सन् 1930 में मुहम्मद अली की मृत्यु हो गयी।

उधर, अबुल कलाम आज़ाद, युवक होते हुए भी, ज्यों ही कांग्रेस में प्रविष्ट हुए, उसके केन्द्रीय नेतृत्व में प्रवेश कर गये। यहाँ तक कि उनकी सलाह को उसी प्रकार सुना जाने लगा जिस प्रकार किसी बुजुर्ग से (यद्यपि वे तरुण थे) सुनी जाती है। इसका कारण उनका वह व्यक्तित्व था, जो अपने गम्भीर अध्यात्म, समान दृष्टि और राष्ट्रीय तेजस्विता का प्रतीक था। मुख्यतः राष्ट्रीय संकटों के और उथल-पुथल के काल में ही, वे कई बार कांग्रेस के अध्यक्ष (उन दिनों 'राष्ट्रपति') बने। कांग्रेस तथा देश का सन् बयालीस का 'भारत छोड़ो' आन्दोलन, उन्हीं के अध्यक्ष-पद के अन्तर्गत हुआ।

मुहम्मद इक़बाल

मुहम्मद इक़बाल के काव्य में गम्भीर दर्शन के तत्त्व प्रकट हो उठे। इसमें खुद को (खुदी को) खुदा से जोड़ा गया था, आत्मा को परमात्मा से सम्बद्ध किया गया था, व्यक्तित्व को निर्भय, शक्तिमान और प्रखर बनाने का प्रयत्न किया गया था। उनके **इसरारे खुदी** नामक काव्य में भारतीय तथा इस्लामी तत्त्वों का समन्वय है। वे काश्मीरी ब्राह्मणों के वंशधर थे। उनके काव्य के अनुशीलनकर्त्ताओं को मालूम है कि वस्तुतः वे कितने अधिक भारतीय हैं, सांस्कृतिक परम्परा की दृष्टि से! यही कारण है कि वे भारत में भी लोकप्रिय हैं।

मुहम्मद इक़बाल की कविता में सूफ़ियाना रंग है। उन्होंने राष्ट्रीय देश-भक्ति पूर्ण कविताओं से कवि जीवन आरम्भ किया और वृद्धापकाल में वे अधिकाधिक समाजवादी होते गये। वे रूस से प्रभावित हुए। उन्होंने किसानों मज़दूरों पर कविताएँ लिखीं।

पंडित नेहरू के लिए उनके हृदय में बहुत सम्मान था। मृत्यु के पूर्व, जब वे बहुत बीमार थे, उन्होंने जवाहरलाल जी से भेंट की थी। उनकी कविता—'सारे जहाँ से अच्छा, हिन्दोस्ताँ हमारा'—आज भी हममें जान डाल देती है।

तिलक

लोकमान्य बाल गंगाधर तिलक ने भारतीय जनता की उदासीन जड़ता हटाकर, उसको वीर और साहसी बना दिया। तिलक एक महा-पंडित थे। पांडित्य के तेज़ में कार्य की शक्ति थी। कार्य की शक्ति में जनता में प्राण फूँक देने की ताक़त थी। अंग्रेज़ उनकी लेखनी से थर्राये थे। उनका साप्ताहिक पत्र **केसरी** (वह पुराना ज़माना था, जब लोग अंग्रेज़ों से डरते थे) अपनी अदम्य स्फूर्तिमय वाणी से प्राण-संचार करता था। तिलक निर्भीक थे, निडर थे। उन पर राजद्रोह का मुकदमा चलाया गया। वह मुकदमा देश-भर में गूँज उठा! उनका प्रचंड व्यक्तित्व अदालत में भारत का समर्थन कर रहा था। बंग-भंग आन्दोलन में उन्होंने विशेष रूप से काम किया। वे महाराष्ट्रीय पंडित थे, किन्तु उनका प्रभाव पंजाब में और बंगाल में ऐसा महसूस किया गया मानो वे उनके सामने बोल रहे हों। वे अखिल भारतीय नेता थे। उन्होंने भारतीय जनता को युद्ध (शस्त्रों से नहीं) का आह्वान किया था। उनकी मृत्यु सन् [उन्नीस सौ] बीस में हुई। बम्बई के मज़दूरों ने आम हड़ताल कर दी। सुदूर रूस में बैठे हुए लेनिन ने उसे देखा और कहा कि, 'यह भविष्य का संकेत है।'

बाल गंगाधर तिलक समाज-सुधारक थे। गणेश उत्सव के सांस्कृतिक समारोह उनके चलाये हैं। वे महान् पंडित थे। उन्होंने गीता पर एक पांडित्यपूर्ण पुस्तक लिखी। कर्म-योग के महत्त्व को प्रतिपादित करके उन्होंने हमें सकर्मक बनाया। उन्होंने प्राचीन इतिहास तथा संस्कृति के क्षेत्र में नयी-नयी खोजें कीं। उनमें ज्ञान और कर्म का विलक्षण समन्वय था।

परिशिष्ट

परिशिष्ट-1

'भारत : इतिहास और संस्कृति' की प्रश्नावली

कुहरे में ढँका हुआ मानवेतिहास

1. पुरा-पाषाणकालीन जीवन पर प्रकाश डालिये।
2. बताइये कि अग्नि के आविष्कार से आदिम मानव को कौन से लाभ हुए और आगे का विकास-पथ किस प्रकार प्रशस्त हुआ।
3. नव-पाषाणकालीन मानव की प्रमुख उपलब्धियों का वर्णन कीजिये।
4. भारत में नव-पाषाणकाल तथा पुरा-पाषाणकाल के अस्त्र कहाँ-कहाँ पाये जाते हैं।
5. आदिमानव की धर्म सम्बन्धित कल्पनाओं का विशदीकरण कीजिये।
6. आदिमानव की कलाओं का वर्णन कीजिये।
7. मनुष्य-सभ्यता को आदि-मानव की देन पर प्रकाश डालिये।
8. धातु-युग का सामान्य परिचय दीजिये।

सभ्यता का उषःकाल

1. सिन्धु-सभ्यता के अन्तर्गत नगर-व्यवस्था पर प्रकाश डालिये।
2. तत्कालीन सभ्यता के सम्बन्ध में आप क्या जानते हैं?
3. सिन्धु-सभ्यता तथा आर्य इन दोनों के संघर्ष से क्या परिणाम निकले।
4. सैन्धव कलाकौशल का विवरण दीजिये।
5. सैन्धव-वैदिक संघर्ष के मूल कारणों पर प्रकाश डालिये।
6. द्रविड़ जाति के सम्बन्ध में आप क्या जानते हैं?

आर्य-सभ्यता का आरम्भ

1. वैदिक आर्य-जीवन पर संक्षेप में प्रकाश डालिये।
2. वैदिक देवताओं के विषय में आप क्या जानते हैं?
3. वेद श्रुति क्यों कहे जाते हैं? वैदिक संहिता का क्या अर्थ है?
4. प्रारम्भिक युद्धों का वर्णन करते हुए बताइये कि आर्यों में जाति-व्यवस्था का उदय किस प्रकार हुआ?

5. निम्नलिखित बातों में से किन्हीं तीन पर संक्षिप्त टिप्पणी लिखिये : दशराज्ञ युद्ध, बादरायण वेदव्यास, वरुण, अथर्ववेद।
6. ऋग्वेदकालीन नारी की सामाजिक नीति पर प्रकाश डालिये।

उत्तर-वैदिक काल

1. भारतीय संस्कृति को आर्यों की देन के सम्बन्ध मे एक संक्षिप्त निबन्ध लिखिये।
2. उत्तर-वैदिक कालीन जाति-व्यवस्था पर प्रकाश डालिये।
3. तत्कालीन राज्य-व्यवस्था का विवरण दीजिये।
4. उस समय के धर्म के स्वरूप पर एक संक्षिप्त टिप्पणी लिखिये।
5. तत्कालीन नारी-जीवन के बारे में आप क्या जानते हैं?
6. तत्कालीन सामाजिक विशेषताओं का उल्लेख कीजिये।
7. संक्षिप्त टिप्पणी कीजिये।
   (1) महाभारत, (2) न्याय-वैशेषिक, (3) उपनिषद्, (4) नास्तिक मत।

जैन तथा बौद्ध धर्म

1. भारतीय धर्मों के विकास में वर्ण संकर जातियों ने क्या योग दिया?
2. पार्श्वनाथ पर संक्षिप्त टिप्पणी लिखिये।
3. महावीर वर्धमान के सिद्धान्तों पर प्रकाश डालिये।
4. वर्धमान के जीवन के सम्बन्ध में तुम क्या जानते हो?
5. मध्यम मार्ग किसे कहते हैं?
6. गौतम बुद्ध की प्रेरणाओं पर एक निबन्ध लिखिये।
7. बौद्ध धर्म के सम्प्रदायों पर प्रकाश डालिये।

प्रथम साम्राज्य की स्थापना

1. भारत में विदेशी शक्तियों के आक्रमणों का विवरण दीजिए और उनके परिणामों पर प्रकाश डालिये।
2. उक्त काल की आर्थिक-सामाजिक विशेषताओं पर प्रकाश डालिये।
3. अजातशत्रु के स्वभाव का वर्णन कीजिये।
4. नंद वंश के सम्बन्ध में आप क्या जानते हैं? विस्तार से लिखिये।
5. चन्द्रगुप्त मौर्य के शासन प्रबन्ध का वर्णन कीजिये।
6. चाणक्य पर एक संक्षिप्त निबन्ध लिखिये।
7. टिप्पणी कीजिये :
   बिम्बसार, युद्ध, प्रसेनजित, खरोष्ठी, शिल्पि-संघ।

अशोक की धर्म-विजय

1. अशोक के प्रारम्भिक जीवन पर प्रकाश डालिये।
2. "अशोक की धर्म-नीति ने मौर्य साम्राज्य का नाश कर डाला"—इस मत का विवेचन कीजिये।
3. अशोक के धर्म-प्रचार पर विस्तृत निबन्ध लिखिये।
4. देश से बाहर, अशोक ने क्या-क्या काम किये?
5. विश्व में अशोक को महान् क्यों माना जाता है? उस पर अपने विचार प्रकट कीजिये?
6. साम्प्रदायिक एकता के निर्वाह के लिए अशोक ने क्या-क्या किया।
7. टिप्पणी लिखिये :
   संघमित्रा, खोतन, उपगुप्त, वाचा गुति, बहुश्चुत।

भारत के स्वर्ण युग की रश्मियाँ

1. गुप्तकालीन कला की विशेषताओं पर प्रकाश डालिये।
2. गुप्त राजाओं की धर्म सम्बन्धी नीति पर एक छोटी-सी टिप्पणी लिखिये।
3. तत्कालीन धार्मिक अवस्था का विवेचन कीजिये।
4. टिप्पणी लिखिये :
   असंग, माध्यमिक और योगाचार, अजन्ता, चन्द्रगुप्त द्वितीय।

प्राचीन भारत के विश्वविद्यालय

1. नालंदा विश्वविद्यालय पर एक संक्षिप्त लेख लिखिये।
2. भारत के सर्वाधिक प्राचीन विश्वविद्यालय की जानकारी दीजिये।
3. विक्रमशिला विश्वविद्यालय के महत्त्व पर प्रकाश डालिये।
4. तत्कालीन पाठ्य-क्रमों की जानकारी दीजिये।
5. उस समय की शिक्षा-व्यवस्था का गुण-दोष विवेचन कीजिये।
6. तत्कालीन विश्वविद्यालयों में कौन-कौन से विदेशी पंडित अध्ययन के लिए आये और कौन-कौन से भारतीय पंडित विदेशों में गये।
7. बताइये कि इन विश्वविद्यालयों द्वारा विज्ञान का उत्तरोत्तर विकास क्यों नहीं हो सका?

मौर्यकालीन सामाजिक-सांस्कृतिक प्रक्रियाएँ

1. मौर्यकालीन राजतन्त्र पर संक्षिप्त निबन्ध लिखिये।
2. दास-प्रथा समाज में स्त्री की स्थिति और शूद्र जाति पर प्रकाश डालिये।

3. बताइये कि भारतीय सामान्य जनता राजनीति से क्यों उदासीन रही।
4. तत्कालीन व्यापार के बारे में आप क्या जानते हैं?
5. ब्राह्मण धर्म और बौद्ध धर्म की तत्कालीन गतिविधियों पर प्रकाश डालिये।
6. टिप्पणी लिखिये :
   (1) अष्टाध्यायी, (2) धर्म-शास्त्र, (3) शिल्पी संघ।

शुंग-सातवाहन काल

1. तत्कालीन जाति-व्यवस्था पर प्रकाश डालिये। बताइये कि उस काल में नयी-नयी जातियाँ किस प्रकार बनीं।
2. ब्राह्मण-धर्म के पुनरुत्थान पर एक संक्षिप्त लेख लिखिये।
3. तत्कालीन बौद्ध विद्वानों के सम्बन्ध में आप क्या जानते हैं।
4. बौद्ध तथा ब्राह्मण धर्म के आदान-प्रदान का विवेचन कीजिये।
5. टिप्पणी लिखिये :
   नागार्जुन, पतंजलि, अश्वघोष, नाट्यशास्त्र।

भारत का स्वर्ण-युग

(प्रश्नावली उपलब्ध नहीं)

हर्षवर्धन

1. भारत के सम्बन्ध में हुएन-सांग के पत्रों पर प्रकाश डालिये। बताइये कि हुएन-सांग कौन था?
2. राज्यश्री की जीवन-कथा संक्षेप मे बताइये।
3. हर्षवर्धन की सैन्य-शक्ति और युद्ध कार्य का वर्णन कीजिये।
4. पुरु केशियन कौन था? उसके सम्बन्ध में आप क्या जानते हैं?
5. हर्षवर्धन के व्यक्तित्व और कार्य पर प्रकाश डालिये।
6. प्रभाकर वर्धन के कार्य काल की सर्वाधिक महत्त्वपूर्ण घटना का विवरण दीजिये।
7. राज्य वर्धन की जीवन-कथा संक्षेप में लिखिये।

विन्ध्याचल के उस पार

1. उत्तर भारत में साम्राज्य विस्तार करनेवाले दक्षिण भारतीय राज्यों के सम्बन्ध में आप क्या जानते हैं?
2. दक्षिण के प्रमुख प्राचीन राज्यों का विवरण दीजिये।
3. सातवाहन वंश के इतिहास की संक्षिप्त रूपरेखा प्रस्तुत कीजिये।

4. गौतमी पुत्र शातकर्णी को मुख्यतः किस बात का श्रेय दिया जाता है?
5. पल्लव राज्य के सम्बन्ध में लेख लिखिये।
6. राज्य राजेन्द्र चोल के साहित्यिक महत्त्व पर प्रकाश डालिये।
7. टिप्पणी कीजिये :
   चाणक्य, शैलेन्द्र साम्राज्य, सिंहल, अगस्त्य, राष्ट्रकूट।

बृहत्तर भारत

1. मध्य एशिया तथा पूर्वी भारत के प्रधान भारतीय सांस्कृतिक केन्द्रों का विवरण दीजिये।
2. तुरफ़ान के बारे में आप क्या जानते हैं?
3. पूर्वी एशिया के बौद्ध धर्मावलंबी देश कौन-कौन से थे?
4. कुमारजीव के जीवन तथा कार्य पर विस्तृत प्रकाश डालिये।
5. चम्पा राज्य का वृत्तान्त बताइये।
6. दक्षिण-पूर्वी एशिया के प्रमुख राज्यों का विवरण दीजिए।
7. टिप्पणी लिखिये :
   गुण वर्मा, श्रीविजय, दक्षिण-पूर्वी एशिया में भारतीय धर्म, बोर्नियो में भारतीय देव-मूर्तियाँ।

मध्य युग का आरम्भ

1. साँबर के चौहानों का विस्तृत विवरण दीजिये।
2. पृथ्वीराज चौहान के सम्बन्ध में आप क्या जानते हैं?
3. तत्कालीन साहित्य-विकास पर संक्षिप्त निबन्ध लिखिये।
4. राजपुत्रों की उत्पत्ति पर प्रकाश डालिये।
5. दक्षिण भारत में दार्शनिक अभ्युत्थान का विवरण दीजिये।
6. राजपूतों की जातीय विशेषताओं पर प्रकाश डालिये।
7. टिप्पणी लिखिये :
   प्रसिद्ध ज्ञान-प्रेमी राजपूत राजा, पृथ्वीराज रासो, राजपूत कालीन मूर्तिकला, समाज में नारी की स्थिति।

भारत में इस्लाम का आगमन तथा दिल्ली सल्तनत

1. इस्लाम की संक्षिप्त रूपरेखा प्रस्तुत कीजिये।
2. इस्लाम ने भारत में प्रथमतः कहाँ और कैसे प्रवेश किया?
3. सिन्ध पर अरब आक्रमण का विवरण दीजिये।
4. दिल्ली सल्तनत के प्रधान राजवंशों का परिचय दीजिये।

5. हिन्दू समाज आक्रान्ताओं को आत्मसात् क्यों नहीं कर सका?
6. टिप्पणी कीजिये : मुहम्मद तुग़लक़, अलाउद्दीन खिलजी, बलबन।

मध्ययुगीन सांस्कृतिक अभ्युत्थान तथा मानव सामंजस्य की प्रक्रियाएँ

1. मुस्लिम शासन का भारतीयकरण किस प्रकार होता रहा?
2. मुस्लिम प्रान्तीय शासनों में हिन्दुओं की स्थिति क्या थी और भारतीय सांस्कृतिक अभ्युत्थान में उन्होंनें क्या योग दिया?
3. आध्यात्मिक और सांस्कृतिक क्षेत्रों में किस प्रकार दोनों जातियाँ एक-दूसरे के सन्निकट आती गयीं?
4. प्रारम्भ में तुर्क-अफगान आक्रान्ताओं के हिन्दू-विरोधी कार्यों का विश्लेषण करते हुए उनकी जातीय-सामाजिक पृष्ठभूमि पर प्रकाश डालिये।
5. सामान्य मानव धर्म की प्रतिष्ठा का प्रश्न उन दिनों क्यों उठ खड़ा हुआ? कारण स्पष्ट कीजिये।
6. उन दिनों की परस्पर विरोधी विशेष सामाजिक मनोवृत्तियों पर प्रकाश डालिये।
7. भक्ति-आन्दोलन के सामाजिक-सांस्कृतिक महत्त्व का विवेचन कीजिये।
8. तत्कालीन साहित्य के प्रमुख उद्गम केन्द्रों पर प्रकाश डालते हुए उनसे निःसृत साहित्य की परस्पर तुलना कीजिये।
9. टिप्पणी लिखिये :
   जैनुल आबेदीन, सत्यपीर, ख्वाजा खिज्र, कीर और नाटक, कृत्तिवास।

भारत में मुग़लों का आधिपत्य

1. भारत में बाबर को किन प्रधान राजाओं का सामना करना पड़ा?
2. हुमायूँ के युद्धों के बारे में आप क्या जानते हैं?
3. बाबर तथा हुमायूँ के चरित्र पर एक संक्षिप्त टिप्पणी लिखिये।
4. शेरशाह सूर के व्यक्तित्व और कार्य पर एक विस्तृत लेख लिखिये।
5. टिप्पणी कीजिये :
   राणा सांगा, फरगाना।

अकबर महान्

1. अकबर को आरम्भ में किन कठिनाइयों का सामना करना पड़ा?
2. अकबर की राजनैतिक सूझ-बूझ पर एक लेख लिखिये।
3. धर्म के सम्बन्ध में अकबर ने क्या रुख अपनाया।
4. 'अकबर ने राष्ट्रीय राजतन्त्र की स्थापना की', इस मत पर स्पष्टीकरण कीजिये।

5. हिन्दुओं के प्रति अकबर ने कौन-सी नीति अंगीकार की? उदाहरण सहित उत्तर दीजिये।
6. अकबर ने अपने काल की किस प्रवृत्ति को अपनाया?
7. अकबर के व्यक्तित्व पर एक लेख लिखिये।
8. राजपूत राजाओं ने मुस्लिम आधिपत्य स्वीकार कर देश की किन सांस्कृतिक प्रवृत्तियों का प्रतिनिधित्व किया?
9. क्या अकबर सचमुच कट्टर मुसलमान था? अगर नहीं था तो कट्टर इस्लाम के प्रतिकूल उसने कौन से कार्य किये?
10. तत्कालीन ऐसे सम्प्रदायों का विवरण दीजिये, जिनमें हिन्दू-मुस्लिम एकता प्रतिपादित थी।
11. टिप्पणी कीजिये :
जगद्गुरु अकबर, दर्शनिया सम्प्रदाय, नारायणी सम्प्रदाय, प्राणनाथ, टोडरमल।

अकबर के बाद

1. मुग़ल युग की विशेषताओं पर प्रकाश डालिये।
2. औरंगजेब की राज्य नीति की विवेचना कीजिये।
3. शिवाजी के व्यक्तित्व और कार्य की रूपरेखा प्रस्तुत कीजिये।
4. सिक्ख शक्ति के सम्बन्ध में आप क्या जानते हैं?
5. अठारहवीं सदी के मध्यम भारतीय राज्यों की जानकारी दीजिये।
6. तत्कालीन साहित्य विकास की रूपरेखा प्रस्तुत कीजिये।
7. टिप्पणी कीजिये :
गुरु गोविन्दसिंह, चित्रकाल, ताजमहल, दाराशिकोह।

सात समुन्दर पार के जहाज

1. पुर्तगीज आधिपत्य के सम्बन्ध में आप क्या जानते हैं? भारत ने यूरोप का ध्यान अपनी ओर कैसे आकर्षित किया?
2. कौन-कौन-सी यूरोपीय कम्पनियाँ भारत में आयीं? उनके परस्पर सम्बन्धों पर प्रकाश डालिये।
3. प्लासी की लड़ाई के बारे में आप क्या जानते हैं।
4. दक्षिण में किन राज्यों ने अंग्रेज़ों का मुकाबला किया?
5. टिप्पणी लिखिये :
मीर सिराजुद्दौला, हैदर अली, टीपू सुल्तान, डूप्ले।

झिलमिलाते दीप

1. सवाई जयसिंह कौन था? वह किस अर्थ में अपने जमाने से आगे था? उसके व्यक्तित्व और कार्य पर प्रकाश डालिये!
2. हैदर अली में कौन-सा ऐसा गुण था, जिससे यह सिद्ध होता है कि उसके पास एक व्यापक राजनैतिक स्वप्न था?
3. महाराजा रणजीत सिंह के सम्बन्ध में आप क्या जानते हैं?
4. टिप्पणी कीजिये :
   अहिल्याबाई होलकर, टीपू सुलतान, नाना साहब पेशवा।

कम्पनी राज और सन् सत्तावन का स्वतन्त्रता-युद्ध

1. कम्पनी राज में भारत की दुर्दशा का वर्णन कीजिये।
2. पंचायती ग्राम-समाज का उन्मूलन क्यों किया गया?
3. बंगाल की लूट से ब्रिटेन को क्या फायदा हुआ?
4. ब्रिटेन की औद्योगिक-क्रान्ति का भारत में क्या प्रभाव पड़ा?
5. सन् सत्तावन के स्वतन्त्रता युद्ध के सम्बन्ध में आप क्या जानते हैं?
6. सन् सत्तावन के गदर के बाद भारत में कौन-कौन से राजनैतिक परिवर्तन हुए?
7. टिप्पणी कीजिये :
   तात्या टोपे, रानी लक्ष्मीबाई, परम्परागत भारतीय ग्राम-व्यवस्था।

भारत की पराजय क्यों हुई?

1. अंग्रेज़ों की राजनीतिक कुशलता पर प्रकाश डालिये।
2. भारतीय नेतृत्व के गुण-दोषों का विवेचन कीजिये।
3. अपनी गुलामी से भारत की किस प्रकार की हानि हुई?
4. कई टुकड़ों में बिखर जाने की भारतीय राजनैतिक प्रवृत्ति का विश्लेषण कीजिये।
5. भारत के तत्कालीन पिछड़ेपन के सम्बन्ध में जानकारी दीजिये।

भारत में आधुनिक युग का उषःकाल

1. लॉर्ड डलहौजी को किस बात का श्रेय दिया जाना चाहिये? वह कब हुआ था? उसके कार्यों का क्या परिणाम हुआ?
2. सन् 1857 के पहले आधुनिक सभ्यता विशेष रूप से कहाँ प्रकट हुई?
3. अंग्रेज़ी शिक्षा की माँग करनेवाले कौन थे?

4. प्राचीन भारतीय संस्कृति के योरोपीय तथा भारतीय विद्वानों के बारे में आप क्या जानते हैं?
5. शिक्षित मध्यवर्ग ने अंग्रेज़ सरकार के सामने कौन-सी माँगें रखीं?
6. टिप्पणी लिखिये :
   राजा राममोहन राय, मैक्समूलर, भाषाशास्त्र।

राष्ट्रीय चेतना का विकास : प्रथम चरण

1. रानी विक्टोरिया के काल में भारत की दशा का वर्णन कीजिये।
2. राष्ट्रीय चेतना के प्राथमिक विकास पर प्रकाश डालिये। उन दिनों शिक्षित मध्यवर्ग की माँगें कौन-सी थीं?
3. बंग-भंग करने के पीछे अंग्रेज़ों की नीति क्या थी? वह क्यों किया गया?
4. बंग-भंग विरोधी आन्दोलन पर प्रकाश डालिये और बताइये कि उसने क्यों जोर पकड़ा।
5. तत्कालीन राष्ट्रीय राजनैतिक प्रवृत्तियों पर प्रकाश डालिये।
6. भारत की शिक्षित जनता पर उन दिनों किन अन्तर्राष्ट्रीय महत्त्व की घटनाओं का प्रभाव हुआ?
7. टिप्पणी कीजिये :
   बाल गंगाधर तिलक, गोखले, लॉर्ड कर्जन, लॉर्ड रिपन।

राष्ट्रीय चेतना का विकास : द्वितीय चरण

1. महात्मा गांधी के कार्य-सिद्धान्तों की विवेचना कीजिये।
2. इस काल में राष्ट्रीय आन्दोलन के प्रति अंग्रेज़ों की क्या नीति रही?
3. दूसरी गोलमेज परिषद् क्यों बुलायी गयी?
4. राष्ट्रीय स्वाधीनता प्राप्ति के पहले की देश की स्थिति के बारे में आप क्या जानते हैं?
5. इस समय के प्रधान नेताओं के बारे में अपनी जानकारी लिखिये।
6. इस काल की प्रधान घटनाओं पर प्रकाश डालिये।

राष्ट्रपिता महात्मा गांधी

1. महात्मा गांधी की कार्य-नीति पर प्रकाश डालिये।
2. अहिंसा तथा सत्याग्रह के सिद्धान्तों का विवेचन कीजिये।
3. राष्ट्रीय आन्दोलन में गांधीजी के देन पर एक लेख लिखिये।
4. भारतीय संस्कृति में गांधीजी के योगदान की चर्चा कीजिये।

5. विश्व पर गांधीजी के प्रभाव के सम्बन्ध में आप क्या जानते हैं?
6. भारत की दरिद्र जनता के उत्थान के लिए गांधीजी ने क्या किया?
7. साहित्य तथा कला के सम्बन्ध में गांधीजी के क्या विचार थे?
8. धर्म के सम्बन्ध में गांधीजी के विचारों को स्पष्ट कीजिये।

भारत की स्वाधीनता का सूर्य

1. पंडित नेहरू के नेतृत्व में भारत ने क्या तरक्की की?
2. देश की औद्योगिक प्रगति के सम्बन्ध में आप क्या जानते हैं?
3. अन्य राष्ट्रों की स्वाधीनता के लिए भारत ने क्या किया?
4. संयुक्त राष्ट्र संघ में भारत निःशस्त्रीकरण का समर्थन क्यों करता है?
5. पंचशील के सिद्धान्त की व्याख्या कीजिये।
6. पंडित नेहरू के व्यक्तित्व और कार्य पर लेख लिखिये।
7. भविष्य के भारत का क्या कोई स्वप्न आपके पास है? यदि है तो वह क्या है? और यदि नहीं है तो क्यों नहीं? कारण सहित उत्तर दीजिये।

महानों का मन्वन्तर

1. विवेकानन्द के विचारों का स्पष्टीकरण कीजिये।
2. बाल गंगाधर तिलक के व्यक्तित्व पर प्रकाश डालिये।
3. रवीन्द्रनाथ ठाकुर और इकबाल के सम्बन्ध में आप क्या जानते हैं?
4. स्वामी दयानन्द सरस्वती के विचारों की जानकारी दीजिये।
5. टिप्पणी कीजिये :
   रामकृष्ण परमहंस, अबुल कलाम आजाद।

परिशिष्ट-2

पुस्तक के विरुद्ध पारित प्रस्ताव

प्रस्ताव-1

दिनांक 31 अगस्त, 1962 को जबलपुर के नागरिकों की एक सभा महावीर वाचनालय में श्री व्योहार राजेन्द्र सिंह जी के सभापतित्व में हुई, जिसमें वक्ताओं ने माध्यमिक शिक्षा परिषद् की पाठ्य पुस्तक समिति द्वारा स्वीकृत संस्कृति, हिन्दी और अंग्रेज़ी पाठ्य पुस्तकों में भारतीय संस्कृति और इतिहास को तोड़-मरोड़कर छपे गलत तथ्यों का वक्ताओं ने घोर विरोध किया। 'भारत इतिहास और संस्कृति' (लेखक गजानन मुक्तिबोध प्रकाशक कला निकेतन मन्दिर ग्वालियर) भगवान पार्श्वनाथ और भगवान महावीर को व्रात्य और वर्णसंकर जातियों में गिनाया गया है। पुस्तक में इसी प्रकार की अन्य बहुत सी अपमानजनक बातें तथा भाषा की अशुद्धियों की ओर ध्यान आकर्षित किया गया। एक वाक्य से तो यहाँ तक भास होता है कि सौभाग्यवती कस्तूरबा गांधी, महादेव देसाई की पत्नी थीं।

दूसरी पुस्तक 'स्वर्ण पुष्प' (प्रकाशक सरस्वती प्रकाशक भोपाल) जिस पर मध्यप्रदेश विधान सभा में अनेक आपत्तियाँ उठाई गयी थीं उसमें भगवान राम को धूर्त, दुर्जन और सीता को चुरानेवाला कहा गया है। उसी पाठ के अन्त में सीताजी को रावण की पत्नी बना दिया है। यह पूरी पुस्तक संस्कृत भाषा एवं साहित्य सम्बन्धी अशुद्धियों से पूर्ण है। समिति ने इस पुस्तक के कुछ पृष्ठ फाड़कर पढ़ाने का प्राध्यापकों को आदेश दिया है। इस प्रकार इस प्रकरण की लीपा-पोती करने का प्रयास किया है। किन्तु पुस्तक विक्रेताओं से जनता उसी आपत्तिजनक रूप में पुस्तकें प्राप्त करती रहेगी।

तीसरी अंग्रेज़ी पुस्तक 'ग्रेट पर्सनालिटीज' जो कि स्म. प्रसाद द्वारा सम्पादित एवं सांची प्रकाशन द्वारा भोपाल से प्रकाशित है उसके सारे लेख विदेशी लेखकों द्वारा लिखे गये हैं। उनमें विशेष कर झाँसी की रानी लक्ष्मीबाई के सम्बन्ध में कई अनर्गल बातें लिखी गयी हैं और स्वाधीनता संग्राम को गदर और विद्रोह का नाम दिया गया है जोकि इतिहास के बिलकुल विपरीत है।

वक्ताओं ने उक्त बातों के अतिरिक्त इस बात पर भी रोष प्रगट किया कि पाठ्य पुस्तक समिति ने उक्त भयंकर और अपमानजनक बातों के होते हुए आँख बन्द कर पुस्तकों को स्वीकृत कर दिया। सभा ने माँग की कि उक्त पुस्तकों पर

कानूनी प्रतिबन्ध लगाकर उन्हें जब्त किया जाये जैसा कि मनोहर कहानियाँ के उस अंक को किया गया जो कि मुहम्मद साहब से सम्बन्धित था। इलस्ट्रटेड वीकली के उस चित्र पर भी वक्ताओं ने आपत्ति की जिसमें श्री राधिका जी को अर्धनग्न चित्रित किया गया है।

सभा में सर्वसम्मति से निम्नलिखित प्रस्ताव पास हुआ :

प्रस्ताव

जबलपुर के नागरिकों की यह सभा शासन से माँग करती है कि मध्यप्रान्त माध्यमिक शिक्षा परिषद् द्वारा स्वीकृत 'स्वर्ण पुष्प', 'भारत इतिहास और संस्कृति' तथा 'ग्रेट पर्सनालिटीज' पुस्तकों पर तथा इलस्ट्रेटेड वीकली के 26 अगस्त के अंक पर कानूनी प्रतिबन्ध लगावे, क्योंकि उनमें हमारे महापुरुषों के प्रति अपमानजनक शब्दों का प्रयोग कर उनका अपमान तथा उपहास किया गया है, तथा इतिहास के कई तथ्यों को तोड़ा-मरोड़ा गया है, जिससे हमारी संस्कृति, साहित्य और इतिहास के प्रति अश्रद्धा उत्पन्न होती है। इसलिए एक शिष्टमंडल, माननीय मुख्यमन्त्री जी, शिक्षामन्त्री तथा बोर्ड के अध्यक्ष से मिलकर अपना मत प्रगट करें। पत्रकारों से भी प्रार्थना है कि वह शान्तिपूर्वक अपना विरोध प्रगट करें। पुस्तक प्रकाशकों पर कानूनी कार्यवाही करने के सम्बन्ध में सलाह ली जावे।

प्रस्तावक : श्री भगवतीधर, बाजपेयी, सम्पादक युगधर्म।

समर्थक : श्री कालिका प्रसाद दीक्षित, सम्पादक नवभारत। श्री हरिश्चन्द्र पत्रकार। श्री निर्मल चन्द जी जैन। श्री श्याम सुन्दर मृदु। श्री मनझनलाल चनसुरिया।

अध्यक्ष : श्री व्योहार राजेन्द्र सिंह

31.8.1962

प्रेषक : के हस्ताक्षर (व्योहार राजेन्द्र सिंह)

दिनांक 1.9.1962

पता : साठिया, कुआँ जबलपुर।

प्रस्ताव-2

जैन समाज जबलपुर की ओर से आदरणीय मुख्यमन्त्री म.प्र. को प्रतिवेदन

मध्यप्रदेश सरकार के शिक्षा विभाग द्वारा प्रदेश के हायर सेकेंडरी स्कूलों की उच्च कक्षाओं में हिन्दी द्रुत पठन के लिए श्री गजानन मुक्तिबोध द्वारा लिखित 'भारत : इतिहास और संस्कृति' स्वीकृत की गयी है।

पाठ्य पुस्तकें निर्धारित करनेवाली समिति एवं शासन विशेष कर शिक्षा मन्त्रालय की एक महान् जिम्मेदारी रहती है कि बालकों के मस्तिष्क की उर्वरा भूमि में वे ही बीज डाले जायें कि जिसके परिणामस्वरूप ऐसा वटवृक्ष तैयार होवे जो कि भारत की गरिमा, एकता तथा ऐश्वर्य के अक्षुण्य बनाये रखे और वृद्धिगत करे।

यदि इसके विपरीत विष बीजरूपी भ्रामक, असत्य एवं अश्लील बातों से भरी हुई पुस्तक विद्यार्थियों को पढ़ाई जाती है तो निश्चय ही उनके भविष्य में भारत की एकता, गरिमा तथा ऐश्वर्य पर ठेस लगानेवाले नागरिक बनने की सम्भावना बढ़ जाती है। श्री गजानन मुक्तिबोध द्वारा लिखित उपरोक्त पुस्तक में ऐसी ही भ्रामक, असत्य व अश्लील बातों से भरी पड़ी हैं। केवल जैनियों की सांस्कृतिक व धार्मिक भावनाओं को ठेस पहुँचाई गयी है बल्कि वर्गविद्वेष फैलाने की भी स्पष्ट साजिश की गयी है।

पृष्ठ 14 में लेखक ने यह दर्शाया है कि हारे हुए सैन्धव जन (जो सिन्धु संस्कृति का पालन करते थे) शूद्र कहलाते थे। इन शूद्रों की पुत्रियों से पवित्र ब्राह्मणों ने अवैध सम्बन्ध स्थापित किये और वर्णसंकर जातियों का उद्‌भव हुआ जो व्रात्य कहलाए।

पृष्ठ 37 से 39 तक विभिन्न गलत बातें लिखकर लेखक ने यह दर्शाया है कि वर्तमान महावीर भी उन व्रात्यों की परम्परा में पार्श्वनाथ के अनुयायी हुए।

इस प्रकार भगवान पार्श्वनाथ महावीर व जैनियों को 'वर्णसंकर' 'शूद्र' आदि बताने का निकृष्ट प्रयत्न लेखक ने किया है। विद्यार्थियों की बालक बुद्धि से यदि वे अन्य जन विद्यार्थियों को इन विशेषणों से सम्बोधित करने लगें तो क्या वर्गविद्वेष न फलेगा? न पनपेगा?

साधारणतः विवादास्पद तथ्य भी पाठ्य-पुस्तकों में न होने चाहिए—यह शासन की नीति है। तो आश्चर्य यह होता है कि उपरोक्त दर्शाए अश्लील एवं असत्य तथ्यों से भरी पुस्तक पाठ्य-पुस्तक रूप में कैसे स्वीकृत की गयी।

इस पुस्तक में अन्य और भी ऐसी बातें हैं कि जिनके कारण अत्यन्त आवश्यक है कि यह पुस्तक न केवल पाठ्य-पुस्तकों से तुरन्त अलग की जाये बल्कि प्रतिबन्धित भी की जाये।

पृष्ठ 9 पर भगवान और राम और कृष्ण के रक्त मिश्रण के कारण साँवले होना निरूपित किया है। पृष्ठ 61 में यह दर्शाया है कि राम-भक्ति ईसा की छठी सदी के बाद प्रारम्भ हुई। वासुदेव कृष्ण ही परम देवता थे। ये गलत तथ्य इस लायक कदापि नहीं है कि बालकों को पढ़ाये जायें।

भाषा की दृष्टि से कुछ ऐसी त्रुटियाँ इस पुस्तक में हैं कि जो असत्य हैं। पृष्ठ 41 में भगवान बाहुबलि की गोमतेश्वर स्थित प्रसिद्ध प्रतिमा को 'दैत्याकार' कहना महान् व्यक्तियों के अनादरपूर्वक सम्बोधित करना, पृष्ठ 140 में महात्मा गांधी के सम्बन्ध में भाषामूल और गलत वाक्य रचना के द्वारा इस आशय का भ्रम उत्पन्न करना कि सो. कस्तूरबा महादेव देसाई की पत्नी थी, भाषा की त्रुटियों के सामान्य उदाहरण हैं।

क्या यह लेखक का अक्षम्य अपराध नहीं है कि पृष्ठ 118 में 1857 के स्वतन्त्रता संग्राम को गदर निरूपित किया गया है? हृदय सम्राट् पंडित नेहरू के बारे में लेखक की अल्पबुद्धिता पृष्ठ 111 के कुछ अंश से ही स्पष्ट हो जायेगी जहाँ यह लिखा गया है कि इस वाद-विवाद में मुहम्मद तुग़लक़ (जिसे सब लोग पागल कहते थे—प्रधानमन्त्री पंडित नेहरू को भी एक 'महान्' भारतीय नेता ने मुहम्मद तुग़लक़ कहा था) स्वयं भाग लिया करता था। ऐसे कथन क्या विद्यार्थियों के संस्कारों को स्वस्थ और सुन्दर बनाने में तनिक भी सहायक हो सकेंगे? बल्कि यह कहना होगा कि ये बातें विद्यार्थियों की संस्कार घुट्टी में विष मिलाने के समान हैं।

अतः आपसे निवेदन है कि शीघ्रातिशीघ्र उक्त पुस्तक पाठ्य-पुस्तकों में से अलग की जाये तथा वह प्रतिबन्धित भी की जाये। कई अन्य पाठ्य-पुस्तकों में भी जनता की सांस्कृतिक, धार्मिक व नैतिक भावनाओं के साथ खिलवाड़ की गयी है। अतः आपसे यह भी निवेदन है कि वर्तमान पाठ्य-पुस्तकें स्वीकृत करनेवाली समिति को तुरन्त भंग किया जाये तथा समस्त पाठ्य-पुस्तकों की विशेषज्ञों से जाँच कराई जाकर उचित निर्णय किया जाये।

विनीत

सही

जबलपुर **निर्मल चन्द्र जैन**

दि. 7.9.1962 *मन्त्री*

माननीय मुख्यमन्त्री जी,
मध्यप्रदेश भोपाल

आपकी सेवा में हम मध्यप्रदेश माध्यमिक शिक्षा मंडल के अन्तर्गत पाठ्य-पुस्तक समिति द्वारा स्वीकृत पाठ्य-पुस्तकों के सम्बन्ध में अपना मत प्रगट करना आवश्यक समझते हैं।

1. इनमें कई पुस्तकें बहुत आपत्तिजनक हैं, जिनमें सारे महापुरुषों के प्रति अपमानजनक शब्दों का व्यवहार किया गया है।
2. उनके सम्बन्ध में गलत तथ्यों को पेश किया गया है।
3. हमारी संस्कृति तथा इतिहास के सम्बन्ध में गलत तथ्यों को उपस्थित किया गया है, जिससे विद्यार्थियों के मन पर उसके प्रति अश्रद्धा उत्पन्न होती है।

इसलिए हमारी आपसे प्रार्थना है कि इन पुस्तकों को केवल पाठ्यक्रम से ही न अलग किया जाये, किन्तु इन पर कानूनी प्रतिबन्ध लगाकर जितनी प्रतियाँ प्राप्त हो सकें उन्हें जब्त कर बाजार में बिकने से रोक दिया जाये।

पुस्तकों के नाम इस प्रकार हैं :

1. स्वर्ण पुष्प : सम्पादक श्री बेंकटाचलन, प्रकाशक—विनोद प्रकाशन, दिल्ली।
2. भारत : इतिहास और संस्कृति : लेखक गजानन मुक्तिबोध, प्रकाशक—कला निकेतन मन्दिर, ग्वालियर।
3. ग्रेट पर्सनालिटीज़ : सम्पादक एम. प्रसाद, प्रकाशक—साँची प्रकाशन, भोपाल।

इन पुस्तकों के आपत्तिजनक अंशों पर विस्तृत रूप से साथ में दिये गये लेखों में प्रकाश डाला गया है।

आशा है आप इन पुस्तकों पर प्रतिबन्ध लगाकर विद्यार्थियों तथा जनता में फैले हुए असन्तोष और रोष को दूर करने में सहायक होंगे।

भवदीय,
सही
व्योहार राजेन्द्र सिंह

जबलपुर
दि. 7.9.1962

प्रस्ताव-3

NEWS

Delegations of citizens committee, Jain Samaj and Publishers of Jabalpur met Shri B.A. Mandloi Chief Minister of Madhya Pradesh to-day and requested him to ban Sanskrit text book 'Swarna Pushpa', HIndi text book 'Bharat : Itihas Aur Sanskriti' and english text book 'Great Personalities' as they contain objectionable and obsbcene matter about religion, history and great personalities. Delegations submitted their memoranda and told the Chief Minister that it was most regret-table that the text book committee appointed by the State Government seems to have blindly approved the above mentioned books.

Publishers of the City also alleged favouritism in the selection of books there by sabotaging the interest of Mahakoshal Publishers.

Delegations demanded amendment in the Board of Secondary Education Act to re-organise the text book committee so that director of public instruction does not remain in it in any capacity.

sd
Dinesh Pathak
Journalist,
North Meloniganj,
Jabalpur.

Jabalpur,
Dt. 7.9.62

प्रस्ताव-4

To,

The Chairman,
Text Book Committee & Vice Chancellor
Saugor University, Saugor

Sir,

You must have by now heard about the exception that the citizens all over Madhya Pradesh have taken against the inclusion of 'Swarna Pushp, Bharat-Itihas aur Sanskriti and Great Personalities' as text books.

2. Your personality has always impressed us and we are confident that the stinking substance contained in those books must have by passed your attention. We further feel that it is only the 'Reviewers Committee' that gave the green signal to those books and for some reason or the other, you did not have any say in the matter.

3. We desire to be told if your opinion is correct. Under those circumstances, we further desire the names of the members of 'Reviewers Committee' (in respect of the abovementioned books) to be disclosed. We are confident that our demand shall be complied with in the right democratic spirit.

4. Our further demand to you is to put up this subject in the next meeting and remove the said books from the text books, as they tend to pollute the young minds.

Thanking you,

N.C. Jain, Advocate — Yours faithfully,
Lordganj, — sd
Jabalpur — (N.C. Jain)
Dated 16.9.62 — Spokesmen Citizens Committee Jabalpur

Copy forwarded to the Press for covering the news and oblige.

आन्दोलन की एक संक्षिप्त रूप-रेखा

सबसे पहले तो मैं यह बताऊँ कि सम्भवतः अगस्त के अपने एक रविवासरीय अंक में जनसंघी सम्प्रदायवाद के मुख पत्र दैनिक युगधर्म में, आलोचना के स्तम्भ में, मेरी पुस्तक 'भारत : इतिहास और संस्कृति' की भूरि-भूरि प्रशंसा की। उसके बाद रायपुर के एक साप्ताहिक 'विचार और समाचार' में भी एक विश्लेषण पूर्ण और अत्यन्त अनुकूल आलोचना हुई।

इस बीच, 31 अगस्त, 1962 को जबलपुर में एक सभा हुई। इसके अध्यक्ष व्योहार राजेन्द्र सिंह थे।

इन महोदय की विशेषता यह है कि एक जमाने में वे ऐसी स्त्री से सम्बन्धित थे, जो उनके साथ रहना चाहती थी। जबलपुर के विख्यात साप्ताहिक 'प्रहरी' में, जिसके सम्पादकत्व का भार विख्यात कवि और लोक-नेता भवानीप्रसाद तिवारी के कन्धों पर था, ऐसे फोटो सहित और पत्र-सहित लेख पर लेख प्रकाशित हुए, जिनसे श्री व्योहार राजेन्द्र सिंह की सच्चरित्रता और संस्कृति खुलकर सामने आ जाती थी।

यह कहना इसलिए आवश्यक हो उठा कि आपने भारतीय संस्कृति तथा साहित्य पर अनेक पुस्तकें लिखी हैं। आप एक अतिशय सम्पन्न किन्तु 'भूतपूर्व' जमींदार हैं।

इनकी अध्यक्षता के अन्तर्गत, युगधर्म जबलपुर के सम्पादक भगवतीधर वाजपेयी, नवभारत जबलपुर के सम्पादक कालिकाप्रसाद जी दीक्षित कुसुमाकर आदि ने भाषण दिये। प्रस्ताव पास किया, जिसमें स्वर्णपुष्प तथा ग्रेट पर्सनालिटीज़ के अतिरिक्त मेरी पुस्तक 'भारत : इतिहास और संस्कृति' पर कानूनी प्रतिबन्ध लगाने की माँग की गयी। साथ ही यह भी कहा गया कि 'पुस्तक प्रकाशकों पर कानूनी कार्यवाही करने के सम्बन्ध में सलाह ली जावे।'

इसके बाद, जैसाकि मैंने अखबारों में पढ़ा, जबलपुर में विद्यार्थियों का जुलूस निकला, निन्दनीय नारे लगाये गये और शिक्षामन्त्री शंकरदयाल शर्मा का पुतला जलाया गया। साथ ही, सुना है कि यहाँ और भी सभाएँ हुईं।

जैसाकि मालूम हुआ, यह पूरे कांड में साम्प्रदायिक तत्त्वों के अतिरिक्त जबलपुर में कुछ सम्पन्न प्रकाशकों का हाथ था, जिन्होंने साम्प्रदायिक दलों और उग्र दक्षिण

पंथियों को—जिन्हें कोई प्लेटफार्म नहीं मिल पाता था—समेटकर आन्दोलन को तीव्र करने का प्रयत्न किया।

फिर, सेठ गोविन्द दास ने वक्तव्य दियां कि पुस्तकें जला दी जायें, जिस पर मुख्यमन्त्री श्री मंडलोई, जो वहाँ आये हुए थे, ने यह टिप्पणी की, कि शायद ऐसा करना उचित न होगा।

इस बीच, जबलपुर में पर्चेबाजी शुरू हो गयी। 31 अगस्त, 1962 की सभा में जो प्रस्ताव पास हुआ था, उसके साथ एक स्पष्टीकरण लगाकर इसें सायक्लो स्टाइल करके पत्रों में भेजे गये। इस स्पष्टीकरण में, वस्तुतः भारत : इतिहास और संस्कृति को (मेरी पुस्तक को) प्रथम स्थान दिया गया। और उस पर बहुतेरे आरोप लगाये गये। इसके अनन्तर, उसी सभा के एक प्रवक्ता ने एक अलग पर्चे में और भी नये आरोप लगाये। यह पर्चा केवल मेरी ही पुस्तक के सम्बन्ध में था। इसे 7.9.1962 को प्रसारित-प्रचारित किया गया। सम्भवतः, यह सब पर्चों को भेजा गया था। मेरे पास यह पर्चा नहीं आया, न पहलेवाला पर्चा। इसके अनन्तर किसी स्वनाम धन्य पत्रकार ने उसी तारीख को अंग्रेज़ी में समाचार प्रसारित करवाया कि नागरिक समिति, जैन समाज और जबलपुर में प्रकाशकों के प्रतिनिधिमंडल मुख्यमन्त्री श्री मंडलोई से मिले और उनसे यह प्रार्थना की, कि मेरी पुस्तक 'भारत : इतिहास और संस्कृति' तथा 'स्वर्णपुष्प' और 'ग्रेट पर्सनालिटीज़' पर पाबन्दी लगायी जाय, क्योंकि उसमें 'आपत्तिजनक और अश्लील' सामग्री है जो कि धर्म इतिहास और महापुरुषों से सम्बन्धित हैं। ध्यान रहे, कि ये तीनों मूल पुस्तकें पाठ्य-पुस्तकों के रूप में स्वीकृत की गयी थीं।

उसी पर्चे में यह भी लिखा है, कि पाठ्य-पुस्तकों के चुनाव में पक्षपात हुआ है और महाकौशल के प्रकाशकों के हितों पर आघात हुआ है। प्रतिनिधिमंडलों ने यह भी माँग की कि पाठ्य-पुस्तक समिति को पुनः संगठित किया जाय, जिससे कि संचालक लोक-शिक्षण उस समिति में न रह सकें।

उसी तारीख को अर्थात् 7.9.1962 को ब्योहार राजेन्द्र सिंह ने मुख्यमन्त्री से यह प्रार्थना की कि "इन पुस्तकों को केवल पाठ्यक्रम से ही न अलग किया जाये, किन्तु इन पर कानूनी प्रतिबन्ध लगाकर जितनी प्रतियाँ प्राप्त हो सकें, उन्हें जब्त कर बाजार में बिकने से रोक दिया जाये।" यह प्रार्थना, एक ज्ञापक के रूप में, मुख्यमन्त्री के नाम पर थी, जिसे सायक्लो स्टाइल करके वितरित, प्रसारित किया गया। उस ज्ञापक में यह भी कहा गया—"इन पुस्तकों के आपत्तिजनक अंशों पर विस्तृत रूप से साथ में दिये गये लेखों में प्रकाश डाला गया है।" ये लेख कौन से हैं, यह मुझे नहीं मालूम। वे मुझे प्राप्त नहीं हो सके।

इसके साथ ही, इस साम्प्रदायिक आन्दोलन की खबरें बड़े-बड़े शीर्षकों से अखबारों में छपने लगीं, जिससे उत्तेजना बढ़ती गयी, जिसने भोपाल में उग्र रूप धारण

कर लिया। मुझे ज्ञात हुआ, कि यहाँ मेरी पुस्तक जलाई गयी, पर्चेबाजी हुई, उत्तेजनापूर्ण भाषण हुए। तथा सभी दलों की एक संयुक्त सभा में पुस्तक पर पाबन्दी लगाने की माँग की गयी।

यह अत्यन्त दुर्भाग्य की बात है कि सम्भवतः किसी ने भी निर्णय देने के पूर्व ध्यानपूर्वक मेरी पुस्तक नहीं पढ़ी, उसकी प्रेरणा और आत्मा को ग्रहण नहीं किया। इसका परिणाम यह हुआ कि सरकार को एक नया तर्क और आधार मिल गया। भोपाल के सभी दलों की एक स्वर से इन पुस्तकों पर पाबन्दी लगाने की माँग वह आधार बन गया जो काफी मजबूत माना जाना स्वाभाविक ही है।

इसके पूर्व, इन पुस्तकों के कुछ अंशों को निकाला गया, छापा गया और बाँटा गया। ये पर्चे कई भाषाओं में थे। इस तरह के पर्चे भोपाल में और इन्दौर में बाँटे गये।

भोपाल में क्या हुआ, यह मुझे तब मालूम हुआ, जब मेरी पुस्तक पर पाबन्दी लगायी गयी थी।

छत्तीसगढ़ के दुर्ग नगर में भी पर्चे बाँटे गये। मुझे मालूम हुआ है कि रायपुर के जनसंघ ने मेरा नाम लेकर मेरे विरुद्ध एक प्रस्ताव पास किया और तरह-तरह के आरोप लगाये। यह भी मुझे पता चला कि आर.एस.एस. के एक अंग्रेज़ी साप्ताहिक-पत्र 'organiser' में मेरे खिलाफ़ एक लेख निकला। जिसमें मुझ पर और मेरे विचारों पर आक्रमण किया गया तारीख 19 सितम्बर के राजपत्र में, मेरी पुस्तक 'बैन' कर की गयी, उस पर पाबन्दी लगा दी गयी। उसे गैरकानूनी घोषित किया गया।

इसके अनन्तर, मैंने सुना कि जनसंघ के एक नेता दीनदयालजी उपाध्याय ने अपने वक्तव्य में मुझे 'विकृत मस्तिष्क' का एक लेखक कहा। इसका उल्लेख, बिलासपुर टाइम्स ने किया है और इस वक्तव्य पर दीनदयालजी की निन्दा की। इस प्रकार, केवल आन्दोलन के द्वारा मेरी पुस्तक पर पाबन्दी लगा दी गयी, मुझसे कोई स्पष्टीकरण नहीं माँग गया।

दूसरा पक्ष :

किन्तु, दूसरी ओर कुछ स्वतन्त्र पत्रों में इस आन्दोलन के औचित्य में और पाबन्दी लगाये जाने के औचित्य में सन्देह और गहरी शंका व्यक्त की, इनमें भोपाल का अंग्रेज़ी दैनिक हितवाद मुख्य है। उसके एक सम्पादकीय में उक्त बात जोरदार ढंग से उठाई गयी। उसी प्रकार, उसी अखबार में श्री हरदेनिया का एक लेख निकला जिसमें ऐसे आन्दोलन की भर्त्सना की गयी। वह बहुत अच्छा लेख था, यद्यपि उसमें मेरा या मेरी पुस्तक का उल्लेख न था। उसमें निर्भीकता के साथ academic freedom की आवाज उठाई गयी थी।

इसके पूर्व, रायपुर के 'विचार और समाचार' साप्ताहिक का उल्लेख मैं कर चुका हूँ। इन्दौर के 'लेखाजोखा' नामक साप्ताहिक में, जिसके सम्पादक कृष्णकान्त व्यास

हैं इस पूर्व आन्दोलन को विरोधी प्रकाशकों का स्वार्थपूर्ण षड्यन्त्र बताया और इस आन्दोलन के आर्थिक स्वार्थवाले पहलू का भंडा फोड़ किया। उसने साहसपूर्वक मेरी पुस्तक की अनुकूल आलोचना भी की। 'विचार और समाचार' में मेरी पुस्तक की समग्र और समुचित आलोचना की, जिससे स्पष्ट होता है कि लेखक ने पूरी पुस्तक को ध्यान से पढ़ा और फिर उसका विश्लेषण और मूल्यांकन किया। पाबन्दी लगने के बाद जबलपुर के 'नयी दुनिया' नामक दैनिक ने मेरी पुस्तक की आत्मा पर विस्तृत और समुचित प्रकाश डाला। और सम्प्रदायवादियों के षड्यन्त्रों की निन्दा की। उसी पत्र के एक कॉलम 'सुनो भई साधो' में लेखक ने बहुत कुशलतापूर्वक सारी परिस्थिति पर प्रकाश डालते हुए मेरी पुस्तक का समर्थन किया और सम्प्रदायवादियों, दक्षिणपंथी कांग्रेसी नेताओं, जनसंघियों और फासिस्ट प्रवृत्तियों की दुर्बुद्धि पर प्रकाश डाला और मेरी पुस्तक के महत्त्व की ओर संकेत किया। इसी बीच जबलपुर के 'प्रहरी' नामक साप्ताहिक ने अपने एक विशेष लेख में सम्प्रदायवादी मनोवृत्ति वाले कांग्रेसियों की तथा अन्य सम्प्रदायवादियों की अत्यन्त निर्भीकतापूर्वक और कठोरतापूर्वक भर्त्सना की। छत्तीसगढ़ के 'बिलासपुर टाइम्स' ने इन सम्प्रदायवादी गुटों और दक्षिणपंथियों की भर्त्सना करते हुए अत्यन्त तीव्र शब्दों में मेरी पुस्तक का उत्कृष्ट समर्थन किया। यह लेख भावोत्तेजक और अत्यन्त सद्‌भावनापूर्ण था।

रायपुर के 'नवभारत' में मेरी पुस्तक तथा अन्य पुस्तकों पर पाबन्दी लगाये जाने के समाचार को प्रथम पृष्ठ पर प्रमुख रूप से छापते हुए, उस समाचार के अन्त में वह कहा कि मेरी पुस्तक पर यह पाबन्दी जनसंघियों तथा स्वार्थी प्रकाशकों के संयुक्त षड्यन्त्र का परिणाम है। इसके पूर्व उस अखबार ने अपनी एक सम्पादकीय टिप्पणी में कहा था कि इस आन्दोलन के पीछे प्रकाशकों और सम्प्रदायवादियों का हाथ है।

मेरी पुस्तक पर इस तरह जो पाबन्दी लगा दी गयी है, उससे यह सिद्ध होता है, कि मध्य प्रदेश में जनतन्त्रवादी प्रगतिशील शक्तियाँ बहुत कमजोर हैं। यद्यपि विभिन्न पत्रों में मेरे अनुकूल आलोचनाएँ और प्रतिक्रियाएँ प्रकाशित हुईं, उनके सामने मध्यप्रदेश सरकार झुकी नहीं, पर सम्प्रदायवादियों के सामने झुकी। मतलब यह है, कि मध्यप्रदेश में लेखकों की स्वाधीनता खतरे में है।

एक बात बड़े मार्के की है। रस्मी तौर पर यह आन्दोलन तारीख 31 अगस्त को जबलपुर में नागरिकों की एक सभा के साथ शुरू हुआ और मजा यह है कि ठीक बीस दिनों बाद, उस पुस्तक पर पाबन्दी लगा दी गयी। यह आन्दोलन इतनी तेजी से बढ़ा, इतनी तेजी से फैला कि लगता है कि उसकी एक मशीनरी पहले ही से तैयार हुई। जनसंघीय दक्षिणपंथी, कांग्रेसी, उखड़े हुए नेता, नाराज प्रकाशक इन सबको अपनी तेज रफ्तार में खींचकर काम करनेवाली यह मशीनरी अगर वह है—तो अजीब मशीनरी है।

एक बात जो भोपाल जाकर मुझे मालूम हुई, वह यह थी कि इस आन्दोलन का एक उद्देश्य शिक्षामन्त्री डॉ. शंकरदयाल शर्मा के प्रभाव को खत्म करना था। चूँकि यह आन्दोलन पाठ्य-पुस्तकों को स्वीकृत करनेवाले विभाग के भी विरुद्ध था, इसलिए वह-यह माना जाता है—और ऐसा माना जाने का आधार भी है। डॉ. शंकरदयाल शर्मा के विरुद्ध भी था। श्री शर्मा, डॉ. काटजू के समर्थक अर्थात् देशलहरा, तखतमल, मंडलोई, शासकीय गुट के विरोधी माने जाते रहे। यह भी शंका व्यक्त की गयी है कि डॉ. शर्मा कहाँ तक मन्त्रिमंडल में रह सकेंगे।

ध्यान रहे कि मेरी पुस्तक जो माध्यमिक पाठ्य-पुस्तक समिति द्वारा स्वीकृत हुई थी, उसके विरुद्ध शिक्षा विभाग ने कोई कदम नहीं उठाया। मध्यप्रदेश मन्त्रिमंडल की एक बैठक में उस पर पाबन्दी लगाने का फैसला किया गया, ऐसा ज्ञात होता है।

किन्तु, उससे मेरा ज्यादा नुकसान हुआ है। यदि वह पुस्तक पाठ्य-पुस्तक के रूप में न भी रहती, तो भी सामान्य पुस्तक के रूप में मध्यप्रदेश में चल सकती थी। इसका मतलब यह है कि मध्यप्रदेश सरकार यह नहीं चाहती कि वह पुस्तक सामान्य पुस्तक के रूप में भी चले।

मेरी पुस्तक के विरोध में सरकार का यह क्रोध यह सूचित करता है कि मध्यप्रदेश में विवेक-चेतना से प्रेरित अभिव्यक्ति के दिन गये। वैज्ञानिक शास्त्रीय दृष्टि की अभिव्यक्ति अब यहाँ अपराध घोषित हुई है, हो सकती है, आगे भी।

Licensed to post without prepayment of postage.
Licence No. C.C. 49.

पंजी क्रमांक एन–533

मध्यप्रदेश शासन की सील

मध्यप्रदेश शासन का राजपत्र

(असाधारण)
प्राधिकार से प्रकाशित

क्रमांक [154] भोपाल, बुधवार, दिनांक 19 सितम्बर, 1962
भाद्र 28, शके 1884

गृह विभाग

('क्ष' खंड)

Bhopal, the 19th September 1962—Bhadra 29, 1884.

No. 2845-I-X-62.—The following orders are hereby published for general information.

R.C. MURAB, Secy.

ORDER

No. 2843-I-X-62.—Whereas the State Government is satisfied that the bringing into sale, distribution or circulation of the book titled भारत : इतिहास और संस्कृति ("Bharat : Itihas aur Sanskriti") written by Shri Gajanan Muktibodh (hereinafter called the said book) or the printing or publication of the matter contained in the said book within the State of Madhya Pradesh, is or will be prejudicial to the maintenance of public order and offends against decency and morality :

Now, therefore, in exercise of the powers conferred by subsection (1) or section 12 of the Madhya Pradesh Public Security Act, 1959 (25 to 1959), the State Government is pleased to order that the bringing into sale, distribution or circulation, or the printing or publication of the said book within the State of Madhya Pradesh is prohibited absolutely.

By order and in the name of
the Governor of Madhya Pradesh,
R.C. MURAB, Secy.

माननीय राज्यपाल को लिखा पत्र

सेवा में,

माननीय राज्यपाल महोदय, मध्यप्रदेश शासन।

भोपाल

महामहिम,

दिनांक 20 सितम्बर के समाचार-पत्रों में मेरी पुस्तक 'भारत : इतिहास और संस्कृति' तथा कुछ अन्य पुस्तकों पर प्रतिबन्ध लगाने का समाचार पढ़कर दुःख हुआ। इधर कुछ दिनों से जबलपुर के कुछ नागरिकों ने मेरी कथित पुस्तक को लेकर एक आन्दोलन सा खड़ा कर दिया। यद्यपि यह आन्दोलन एक ही स्थान के चन्द लोगों तक ही सीमित था, फिर भी मुझे स्पष्टीकरण का मौका दिये बगैर पुस्तक को न केवल टेक्स्ट बुक से हटाने बल्कि उसके प्रसार-प्रचार पर भी प्रतिबन्ध लगाये जाने के निर्णय पर पुनर्विचार हेतु आपके समक्ष यह याचिका प्रस्तुत कर रहा हूँ :

'भारत : इतिहास और संस्कृति' के आलोचकों की मुख्य आपत्तियाँ निम्नलिखित हैं :

1. यह कि पुस्तक में भगवान राम और कृष्ण को आर्य और अनार्य का रक्त मिश्रण का परिणाम बताया गया है।
2. यह कि भगवान पार्श्वनाथ और भगवान महावीर को व्रात्य और वर्णसंकर जातियों में गिनाया गया है। इस तरह जैनियों की सांस्कृतिक व धार्मिक भावनाओं को ठेस पहुँचाई गयी है।
3. यह कि हारे हुए सैन्धवजन शूद्र कहलाते थे इन शूद्रों की पुत्रियों से पवित्र ब्राह्मणों ने अवैध सम्बन्ध स्थापित किये और वर्णसंकर जातियों का उद्भव हुआ जो व्रात्य कहलाये।
4. यह कि भगवान बाहुबलि की गोमतेश्वर स्थित प्रसिद्ध प्रतिमा को 'दैत्याकार', कस्तूरबा को स्व. महादेव देसाई की पत्नी और पंडित नेहरू को मुहम्मद कहा गया है।

सबसे पहले तो मैं यह निवेदन करना चाहता हूँ कि 'भारत : इतिहास और संस्कृति' में जो कुछ भी लिखा गया है वह उन्हीं पुस्तकों के आधार पर जो या तो एम.ए. बी.ए. पढ़ाई जाती हैं या देश के प्रसिद्ध इतिहासज्ञों के वे ग्रन्थ जिन्हें में इतिहास के क्षेत्र में खूब मान्यता मिल चुकी है। अतः उक्त पुस्तक में मेरे मौलिक विचार नहीं बल्कि विभिन्न इतिहासज्ञों के विचारों को ही मैंने अपने शब्दों में प्रस्तुत किया है। इसके अलावा जहाँ मैंने अपनी ओर से कुछ कहने का प्रयत्न भी किया है तो उसके पीछे उन्हीं ख्यातिप्राप्त इतिहासज्ञों की पुस्तकों के अध्ययन की मनोवैज्ञानिक भूमिका रही है जिनकी सहायता मैंने 'भारत : इतिहास और संस्कृति' लिखने में ली। मेरा दूसरा निवेदन है कि ऊपर जिन आपत्तियों का उल्लेख किया गया है उन पर विचार करते समय इस बात पर भी ध्यान दिया जाये कि किसी वाक्य को अलग से तोड़-मरोड़कर अपनी इच्छा के मुताबिक अर्थ निकालने की बजाय उन्हें पूरे सन्दर्भ और लेखक की मूल भावना भी देखी जाये। अन्यथा सन्दर्भ रहित वाक्यों का कुछ भी अर्थ-अनर्थ हो सकता है जैसा कि आपत्तिकर्ताओं ने अपने मंसूबों को पूरा करने के लिए किया है।

मैंने मुख्य रूप से जिन विद्वानों की पुस्तकों की सहायता ली है उनकी सूची इस प्रकार है :

1. भारत में आर्य और अनार्य, डॉ. सुनीतिकुमार चाटुर्ज्या
2. भारतीय इतिहास का सर्वेक्षण, के. एम. पणिक्कर
3. हिन्दू सभ्यता, डॉ. राधाकुमुद मुकर्जी
4. प्राचीन भारत इतिहास और संस्कृति, डॉ. बी.जी. गोखले
5. भारतीय सभ्यता तथा संस्कृति का विकास, श्री बी.एन. लूनिया

इस स्मरणपत्र के साथ उक्त पुस्तकों के प्रासंगिक उद्धरण मैंने अलग से जोड़ दिये हैं जिनसे यह स्पष्ट हो जायेगा कि मेरी पुस्तक की कोई बात निराधार नहीं है और इससे बढ़कर मैंने किसी प्रकार का जातीय या वर्गगत विद्वेष फैलाने की दुर्भावना से यह पुस्तक नहीं लिखी, मेरा उद्देश्य तो भारत की सामासिक संस्कृति का साधारण परिचय विद्यार्थियों को देना था जिससे भारत के एकीकरण में उनका सक्रिय सहयोग प्राप्त हो सके।

यों तो संलग्न उद्धरणों से मेरी बातों की पुष्टि हो ही जायेगी लेकिन इसके बावजूद भी सरकार यह समझती है कि पुस्तक में कुछ अंश आपत्तिजनक हैं तो इस बात की जाँच अधिकृत विद्वानों की एक समिति द्वारा की जाय और अपनी ओर से मैं यह विश्वास दिलाना चाहता हूँ कि पूरी पुस्तक पर प्रतिबन्ध लगाने की बजाय कथित आपत्तिजनक अंशों को पुस्तक के अगले संस्करण में निकाल दिया जायेगा।

आशा है आप उपरोक्त तथ्यों की रोशनी में अपने निर्णय पर पुनर्विचार करेंगे।

माननीय राज्यपाल को लिखे पत्र के साथ संलग्न

(संक्षिप्त स्पष्टीकरण)

मध्यप्रदेश सरकार ने मेरी पुस्तक 'भारत : इतिहास और संस्कृति' पर पाबन्दी लगा दी है। राजपत्र के असाधारण अंक (तारीख 19 सितम्बर, क्रमांक 154) में इस सम्बन्ध में यह भी कहा गया कि वह पुस्तक 'भद्रता तथा नैतिकता के विरुद्ध' है। [Offinds against morality and decency]

इसके पूर्व सरकार के शिक्षा-विभाग के अन्तर्गत माध्यमिक पाठ्य-पुस्तक समिति ने मेरी पुस्तक को पाठ्य-पुस्तक के रूप में स्वीकृत किया था।

मेरी पुस्तक पर आरोप लगाने के पूर्व, उस पर प्रतिबन्ध (Ban) लगाने के पूर्व, मुझसे कोई स्पष्टीकरण माँगना उचित नहीं समझा गया। मुझे सरकार द्वारा लगाये गये इस आरोप से अत्यन्त दुःख हुआ कि उसके लेखे मेरी पुस्तक 'नैतिकता तथा भद्रता के विरुद्ध' है।

मेरे पक्ष की सुनवाई किये बगैर सरकार ने ऐसा निर्णय क्यों किया? यह इसलिए किया गया कि मध्यप्रदेश के कुछ अंचलों में साम्प्रदायिक तत्त्वों ने संगठित रूप से मेरे विरुद्ध और मेरी पुस्तक के विरुद्ध (साथ ही दो अन्य पुस्तकों के विरुद्ध) आन्दोलन खड़ा किया था। सरकार ने इन साम्प्रदायिक तत्त्वों को दबाने के बजाय, मेरी पुस्तक पर प्रहार करना ही उचित समझा। वैसे, सरकार को यह अधिकार था कि वह पाठ्यक्रम में से मेरी पुस्तक निकाल देती। किन्तु, सरकार को उस पर पाबन्दी लगाने के पहले, यह चाहिए था कि उस पुस्तक को इतिहास-विशेषज्ञों (इतिहास-शास्त्रियों) के पास सम्मति के लिए भेज देती यह जानने के लिए कि उसमें दिये गये तथ्य प्रामाणिक हैं या नहीं और वे तथ्य सभ्य भाषा में प्रस्तुत किये गये हैं या नहीं। किन्तु, जहाँ तक मुझे मालूम है, सरकार ने देश के मान्य इतिहास-शास्त्रियों से कोई परामर्श नहीं किया। इस प्रकार सरकार प्रान्त ने साम्प्रदायिक तत्त्वों के हाथों में खेल गयी।

आन्दोलनकारियों ने, व्यक्तिशः मेरे पास कोई आरोप-पत्र नहीं भिजवाया। इधर-उधर से समेटने पर, मेरे हाथ में कुछ कागजात आ गये, जिनमें मेरे विरुद्ध अनर्गल आरोप लगाये गये थे। इन आरोपों का विस्तृत उत्तर देने के लिए मैंने मान्य इतिहासकारों की पुस्तकों में से उद्धरण पर उद्धरण निकाले और उनको व्यवस्थाबद्ध करने का उद्योग करने लगा कि इतने में सरकार ने पुस्तक को ही गैरकानूनी (Ban) कर डाला, जन-सुरक्षा कानून के अन्तर्गत।

फिर भी मैंने अपना काम लगभग पूरा कर ही लिया। और अब यह आशा है कि वे उद्धरण और अवतरण तथा उन पर मेरी टिप्पणियाँ पुस्तिका के रूप में अवश्य प्रकाशित हो जायेंगी। मेरे विवेचन को प्रामाणिक बनाने के लिए वे अवतरण पर्याप्त हैं, ऐसा मेरा खयाल है।

यह उद्योग मुझे क्यों करना पड़ा?

इसलिए कि मुझे यह गहरी शंका है कि आन्दोलनकर्ता भारतीय इतिहास-क्रम को साम्प्रदायिक दृष्टिकोण से पुनर्रचित करना चाहते हैं। वे उसके स्वाभाविक विकास के स्वरूप को, फासिस्त शुद्ध रक्तवादी, आर्यवादी दृष्टिकोण से झुठलाना चाहते हैं। वे हमारी कार्य व्यस्त जनता की धर्म-भावना को उभाड़कर उसके अज्ञान और पिछड़ेपन का फायदा उठाते हुए, देश में अपना वर्चस्व स्थापित करने के लिए इतिहास के वैज्ञानिक क्षेत्र में साम्प्रदायिक दृष्टि के हस्तक्षेप को मूर्तिमान करना चाहते हैं। संक्षेप में, वे इतिहास की ऐसी पुनर्रचना चाहते हैं जिसमें उनके शुद्ध रक्तवादी, आर्यवादी जातिवादी साम्प्रदायिक-सांस्कृतिक दृष्टि को समर्थन मिल सके।

यह एक भयानक प्रवृत्ति है, जिससे हर बुद्धिजीवी को, धर्मनिरपेक्ष राज्य को, वैज्ञानिक दृष्टि के अभ्युदय को, लोकतंत्रवादी विचारधारा को, मानव-समानता के सिद्धान्त और आदर्श को तथा भारतीय संस्कृति के वास्तविक स्वरूप को बहुत बड़ा खतरा है।

मध्यप्रदेश सरकार ने मेरी पुस्तक पर, नैतिकता तथा भद्रता के विरुद्ध होने का जो आरोप लगाया है वह कितना बेबुनियाद है, यह 'भारत में आर्य और अनार्य' नामक पुस्तक से सिद्ध हो जायेगा।

'भारत में आर्य और अनार्य' नामक पुस्तक मध्यप्रदेश सरकार के सूचना तथा प्रकाशन संचालनालय द्वारा शासन साहित्य परिषद् के लिए सन् 1959 में प्रकाशित हुई। इस पुस्तक की प्रस्तावना मध्यप्रदेश शासन साहित्य परिषद् के तत्कालीन सचिव श्री एल.ओ. जोशी द्वारा लिखी गयी है।

यह पुस्तक वस्तुतः एक व्याख्यान संग्रह है। देश के लब्धप्रतिष्ठ विद्वान् डॉ. सुनीतिकुमार चाटुर्ज्या ने शासन साहित्य परिषद् द्वारा आयोजित सभाओं में ये व्याख्यान दिये थे। यह पुस्तक वर्तमान मध्यप्रदेश के सूचना तथा प्रकाशन संचालनालय द्वारा प्रकाशित की गयी है, न कि भूतपूर्व मध्यप्रदेश के। अमृतलाल परवार, सिंघई प्रिंटिंग प्रेस मढ़ाताल, जबलपुर द्वारा वह छापी गयी है। इसकी कीमत 1 रुपया 40 नये पैसे रखी गयी है। मैं अपने प्रबुद्ध पाठकों से निवेदन करूँगा कि वे इस पुस्तक को अवश्य पढ़ें।

मेरी पुस्तक पर पाबन्दी लगाते समय और उस पर 'नैतिकता तथा भद्रता के विरुद्ध' होने का आरोप लगाते समय, मध्यप्रदेश सरकार अपने ही इस अत्यन्त महत्त्वपूर्ण प्रकाशन को भूल गयी। काश, मध्यप्रदेश सरकार इस पुस्तक को पढ़कर निर्णय करने बैठती तो कम से कम वह मेरी पुस्तक पर अनर्गल आरोप न लगाती।

मेरे विरुद्ध सारा आक्रोश इस बात का है कि मैंने राम और कृष्ण के श्याम वर्ण को रक्त-सम्मिश्रण का परिणाम बताया, पार्श्वनाथ और वर्तमान को व्रात्यों की परम्परा में निरूपित किया और व्रात्यों को वर्णसंकर जातियों में गिनाया। इनके अतिरिक्त, और भी छोटे-मोटे आरोप आन्दोलनकारियों ने लगाये (सरकार उन सबसे सहमत होती सी दिखाई देती है) इन सबका स्पष्ट उत्तर मैं यहाँ देना चाहता हूँ।

1. जहाँ तक रक्त-मिश्रण का प्रश्न है, कोई भी इतिहासशास्त्री उक्त तथ्य से इनकार नहीं करता। नृवंशशास्त्रीय दृष्टि से देखा जाय तो प्रारम्भ से ही रक्त-मिश्रण हुआ है। जहाँ तक राम और कृष्ण का प्रश्न है, डॉ. सुनीतिकुमार चाटुर्ज्या द्वारा लिखित 'भारत में आर्य और अनार्य' नामक पुस्तक के पृष्ठ 44 तथा 45 को पढ़ें। पृष्ठ 45 के दूसरे पैराग्राफ़ में यह वाक्य आपको दिखाई देगा :

"कृष्ण के पिता वसुदेव यदुकुल के वृष्णिवंश के क्षत्रिय थे, पर उनकी माता देवकी असुर कन्या थीं"—असुर से मतलब किसी अनार्य (सम्भवतः द्रविड़) जाति का है।" लेखक आगे कहता है—"श्रीकृष्ण ईश्वर के अवतार गिने जाते हैं, परन्तु वेदव्यास की भाँति श्रीकृष्ण का गात्र वर्ण काला ही था।"

इसके पूर्व के पैराग्राफ़ में डॉ. सुनीतिकुमार चाटुर्ज्या लिख चुके हैं :

"...पूरे द्वैपायन व्यास का दैहवर्ण गौर आर्य वर्ण नहीं था, वह था दासों का कृष्ण वर्ण। जो कुछ हो, यह तो प्रत्यक्ष अनुलोम रक्त-मिश्रण का एक ज्वंत उदाहरण है। (पृष्ठ वही, पुस्तक वही)

इसके अनन्तर, डॉ. सुनीतिकुमार चाटुर्ज्या पृष्ठ 46 पर इसी बात को आगे बढ़ाते हुए कहते हैं : "प्राचीन भारत के क्षत्रिय राजा लोग संस्कृत पुराणादि ग्रन्थों में 'चन्द्रवंशी' और 'सूर्यवंशी' कहलाते थे—यह सम्भव है कि ऐसी वंश-कल्पना अनार्यों में ही हुई थी, बाद में मिश्रित आर्यानार्य जाति की इतिकथा पुराणों में यह बात रक्षित रह ही गयी थी।"

दूसरे शब्दों में, राम के सूर्यवंश की इतिकथा को 'मिश्रित आर्यानार्य जाति की इतिकथा पुराण' मान लेने में डॉ. सुनीतिकुमार चाटुर्ज्या को विशेष वैज्ञानिक आपत्ति नहीं दिखाई देती। क्यों नहीं दिखाई देती? इसलिए कि रक्त-मिश्रण के बिना गौर वर्णी आर्य-जाति के इक्ष्वाकुवंश में—सूर्यवंश में, कृष्ण वर्ण का आविर्भाव नहीं हो सकता था। पाठक जानते ही हैं कि राम का वर्ण श्याम है।

इसीलिये, पृष्ठ 47 पर डॉ. सुनीतिकुमार चाटुर्ज्या ने स्पष्ट किया है कि "ऋग्वेद में 'आर्य वर्ण' और 'दास वर्ण' श्वेतकाय और कृष्णकाय आर्यों और अनार्यों के लिए चालू थे। पर 'आर्य' शब्द गुणवाचक हो गया, जाति-मिश्रण के कारण काले ब्राह्मण और गोरे शूद्र भी मिलते थे।" यह जाति-मिश्रण रक्त-मिश्रण नहीं तो क्या है।

यदि हम डॉ. सुनीतिकुमार चाटुर्ज्या की बात मानें तो हम इसी निष्कर्ष पर स्वाभाविक रूप से जाते हैं यदि राम का वर्ण सचमुच श्याम है तो वह रक्त-मिश्रण का ही फल है।

इसी प्रकार, सुनीतिकुमार जी पृष्ठ 98 पर सूर्यवंश के एक महापुरुष इक्ष्वाकु का उल्लेख करते हुए इशारा करते हैं कि सम्भवतः इक्ष्वाकु शब्द किसी अनार्य भाषा के मूल शब्द का संस्कृतीकृत रूप होना चाहिए। वे कहते हैं—क्यों इसका पालि प्रतिरूप 'ओक्काक' है? और 'ओक्काक' का अर्थ क्या है? इन दोनों में मूल रूप कौन है?

डॉ. सुनीतिकुमार चाटुर्ज्या इस तरह के प्रश्न क्यों उठाते हैं? क्या इसलिए कि वे 'मिश्रित आर्यानार्य जाति' की सभ्यता का निरूपण करते हुए, वेदव्यास, श्रीकृष्ण, राम, और बुद्ध जैसे महापुरुषों का अपमान करना चाहते हैं? यह ऊहापोह वे इसलिए नहीं कर रहे हैं। उनका उद्देश्य तो यह बताना है कि जिसे हम वस्तुतः आर्य सभ्यता कहते हैं, उसमें आर्येतर मनुष्य की संस्कृति, सभ्यता और रक्त मिला हुआ है। आर्य-सभ्यता सामसिक है। वह 'मिश्रित आर्यानार्य जाति की सभ्यता' है।

यदि डॉ. सुनीतिकुमार चाटुर्ज्या का उक्त निरूपण जन-सुरक्षा के, नैतिकता के तथा भद्रता के विरुद्ध नहीं है और (वह) पुस्तक बड़े मजे में मध्यप्रदेश सरकार के सूचना तथा प्रकाशन संचालनालय द्वारा प्रकाशित की जा सकती है, की गयी है, तो फिर उन्हीं के आधार पर और लगभग उन्हीं के पारिभाषिक शब्दों का प्रयोग करते हुए मेरे निवेदन और उनको अन्तर्भूत करनेवाली मेरी पुस्तक जन-सुरक्षा के विरुद्ध, नैतिकता के विरुद्ध तथा भद्रता के विरुद्ध कैसे कही जा सकती है, जबकि वास्तविक पाठक को यह स्पष्ट दिखाई देता है कि उनकी सामग्री के और उनके पारिभाषिक शब्दों के एक-चौथाई भाग ही का मैं उपयोग कर सका हूँ। मैंने तो बात उड़ते-उड़ते कही है, वे तो उसकी गहराई में और उसके विस्तार में गये हैं, मैंने तो सिर्फ़ उनके मार्ग का अनुसरण-भर किया है।

यह एक अत्यन्त प्रसिद्ध बात है कि क्रमशः वैदिक देवताओं का महत्त्व घटता गया और बहुतों का लोप हो गया। अब वैदिक इन्द्र असुरों द्वारा पराजित होने लगे—यहाँ तक कि कृष्ण ने भी इन्द्र को पराजित किया। नये देवता आ गये। ब्रह्मा, विष्णु, महेश का आविर्भाव हुआ। पूजा और भक्ति का महत्त्व बढ़ गया। दार्शनिक विवेचन होने लगे। बहुत से विचारक वेदों को अपौरुषेय मानते हुए भी, अनीश्वरवादी होने लगे। आख़िर ऐसा क्यों?

उत्तर-वैदिक काल की 'मिश्रित आर्यानार्य जाति' को सरदार के.एम. पणिक्कर ने 'नण्य आर्यसमाज' कहा गया है। इस नयी किन्तु मिश्रित जाति ने उपर्युक्त परिवर्तन उपस्थित किया। मोहनजोदड़ो सभ्यता अथवा कहिये, द्रविड़ सभ्यता के सन्निवेश और परस्पर प्रवेश से यह घटना घटित हुई। डॉ. जगदीशंचन्द्र जैन अपनी पुस्तक भारतीय तत्त्व-चिन्तन के पृष्ठ 27 के दूसरे पैराग्राफ़ में कहते हैं : "पराजित सिन्धवासियों की नारियों से आर्यो ने सन्तानोत्पत्ति की, जिसके फलस्वरूप कक्षीवान्, औजि, कण्व, वत्स, कवध ऐलूष आदि अनेक प्रमुख आर्य ऋषियों का जन्म हुआ।

उधर सिन्धवासी पुरोहितों ने आर्य विजेताओं का धर्म अंगीकार कर लिया। इससे वैदिक संस्कृति में अनेक आर्येतर देवताओं का समावेश हो गया।''

2. इस प्रकार, आर्य तथा आर्येतर तत्त्वों से बना हुआ यह सम्मिश्र समाज अर्थात् सरदार के.एम. पणिक्कर के शब्दों में, नण्य आर्य समाज, सभ्यता और संस्कृति का विकास करने लगा।

ध्यान देने की बात है कि आर्येतर तत्त्वों के घनीभूत प्रभाव का सर्वश्रेष्ठ उदाहरण है अथर्ववेद, जिसमें मन्त्र, तन्त्र, टोना-टोटका, झाड़-फूँक आदि पाये जाते हैं, साथ ही पृथ्वी सूक्त जैसे सुन्दर सूक्त भी मिलते हैं।

इसी अथर्ववेद में जो 'मिश्रित आर्यानार्य सभ्यता' का एक उदाहरण है यह भी कहा गया है कि विषम ज्वर, तुम पूर्व में अंग और मगध में चले जाओ (5 । 22 । 7 । 14) डॉ. राधाकुमुद मुकर्जी कहते हैं इस अरुचि का कारण यह था कि इन प्रदेशों में ब्राह्मण धर्म का प्रभाव अधूरा था। यहाँ आदिम निवासियों की बस्ती थी और पीछे यहाँ बौद्ध धर्म का प्रचार हुआ जो वर्ण धर्म को स्वीकार न करता था। अथर्ववेद में मगध के निवासियों को व्रात्य कहा गया है (15 । 2 । 9) जो अन्त्यज और फिरन्दर समझे जाते थे...'हिन्दू सभ्यता', पृ. 95 पढ़कर पैराग्राफ़ प्रथम इसके पूर्व, पृष्ठ 94 पर, डॉ. राधाकुमुद मुकर्जी कह चुके हैं, 'आर्य सभ्यता के क्षेत्र से बाहर मगध का प्रदेश था।'

संक्षेप में, 'मिश्रित आर्यानार्य सभ्यता' के अर्थात् 'आर्य सभ्यता' के ही लोग मगध को तिरस्कार के भाव से देखते और उन्हें 'व्रात्य' कहते। उन्हें 'अन्त्यज' और 'फिरन्दर' समझते। अन्तिम दो शब्द, ध्यान रखिए, डॉ. राधाकुमुद मुकर्जी के हैं। अन्त्यज का अर्थ है शूद्र अथवा शूद्र की निकृष्टतम जाति। क्यों कहते? इसलिए कि वे आर्य सभ्यता के क्षेत्र से बाहर थे।

सत्यकेतु विद्यालंकर, डॉ. राधाकुमुद मुकर्जी, सरकार के.एम. पणिक्कर आदि विद्वानों ने बताया है कि व्रात्य-स्तोभ यज्ञ के द्वारा ये व्रात्य आर्यधर्म में मिलाये जा सकते थे सम्भवतः इस प्रकार वे मिलाये गये थे। और उनसे संकर जातियाँ बन गयी थीं। इस प्रकार वे भी 'नण्य आर्य समाज' के अन्तर्गत आ गयी थीं। किन्तु और यह बहुत बड़ा 'किन्तु' है। उन्होंने आर्यधर्म को पूर्ण रूप से नहीं माना, वर्णाश्रम व्यवस्था का विरोध किया, जातिवाद का विरोध किया। क्यों किया?

सरदार के.एम. पणिक्कर ने वज्जी, लिच्छवि और शाक्य आदि को आदिम जातियाँ कहा है, जिनके यहाँ प्रशासन गणतन्त्रात्मक पद्धति से होता था। देखिए भारतीय इतिहास का सर्वेक्षण, पृष्ठ 83, दूसरा पैराग्राफ़ पहली पंक्ति (ध्यान रहे कि महावीर वर्धमान वज्जी संघराज्य के ज्ञातृक गण में उत्पन्न हुए थे और उनकी माता लिच्छवि कुल की थी। उसी प्रकार, गौतम बुद्ध शाक्य गण में उत्पन्न हुए थे। ये बातें इतिहास में प्रसिद्ध हैं।) यह एक मानी हुई बात है कि लिच्छवियों, वज्जियों शाक्यों

का आर्यीकरण हो चुका था, अर्थात् मध्यदेश के आर्यकुलों से उनका रक्त-सम्बन्ध स्थापित हो चुका था। नहीं तो उन्हें वर्णसंकर क्यों कहा जाता?

इस सम्बन्ध में डॉ. सत्यकेतु विद्यालंकार पढ़िए। वे कहते हैं, "पर, आर्य लोग ज्यों-ज्यों पूर्व की ओर बढ़ते गये, उनके जनपदों में आर्य भिन्न लोगों की संख्या अधिकाधिक होती गयी। पंजाब और गंगा-यमुना की घाटियों में विद्यमान आर्य जनपदों में अनार्य लोगों की संख्या बहुत कम थी। शूद्र के रूप में उन्हें सुगमता से अपने समाज का ही अंग बनाया जा सकता था। पर पूर्व और पश्चिम में आगे बढ़ने पर आर्यों को एक नयी परिस्थिति का सामना करना पड़ा। मगध, अंग, बंग, कलिंग और अवन्ति जैसे जनपदों में अनार्य लोग बहुत बड़ी संख्या में थे। उनका जड़ से न उन्मूलन किया जा सकता था, और न उन्हें आगे-आगे ही खदेड़ा जा सकता था। उनकी सैनिक शक्ति भी कम नहीं थी। वे अच्छे वीर योद्धा थे, और संख्या में भी बहुत अधिक थे। पूर्व और दक्षिण में बहुत दूर तक आगे बढ़ जानेवाले आर्य विजेताओं ने विवश होकर इन अनार्यों की स्त्रियों से विवाह-सम्बन्ध भी स्थापित किये थे। आर्य स्त्रियाँ पर्याप्त संख्या में आर्य-विजेताओं के साथ इतनी दूर तक नहीं जा सकती थीं। परिणाम यह हुआ कि अनेक वर्णसंकर जातियों का विकास हुआ। मगध और समीपवर्ती जनपदों में बौद्ध और जैन धर्मों के रूप में जिन नवीन धार्मिक आन्दोलनों का प्रारम्भ हुआ था, उनके वर्णभेद और जातिभेद-सम्बन्धी विचार और इसी नयी परिस्थिति के परिणाम थे। ब्राह्मण व किसी विशेष श्रेणी उत्कृष्टता की बात उन्हें समझ में नहीं आती थी। वहाँ जो सैनिक लोग थे, वे भी शुद्ध आर्य क्षत्रिय न होकर व्रात्य थे। व्रात्यों को भी प्राचीन ग्रन्थों में वर्णसंकर गिना गया है। वज्जि, मल्ल, लिच्छवि आदि सब व्रात्य ही थे। पूर्व और दक्षिण के इन जनपदों में न केवल क्षत्रिय अपितु ब्राह्मण भी वर्णसंकर थे। सात वाहन राजा जाति से ब्राह्मण समझे जाते थे, पर उनमें अनार्य रक्त विद्यमान था। जब मगध साम्राज्य का विकास हुआ, और मगध की अनार्य-प्रधान सेनाओं ने सारे भारत को जीत लिया तो प्राचीन आर्यजनों के शुद्ध ब्राह्मणों व क्षत्रियों की उत्कृष्टता कैसे कायम रह सकती थी। बौद्ध व जैन ब्राह्मणों की उत्कृष्टता को नहीं मानते थे। (भारतीय संस्कृति और उसका इतिहास, पृ. 293 का अन्तिम पैराग्राफ़ और 294 पर उसका विस्तार)

डॉ. सत्यकेतु विद्यालंकार आगे इसी बात को कहते हैं : "मगध, अवन्ति अंग आदि जनपदों में आर्य अपनी रक्त शुद्धि को कायम रखने में समर्थ नहीं हुए थे। उन्होंने आर्य-भिन्न जातियों के साथ रक्त सम्बन्ध स्थापित किये थे। उन्हें इस काल में व्रात्य और वर्णसंकर कहा गया। मनुस्मृति के अनुसार भूर्णकंटक और आवन्त्य व्रात्य ब्राह्मणों की सन्तान थे, और झल्य मल्य व लिच्छवियों की उत्पत्ति व्रात्य क्षत्रियों से हुई थी।" (पुस्तक वही, पृ. 295)

निःसन्देह, संकरत्व की यह प्रक्रिया एक दीर्घकालीन प्रक्रिया है। ऋग्वेद काल में ही रक्त-मिश्रण आरम्भ हो गया था। सरदार के.एम. पणिक्कर ने स्पष्ट लिखा है कि

ऋग्वेद के दाशराज्ञ युद्ध ने अर्थात् "दश राजाओं के युद्ध ने 'विशुद्ध' आर्यों का अन्त कर दिया।" देखिए भारतीय इतिहास का सर्वेक्षण पृष्ठ 8, दूसरे पैराग्राफ़ की प्रथम पंक्ति। ज्यों-ज्यों आर्यों का प्रसार पूर्व और दक्षिण की ओर बढ़ता गया। मिश्रित आर्यानार्य जाति की इस सभ्यता ने धर्म में परिवर्तन उपस्थित किया। सरदार के.एम. पणिक्कर कहते हैं : "आर्यों की दस्युयों पर विजय होने के बाद ही वैदिक देवताओं की इति श्री हो गयी, उनका बड़प्पन मिट गया और वे मनोमुग्धकारी विशद पौराणिक कथाओं में छोटे पात्रों के रूप में फिर प्रकट हुए।"

यदि एक ओर यज्ञ योगादि, उत्तर-वैदिक काल में अधिक जटिल होते गये, उनका महत्त्व बढ़ता गया, पौरोहित्य प्रधान हो उठा तो दूसरी ओर स्वतन्त्रचिन्तन की प्रवृत्ति भी बढ़ गयी। उपनिषद् के ऋषि मनीषियों ने स्वानुभूति को महत्त्वपूर्ण माना। अनेकानेक दार्शनिक धाराएँ तीव्र गति से प्रवाहित होने लगीं।

कर्मकांड, यज्ञ योगादि, पौरोहित्य आदि के विरुद्ध, किन्तु वैदिक धर्म की मर्यादा के भीतर ही, गीता ने भक्ति, ज्ञान, कर्म का, प्रवृत्ति और निवृत्ति का उच्चतर समन्वय करके सुन्दर आध्यात्मिक पथ को प्रशस्त किया, तो दूसरी ओर आगे चलकर, वैदिक धर्म के बाहर, अनेक मुनियों, यतियों परिव्राजकों श्रमण-ब्राह्मणों ने सदाचारपूर्ण शुद्ध पवित्र जीवन तथा तपस्या का महत्त्व प्रतिपादित किया, साथ ही ब्राह्मणधर्म के चातुर्वर्ण्य जातिवाद का विरोध किया। कर्मकांड-प्रधान ब्राह्मण धर्म के ये विरोधी परिव्राजक मुनि यति इत्यादि बुद्धि की स्वतन्त्र क्रिया को महत्त्व देते थे, खूब विचार-विमर्श करते थे, खूब वाद-विवाद करते थे। तथा वे स्वतन्त्र दर्शनों की स्थापना करते जाते थे। उनमें बहुतेरे शूद्र भी थे। सरदार के.एम. पणिक्कर कहते हैं : "आजीवक लोग शूद्र संन्यासी होते थे, जिनका नेता मक्खालि गौसाल था। मक्खालि गौसाल जन्म से दास और एक जड़-उखाड़ परिवर्तनकारी प्रचारक था, जिसने हिन्दुओं के आधारभूत परमोज्ज्वलकर्म-सिद्धान्त ही को अस्वीकार कर दिया था" (भारतीय इतिहास का सर्वेक्षण, पृ. 24) पूरण कस्सय, मक्खालि गौसाल, अजित केस-कम्बलि, ककुध कण्च्वायन और निगंठ नातपुत्त अपने युग के महान् विचारक थे। इन विभिन्न भिक्षु-सम्प्रदायों का सामान्य नाम श्रमण-ब्राह्मण था। डॉ. राधाकुमुद मुकर्जी ने इनके सम्बन्ध में प्राकृत भाषा में एक उद्धरण दिया है, जो इस प्रकार है : "समण ब्राह्मणा संघिनों गणिनो गणाचरिया अता यसस्सिनो तित्थकरा साधु सम्मता बहुजनस्य" अर्थात् वे "धार्मिक जीवन के नेता, संघों के नेता, गणों के नेता, गणों के आचार्य, सुविख्यात, दर्शनों के यशस्वी संस्थापक और बहुसंख्य जनता की दृष्टि में अत्यन्त आदरणीय थे।" (समिय सुत्त, सामञ्ञफल सुत्त, पृ. 213, हिन्दू सभ्यता)।

वे संघ और गण कौन से थे, जिनके ये नेता, आचार्य और तित्थकर (तीर्थंकर) थे? वे थे मगध तथा उसके समीपवर्ती प्रदेशों के गणराज्य और गण। इन परिव्राजकों

की परम्परा उपनिषद् काल से ही चल पड़ी थी। स्वतन्त्र विचार, वर्णव्यवस्था विरोधी-प्रवृत्ति, तपस्या तथा इन्द्रिय दमन, सदाचार और पवित्र वाणी का व्यवहार इनकी विशेषताएँ थीं। वे कई सम्प्रदायों में बँटे थे, जैसे आजीवक, निगंठक, मुंडसावक, जटिलक, परिव्राजक, मगंडिक, तैदंडिक, अविरुद्धक, गौतमक इत्यादि। और इन सब में आपस में खूब बहस चलती थी। एक सम्प्रदाय का व्यक्ति अपनी जिज्ञासा शान्त न होने पर दूसरे सम्प्रदाय में चला जाता था। इन सम्प्रदायों में शूद्रों या दासों को भी शामिल किया जाता था। साथ ही उनमें से बहुतेरे नास्तिक थे। मगध के निवासी उन्हें श्रद्धा से देखते और उनकी पूजा करते। संक्षेप में उनका लोकव्यापी सम्मान था। इन सम्प्रदायों में से निगंठ या निर्ग्रंथ सम्प्रदाय प्राचीनतर जैन सम्प्रदाय है।

जयचन्द्र विद्यालंकार कहते हैं : "वैदिक काल में ही, मध्यदेश के पूरब और उत्तर पच्छिम अनेक ऐसे जन या राष्ट्र थे जो मध्यदेश के कुलीन ब्राह्मणों क्षत्रियों के आचार का अनुसरण न करते थे वे व्रात्य कहलाते थे। उनकी शिक्षा-दीक्षा की भाषा प्राकृत थी, वेशभूषा इतनी परिष्कृत न थी, वे मध्यदेश के आर्योंवाले सब संस्कार न करते और ब्राह्मणों के बजाय अर्हतों (सन्तों) को मानते और चैत्यों अर्थात् समाधियों को पूजते थे। (भारतीय कृष्टि का क ख पृ. 88)

आगे के पैराग्राफ़ में जयचन्द्र विद्यालंकार ने कहा है कि "जैन-धर्म के मूल तत्त्वों का महावीर के पहले जिन अर्हतों ने प्रचार किया, वही तीर्थंकर थे।"

किन्तु, हम पहले दिये गये उद्धरण से यह भी जानते हैं कि अन्य सम्प्रदायों के परिव्राजक मुनि, यति, इत्यादि भी 'तिथ्यकर' अर्थात् तीर्थंकर कहे जाते थे। ये तीर्थंकर संघों के नेता, गणों के नेता, गणों के आचार्य सुविख्यात, दर्शनों के यशस्वी संस्थापक और बहुसंख्यक जनता की दृष्टि में आदरणीय थे (देखिए डॉ. राधाकुमुद मुकर्जी, हिन्दू सभ्यता, पृ. 213 दूसरा पैराग्राफ़)।

किन्तु, इन सम्प्रदायों में सबसे आगे बढ़ गये जैन तथा बौद्ध सम्प्रदाय। डॉ. राधाकुमुद मुकर्जी ने ठीक ही लिखा है, "पहले से चले जाते हुए जो बहुसंख्यक परिव्राजक सम्प्रदाय थे, उनसे ही ये दो और बढ़ गये, यद्यपि ये उन सबमें अधिक महत्त्वपूर्ण सिद्ध हुए" (पुस्तक वही, पृष्ठ 208-209) यहाँ यद्यपि के बजाय, और शब्द चाहिए थे।' क्योंकि इतिहास जानता है कि शेष सम्प्रदाय इतिहास के गर्भ में विलीन हो गये।

ये संघों और गणों के नेता और गणों के आचार्य, किन गणों और संघों से सम्बन्धित थे। गौतम बुद्ध शाक्य गण से उत्पन्न थे, वर्द्धमान महावीर वज्जी संघ के, वज्जी संघ के शातक गण में जन्मे थे, तथा वे अपनी माता की ओर से लिच्छवि से सम्बन्धित थे। डॉ. सत्यकेतु विद्यालंकार आपको पहले ही बता चुके हैं कि वज्जी, लिच्छवि आदि व्रात्य क्षत्रिय थे। संक्षेप में मगध के महापुरुषों में, चाहे वे राजनीतिक क्षेत्र के हों या धार्मिक क्षेत्र के व्रात्य रक्त वर्तमान था। व्रात्यों के सम्बन्ध में मनुस्मृति और भी अच्छा प्रकाश डालती है।

इस ऐतिहासिक-सामाजिक पृष्ठभूमि में कर्मकांड-प्रधान ब्राह्मण-धर्म तथा जातिवाद का विरोध हुआ। पंडित नेहरू ने ठीक ही लिखा है :

"It is curious and significant that through out the long, span of Indian History, there have been repeated warnings given by great men against priest-craft and the rigidity of caste system and powerful movements have arisen against them..." (Discovery of India, chapter-3, Mahavir & Buddha.)

इस प्रकार पूर्व के ये नवीन दर्शन, धर्म और सम्प्रदाय मानव-समानता के सिद्धान्त के अधिक निकट थे, जातिवाद के विरोधी थे। वे धर्म सुधारक थे। मगध के राजाओं को पश्चिम के आर्य शूद्र, शूद्रप्राय और नयवर्जित कहते ही थे, किन्तु जब मगध साम्राज्य प्रबल हो उठा तो उसने मध्यदेश और पश्चिम भारत को भी आत्मसात् कर लिया।

मगध के इस उत्थान के पीछे वह सामाजिक सांस्कृतिक भूमिका थी, जिसे हम व्रात्य सभ्यता भी कह सकते हैं। किन्तु, इस तथ्य से कैसे इनकार किया जाये, कि ये व्रात्य वर्णसंकर थे, कि इनमें आर्य तथा अनार्य रक्त का सम्मिश्रण था। उस क्षेत्र ने महान् पुरुषों को, युगान्तकारी व्यक्तियों को जन्म दिया और भारतीय सभ्यता को तथा दार्शनिक चिन्तन को अत्यन्त समृद्ध किया।

जैसे हम कहते हैं, कि 'सिद्धों की परम्परा में गोरखनाथ हुए' या "हिन्दुओं की परम्पराओं में यह बात नहीं है" या "ईसाइयों की यह परम्परा है," उसी प्रकार मैंने व्रात्यों की परम्परा इस शब्दावली का प्रयोग किया है। *मैंने लिखा है कि व्रात्यों की परम्परा में वर्द्धमान महावीर हुए। और व्रात्यों की परम्परा में पार्श्वनाथ हुए तो मेरा उद्देश्य महापुरुषों का अपमान करना नहीं था। मैंने रक्त-सम्मिश्रण, व्रात्य, वर्णसंकर इत्यादि शब्द उन इतिहासशास्त्रियों से ग्रहण किये हैं, जिन्होंने अनेक स्थानों पर निःशंक भाव से उनका उपयोग किया है। मनुस्मृति तक में भी इन शब्दों का प्रयोग हुआ है, जिससे यह सिद्ध होता है, कि वे अनैतिक तथा अभद्र भावों का उत्तेजन नहीं करते थे वरन् पारिभाषिक अर्थ रखने लगे थे।* इसी पारिभाषिक अर्थ में भारत के आधुनिक इतिहासकारों ने उनका प्रयोग किया है।

3. दुर्भाग्य की बात है, कि मैंने अपनी पुस्तक में बाहुबलि की गोमतेश्वर स्थित प्रसिद्ध प्रतिमा के पीछे 'दैत्याकार' विशेषण दिया तथा अंग्रेज़ी कुछ इस तरह हावी हो गयी है, कि मैंने जायजेंटिक इस शब्द को 'दैत्याकार' में अनुवादित कर दिया। किन्तु, इसमें भी मेरी गलती नहीं है। जैसे कि मैंने कहा, प्रसिद्ध इतिहासविदों से मैंने अपनी शब्दावली ली है। उसी प्रकार, यह 'दैत्याकार' शब्द भी जाने-अनजाने ग्रहण किया। आनन्द कॉलेज, धार के प्रिंसिपल श्री बी.एन. लूनिया ने अपनी पुस्तक 'भारतीय सभ्यता तथा संस्कृति का विकास' के पृष्ठ 109 पर लिखा है : मैसूर में श्रवण बेलगोला तथा कर्काल में बाहुबलिन की विशाल दैत्याकार प्रतिमा जो गोमतेश्वर के नाम से प्रसिद्ध है...

आपने देखा कि ठीक यही शब्द जो मेरे द्वारा प्रस्तुत हुआ। लुनियाजी ने भी व्यवहृत किया। क्या लुनियाजी (जो सम्भवतः स्वयं जैन हैं) बाहुबलिन का अपमान करना चाहते थे। बिलकुल नहीं। असल में आत्यंतिक विशालता को सूचित करने के लिए दैत्याकार शब्द का प्रयोग किया गया है।

किन्तु, इस प्रकार के आरोप मुझ पर क्यों लगाये गये। यह इसलिए किया गया कि मेरी पुस्तक 'शुद्ध रक्तवाद' कहीं भी सिद्ध नहीं होता था।

मैंने भगवान महावीर, गौतम बुद्ध जैसे महापुरुषों के सम्बन्ध में जो स्तुतिपूर्ण शब्द लिखे, उनकी देन का जो भावपूर्ण मूल्यांकन किया, उसको आन्दोलनकर्ताओं ने साम्प्रदायिक शक्तियों ने जानबूझकर भुला दिया। राम और कृष्ण के श्याम वर्ण होने से उनका ईश्वरत्व घटता नहीं बल्कि बढ़ता है। हमारे यहाँ ईश्वर ने वाराह शरीर भी तो धारण किया है, इसे ये महान् साम्प्रदायिक आन्दोलनकर्ता भूल गये।

उसमें साम्प्रदायिक तत्त्व धर्म के वास्तविक स्वरूप को नहीं समझते वे चंडीदास की इस शक्ति से घबराते हैं :

"शुनह मानुष भाई,
शाबार उपरे मानुष सत्य,
ताहार ऊपरे नाई।"

वर्णसंकरत्व एक वास्तविक सामाजिक भूवंश शास्त्रीय तथ्य है, वह भी एक मनुष्य सत्य है। विश्वामित्र-पुत्र शुनः शेष, जो अनार्य दास राजा शम्बर की प्रेमवती कन्या 'उग्रा' के गर्भ से उत्पन्न हुआ, आर्य कृषि होने पर भी इस बात को कैसे भूल सकता था, कि उसकी कृष्ण वर्णीय माता उग्रा ने—दास कन्या उग्रा ने परकोटे से कूदकर आत्महत्या कर ली। कृष्ण द्वैपायन वेद व्यास, जिन्होंने वैदिक संहिताएँ बनायीं, क्या इस बात को भूल जायेंगे कि उनकी माता सत्यवती मत्स्यगंधा एक कृष्णवर्णीय अनार्य केवट कन्या थी।

आज सबसे मुश्किल बात यह है, कि धर्म के वास्तविक स्वरूप का लोप होकर, उसका स्थान सम्प्रदायवाद ने और जातीय अहंकार ने ले लिया है। 'शुद्ध-रक्तवाद' या 'आर्यवाद' का प्रचार असल में आधुनिक काल में जर्मन विद्वानों ने किया, जिनकी दृष्टि से आर्यजाति सर्वश्रेष्ठ जाति थी और है। सरदार के.एम. पणिक्कर ने ठीक ही लिखा है :

"भारतीय सभ्यता के जन्मदाता आर्य थे, इस सिद्धान्त के प्रणेता 'भारतीय विषयों के समालोचक वे जर्मन विद्वान्' हैं, जो संसार की प्रत्येक श्रेष्ठ वस्तु का मूल स्रोत आर्यों को ही मानते थे। किन्तु, भारतीय साहित्य उनकी इस धारणा का अनुसमर्थन नहीं करता और न व दस्यु जाति को असभ्य ठहराता है। भारतीय सभ्यता केवल प्राग्वैदिक सभ्यता ही नहीं है। प्रत्युत हिन्दू धर्म को आज हम जिस रूप में देखते हैं, उसके सारभूत तत्त्व, सम्भवतः मोहनजोदड़ो में भी विद्यमान थे।" आगे चलकर

पणिक्कर कहते हैं : "वास्तव में आर्यों के आगमन से पहले शिव और काली, लिंग-पूजा तथा लोकप्रिय हिन्दू धर्म के अन्य प्रतीक, अच्छी तरह स्थापित हो चुके थे।" (भारतीय इतिहास का सर्वेक्षण, पृष्ठ 4, अन्तिम पैरा)।

इस सम्बन्ध में, डॉ. सुनीतिकुमार चाटुर्ज्या ने निम्नलिखित टिप्पणी की है :

"योरोप से सन् 1850 के बाद जो आर्यनिज्म-रंजित या आर्य श्रेष्ठता का कल्पना-रंजित मतवाद प्रतिष्ठित हुआ (और जो मतवाद अब ऐतिहासिकता के शुभ्र आलोक के सामने धीरे-धीरे विलीन होता जा रहा है), वह भारतवर्ष पर भी आया और उसके असर ने भारतीय जातिभेद पर भी छापा मारा। आर्य-श्रेष्ठतावाद ने यों काम किया; आर्य जाति पृथ्वी में सबसे श्रेष्ठ जाति है। भारत में श्वेतकाय आर्य जाति के लोग, जो योरोपीय तमाम आर्य या इन्दोयोरोपीय भाषा बोलनेवालों के जाति-स्थानीय हैं, कृष्ण वर्ण अनार्यों से सर्व विषयों में उन्नत थे। ब्राह्मणादि उच्च और अभिजात वर्ग के लोग ही शुद्ध आर्य हैं और ब्राह्मण, क्षत्रिय और वैश्य से जो जातियाँ निम्न श्रेणी में कही जाती हैं वे ज्यादातर अनार्य के ही वंशज हैं। प्राचीन आर्य (Racialism) जब नये (Aryanism) के प्रभाव से कुछ पुनर्जागृत हुई। जाति-मिश्रण भारत पर पूरे तौर से हो या अपूर्ण भाव से, परन्तु उच्च वर्णों के अंग्रेज़ी शिक्षित जनों के मन में कहीं-कहीं निम्न जाति के हिन्दू जनों के सम्बन्ध में जो उपेक्षा और घृणा भी थी, उसे (Aryanism) की भावना ने एक भ्रान्त ऐतिहासिक विचार लाकर और भी बढ़ा दिया।" (भारत में आर्य और अनार्य, पृ. 50)

उपर्युक्त उद्धरणों से यह स्पष्ट है कि आधुनिक इतिहासशास्त्र शुद्ध-रक्तवाद और आर्यश्रेष्ठता के सिद्धान्तों को नहीं मानता। अतएव महापुरुषों के सम्बन्ध में जिस भाव से मैंने बातें कही हैं, वह भाव वैज्ञानिक तथ्य-निरूपण-पद्धति के अन्तर्गत है। व्रात्य और वर्णसंकर, रक्त-मिश्रण और जाति-मिश्रण शब्द अनैतिक और अभद्र भावों को उत्तेजित नहीं करते। यदि ऐसा होता तो मान्य इतिहासविद् उनका प्रयोग न करते। सम्प्रदायवादी तत्त्व जानबूझकर उनका विकृत अनैतिक अर्थ लगाने पर तुले हुए हों, तो इसके लिए मैं क्या करूँ। यदि इस विकृत दृष्टिकोण से प्रेरित होकर व्रात्य और वर्णसंकर शब्द का अर्थ लिया जाये, तो शिवलिंग, ज्योतिर्लिंग, स्त्रीलिंग, पुल्लिंग, लिंग पुराण, लिंगायत, आलिंगन जैसे बहु-प्रयुक्त शब्दों और निजलिंगप्पा और सुन्दरलिंगम भूतलिंगम, ग्रामालिंगम जैसी व्यक्तिवाचक संज्ञाओं को हिन्दी ही नहीं वरन् अन्य भारतीय भाषाओं से हटाना पड़ेगा।

4. मेरी इस बात पर भी आपत्ति की गयी है कि राम भक्ति ईसा की छठी सदी के बाद प्रारम्भ हुई। इस सम्बन्ध में आपका ध्यान डॉ. सत्यकेतु विद्यालंकार की पुस्तक 'भारतीय इतिहास और संस्कृति' के पृष्ठ 333 पर आकर्षित करना चाहता हूँ। वे 'गुप्त युग की सभ्यता और संस्कृति' नामक अध्याय के अन्तर्गत धार्मिक दशा का वर्णन करते हुए कहते हैं :

"राम को भगवान विष्णु का अवतार मानकर पूजा करने की प्रवृत्ति इस समय तक प्रचलित नहीं हुई थी। कृष्ण की पूजा का उल्लेख इस युग के बहुत से शिलालेखों में पाया जाता है। पर, राम की पूजा के सम्बन्ध में कोई ऐसा निर्देश इस युग के अवशेषों में उपलब्ध नहीं होता, यद्यपि राम के परमपावन चरित्र के कारण उसमें भगवान के अंश का विचार इस समय में विकसित होना प्रारम्भ हो गया था। कालिदास ने इसका निर्देश किया। पर, राम की पूजा भारत में छठी सदी के बाद ही शुरू हुई।"

ध्यान में रखने की बात है, कि गुप्त युग लगभग सन् 320 से लगभग 488 तक था।

टिप्पणी अनावश्यक है। जो लोग अर्थ का अनर्थ करने के लिए उद्यत हैं, उनको समझाने से क्या लाभ?

5. ध्यान देने की बात है कि सम्प्रदायवादी तत्त्व मुझे बदनाम करने के लिए इतने उत्सुक हैं कि ढूँढ़-ढूँढ़कर गलतियाँ निकाली गयी हैं। उदाहरण के लिए मैंने सन् 1857 के स्वतन्त्रता युद्ध के लिए गदर शब्द का प्रयोग किया। किन्तु ये महानुभाव यह भूल गये कि मैंने उस युग परिवर्तनकारी घटना को स्वाधीनता-युद्ध तथा स्वतन्त्रता युद्ध भी कहा है। उन्हें सिर्फ़ 'गदर' शब्द याद रहा, जिसके लिए मुझे गालियाँ दी गयीं, लेकिन उन्होंने यह नहीं कहा कि मैंने उसे राष्ट्रीय संग्राम के भाव में ग्रहण किया है और तदर्थक शब्दों का प्रयोग भी कई स्थानों पर है।

जानबूझकर भ्रामक अर्थ में, अनैतिक अर्थ में शब्द ग्रहण करनेवाले ये लोग मेरी गलतियाँ निकालने में यदि दुर्बुद्धि का प्रयोग करें तो आश्चर्य ही क्या है। वर्णसंकर शब्द उनके लिए अश्लील है।

6. उसी दुर्बुद्धि से प्रेरित होकर उन्होंने यह आपत्ति की है कि मैंने नेहरू के बारे में यह कहा कि नेहरू को एक 'महान्' भारतीय नेता ने मुहम्मद तुग़लक़ कहा था। आपत्तिकर्ता महोदय कहते हैं कि इससे विद्यार्थियों पर संस्कार अच्छे नहीं होंगे।

जी हाँ! विद्यार्थियों को अच्छे संस्कार देने के लिए ही, आये दिन सम्प्रदायवादी तत्त्वों के घर पर और सभाओं में पंडित नेहरू पर आक्रमण किये जाते हैं, पंडित नेहरू की (Discovery of India) की निन्दा की जाती है, यह कहकर कि पंडित नेहरू भारतीय संस्कृति को नहीं जानते। शायद, इसीलिये सम्प्रदायवादी तत्त्व विद्यार्थी परिषद् जैसी संस्थाओं को पनपाते हैं। भारत के महापुरुषों के मार्ग का अनुसरण करनेवाले ये लोग, सम्भवतः इसीलिये मेरे वाक्यों की गलत व्याख्या करते हैं।

इसमें क्या सन्देह है कि पंडित नेहरू के बहुतेरे विरोधी उन्हें तरह-तरह से बदनाम करते हैं। यदि मैंने यह बात लिख दी तो इसका उद्देश्य ही यह था कि देश के पुनर्निर्माण में दत्तचित्त पंडित नेहरू के आलोचकों से विद्यार्थी सावधान रहें। वह कोई कांग्रेस का प्रोपेगंडा नहीं था। पंडित नेहरू एक राष्ट्रीय महापुरुष हैं। उनकी राष्ट्रीय महत्त्वाकांक्षाओं के विरुद्ध ये आलोचक अब मेरे पीछे पड़ गये हैं।

हमारे भारत में अनेक शास्त्रविद् हुए हैं, जिन्होंने दुरूह से दुरूह उक्तियों का भी अर्थ लगाया है। वे जानते हैं कि पूरे को पढ़कर, उस समग्र के सारभूत भाव अर्थात् उस समग्र की आत्मा को समझकर ही उसके अनुसार उस समग्र के अंगभूत किसी एक खंड का अर्थ लगाया जा सकता है। समग्र में व्याप्त जो भाव है उससे विच्छिन्न होकर, खंड का अर्थ करना न केवल अन्यायपूर्ण है, वरन् गलत है, अनुचित है, निन्दनीय है। महात्मा गांधी और पंडित नेहरू के सम्बन्ध में, राष्ट्रीय महापुरुषों के सम्बन्ध में मैंने जो कुछ लिखा है, उसको ध्यान में रखकर ही उनसे सम्बन्धित किसी एक वाक्य या वाक्यांश के वास्तविक अर्थ तक पहुँचा जा सकता है। यह नहीं हो सकता कि स्तुतिपूर्ण तथा सम्यक् भावों की उपेक्षा करके, आप किसी वाक्य या वाक्यांश को समग्र की आत्मा से विच्छिन्न करते हुए, अपने स्व-निर्मित अर्थ में लें। महात्मा गांधी तथा कस्तूरबा और महादेव देसाई के सम्बन्ध में मेरा जो वाक्य है, उसके बारे में एक आपत्तिकर्ता महोदय लिखते हैं :

"पृष्ठ 140 में महात्मा गांधी के सम्बन्ध में भाषाभूल और गलत वाक्य रचना के द्वारा इस आशय का भ्रम उत्पन्न करना कि सौ. कस्तूरबा महादेव देसाई की पत्नी थीं, भाषा की त्रुटियों के सामान्य उदाहरण हैं।"

आपत्तिकर्ता महोदय को ही यह भ्रम हुआ। अनेक मान्य लोगों ने उस वाक्य को पढ़ा है। निस्सन्देह जिसे भारतीय इतिहास का कोई ज्ञान नहीं है वह ऐसा अर्थ लगायेगा, बशर्ते कि वह दुर्बुद्धि से प्रेरित हो। विद्यार्थी को पाँचवीं और छठवीं कक्षा में ही महात्मा गांधी और कस्तूरबा गांधी के बारे में मालूम हो जाता है, सम्भवतः इसके भी पहले। किन्तु, जो महात्मा गांधी के वयस्क विरोधी हैं, मन-प्राण से सम्प्रदायवादी हैं उन्हें निस्सन्देह इस प्रकार का भ्रम हो जाना स्वाभाविक है।

इसका मतलब यह नहीं है कि पुस्तक में अशुद्धियाँ नहीं हैं, किन्तु उन अशुद्धियों के पीछे कोई सोद्देश्यता नहीं है, जैसा कि आरोप प्रत्यक्ष-अप्रत्यक्ष रूप से मेरे विरुद्ध किया गया है। दुर्बुद्धि से प्रेरित होकर ही इस प्रकार के आरोप मुझ पर किये जा सकते हैं।

किन्तु, इस प्रकार के आरोप मुझ पर क्यों किये गये? इसलिए किये गये कि आरोपकर्ताओं को आन्दोलन करना था, इसलिए जानबूझकर तोड़-मरोड़कर अर्थ करते हुए अपने कार्यों में व्यस्त और अज्ञान से त्रस्त जनता की भावनाओं को उभारकर देश में सम्प्रदायवादी शक्तियों के वर्चस्व को स्थापित करते हुए, ज्ञान-विज्ञान के क्षेत्र में शुद्ध रक्तवादी साम्प्रदायिक दृष्टि की प्रधानता उपस्थित करनी थी। क्यों? इसलिए कि इन तत्त्वों को यह भय है कि ज्यों-ज्यों हमारे देश में शिक्षा-दीक्षा बढ़ती जायेगी, वैज्ञानिक चिन्तन और औद्योगीकरण बढ़ता जायेगा त्यों-त्यों सम्प्रदायवाद के पैर उखड़ते जायेंगे। हाँ, यह सही है कि भारत के कुल विद्यार्थियों में से ऐसे बहुत थोड़े विद्यार्थी होते हैं, जो उच्च शिक्षा प्राप्त कर सकें, अतएव अपने राजनीतिक, सम्प्रदायवादी लक्ष्य को ध्यान में रखते हुए यह देखना

होगा कि नयी लोकतन्त्रवादी धर्मनिरपेक्ष सामाजिक दृष्टि कहीं उनमें प्रचारित न हो, यह भय है उन्हें।

किन्तु, दुःख की बात यह है कि मध्यप्रदेश सरकार न्यायबुद्धि से प्रेरित होने के स्थान पर साम्प्रदायिक तत्त्वों के हाथों में खेल गयी। आन्दोलन केवल कुछ ही नगरों में था किन्तु मेरी पुस्तक सारे मध्यप्रदेश में गैरकानूनी हो गयी। क्या हमारे प्रदेश का शासकीय नेतृत्व सम्प्रदायवाद की पुष्टि करके, उसको मजबूत बनाकर, उसके सामने हारकर, नेशनल इंटीग्रेशन करेगा, अथवा संकुचित दृष्टियों का उन्मूलन करते हुए व्यापक मानवीय दृष्टियों का सहारा लेगा और उन्हें दृढ़ करेगा।

आज यह आन्दोलन मेरे विरुद्ध है, मेरी पुस्तक के विरुद्ध है। कल यह अन्य विद्वानों, विचारकों और लेखकों के विरुद्ध होगा। आज मेरी पुस्तक पर पाबन्दी लगायी गयी है, कल यदि सरकार की ऐसी ही प्रवृत्ति रही और उग्र दक्षिणपंथी संकुचित दृष्टि इसी तरह बढ़ती गयी तो कल डॉ. सत्यकेतु विद्यालंकार, आर.सी. मजूमदार, के.एम. पणिक्कर, जयचन्द्र विद्यालंकार, डॉ. राधाकुमुद मुकर्जी, डॉ. सुनीतिकुमार चाटुर्ज्या, प्रिंसिपल लूनिया आदि महानुभावों की पुस्तकें जलायी जायेंगी, जैसे कि कतिपय स्थानों पर मेरी जलायी गयी।

मैं यह समझता हूँ कि यह आक्रमण वस्तुतः मुझ पर नहीं है, वरन् उस दृष्टि पर है जो मैंने इतिहासशास्त्रियों से पायी। यह हमला असल में भारत के मान्य इतिहासविदों पर है, जिन्होंने संकुचित राष्ट्रवाद और साम्प्रदायिक भावधारा से हटकर, शुद्ध रक्तवाद और आर्य श्रेष्ठता के सिद्धान्त की उपेक्षा कर, उस सिद्धान्तों को असंगत समझ भारतीय इतिहास का वास्तविक विकास-क्रम और वास्तविक विकासस्वरूप प्रस्तुत किया। आज मैं सम्प्रदायवादियों का और सरकार का शिकार हुआ हूँ, कल चलकर वे शिकार होंगे और मुझे भय है कि यह प्रवृत्ति अभी से व्यापक विकराल रूप धारण कर रही है। अतएव मैं भारत के समस्त सद्भावपूर्ण व्यक्तियों से अपील करूँगा, कि वे केवल इस सम्प्रदायवाद की निन्दा करके ही रह न जायें, वरन् वास्तविक मानवतावादी, मानव समानतावादी, विश्ववादी दृष्टि का, हमारी पिछड़ी हुई जनता में प्रचार और प्रसार करें, तभी वे इस सम्प्रदायवादी आप्लावन से बच सकेंगे और जनता को बचा सकेंगे।

साथ ही मैं यह भी कहना चाहूँगा, सरकार ने मेरी पुस्तक पर जो पाबन्दी लगा दी है, उससे प्रान्त और देश के लिए तीन सबसे बड़े खतरे पैदा हो गये हैं, वे इस प्रकार हैं :

1. लेखक के विचार स्वतन्त्रता और लेखन-स्वतन्त्रता के लिए खौफनाक खतरा। जिसे हम एकेडेमिक फ्रीडम कहते हैं, उस पर गहरी चोट से अध्ययन तथा अभिव्यक्ति के स्वातन्त्र्य को खतरा, वैज्ञानिक दृष्टि को खतरा।
2. इतिहासशास्त्र के निजी वैज्ञानिक क्षेत्र में साम्प्रदायिक दृष्टि के हस्तक्षेप से एक ऐसा खतरा, जिसकी हम अब तक कल्पना भी नहीं कर सकते थे।

वह है—ऐतिहासिक घटनाओं की ऐसी पुनर्रचना करना जिससे साम्प्रदायिक-पौराणिक दृष्टि के औचित्य की स्थापना को, उसका समर्थन हो। वास्तविक इतिहास को झुठलाकर, उसके स्थान पर घटनाओं की ऐसी पुनर्रचना करना, जिससे यह विज्ञान साम्प्रदायिक पूर्वाग्रहों और अन्धविश्वासों का समर्थन करे, यानी शास्त्र की जगह अशास्त्र स्थापित करना, पौराणिक दृष्टि के अनुकूल उसे बनाना।

3. उग्र दक्षिणपंथी शक्तियों के बढ़ते हुए कदमों से खतरा। आर्यवाद न्यस्त स्वार्थों का यह एक तेज किया हुआ हथियार है, सरकार उसके नीचे दब जाती है। साम्प्रदायिक शक्तियाँ उद्दंड होकर सामने आती है।

शुद्ध-रक्तवाद और आर्य-श्रेष्ठता का नस्लवादी सिद्धान्त इनका एक अच्छा अस्त्र है। इसीलिये, उसने भारतीय इतिहास के स्वरूप पर कुठाराघात करना चाहा है। मेरे लेखे भारत के निकट भविष्य में सबसे बड़ा खतरा इन्हीं से है। इस समय इतना ही।

आपका

गजानन माधव मुक्तिबोध

हिन्दी लेखक

पुस्तक रचना में जिन ग्रंथों से मैंने सहायता ली है वे इस प्रकार हैं : इन ग्रन्थों के लेखकों का मैं परम ऋणी हूं।

1. डॉ. सुनीतिकुमार चाटुर्ज्या : भारत में आर्य और अनार्य,
2. श्री के.एम. पणिक्कर : भारतीय इतिहास का सर्वेक्षण,
3. डॉ. राधाकुमुद मुकर्जी : हिन्दू सभ्यता,
4. डॉ. सत्यकेतु विद्यालंकार : भारतीय संस्कृति और उसका इतिहास,
5. श्री जयचन्द्र विद्यालंकार : भारतीय कृष्टि का क ख,
6. डॉ. बी. जी. गोखले : प्राचीन भारत इतिहास और संस्कृति,
7. श्री काली शंकर भटनागर तथा डॉ. बी.डी. शुक्ला : भारतीय संस्कृति का इतिहास,
8. श्री बी.एन. लूनिया : भारतीय सभ्यता तथा संस्कृति का विकास,
9. डॉ. जगदीश चन्द्र जैन : भारतीय तत्त्व चिन्तन,

इनके अतिरिक्त श्री के.एम. मुंशी, तथा पं. जवाहरलाल नेहरू के ग्रन्थ विशेषकर Discovery of India.

'हंस' जनवरी 1988 में 'मैं रक्त शुद्ध आर्य' शीर्षक से प्रकाशित।

स्पष्टीकरण

[1]

आपत्ति नं. 1 : "भगवान राम और कृष्ण को आर्य और अनार्य का रक्त-सम्मिश्रण का परिणाम बताया है।"

उत्तर नं. 1 : मध्य प्रदेश सरकार के सूचना तथा प्रकाशन, संचालनालय द्वारा शासन साहित्य परिषद् के लिए सन् 1959 में प्रकाशित पुस्तक जिसमें सुप्रसिद्ध विद्वान् डॉ. सुनीतिकुमार चाटुर्ज्या के भाषण संगृहीत हैं जो उन्होंने मध्यप्रदेश शासन साहित्य परिषद् द्वारा आयोजित व्याख्यान-माला में दिये थे। इस सम्बन्ध में अनिवार्यतः पठनीय हैं डॉ. चाटुर्ज्या 'भारत में आर्य और अनार्य' (उपर्युक्त भाषण संग्रह का यही नाम है) नामक उस पुस्तक के अध्याय नं. 2 'भारत में विभिन्न जातियों का सम्मिश्रण' (निषाद किरात, द्रविड़, आर्य) के अन्तर्गत पृष्ठ 44 पर कहते हैं :

"कृष्ण वेदव्यास और
कृष्ण वासुदेव वार्ष्णेय
तथा बुद्ध, जाति-मिश्रण के फल"

यह उपशीर्षक के रूप में छपा है। यह उपशीर्षक मोटे अक्षरों में छपा है।

इस उपशीर्षक के अन्तर्गत थे पहले पैराग्राफ़ में महाभारत के रचनाकार कृष्ण वेदव्यास के सम्बन्ध में यह सिद्ध किया है उनका श्याम वर्ण "प्रत्यक्ष अनुलोम रक्त-मिश्रण का फल है।"

इसके बाद विद्वान् इतिहासज्ञ ने भगवान श्रीकृष्ण के सम्बन्ध में यह कहा है। जरा ध्यानपूर्वक पढ़िये :

"दूसरा ऐसा महत्त्वपूर्ण उदाहरण श्रीकृष्ण के सम्बन्ध में है। कृष्ण के पिता वसुदेव यदुकुल के वृष्णि वंश के क्षत्रिय थे, पर उनकी माता देवकी असुर कन्या थीं—असुर से मतलब किसी अनार्य (सम्भवतः द्राविड़) जाति का है। श्रीकृष्ण ने आर्य और अनार्य संहति में कुछ विशेष संहतिपूर्ण देन दी थी जिनका विचार आगे जाकर करूँगा। आर्य और अनार्यों के धर्म और दर्शन, देवार्चन और समाज—इन सबों के कुछ मामलों में कृष्ण ने सार्थक सफल और चिरस्थायी संयोग किया था। श्रीकृष्ण

ईश्वर के अवतार गिने जाते हैं; परन्तु वेदव्यास की भाँति श्रीकृष्ण का गात्र वर्ण काला ही था।''

(सुनीतिकुमार चाटुर्ज्या, 'भारत में आर्य और अनार्य', पृष्ठ 84 मध्यप्रदेश सरकार के सूचना तथा प्रकाशन संचालनालय द्वारा प्रकाशित सन् 1959)

इस उद्धरण से यह स्पष्ट हो जाता है कि श्वेतकाय माने जानेवाले आर्यों में यदि श्याम रंग के लोग पैदा हों तो वह जाति-मिश्रण या रक्त-मिश्रण का परिणाम समझा जाय। ठीक इसी बात को ध्यान में रखकर विद्वान् इतिहासशास्त्री ने आगे यह कहा :

''ऋग्वेद में 'आर्यवर्ण' और 'दासवर्ण' श्वेतकाय और कृष्णकाय आर्यों और अनार्यों के लिए चालू थे। पर 'आर्य' शब्द गुणवाचक हो गया। जाति-मिश्रण के कारण काले ब्राह्मण और गोरे शूद्र भी मिलते थे।''

(पृष्ठ 86, भारत में आर्य और अनार्य, सुनीतिकुमार चाटुर्ज्या)

संक्षेप में, रक्त-मिश्रण के कारण भगवान कृष्ण का वर्ण श्याम वर्ण था। यह निष्कर्ष है जो उस विख्यात इतिहासशास्त्री ने निकाला और यह सिद्ध किया कि भारत की सभ्यता और संस्कृति सामासिक है, उसमें प्रत्येक स्तर पर आर्य और अनार्य तत्त्वों का सम्मिश्रण है।

सुनीतिकुमार चाटुर्ज्या के उक्त कथन को ध्यान में रखकर ही यदि यह कहा जाय कि रामचन्द्रजी का श्याम वर्ण उनके वंश—इक्ष्वाकुवंश या सूर्यवंश में कहीं किसी युग में रक्त-सम्मिश्रण के कारण हुआ है तो यह अवैज्ञानिक या अशास्त्रीय नहीं कहा जा सकता, क्योंकि रामचन्द्रजी के जन्म के बहुत बहुत पहले ऋग्वेद काल में हुए दाशराज्ञ युद्ध ने 'विशुद्ध' आर्यों का अन्त कर दिया था। भारतीय इतिहास के एक विद्वान् श्री के.एम. पणिक्कर कहते हैं :

''राजाओं के युद्ध ने 'विशुद्ध आर्यों' का अन्त कर दिया।''

(के.एम. पणिक्कर, भारतीय इतिहास का सर्वेक्षण, पृष्ठ 5, दूसरा पैराग्राफ़, प्रथम पंक्ति)

यही बात अन्य इतिहासविदों ने भी कही है।

यहाँ तक कि डॉ. सुनीतिकुमार चाटुर्ज्या स्वयं राम के वंश—सूर्य वंश के सम्बन्ध में कहते हैं :

''प्राचीन भारत के क्षत्रिय राजा लोग संस्कृत पुराणादि ग्रन्थों में 'चन्द्रवंशी' और 'सूर्यवंशी' कहलाते थे—यह सम्भव है कि ऐसी वंश-कल्पना अनार्यों में हुई थी, बाद में मिश्रित आर्यानार्य जाति की इतिकथा पुराणों में यह बात रक्षित रह गयी थी।''

(डॉ. सुनीतिकुमार चाटुर्ज्या, भारत में आर्य और अनार्य, पृष्ठ 46, दूसरा पैराग्राफ़, ऊपर से नवीं पंक्ति से लेकर बारहवीं पंक्ति तक, प्रकाशक—सूचना तथा प्रकाशन संचालनालय, मध्यप्रदेश सरकार)

यह मिश्रित आर्यानार्य जाति कौन सी थी? निःसन्देह यह वह जाति है जिसमें सूर्यवंश भी शामिल है। यहाँ तक कि सूर्यवंश के एक प्रसिद्ध अतिप्राचीन राजा इक्ष्वाकु (इसीलिये, रामचन्द्रजी का वंश इक्ष्वाकु वंश भी कहलाता है) के नाम के सम्बन्ध में सुनीतिकुमार चाटुर्ज्या स्वयं सोचने लगते हैं। वे कहते हैं :

" 'इक्ष्वाकु' नाम तो संस्कृत का है, पर इस नाम की व्युत्पत्ति क्या है? क्यों इसका पालि प्रतिरूप 'ओक्काक' है, और ओक्काक क्या अर्थ है? इन दोनों में मूल रूप कौन है?"

यह प्रश्न डॉ. सुनीतिकुमार चाटुर्ज्या के लिए आख़िर क्यों है? इक्ष्वाकु और ओक्काक!! क्या ओक्काक से इक्ष्वाकु बना या इक्ष्वाकु से ओक्काक? उनके मन में यह सन्देह क्यों है? उनके मन में यह सन्देह इसलिए है कि कई अनार्य शब्दों को संस्कृत परिधान दे दिया गया था; उदाहरणतः किरात बोडो-भाषा (इसका उल्लेख उन्होंने किया है) के एक समस्त पद 'भुल्लुम-बुत्तुर' को ब्रह्म-युग (एक नदी) बना दिया गया था, उसी प्रकार सम्भव है कि ओक्काक शब्द का संस्कृतीकरण करके उसे इक्ष्वाकु बना दिया हो।

डॉ. चाटुर्ज्या कहते हैं :

"यह विशेष रूप से सम्भव पर बात है कि हमारे संस्कृत पुराण में आये हुए बहुतेरे उपाख्यान और ऐतिहासिक कथानक, जो विभिन्न वंश के प्राचीन राजाओं के और विभिन्न गोत्र के ऋषियों के सम्बन्ध में है, प्रागार्य युग के ही हैं, जिन्हें आर्यभाषा प्राकृत तथा संस्कृत में लाकर, और किसी प्रकार के सामंजस्य के साँचे में ढालकर, हिन्दू पुराण तथा जैन कथानक और बौद्ध जातकादि में संरक्षित किया गया। एक मिश्रित जाति, जिसके लोगों की धमनी में विभिन्न जाति का शोणित बहता था और जिसके मानसिक वातावरण में हर तरह की हवा चलती थी, ऐसे विभिन्न देव-वाद और ऐतिहासिक स्मृति का एकीकरण कर लेती है।"

(डॉ. सुनीतिकुमार चाटुर्ज्या, भारत में आर्य और अनार्य, अध्याय 4 संस्कृति तथा धर्म में सम्मिश्रण और समन्वय, पृष्ठ 27, चालू पैराग्राफ़ की अन्तिम नौ पंक्तियाँ, अधोरेखांकन मेरे द्वारा)

फिर, ऐसी स्थिति में यदि मैं यह कहूँ कि भगवान राम का श्याम वर्ण रक्त-सम्मिश्रण का परिणाम है, तो इसमें कौन सी गलती है? क्या मेरा भाव यह था कि रामचन्द्रजी की मैं अवमानना करूँ। यदि मध्यप्रदेश सरकार के सूचना तथा प्रकाशन संचालनालय द्वारा प्रकाशित और प्रसारित पुस्तक 'भारत में आर्य और अनार्य', जो डॉ. सुनीतिकुमार चाटुर्ज्या की कृति है, अन्तर्गत वेदव्यास और भगवान कृष्ण, हनुमान, रामचन्द्रजी का सूर्यवंश, गरुड़, शिव, उमा, आदि के सम्बन्ध में जब इतना कुछ लिखा गया है और वह भारतीय धर्मों और देवताओं का अपमान नहीं है, तो उनकी पुस्तक के दिशा-निर्देश के अन्तर्गत मेरी रचना में राम और कृष्ण के बारे में निवेदन अपमानास्पद क्यों कर

है, यह मुझे अब तक समझ में नहीं आया। यदि मेरी पुस्तक मध्यप्रदेश सरकार की दृष्टि में आपत्तिजनक है तो न्याय के अनुसार, डॉ. सुनीतिकुमार चाटुर्ज्या की पुस्तक 'भारत में आर्य और अनार्य', जो इसी सरकार के सूचना तथा प्रकाशन संचालनालय द्वारा शासन साहित्य परिषद् के लिए प्रकाशित और प्रसारित है, मेरी पुस्तक से सौ गुनी ज़्यादा आपत्तिजनक होनी चाहिए। क्या श्रीकृष्ण जो ईश्वर के अवतार माने गये हैं, उनके सम्बध में डॉ. सुनीतिकुमार चाटुर्ज्या का यह कहना कि वे असुर-कन्या (असुर से मतलब किसी अनार्य सम्भवत : द्राविड़) देवकी के पुत्र हैं और "श्रीकृष्ण का गात्र-वर्ण काला ही था" हिन्दू धर्म के विरुद्ध अपमान नहीं है। और यदि श्रीकृष्ण के सम्बन्ध में यह कहना अपमान नहीं है, तो राम के श्याम वर्ण को लेकर तथा श्रीकृष्ण के श्याम वर्ण को लेकर मेरे द्वारा उन्हें रक्त-सम्मिश्रण का परिणाम कहना क्योंकर अपमानजनक हो सकता है। 'कृष्ण' शब्द का अर्थ जिस प्रकार 'काला' है उसी प्रकार 'राम' शब्द का अर्थ भी 'काला' बताया गया है। और रामचन्द्रजी का वर्णन जो कवियों ने किया है, उसमें भी उन्होंने रामचन्द्रजी को काला ही बताया है।

'राम' शब्द का अर्थ किस प्रकार 'काला' हुआ है, इसका निरूपण प्रसिद्ध राष्ट्रवादी इतिहासशास्त्री जयचन्द्रजी विद्यालंकार के शब्दों में सुनिये :

"आर्यों और अनार्यों के बीच सम्बन्ध वैदिक काल में भले ही बुरे माने जाते, तो भी होते रहते थे। अनुश्रुति में राक्षसों और निषादों आदि के साथ आर्यों के सम्बन्ध होने के बहुत दृष्टान्त हैं।

विवाह-संस्था स्थिर हो जाने के बाद भी, उत्तर-वैदिक काल में रामा अर्थात् रखैल के रूप में अनार्य स्त्रियों को रखने का काफी चलन रहा; यहाँ तक कि वे 'रमण के लिए' रक्खी जानेवाली स्त्रियाँ चूँकि कृष्ण जातीय होती, इससे राम का अर्थ काला हो गया (निरुक्त 13.12.2)।" (अधोरेखांकन मेरे द्वारा)

संक्षेप में, 'राम' शब्द का अर्थ 'श्याम वर्ण का' होना उपर्युक्त इतिहास रखता है। यह इतिहास रक्त-मिश्रण का इतिहास है। सूर्यवंश के 'शुद्ध आर्यत्व' के सम्बन्ध में शंका उठाई ही जा चुकी है, विद्वानों द्वारा और उसकी कल्पना को अनार्यों की देन कहा ही जा चुका है विद्वानों द्वारा 'इक्ष्वाकु' शब्द पर सन्देह की उँगली उठाई ही जा चुकी है, तो ऐसी स्थिति में, मेरे सरीखा गरीब लेखक यदि प्रस्तुत श्याम वर्ण को, नृवंशीय दृष्टिकोण से, पूर्वगत रक्त-सम्मिश्रण का उदाहरण कहे तो इसमें आपत्ति क्यों होनी चाहिए, इसे हिन्दूधर्म का अपमान क्यों समझा जाय!!

मेरा आक्रोश इसी बात पर है। क्या किसी ऐतिहासिक तथ्य को वैज्ञानिक रूप से रखने का मुझे अधिकार नहीं है? क्या वह अधिकार केवल शासन-साहित्य-परिषद्, मध्यप्रदेश, के तत्त्वावधान में भाषण देनेवाले विद्वान् वक्ताओं को ही प्राप्त है? यदि उनकी बातें और पुस्तकें आपत्तिजनक नहीं हैं, तो फिर मेरी पुस्तक आपत्तिजनक क्यों है!! यह मुझे कोई समझा दे!!

अपमान करने की भाषा अलग होती है। मेरे वाक्य में कहीं भी कोई शब्द अपमानजनक नहीं है। मेरा वाक्य जिसका सम्बन्ध आपत्ति नं. 1 से है, इस प्रकार है :

"किन्तु भविष्य के रक्त-सम्मिश्रण का यह परिणाम था कि राम भी साँवले होने लगे और कृष्ण भी, गोरी तो राधा थीं या सीता।"

इसमें कहीं भी कोई अपमानजनक शब्द नहीं है, न अपमानजनक शैली है। रही 'रक्त-सम्मिश्रण' जैसे शब्द पर आपत्ति, तो मुझे कहने दीजिए कि ये शब्द (जिसमें वर्णसंकरता, जाति-मिश्रण, भी शामिल हैं) मान्य इतिहासज्ञों द्वारा प्रयुक्त किये गये हैं, और उन्हें भारत की किसी भी सरकार ने अब तक आपत्तिजनक नहीं समझा है।

आपत्ति नं. 2

"भगवान पार्श्वनाथ और भगवान महावीर को व्रात्य और वर्णसंकर जातियों में गिनाया गया है।"

उत्तर : मैंने भगवान पार्श्वनाथ को अथवा भगवान महावीर को व्रात्य और वर्णसंकर जातियों में नहीं गिनाया है। मैंने इस प्रकार कहा है :

"ई.पू. सन् 750 के लगभग व्रात्यों की परम्परा में पार्श्वनाथ नामक एक अर्हत् अथवा तीर्थंकर हुए।" (मेरी पुस्तक, पृष्ठ 35, पाँचवाँ पैराग्राफ़, प्रथम दो पंक्तियाँ)

इसी प्रकार

"वर्धमान महावीर व्रात्यों की परम्परा में पार्श्वनाथ के अनुयायी थे।"

(मेरी पुस्तक पृष्ठ 35, अन्तिम पैराग्राफ़ की पहली और दूसरी पंक्ति)

परम्परा का अर्थ वंश-परम्परा नहीं होता। व्रात्य वेद-विरोधी थे, याज्ञिक-कर्मकांड विरोधी थे, यह एक प्रसिद्ध बात है। वे तपस्या और इन्द्रियदमन, शुद्ध और सात्विक आचरण को महत्त्व देते थे।

मैंने अपनी पुस्तक 'व्रात्य' उपशीर्षक के अन्तर्गत (पृष्ठ 37) दूसरे पैराग्राफ़ की अन्तिम दो पंक्तियों में लिखा है :

"व्रात्यों की अपनी एक स्वतन्त्र परम्परा तथा विचारधारा चुपके-चुपके हलके-हलके समाज में फैलती रही।"

यहाँ परम्परा शब्द पर ध्यान दीजिए। इस 'परम्परा' शब्द का अर्थ वंश-परम्परा नहीं है। 'परम्परा' शब्द का अर्थ प्रसिद्ध है। वह अपने आप में, बिना किसी अन्य शब्द से समास के साथ, कभी भी वंश का अथवा जाति का अर्थ नहीं देते। 'परम्परा' शब्द से जाति अथवा वंश का कोई सम्बन्ध नहीं है।

डॉ. जयचन्द्र विद्यालंकार कहते हैं :

"वैदिक काल में ही मध्यदेश के पूरब और उत्तर-पच्छिम अनेक ऐसे जन या राष्ट्र थे जो मध्यदेश के कुलीन ब्राह्मणों-क्षत्रियों के आचार का अनुसरण न करते थे। वे

व्रात्य कहलाते...वे मध्य देश के आर्योंवाले सब संस्कार न करते और ब्राह्मणों के बजाय अर्हतों (सन्तों) को मानते और चैत्यों और समाधियों को पूजते थे।

जैनों की धारणा है कि जैन धर्म के प्रवर्तक वर्धमान महावीर से पहले 23 और तीर्थंकर हुए थे। जैन धर्म के मूल तत्त्वों का महावीर के पहले जिन अर्हतों ने प्रचार किया वही तीर्थंकर थे।

(जयचन्द्र विद्यालंकार, भारतीय कृष्टि का क ख, अध्याय 5—'जैन-बौद्ध मार्गों का उदय महाजनपद युग; पृष्ठ 88, पहले पैराग्राफ़ की अन्तिम 7 पंक्तियाँ और दूसरे पैराग्राफ़ की प्रथम 3 पंक्तियाँ)

उपर्युक्त अवतरण से यह निष्कर्ष निकलता है कि :

(अ) व्रात्य "अर्हतों (सन्तों) को मानते और चैत्यों अर्थात् समाधियों को पूजते थे।"

(ब) ये अर्हत् ही तीर्थंकर थे। (क) ये अर्हत् अर्थात् सन्त बहुत प्राचीन काल से होते आये (ड) व्रात्य जन कुलीन ब्राह्मणों और क्षत्रियों के आचार का पालन न करते।

ये व्रात्य कौन थे? डॉ. सत्यकेतु विद्यालंकार के अनुसार :

"प्राच्य भारत में जहाँ आर्यों की अपेक्षा आर्य-भिन्न जातियों के लोग अधिक संख्या में थे उनमें परस्पर-विवाह-सम्बन्ध होता रहता था। उन प्रदेशों में ऐसे लोगों की संख्या निरन्तर बढ़ती गयी जो शुद्ध आर्य या दास न होकर, वर्णसंकर थे। ऐसे वर्णसंकर लोगों को ही सम्भवतः व्रात्य कहा जाता था। अथर्ववेद में व्रात्य जातियों का अनेक स्थानों पर उल्लेख हुआ है। बाद में, व्रात्य-स्तोम-यज्ञ का विधान कर इन व्रात्यों को आर्यजाति में सम्मिलित करने की व्यवस्था की गयी।"

(डॉ. सत्यकेतु विद्यालंकार, भारतीय संस्कृति और उसका इतिहास, छठा अध्याय—वैदिक युग की सभ्यता और संस्कृति, पृष्ठ 101, पन्द्रहवीं पंक्ति से लेकर इक्कीसवीं पंक्ति तक)

डॉ. सत्यकेतु विद्यालंकार आगे चलकर कहते हैं :

"पूर्व और दक्षिण में बहुत दूर तक आगे बढ़ आनेवाले आर्य-विजेताओं ने विवश होकर इन अनार्यों की स्त्रियों से विवाह-सम्बन्ध भी स्थापित किये थे। आर्य-स्त्रियाँ पर्याप्त संख्या में आर्य-विजेताओं के साथ इतनी दूर तक नहीं आ सकती थीं। परिणाम यह हुआ कि अनेक वर्णसंकर जातियों का विकास हुआ। मगध और उसके समीपवर्ती जनपदों में बौद्ध व जैन धर्मों के रूप में जिन नवीन धार्मिक आन्दोलनों का प्रारम्भ हुआ था, उनके वर्णभेद और जाति-सम्बन्धी विचार इस नयी परिस्थिति के परिणाम थे। ब्राह्मण व किसी विशेष उत्कृष्टता की बात उन्हें समझ में नहीं आती थी। वहाँ जो सैनिक लोग थे, वे भी शुद्ध आर्य-क्षत्रिय न होकर व्रात्य थे। व्रात्यों को भी प्राचीन ग्रन्थों में वर्णसंकर गिना गया है। वज्जि, मल्ल, लिच्छवि आदि सब व्रात्य ही थे। पूर्व

और दक्षिण के इन जनपदों में न केवल क्षत्रिय अपितु ब्राह्मण भी वर्णसंकर थे। सातवाहन राजा जाति से ब्राह्मण समझे जाते थे, पर उनमें अनार्य रक्त विद्यमान था। जब मगध साम्राज्य का विकास हुआ और मगध की अनार्य-प्रधान सेनाओं ने सारे भारत को जीत लिया तो प्राचीन आर्य जनों के शुद्ध ब्राह्मणों की उत्कृष्टता कैसे कायम रह सकती थी। बौद्ध और जैन ब्राह्मण व क्षत्रियों की उत्कृष्टता को नहीं मानते थे। उनकी दृष्टि में कोई व्यक्ति अपने गुणों व चरित्र से ही ऊँचा होता था, जन्म या जाति से नहीं। मगध साम्राज्य के विकास की नयी परिस्थितियों में यह सिद्धान्त कितना समयानुकूल था।''

(डॉ. सत्यकेतु विद्यालंकार भारतीय संस्कृति और उसका विकास, पृष्ठ 293, दूसरे पैराग्राफ़ की 9वीं पंक्ति से लेकर 15वीं पंक्ति तक और उसके आगे पृष्ठ 294 का पहला पूरा पैराग्राफ़ अर्थात् ऊपर से पूरी 10 पंक्तियाँ, अधोरेखांकन मेरे द्वारा)

उपर्युक्त अवतरण से यह स्पष्ट होता है कि (अ) वज्जि, लिच्छवि आदि जातियाँ वर्णसंकर थीं अर्थात् रक्त-मिश्रण का परिणाम थीं। (ब) बौद्ध तथा जैन-धर्मों में जो वर्ण-व्यवस्था पर आघात है उसका मूल कारण पूर्वी भारत में वर्णसंकर जातियों का प्राबल्य था। वे ब्राह्मणों के वर्चस्व को नहीं मानते थे। (क) मगध तथा उसके समीपवर्ती क्षेत्रों की इन जातियों में व्रात्य ब्राह्मण, व्रात्य क्षत्रिय इत्यादि थे।

डॉ. सत्यकेतु विद्यालंकार कहते हैं :

''आर्यों में स्वतन्त्र विचार की प्रवृत्ति विद्यमान थी, और इसी का परिणाम यह हुआ कि छठी सदी ई.पू. में उत्तरी बिहार के गण-राज्यों में अनेक ऐसे सुधारक उत्पन्न हुए, जिन्होंने यज्ञ-प्रधान वैदिक धर्म के विरुद्ध अधिक बल के साथ आन्दोलन किया, और धर्म का एक नया स्वरूप जनता के सम्मुख उपस्थित किया।

इन सुधारकों ने केवल याज्ञिक अनुष्ठानों के खिलाफ़ ही आवाज नहीं उठाई, अपितु वर्णभेद का भी विरोध किया, जो छठी ई.पू. तक आर्यों में भलीभाँति विकसित हो चुका था

(सत्यकेतु विद्यालंकार, भारतीय संस्कृति और उसका इतिहास, पृष्ठ 141, दूसरे पैराग्राफ़ की अन्तिम चार पंक्तियाँ)

इसके अनन्तर सत्यकेतु विद्यालंकार कहते हैं :

यहाँ यह भी ध्यान में रखना चाहिए कि उत्तरी बिहार के जिन गणराज्यों में इन धार्मिक सुधारों का आरम्भ हुआ, उनके निबासियों में आर्य-भिन्न जातिगों के लोग बड़ी संख्या में विद्यमान थे। वहाँ के क्षत्रिय भी व्रात्य क्षत्रिय थे। सम्भवतः छठी ई. पू. से पहले भी वहाँ उनमें वैदिक मर्यादा का सर्वांश में पालन नहीं होता था। ज्ञातृक गण में उत्पन्न महावीर ने जिस नये जैन धर्म का प्रारम्भ किया, उससे पूर्व भी इस धर्म के अनेक तीर्थंकर व आचार्य हो चुके थे। इन जैन तीर्थंकरों के धर्म में न याज्ञिक अनुष्ठानों का स्थान था और न ही वेदों के प्रामाण्य का।''

(डॉ. सत्यकेतु विद्यालंकार भारतीय संस्कृति और उसका इतिहास, पृष्ठ 142 दूसरा पैराग्राफ़, अन्तिम तीन पंक्तियाँ छोड़कर)

ये गणराज्य कौन से थे, जिनमें "आर्य-भिन्न जातियों के लोग बड़ी संख्या में विद्यमान थे।" और जहाँ के क्षत्रिय भी शुद्ध आर्य रक्त के न होकर व्रात्य-क्षत्रिय थे?"

इस सम्बन्ध में डॉ. सत्यकेतु विद्यालंकार का निम्न कथन विचारणीय है। वे कहते हैं :

"उत्तरी बिहार में प्राचीन समय में जो अनेक गणराज्य थे, इस नये धार्मिक आन्दोलन का प्रारम्भ उन्हीं से हुआ। महात्मा बुद्ध शाक्य गण में उत्पन्न हुए थे, और वर्धमान महावीर ज्ञातृक गण में।"

(डॉ. सत्यकेतु विद्यालंकार, भारतीय संस्कृति और उसका इतिहास, पृष्ठ 141, पहले पैराग्राफ़ की प्रथम तीन पंक्तियाँ)

उपर्युक्त अवतरणों से यह स्पष्ट है कि उन गणराज्यों में जिनमें वर्धमान महावीर और गौतम बुद्ध का अवतार हुआ, "आर्य-भिन्न जातियों के लोग बड़ी संख्या में विद्यमान थे" और वहाँ के "क्षत्रिय भी शुद्ध आर्य रक्त के न होकर व्रात्य-क्षत्रिय थे।" यज्ञ यागों के विरुद्ध, वैदिक कर्मकांड के विरुद्ध वहाँ भावनाएँ विद्यमान न थीं। तथा स्वयं वज्जि, लिच्छवि आदि गण डॉ. सत्यकेतु विद्यालंकार के अनुसार वर्णसंकर तथा व्रात्य थे। इसीलिये डॉ. सत्यकेतु ने कहा :

"मनुस्मृति के अनुसार भूर्णकंटक और आवन्त्य व्रात्य ब्राह्मणों की सन्तान थे और झल्ल, मल्ल व लिच्छवियों की उत्पत्ति व्रात्य क्षत्रियों से हुई थी।"

यह बात भारतीय संस्कृति का इतिहास के पृष्ठ 295 के प्रथम पैराग्राफ़ की तीसरी, चौथी और पाँचवीं पंक्तियों में कही गयी है।

प्रसिद्ध इतिहासज्ञ श्री के.एम. पणिक्कर ने लिच्छवियों और मल्लों को 'महत्त्वपूर्ण आदिम जाति' कहा है। पढ़िए भारतीय इतिहास का सर्वेक्षण, अध्याय 2, भारत पर विजय, पृष्ठ 17, पैराग्राफ़ 4 की 5वीं और 9वीं पंक्ति, जो इस प्रकार है—"इनके अतिरिक्त, लिच्छवि, मल्ल और अन्य महत्त्वपूर्ण जातियों के नाम भी आये हैं।" उसी प्रकार देखिए पृष्ठ 15 के दूसरे पैराग्राफ़ की अन्तिम पाँच पंक्तियाँ, जिनमें लिच्छवियों को 'एक विशाल गणतन्त्रीय आदिम जाति' कहा है। उसी अध्याय के पृष्ठ 23 पर दूसरे पैराग्राफ़ में वे कहते हैं :

"निःसन्देह, बुद्ध के सामने वज्जी, लिच्छवि और शाक्य आदिम जातियों की गणतन्त्रीय पद्धति के दृष्टान्त उपस्थित थे। इसलिए उनकी प्रेरणा से उन्होंने अपनी प्रजातन्त्रीय पद्धति को अत्यन्त विशद और परिष्कृत रूप प्रदान किया।" (अधो- रेखांकन मेरे द्वारा)

ध्यान रहे कि वर्धमान महावीर वज्जी संघ के ज्ञातृक गण में उत्पन्न हुए थे। उनकी माता लिच्छवि जाति की कन्या थी। उसी प्रकार, गौतम बुद्ध शाक्य गण के राजा शुद्धोदन के पुत्र थे।

अब मैं आपके सम्मुख श्री के.एम. पणिक्कर के भारतीय इतिहास का सर्वेक्षण नामक ग्रन्थ के एक अवतरण प्रस्तुत करता हूँ जिसे मैंने अध्याय 4, मौर्यकाल के जीवन के अन्तर्गत पृष्ठ 41क दूसरे पैराग्राफ़ में से किया है। (दूसरी पंक्ति से लेकर आठवीं पंक्ति तक)

"लिच्छवि, मल्ल आदि प्रबल अनार्य आदिम जातियाँ, जिनके हाथ में सत्ता थी, हिन्दुत्व के संगठन में क्षत्रियों की श्रेणी में आ मिलीं। जो इतिहासकार आर्यवाद के प्रभाव में रहे हैं उन्होंने बड़े प्रयत्न से यह सिद्ध करने की कोशिश की है कि उक्त आदिम जातियाँ आर्य थीं। मनु ने उन्हें व्रात्य क्षत्रिय बताया है, जिससे साबित होता है कि वस्तुस्थिति के साथ सिद्धान्त को समझौता करना पड़ा था। इन आदिम जातियों की राजनीतिक शक्ति की उपेक्षा नहीं की जा सकी। फिर भी इस सच्चाई पर पर्दा नहीं पड़ सका कि वे व्रात्य थे और वे विवाह के सूत्रों द्वारा बड़े साम्राज्यों के साथ जोड़े गये थे।"

संक्षेप में, लिच्छवि, वज्जि, मल्ल आदि 'आदिम जातियाँ' आर्यों से रक्त-सम्बन्ध स्थापित कर चुकी थीं, उनका आर्यीकरण हो चुका था, या हो रहा था। वे हमारी सामासिक संस्कृति का विकास कर रही थीं।

महत्त्व की बात यह है कि संकर जातियों से पूर्ण इस पूर्व भारत में सातवीं और छठी और सम्भावना इससे भी पहले से "नये धार्मिक आन्दोलन शुरू हुए। यज्ञ-प्रधान प्राचीन वैदिक धर्म के विरुद्ध प्रतिक्रिया की प्रवृत्ति शुरू हुई और बहुत से भारतीय वैदिक संहिताओं के प्रामाण्य से इनकार कर बुद्धि और तर्क पर आश्रित नये धर्मों के अनुसरण में प्रवृत्त हुए।" (सत्यकेतु विद्यालंकार, भारतीय संस्कृति और उसका इसका इतिहास, नवाँ अध्याय, पृष्ठ 140, पैराग्राफ़ दूसरी, तीसरी और चौथी पंक्ति)

असल में ये लोग 'मुनि', अथवा यति या परिव्राजक या श्रमण कहलाते। परिव्राजक घूमते-फिरते और बुद्धि की स्वतन्त्र क्रिया का परिचय देते फिरते। डॉ. राधाकुमुद मुकर्जी अपने ग्रन्थ 'हिन्दू सभ्यता' के पृष्ठ 210 पर दूसरे पैराग्राफ़ में (5वीं से लेकर 10वीं पंक्ति) लिखते हैं : "परिव्राजकों की एक विशेषता यह थी कि वे दार्शनिक चिन्तन और ज्ञान सम्बन्धी विचार-विनिमय से प्रेम करते थे।" यह विचार-विनिमय या ज्ञान-सम्बन्धी वाद-विवाद होता ही रहता। डॉ. राधाकुमुद मुकर्जी उसी ग्रन्थ के पृष्ठ 211 पर पहले पैराग्राफ़ में (चौथी से छठी पंक्ति तक) कहते हैं : "ये वाद-विवाद परिव्राजकों द्वारा अपने मत का प्रचार करने के उत्साह के फल थे। प्रायः इनके परिणामस्वरूप उनके विभिन्न सम्प्रदायों और मतों में परस्पर आदान-प्रदान और परिवर्तन होता रहता था।"

डॉ. राधाकुमुद मुकर्जी कहते हैं "बौद्धेतर सम्प्रदायों में छह सबसे बड़े आचार्यों के नाम बौद्ध ग्रन्थों में मिलते हैं जिनका उन दर्शनों के संस्थापकों के (तित्थकर) के रूप में इस प्रकार उल्लेख किया गया है : "समण ब्राह्मणां संघिनो गणिनो गणाचरिया

ञता यसस्सिनो तित्थकरा साधु सम्मता बहुजनस्स," अर्थात् वे धार्मिक जीवन के नेता, संघों के नेता, गणों के नेता, गणों के आचार्य, सुविख्यात, दर्शनों के यशस्वी संस्थापक और बहुसंख्य जनता की दृष्टि में अत्यन्त आदरणीय थे (सभिय सुत्त, सामञ्जफल सुत्त)।

ध्यान रखिए कि 1. पूरण कस्सय, 2. मंखलि गोसाल, 3. अजित केसरकम्बलि, 4. (क) ककुध कच्चायन, 5. निगंठ नातपुत्त तथा 6. संजय बेलट्ठपुत्त के सम्बन्ध में ऊपर लिखी बात कही गयी है।

इनमें से दो बातें मुख्य हैं : 1. वे संघों के नेता, गणों के नेता, गणों के आचार्य थे। 2. वे तित्थकर अर्थात् तीर्थकर या तीर्थंकर या दर्शनों के संस्थापक थे।

वे गणों के नेता और आचार्य थे। ये गण कौन से थे? ये गण वही थे, जिसे हम ज्ञातृक गण, शाक्य गण इत्यादि इत्यादि गणों के नाम से जानते हैं। उन सबको तित्थकर अर्थात् तीर्थकर या तीर्थंकर भी कहा गया है, जिसका अर्थ डॉ. राधाकुमुद मुकर्जी ने 'दर्शनों के संस्थापक' के रूप में लिया है।

इनमें से निगंठ नातपुत्त स्वयं "नात (ज्ञातृक) क्षत्रिय के पुत्र थे। सब बन्धनों से रहित होने के कारण वे निगंठ कहलाए।" (डॉ. राधाकुमुद मुकर्जी, हिन्दू सभ्यता, पृष्ठ 213, अन्तिम वाक्य) निगंथ या निर्ग्रंथ वह सम्प्रदाय है अथवा वह धार्मिक भाव-धारा है जो वर्धमान महावीर के बहुत पहले से चली आयी है। ध्यान रहे कि वर्धमान महावीर स्वयं ज्ञातृक गण में उत्पन्न हुए थे।

इस प्रकार हम देखते हैं कि इस क्षेत्र में अनेकानेक परिव्राजक, मुनि, यति, श्रमण इत्यादि अपने-अपने दार्शनिक मतों और विचारों का प्रचार कर रहे थे। डॉ. राधाकुमुद मुकर्जी कहते हैं "ब्रह्मजाल सूत्र में बौद्ध धर्म के उदय से पूर्व श्रमणों और ब्राह्मणों के छह दार्शनिक मतों या दिट्ठियों का उल्लेख है और जैन ग्रन्थों (जैसे सूत्र कृतांग, 2/2/79) में उनकी संख्या 363 है।"

ध्यान रहे कि उपर्युक्त अवतरण में "क्षमणों और ब्राह्मणों" का उल्लेख है। असल में, वे सब भिक्षु हैं। क्योंकि डॉ. राधाकुमुद मुकर्जी पृष्ठ. 292 के आदिम पैरेग्राफ़ में कहते हैं :

"विभिन्न सम्प्रदायों के भिक्षुओं का सामान्य नाम समण-ब्राह्मण था, जो तत्कालीन धार्मिक जीवन के नेता थे।"

सच बात तो यह है कि उन दिनों धर्म तथा दर्शन के क्षेत्र में स्वतन्त्र बुद्धि की प्रक्रिया चल रही थी। पूर्वी भारत की सामाजिक विशिष्टता के कारण इस प्रक्रिया को नया उन्मेष प्राप्त हुआ।

डॉ. जगदीशचन्द्र जैन अपनी पुस्तक भारतीय तत्त्व-चिन्तन में कहते हैं :

"समाज की ऐसी विषम परिस्थिति में वेद, यज्ञ तथा वर्ण और जाति-विरोधी अनेक लोकसम्मत और यशस्वी तत्त्व-चिन्तकों का जन्म हुआ जिनमें चार्वाक,

अजित केशकम्बल, प्रक्रुद्ध कात्यायन, मंखलि गोशाल, पूरण काश्यप संजय बेलट्ठिपुत्त, बुद्ध और आदि, महावीर आदि मुख्य हैं। इन दार्शनिकों का केन्द्रस्थल प्रायः मगध देश था जो ब्राह्मणों द्वारा बहिष्कृत माना जाता था। ये महानुभाव वैदिक परम्परा के बाहर जाकर अपने युग की समस्याओं को हल करना चाहते थे। वैदिक कर्मकांड और उच्च वर्णत्व का विरोध करना इन विचारकों का मुख्य उद्देश्य था। मगध शनैः शनैः इन वेद-विरोधी धर्मों का केन्द्र बन रहा था।'' (पृष्ठ 58, अन्तिम पैराग्राफ़)

जैसाकि बताया जा चुका है ये सब मतवाद उस क्षेत्र में चल रहे थे, जहाँ रक्त-मिश्रण खूब था, जहाँ व्रात्य वर्णसंकर जातियाँ थीं। ये सन्त, मुनि, यति, परिव्राजक, भिक्षु आदि कभी-कभी जिन्हें डॉ. राधाकुमुद मुकर्जी ने 'समण-ब्राह्मण' कहा है कभी-कभी व्रात्य भी कहलाते : जैसे कि नीचे लिखे अवतरण से स्पष्ट होगा :

''अथर्ववेद में व्रात्यों का उल्लेख आता है; ये लोग वेदों का विरोध करते और इन्द्र को नहीं मानते थे। कृष्ण यजुर्वेद संहिता (6.2.5; 3.3.7) में उल्लेख है कि इन्द्र ने यतियों को मारकर उन्हें सालावृकों को दे दिया और वे यतियों का भक्षण कर गये। जान पड़ता है कि ये यति इन्द्र आदि वैदिक देवताओं में और वेद-विहित यज्ञ-यागों में विश्वास नहीं करते थे, तथा गृहस्थ धर्म को स्वीकार न कर संन्यास धर्म का उपदेश देते थे।''

उसी अथर्ववेद के सम्बन्ध में डॉ. सत्यकेतु विद्यालंकार लिखते हैं :

अथर्ववेद में व्रात्य जातियों का अनेक स्थानों पर उल्लेख हुआ है। बाद में व्रात्य स्तोम यज्ञ का विधान कर इन व्रात्यों को आर्य जाति में सम्मिलित करने की भी व्यवस्था की गयी। (डॉ. सत्यकेतु विद्यालंकार, भारतीय संस्कृति और उसका इतिहास, पृष्ठ 101, अन्तिम पाँच पंक्तियों में से पहली चार)

स्पष्ट है कि जातियों को व्रात्य कहा जाता उसी प्रकार, यतियों अथवा मुनियों को भी, सम्भवतः वे स्वयं उन्हीं जातियों के प्रतिनिधि थे। इसीलिये बहुत जगह वे भी व्रात्य कहे गये।

इन दर्शन-संस्थापकों, आध्यात्मिक विचारकों में से दो बहुत आगे बढ़ गये। उनमें से एक थे वर्धमान महावीर दूसरे थे गौतम बुद्ध। डॉ. राधाकुमुद मुकर्जी उनके सम्बन्ध में कहते हैं : ''पहले से चले आते हुए जो परिव्राजक सम्प्रदाय थे, उनमें ही ये दो और बढ़ गये, यद्यपि ये दो उन सबमें अधिक महत्त्वपूर्ण सिद्ध हुए'' (पृष्ठ 205-299)

संक्षेप में, परिव्राजकों अर्थात् व्रात्य जातियों के यतियों या व्रात्यों की पहले से चली आती हुई वैचारिक-दार्शनिक-आध्यात्मिक परम्परा में ये दो श्रद्धेय महापुरुष थे, जिन्होंने उसी परम्परा में आवश्यक सुधार या संशोधन करके अध्यात्म, दर्शन, तर्क, नीति आदि की नवीन अश्रुतपूर्व व्यवस्थाएँ खड़ी की और भारतीय संस्कृति को उत्कर्ष के अत्युच्च शिखर पर पहुँचा दिया।

मेरे लिए अभी भी यह आश्चर्य का विषय बना हुआ है कि वैज्ञानिक प्रेरणा से अनुप्राणित मेरी ये स्थापनाएँ—जो मेरी मौलिक उपज नहीं हैं—वरन् इतिहासशास्त्र के प्रचलित ग्रन्थों में बतायी बातों को ही प्रस्तुत करती हैं, क्योंकर आपत्तिजनक हुईं, जबकि वे ग्रन्थ भारत में अच्छे और ऊँचे दरजे के समझे जाते हैं। मैंने कहीं भी वर्धमान महावीर को या गौतम बुद्ध को मिश्रित रक्त या जाति का नहीं कहा है, न उन्हें वर्णसंकर कहने का दुःसाहस ही किया है।

महत्त्व की बात यह है कि अतिप्राचीन काल से ही, ऋग्वेद के दाशराज्ञ युद्ध के समय से या उसके पूर्व से ही रक्त मिश्रण होता गया। अनुलोम और प्रतिलोम विवाह हमारे यहाँ होते रहे। ऐसी स्थिति में हमारी संस्कृति प्रारम्भ ही से सामासिक रही आयी। ऐसा रक्त मिश्रण मगध या उत्तरी बिहार में खूब ही हुआ और आर्य-आर्येतर रक्त-मिश्रण से अनेकानेक वर्णसंकर जातियाँ बनीं।

यदि प्रश्न 'वर्णसंकर', 'रक्त-मिश्रण', 'जाति-मिश्रण', 'व्रात्य' आदि शब्दों का है तो मुझे यह कहने की इजाज़त दीजिए कि ठीक ये ही शब्द मान्य इतिहासविदों ने अपनी पुस्तकों में प्रयुक्त किये। जिस प्रकार, मैंने उनकी पुस्तकों से तथ्य लिए उसी प्रकार मैंने ठीक उन्हीं से तथ्यों को व्यक्त करनेवाले शब्द भी लिये। यदि उन शब्दों के प्रयोग से मैंने महापुरुषों का अपमान किया है तो मुझसे भी कई गुना ज्यादा अपमान बार-बार प्रयुक्त उन शब्दों से है जो उन्हीं के ग्रन्थों में पाये जाते हैं जो मेरी ज़बान पर या कहिए लेखनी पर चढ़ गये।

मैं यह दुहराना चाहता हूँ कि उन मान्य इतिहासविदों का उद्देश्य महापुरुषों की अवमानना करना नहीं है, वरन् तथ्यों का वैज्ञानिक निरूपण करना है। मैंने उनसे प्रेरणा पाकर, उनसे अनुप्राणित होकर, अपनी पुस्तक प्रस्तुत की। फलन, उनके तथ्य, भाव और शब्दावली मेरे द्वारा उपयोजित हुई। तो ऐसी हालत में यदि उनके तथ्य और उनकी अभिव्यक्ति जो उनकी पुस्तकों में मिलती है आपत्तिजनक नहीं है जो आख़िर मेरी ही आपत्तिजनक क्यों है। मेरा यह एक सीधा-सादा प्रश्न है।

[2]

भारतीय इतिहास का सर्वेक्षण : के.एम. पणिक्कर

1. "दश राजाओं के युद्ध ने 'विशुद्ध आर्यों' का अन्त कर दिया।"

(पृष्ठ 8, दूसरा पैराग्राफ़, प्रथम पंक्ति, प्रथम अध्याय, भारत की रचना।)

लेखक की टिप्पणी : ऋग्वैदिक काल के दाशराज्ञ युद्ध के अनन्तर ही रामायण काल आता है।

2. "नस्लों के आपस में घुलने-मिलने और आर्यों द्वारा अपने ऋषि-मुनियों की श्रेणी में 'काले' लोगों को स्थान देने के प्रचुर प्रमाण मिलते हैं।"

(वही, पृष्ठ 10, ऊपर से दूसरी और तीसरी पंक्ति प्रथम अध्याय, भारत की रचना।)

3. ''आर्य राजाओं और ब्राह्मणों का स्थानिक लोगों की कन्याओं के साथ विवाह करने के दृष्टान्त प्रायः मिलते हैं।''

(वही, पृष्ठ 10, प्रथम अध्याय, भारत रचना, पहले पैराग्राफ़ का अन्तिम वाक्य।)

4. ''इसके अतिरिक्त इस आशय के अनेक प्रमाण मिलते हैं कि वर्ण-व्यवस्था का समारम्भ होने के पहले विभिन्न नस्लों का काफी रक्त-सम्मिश्रण हो चुका था।'' यद्यपि आर्य नस्लवाद के सिद्धान्त के परिपोषक बने रहे फिर भी वेद मन्त्रों के गूढ़ तत्त्वों और रहस्यों में दीक्षा पाना द्विज और अद्विज होने की कसौटी बन गया और आर्यत्व की परिकल्पना कालान्तर में काले या गोरे वर्ण की बजाय, सामाजिक प्रतिष्ठा और संस्कृति पर निर्भर हो गयी।''

(वही, पृष्ठ 10, दूसरा पैरा, प्रथम अध्याय, भारत की रचना।)

भारत में आर्य और अनार्य : डॉ. सुनीतिकुमार चाटुर्ज्या

5. ''ऋग्वेद में 'आर्य वर्ण' और 'दास वर्ण' श्वेतकाय और कृष्णकाय आर्यो और अनार्यों के लिए चालू थे। पर, 'आर्य' शब्द गुणवाचक हो गया, जाति-मिश्रण के कारण काले ब्राह्मण और गोरे शूद्र भी मिलते थे।''

(पृष्ठ 87, दूसरा पैराग्राफ़ ऊपर से पाँचवीं पंक्ति से लेकर सातवीं तक, अध्याय दो, भारत में विभिन्न जातियों का सम्मिश्रण।)

भारतीय सभ्यता तथा संस्कृति का विकास—प्रो. बी.एन. लूनिया।

6. ''ऋग्वेद काल में समाज में केवल दो ही जातियाँ थीं—आर्य और अनार्य अथवा गौर वर्ण आर्य एवम् कृष्ण काय आदिवासी।''

(पृष्ठ 83 जाति प्रथा की उत्पत्ति उपशीर्षक के अन्तर्गत पैरेग्राफ की चौथी और पाँचवीं पंक्ति।)

भारतीय कृष्टि का क ख—जयचन्द्र विद्यालंकार

7. ''आर्यों और अनार्यों के बीच सम्बन्ध वैदिक काल में भले ही बुरे माने जाते, तो भी होते रहते थे। अनुश्रुति में राक्षसों और निषादों आदि के साथ आर्यों के सम्बन्ध होने के बहुत दृष्टान्त हैं।

विवाह-संस्था स्थिर हो जाने के बाद भी उत्तर-वैदिक काल में रामा अर्थात् रखैल के रूप में अनार्य स्त्रियों को रखने का काफी चलन रहा, यहाँ तक कि वे 'रमण के लिए' रखी जानेवाली स्त्रियाँ चूँकि कृष्ण जातीय होतीं इससे राम का अर्थ काला हो गया (निरुक्त 13.12.2)''

''वैदिक और उत्तर-वैदिक काल का जीवन'' शीर्षक के अन्तर्गत,

''सामाजिक ऊँच-नीच'' उपशीर्षक के अधीन पैराग्राफ़ की अन्तिम तीन पंक्तियाँ तथा अगला पूरा पैराग्राफ़, पृष्ठ 72।

8. ''प्राचीन भारत के क्षत्रिय राजा लोग संस्कृत पुराणादि ग्रन्थों में 'चन्द्रवंशी' और 'सूर्यवंशी' कहलाते थे—यह सम्भव है कि ऐसी वंश-कल्पना अनार्यों में ही हुई थी; बाद में मिश्रित आर्यानार्य जाति की इतिकथा पुराणों में यह बात रक्षित हो गयी थी। (पुराणों में जो प्राचीन राजा तथा ऋषियों की कहानियाँ मिलती हैं, वे सब आर्य तथा अनार्य दोनों समाजों की बात है)।''

(पुस्तक वही, पृष्ठ 46, दूसरा अध्याय, भारत में विभिन्न जातियों का सम्मिश्रण।)

भारतीय तत्त्व-चिन्तन—डॉ. जगदीशचन्द्र जैन

9. ''पराजित सिन्धवासियों की नारियों से आर्यों ने सन्तानोत्पत्ति की, जिसके फलस्वरूप कक्षीवान, औशिज, कण्व, वत्स, कवष, ऐलूष आदि अनेक प्रमुख आर्य ऋषियों का जन्म हुआ। उधर सिन्धवासी पुरोहितों ने आर्य विजेताओं का धर्म अंगीकार कर लिया, इससे वैदिक संस्कृति में अनेक आर्येतर देवताओं का समावेश हो गया।''

(—वेदकालीन समाज वैदिक और सैन्धव सभ्यता का मिश्रण उपशीर्षक के अन्तर्गत पृष्ठ 27, दूसरा पैराग्राफ़।)

भारतीय संस्कृति और उसका इतिहास : सत्यकेतु विद्यालंकार

10. ''आर्यों और दासों में परस्पर सामाजिक सम्बन्ध का सर्वथा अभाव हो, यह बात नहीं थी। प्राच्य भारत में जहाँ आर्यों की अपेक्षा आर्य-भिन्न जातियों के लोग अधिक संख्या में थे उनमें परस्पर विवाह सम्बन्ध होता रहता था। उन प्रदेशों से ऐसे लोगों की संख्या निरन्तर बढ़ती गयी, जो शुद्ध आर्य या दास न होकर वर्णसंकर थे। ऐसे लोगों को ही सम्भवतः व्रात्य कहा जाता था। अथर्ववेद में व्रात्य जातियों का अनेक स्थानों पर उल्लेख हुआ है। बाद में व्रात्य स्तोम यज्ञ का विधान करके इन व्रात्यों को आर्य जाति में सम्मिलित करने की भी व्यवस्था की गयी।''

(वैदिक युग की सभ्यता और संस्कृति, 3. सामाजिक जीवन उपशीर्षक के अन्तर्गत, पृष्ठ 101, पहला पैराग्राफ़ : 14वीं पंक्ति से 20-21 पंक्ति तक।)

भारतीय सभ्यता तथा संस्कृति का विकास—प्रो. बी.एन. लूनिया

11. ''परन्तु यह बात ध्यान देने योग्य है कि वर्ण तथा जातिभेद का यह सिद्धान्त कृष्ण वर्ण लोगों को बहिष्कृत कर उन्हें निम्न स्तर पर कर देना पूर्णरूप से फलीभूत नहीं हुआ। यह प्रमाणित करने के लिए पर्याप्त प्रमाण हैं कि जातियाँ परस्पर घुल-मिल गयीं और आर्यो ने कृष्ण वर्ण ऋषियों तक को अंगीकार कर लिया था। बादरायण वेदव्यास, जिन्होंने वेदों को व्यवस्थित करके उनका सम्पादन किया

था आर्य ऋर्षि के कृष्ण वर्ण केवट स्त्री से उत्पन्न अवैधज पुत्र थे। तथा श्याम बादरायण कहे जाते हैं। इस सिद्धान्त से कि अनार्य अथवा अद्विज निम्न श्रेणी के व्यक्ति थे, देशी अनार्य शासकों की जिनकी सहायता की याचना राजा सुदास ने की थी, सत्ता पर कोई प्रभाव नहीं पड़ता था। राजाओं और पुरोहितों तक के साथ देशी लोगों के सम्बन्धों के होने के प्रायः अनेक उल्लेख प्राप्त होते हैं। इससे यह मत दृढ़ होता है कि जाति-व्यवस्था के बनने के पूर्व ही आर्यों और अनार्यों के रुधिर का पर्याप्त मात्रा में सम्मिश्रण हो चुका था। यद्यपि जातिगत विशिष्टता आर्यों के लिए सैद्धान्तिक रूप में बनी रही, फिर भी वैदिक मन्त्रों के गोपनीय रहस्यों की दीक्षा ही द्विजों और अद्विजों की कसौटी हो गयी और कालान्तर में आर्यत्व की भावना वर्ण अथवा रंग में न रहकर सामाजिक स्थिति व संस्कृति के रूप में आ गयी।

(वैदिक युग : साधारण निष्कर्ष : आर्यों की जातीय विशिष्टता एवं वर्ण-भेद। पृष्ठ 58 का अन्तिम पैराग्राफ़ तथा पृष्ठ 59 पर उसी का अगला विस्तार)।

12. "अनार्यों और आर्यों के इस राजनीतिक एकीकरण और समन्वय का स्वाभाविक परिणाम आर्य नाम की एक नवीन सभ्यता का विकास था। पर यह विशेष रूप से विजित आदिवासियों की सभ्यता थी। आर्य और अनार्य लोगों के संयोग एवं समन्वय से हिन्दू सभ्यता का प्रादुर्भाव हुआ, जिसमें आर्यों के पूर्व की सभ्यता व संस्कृति के चिह्न अभी भी अवशिष्ट हैं।" (पृष्ठ 56-57, पुस्तक वही)

भारतीय संस्कृति और उसका इतिहास : सत्यकेतु विद्यालंकार

13. "जो आर्य-भिन्न लोग आर्य जनपदों में बसे रह गये थे, वे आर्यों की सेवा करके ही अपनी आजीविका चला सकते थे। कृषि, शिल्प, व्यापार आदि ऊँचे पेशे वे नहीं कर पाते थे। उनकी जमीन उनकी पूँजी सब आर्य वंश के हाथ में चली गयी थी। ये लोग शूद्र कहलाये।" (जातिभेद का विकास, पृष्ठ 393)

14. "पर आर्य ज्यों-ज्यों पूर्व की ओर बढ़ते गये उनके जनपदों में आर्य-भिन्न लोगों की संख्या अधिकाधिक होती गयी।...मगध अंग, बंग, कलिंग और अवन्ति जैसे जनपदों में अनार्य लोग बहुत बड़ी संख्या में थे। उनका न जड़ से उन्मूलन किया जा सकता था और न उन्हें आगे-आगे खदेड़ा ही जा सकता था। उनकी सैनिक शक्ति भी कम नहीं थी...पूर्व और दक्षिण में बहुत दूर आगे बढ़ जानेवाले आर्य विजेताओं ने विवश होकर इन अनार्यों की स्त्रियों से विवाह-सम्बन्ध भी स्थापित किये थे। आर्य-स्त्रियाँ पर्याप्त संख्या में आर्य-विजेताओं के साथ इतनी दूर तक नहीं आ सकती थीं परिणाम यह हुआ कि अनेक वर्णसंकर जातियों का विकास हुआ। मगध और उसके समीपवर्ती जनपदों में बौद्ध और जैन धर्मों के रूप में जिन नवीन धार्मिक आन्दोलनों का प्रारम्भ हुआ, उनके वर्णभेद और जातिभेद सम्बन्धी विचार इसी नयी परिस्थिति के परिणाम थे। ब्राह्मण और किसी विशेष श्रेणी की उत्कृष्टता की बात

उन्हें समझ में नहीं आती थी। वहाँ जो लोग सैनिक थे, वे भी शुद्ध आर्य क्षत्रिय न होकर व्रात्य थे। व्रात्यों को प्राचीन ग्रन्थों में वर्णसंकर गिना गया है। वज्जि, मल्ल, लिच्छवि आदि सब व्रात्य ही थे। पूर्व और दक्षिण के जनपदों में न केवल क्षत्रिय अपितु ब्राह्मण भी वर्णसंकर थे। सातवाहन राजा जन्म से ब्राह्मण गिने जाते पर उनके अनार्य रक्त विद्यमान था।" (जातिभेद का विकास, पृष्ठ 293-294, पुस्तक वही)

15. मगध, अवन्ति, अंग आदि जनपदों में आर्य अपनी रक्तशुद्धि कायम रखने में समर्थ नहीं हुए थे। उन्होंने आर्य-भिन्न जातियों के साथ रक्त-सम्बन्ध स्थापित किये थे। मनुस्मृति के अनुसार, भूर्णकंटक और आवन्त्य व्रात्य ब्राह्मणों की सन्तान थे, और झल्ल-मल्ल व लिच्छवियों की उत्पत्ति व्रात्य क्षत्रियों से हुई। कारूष और सात्वत व्रात्य वैश्यों की सन्तति थे। वैश्य और क्षत्रिय के सम्मिश्रण से मागध और वैश्य ब्राह्मण के सम्मिश्रण से वैदेह लोगों का विकास हुआ। मनु के इस मत में कोई सच्चाई हो या न हो, पर इस वैदिक पुनरुत्थान युग के विचारक इस तथ्य को दृष्टि में ला रहे थे कि मागध, वैदेह, आवन्त्य, लिच्छवि, सात्वत आदि लोग शुद्ध आर्य नहीं हैं, पर समाज में उनका बड़ा महत्त्व है। उन्हें वे व्रात्य ब्राह्मण, व्रात्य क्षत्रिय, व्रात्य वैश्य व वर्णसंकर बनाकर चातुर्वर्ण्य के दायरे में शामिल करने का प्रयत्न कर रहे थे।" (पृष्ठ 295, वही)

ध्यान रहे कि भगवान वर्धमान महावीर लिच्छवियों से सम्बन्धित ज्ञातृक गण में उत्पन्न हुए थे।

"वज्जि, मल्ल, लिच्छवि आदि सब व्रात्य ही थे।" —सत्यकेतु विद्यालंकार

भारतीय कृष्टि का क ख : जयचन्द्र विद्यालंकार

16. "उपनिषदों में वैदिक कर्मकांड के विरुद्ध प्रतिक्रिया थी। पर उपनिषदें वैदिक सम्प्रदायों की ही उपज थी। उन सम्प्रदायों के बाहर वैसी प्रतिक्रिया और भी जोर से हुई। जैसा कि ऊपर कहा गया है, वैदिक काल में ही, मध्यदेश के पूरब और पच्छिम अनेक ऐसे जन या राष्ट्र थे जो मध्यदेश के कुलीन ब्राह्मणों, क्षत्रियों के आचार का अनुसरण न करते। वे व्रात्य कहलाते, उनकी शिक्षा-दीक्षा की भाषा प्राकृत थी, वेशभूषा उतनी परिष्कृत न थी, वे मध्यदेश के आर्योंवाले सब संस्कार न करते और ब्राह्मणों के बजाय अर्हतों (सन्तों) को मानते और चैत्यों अर्थात् समाधियों को पूजते थे। (—जैन-बौद्ध भागों का उदय, महाजनपद युग, तीर्थंकर पार्श्व और वर्धमान महावीर पृष्ठ 88 पहला पैराग्राफ़)

भारतीय इतिहास का सर्वेक्षण : के.एम. पणिक्कर

17. "हठयोग आर्यो से पहले आध्यात्मिक अनुशासन का साधन था। मोहनजोदड़ो की सबसे बड़ी खोज शिव की योगमुद्रा है। शिव योगी का आसान मारे बैठे हुए हैं। एक ध्यानमग्न योगी की प्रस्तर-मूर्ति भी मिली है। इससे स्पष्ट रूप से

प्रमाणित होता है कि योग के सिद्धान्त सिन्धु घाटी सभ्यता की देन है।" (पृष्ठ 19, दूसरा पैराग्राफ़ छठी से लेकर 9वीं पंक्ति तक, भारत पर विजय—द्वितीय अध्याय)

18. निःसन्देह, बुद्ध के सामने वज्जी, लिच्छवि और शाक्य आदिम जातियों की गणतन्त्रीय पद्धति के दृष्टान्त उपस्थित थे।" (पृष्ठ 23, ऊपर से पाँचवीं-छठी पंक्ति। द्वितीय अध्याय, भारत पर विजय)

19. "लिच्छवि, मल्ल आदि प्रबल अनार्य आदिम जातियाँ, जिनके हाथ में सत्ता थी, हिन्दुत्व के संगठन में, क्षत्रियों की श्रेणी में आ मिलीं।...मनु ने उन्हें व्रात्य क्षत्रिय बताया है, जिससे साबित होता है कि वस्तुस्थिति के साथ सिद्धान्त को समझौता करना पड़ा था। इन आदिम जातियों की राजनीतिक शक्ति की उपेक्षा नहीं की जा सकी। फिर भी इस सच्चाई पर पर्दा नहीं पड़ सका कि वे व्रात्य थे और वे विवाह के सूत्रों द्वारा बड़े साम्राज्यों के साथ जोड़े गये थे। मद्र निःसन्देह एक आदिवासी जाति के लोग थे।...नण्य आर्य समाज में इन आदिम जातियों का घुलन-मिलन धीरे-धीरे बढ़ता गया। और इस काल के अन्त तक इन लोगों का आर्य जीवन के अधिकारों का दावा सामान्यतः स्वीकार कर लिया गया।" (पृष्ठ 41 दूसरे पैराग्राफ़ की दूसरी पंक्ति से लेकर अन्तिम पंक्ति तक, मौर्यकाल का जीवन, अध्याय 4, पुस्तक वही)

भारतीय तत्त्व-चिन्तन : डॉ. जगदीशचन्द्र जैन

20. "सिन्धु-सभ्यता के सम्मिश्रण स्वरूप सर्वप्रथम श्रमण संस्कृति का आविर्भाव उपनिषद् काल में दिखाई देता है। इसके पूर्व वैदिक काल में देवी-देवता और यज्ञ-यागों की प्रधानता पायी जाती है। वैदिक आर्यों का समय अग्निहोत्र और इन्द्रादि देवताओं से पुत्रोत्पत्ति की प्रार्थना करने में ही व्यतीत हो जाता है। आत्मा, पुनर्जन्म और कर्म के सिद्धान्त तथा तप, त्याग, वैराग्य और ब्रह्मचर्य के नियमों का विधान हमें उपनिषद्काल में ही दृष्टिगोचर होता है। सन्तान की इच्छा न करके अमर पद को प्राप्त करने के इच्छुक आपस्तम्ब के अस्सी हज़ार ब्रह्मचारी मुनि, प्रजा की इच्छा न करनेवाले, बृहदारण्यक आदि उपनिषदों के ऋषि, तथा इन्द्र और अग्निहोत्र में विश्वास न करनेवाले चिन्तनशील ऋषि-मुनि इसी श्रमण-संस्कृति के पुरस्कर्ता थे। अथर्ववेद में व्रात्यों का उल्लेख आता है। ये लोग वेदों का विरोध करते और इन्द्र को नहीं मानते थे। कृष्ण यजुर्वेद संहिता (6.2.3, 3.3.7) में उल्लेख है कि इन्द्र ने यतियों को मारकर उन्हें सालावृकों को दे दिया और वे यतियों का भक्षण कर गये। जान पड़ता है कि ये यति इन्द्र आदि वैदिक देवताओं में और वेदविहित यज्ञ-यागों में विश्वास नहीं करते थे तथा गृहस्थ धर्मों को स्वीकार न कर संन्यास धर्म का उपदेश देते थे। (छठा अध्याय, जैन दर्शन, श्रमण संस्कृति की प्राचीनता, पृष्ठ 91)

21. इसके अतिरिक्त देखिए Origin of Buddhism–Dr. G.C. Pande p. 259. इस ग्रन्थ के आधार पर, वी.एस.एस. डीडी कॉलेज कानपुर के भूतपूर्व अध्यक्ष

इतिहास विभाग कालीशंकर भटनागर एम.ए. एल.एल.वी. तथा उसी कॉलेज के इतिहास विभाग के अध्यक्ष डॉ. बी.डी. शुक्ला ने अपने 'भारतीय संस्कृति का इतिहास' नामक ग्रन्थ में लिखा है :

''हाल के एक अधिकारी लेखक ने यह मत प्रतिपादित किया है कि यह परिवर्तन उपर्युक्त 'मुनियों और श्रमणों' द्वारा आर्येतर परम्पराओं के प्रचार के रूप में हुआ प्रतीत होता है।'' (अध्याय 7, परिवर्तन का युग—जैन और बौद्ध मतों का उदय, धार्मिक परिस्थिति, पृष्ठ 105)

[3]

डॉ. सत्यकेतु विद्यालंकार अपनी पुस्तक 'भारतीय संस्कृति और उसका इतिहास' में कहते हैं।

''आर्यों के पहल के ये आर्य-भिन्न लोग कौन थे, इस विषय में वैदिक साहित्य से ही कतिपय उपयोगी निर्देश मिलते हैं। वेदों में इन्हें 'दस्यु' या 'दास' कहा गया है। वैदिक सूक्तों से यह भी ज्ञात होता है कि ये दस्यु लोग कृष्ण वर्ण के थे और इनकी नाक छोटी होती थी। इसीलिये, इन्हें 'अनास' (नासिकाहीन) भी कहा गया है। पर ये लोग अच्छे बड़े पुरों में निवास करते थे, और उनके अनेक सुदृढ़ दुर्ग भी बने हुए थे। इन्हें परास्त करने के लिए आर्यों को घनघोर युद्ध करना पड़े और एक युद्ध में तो पचास हजार के लगभग 'दासों' के मारे जाने का निर्देश ऋग्वेद में दिया गया है। संस्कृत भाषा में दस्यु शब्द का प्रयोग डाकू के अर्थ में होता है और दास शब्द का गुलाम अर्थ में। प्रतीत होता है कि आर्यों के प्रवेश से पूर्व जो जाति इस देश में निवास करती थी, उसकी संज्ञा दस्यु या दास थी। आर्यों ने उसे परास्त किया और उनकी बड़ी संख्या को अपने पास गुलाम के रूप में रहने के लिए विवश किया। ये गुलाम दास जाति के थे, अतः दास शब्द का अर्थ ही गुलाम हो गया। इसी प्रकार आर्य लोग दस्यु शब्द का प्रयोग घृणा के रूप में करते थे और बाद में इसका अर्थ डाकू हो गया। पर प्राचीन संस्कृत में ऐसे निर्देशों की कमी नहीं है, जिनसे दस्यु का अभिप्राय डाकू न होकर एक जाति-विशेष प्रतीत होता है। महाभारत में एक दस्यु की कथा आती है, जिसे परम धर्मात्मा कहा गया है। आर्यों ने इन दस्युओं व दासों को परास्त करके ही भारत में अपनी सत्ता स्थापित की। पिछले अध्याय में हम सिन्धु घाटी की समुन्नत सभ्यता का विवरण दे चुके हैं, जिसके अनेक नगर विद्यमान थे, और जिसके अनेक नगर दुर्ग रूप में थे। अतः यह कल्पना की जाती है कि वैदिक आर्यों ने जिन दस्युओं को परास्त किया, वे सिन्धु घाटी में निवास करते थे और उन्हीं की सभ्यता के भग्नावशेष पंजाब में रावी नदी के और सिन्ध में सिन्धु घाटी के तट पर पाये जाते हैं।''

(डॉ. सत्यकेतु विद्यालंकार, भारतीय संस्कृति और उसका इतिहास, पाँचवाँ अध्याय—आर्यजाति और उसका भारत में प्रवेश, पृष्ठ 91वे, भारत में आर्यों का प्रवेश—उपशीर्षक के अन्तर्गत, पाँचवीं पंक्ति से आगे, अन्तिम दो पंक्तियों को छोड़कर)

उपर्युक्त अवतरण इस बात को सिद्ध करने के लिए पर्याप्त है कि मोहनजोदरो सभ्यता के लोगों से सैन्धव जनों से युद्ध करके उन्हें परास्त किया गया। और उनकी ''बड़ी संख्या को गुलाम के रूप में रहने के लिए विवश किया गया।'' ये दास कृष्ण वर्ण के थे।

इसीलिये श्री के.एम. पणिक्कर अपने ग्रन्थ 'भारतीय इतिहास का सर्वेक्षण' के पृष्ठ 6 पर कहते हैं : ''वैदिक देवताओं से जिन पुरों और दुर्गों को विध्वंस करने की अभ्यर्थना की गयी है वे सिन्धुघाटी सभ्यता के उन्नायकों की बाहरी चौकियाँ और गढ़ थे।'' इससे यह सिद्ध होता है कि दास या दस्यु वस्तुतः सैन्धवजन ही थे, जिन्हें पराजित कर दास बना लिया गया।

डॉ. सुनीतिकुमार चाटुर्ज्या कहते हैं :

''जिन अनार्य मानवों के साथ सर्वप्रथम आर्यों का परिचय हुआ था, उन्हें आर्य लोग 'दास', 'दस्यु' और 'शूद्र' इन नामों से अभिहित करते थे।''

(डॉ. सुनीतिकुमार चाटुर्ज्या, भारत में आर्य और अनार्य, पृष्ठ 34, 'प्राचीन भारत की दास, दस्यु, या शूद्र जाति'—इस उपशीर्षक के अन्तर्गत प्रथम दो पंक्तियाँ)

आगे एक जगह डॉ. सुनीतिकुमार चाटुर्ज्या कहते हैं :

''ऋग्वेद में 'आर्य वर्ण' और 'दास-वर्ण' श्वेतकाय और कृष्णकाय आर्यों और अनार्यों के लिए चालू थे।''

(वही पुस्तक, पृष्ठ 47, दूसरा पैराग्राफ़, पाँचवीं और छठी पंक्ति)

श्री जयचन्द्र विद्यालंकार अपनी पुस्तक ''भारतीय कृष्टि का क ख'' के पृष्ठ 72 की अन्तिम पंक्तियों में कहते हैं :

''आर्य और दास के अतिरिक्त वैदिक काल में कोई जाति-भेद या वर्ण-भेद नहीं था। वर्ण और जाति शब्द तब अपने ठीक अर्थ में प्रयुक्त होते थे और वर्ण दो ही थे। (उभौ वर्णौ, ऋक् 1.179.6)''

डॉ. राधाकुमुद मुकर्जी ने अपने ग्रन्थ 'हिन्दू सभ्यता' में (पृष्ठ 32 के पहले नये पैराग्राफ़ में अनार्यों के सम्बन्ध में) ऋग्वैदिक आर्यों की उन मानसिक प्रतिक्रियाओं का उल्लेख किया है, जो ऋग्वेद ही में शब्दबद्ध हैं।

आर्यों में आर्येतरों के विरुद्ध अपनी श्रेष्ठता की भावना थी। उनमें वर्ण-द्वेष अर्थात् रंग-द्वेष भी था। 'भारतीय इतिहास का सर्वेक्षण' नामक अपने ग्रन्थ में श्री के.एम. पणिक्कर कहते हैं :

'' 'काले' लोगों से वे एकदम घृणा करते थे।'' (पृष्ठ 6, दूसरा पैराग्राफ़, पहली पंक्ति)

मानो कि इसी की पुष्टि करते हुए डॉ. सुनीतिकुमार चाटुर्ज्या कहते हैं :

''विजेतृ जाति के आर्य लोगों ने, जिनमें जाति-विषयक और साथ ही अपने चेहरे के लिए सौन्दर्य-बोध रहना स्वाभाविक ही था, अवश्य ही अपने खून की विशुद्धि को कायम रखने के लिए अगर कोशिश की हो, तो इसमें आश्चर्य की बात नहीं।'' (डॉ. सुनीतिकुमार चाटुर्ज्या, पृष्ठ 35, अन्तिम चार पंक्तियाँ)

डॉ. सुनीतिकुमार चाटुर्ज्या उसी पुस्तक में आगे चलकर कहते हैं :

''इस समाज में जितने अनार्यों को स्थान मिला...वे सबके सब ज्यादातर 'शूद्र' नाम से परिचित होते गये।...रक्त में विशुद्ध अनार्य लोग 'शूद्र' कहलाकर बहुत कुछ हीनता में स्थापित किये गये।'' (पुस्तक वही, पृष्ठ 36-37)

डॉ. सत्यकेतु विद्यालंकार कहते हैं :

''जो आर्य-भिन्न लोग जनपदों में बसे रह गये थे वे आर्यों की सेवा करके ही अपनी आजीविका चला सकते थे। कृषि, शिल्प व्यापार आदि ऊँचे पेशे वे नहीं पाते थे। उनकी ज़मीन, उनकी पूँजी, सब आर्य वंश के हाथ में चली गयी थी। ये लोग शूद्र कहलाए। (भारतीय संस्कृति और उसका इतिहास, पृष्ठ 293)

डॉ. जगदीश चन्द्र जैन अपनी पुस्तक 'भारतीय तत्त्व चिन्तन' में कहते हैं :

''आर्य तथा सिन्धवासी जाति में युद्ध होने पर जो आर्येतर बन्दी बनाये गये, आर्यों ने इनमें से कुछ का वध कर डाला। (ऋग्वेद में शुनःशेप आदि के वध किये जाने का उल्लेख मिलता है। तथा देखिए वाजसनेयी संहिता 30) और बाकी बचे हुओं को अपना दास बना लिया। वस्तुतः ऋग्वेद में दास का अर्थ प्रायः युद्ध में पराजित शत्रु किया गया है जिसे दस्यु और राक्षस आदि नामों से उल्लिखित किया जाता था। इन दासों का वर्ण (रंग) आर्यों के वर्ण से भिन्न था। पराजित दास आर्यों के घरों में सेवा-सुश्रूषा तथा पशुचारण और कृषि का काम करने लगे। उन दासों को उनकी धन-सम्पत्ति और उनके कुटुम्ब परिवार से वंचित कर दिया गया तथा उनकी कमाई हुई सम्पत्ति पर आर्यों का अधिकार माना जाने लगा। कालान्तर में इन्हीं दासों को शूद्र बना दिया गया।'' (डॉ. जगदीशचन्द्र जैन, भारतीय तत्त्व चिन्तन, पृष्ठ 25, वर्ण-भेद उपशीर्षक के अन्तर्गत प्रथम दस पंक्तियाँ)

एक तो यह है कि दासों को निम्नवर्ग में डाल देने पर भी, उनमें से बहुत से ऐसे थे, जो अपने (आर्येतर) समाज में शासक और सैनिक रूप में रह चुके थे। अर्थात् उन्हें युद्ध और प्रशासन का अनुभव था।

आर्य लोग न केवल दासों के विरुद्ध युद्ध करते, वरन् वे आपस में भी लड़ाई करते। अनेक आर्यगण परस्पर युद्धरत थे। ऐसी स्थिति में आर्येतर जन-समुदाय अर्थात् दास भी आर्य युद्धों के दोनों पक्षों की ओर से लड़ते थे। ऋग्वेदकालीन दासराज्ञ युद्ध में ये दास लोग आर्यों के दोनों युद्धरत पक्षों में बँट गये थे और वे दोनों पक्षों की ओर से लड़े थे।

प्रिंसिपल लूनिया अपनी पुस्तक 'भारतीय सभ्यता तथा संस्कृति का विकास' के पृष्ठ 56 पर, कहते हैं :

''दास राजाओं का युद्ध केवल आर्य लोगों का ही युद्ध नहीं था, अपितु अपने मुखियाओं के नेतृत्व में अनार्य लोग भी दोनों ओर से सम्मिलित हुए थे।''

प्रिंसिपल लूनिया उसी पृष्ठ के तीसरे पैराग्राफ़ में कहते हैं :

''दस राजाओं के युद्ध ने 'पुर आर्य' या शुद्ध आर्यों का अन्त कर दिया। पंजाब के प्रारम्भिक उपनिवेश विशेषतः आर्यों के ही थे। परन्तु यमुना के पूर्व में स्थित सुदास का नवीन राज्य था जो विभिन्न छोटे-छोटे राज्यों से बना था और जहाँ आर्यों की जनसंख्या, यद्यपि वहाँ उसका महत्त्वपूर्ण प्रभाव था, अपेक्षाकृत कम थी। सुदास की विजय आर्यों तथा स्थानीय आदिवासी अनार्यों के संयुक्त संघ की विजय थी। वे यक्ष और अन्य जातियाँ जो सुदास की ओर से अपने ही 'भेद' (एक आर्येतर नेता—मुक्तिबोध) के नेतृत्व में लड़ी थी, अनार्य थीं।''

संक्षेप में अपनी आवश्यकताओं को देखते हुए, आर्यों ने कुछ अनार्य अर्थात् दास-सरदारों से सहायता ली थी। इसका परिणाम निःसन्देह यह हुआ कि दासों में से कुछ लोग आर्यों के अधिक सन्निकट आ गये, यद्यपि समाज का विभाजन जो दो श्रेणियों में था नहीं टूटा।

इसके अतिरिक्त दास स्वयं कुशल शिल्पी थे। वे नगर-सभ्यता का प्रभाव लिये हुए थे। इधर, आर्य जो प्रारम्भ में मुख्यतः पशुपालन करते थे अब कृषि-समाज में बदलते जा रहे थे। संक्षेप में, प्रसार और विकास पाते हुए आर्य-उपनिवेशों को कुशल कर्मियों और शिल्पियों की आवश्यकता थी। वह दासों ने किसी हद तक पूरी की।

इस वास्तविक स्थिति से दासों में से कुछ ने जरूर फायदा उठाया। बावजूद कहे और अनकहे सामाजिक प्रतिबन्धों के, कभी-कभी और कहीं-कहीं, आर्यों और दासों में परस्पर सद्भाव और सम्पर्क के दृश्य भी दिखाई देने लगे।

आर्यों के नेता दिवोदास ने दास-सरदार शम्बर के साथ घनघोर युद्ध किया और उसके दुर्गों को तहस-नहस कर डाला। किन्तु, उसकी कन्या दुर्गा का ऋषि विश्वामित्र से अवैध प्रणय-सम्बन्ध था। शम्बर के विनाश के साथ ही साथ, दुर्गा ने भी आत्महत्या कर ली। किन्तु, इसके पूर्व उसने विश्वामित्र के वीर्य से उत्पन्न अपने पुत्र शुनःशेष को आर्य ऋषि—सम्भवतः अगस्त्य—को सौंप दिया। आर्य ऋषि की पत्नी ने अनार्य माता से उत्पन्न उस अवैध पुत्र को जो विश्वामित्र के लिए कलंक समझा गया उसे छिपा दिया। वह पुत्र अपना बाल्यकाल चांडालों की बस्तियों में बिताता है। अन्त में यह प्रकट हो जाता है कि वह विश्वामित्र का पुत्र है और वेदज्ञ पंडित है। इस पर, उसे आर्य-ऋषियों में स्थान दिया जाता है।

श्री के.एम. मुंशी ने इस विषय पर एक अतिसुन्दर उपन्यास लिखा है। उसमें आर्यों तथा दासों के जीवन का सुन्दर चित्रण हुआ है। उसमें बताया गया है कि

वशिष्ठ शुद्ध-रक्तवाले थे। इसके विपरीत ऋषि विश्वामित्र दासों के सम्बन्ध में अधिक उदारता बरतना चाहते थे। उस उपन्यास में इन दो ऋषियों के संघर्ष का भी चित्रण किया गया है।

उपर्युक्त घटना भी दाशराज्ञ युद्ध के समय की ही है।

इतिहासविदों के अनुसार, दाशराज्ञ युद्ध ने 'शुद्ध आर्यों' का अन्त कर दिया। और, वर्णसंकर सन्तानें अधिकाधिक उत्पन्न होने लगीं।

श्री के.एम पणिक्कर कहते हैं :

"दश राजाओं के युद्ध ने 'विशुद्ध आर्यों' का अन्त कर दिया।" (भारतीय इतिहास का सर्वेक्षण—पृष्ठ 8, दूसरा पैराग्राफ़, पहली पंक्ति)

संक्षेप में वर्णसंकरत्व प्रसार पाने लगा था। किन्तु, इसके साथ ही विभिन्न अनार्य जातियों में संस्कृत का प्रचार हो रहा था। इस प्रकार, आर्य-अनार्य को एक सूत्र में बाँधनेवाली भाषा सामने आ चुकी थी। अनार्य जातियाँ अथवा दास और शूद्र भारतीय समाज का अभिन्न अंग बन रहे थे।

डॉ. सुनीतिकुमार चाटुर्ज्या की यह स्थापना अत्यन्त महत्त्वपूर्ण है :

"जातिगत या रक्तगत सम्मिश्रण का आधारस्वरूप, भाषागत समीकरण होना अपरिहार्य ही होता है।" (पृष्ठ 33, पहली कुछ पंक्तियाँ। भारत में आर्य और अनार्य)

डॉ. चाटुर्ज्या कहते हैं :

"द्राविड़, किरात, निषादों में किसी एक साधारण और सर्वजनमान्य भाषा का जो अभाव था, आर्यों की भाषा संस्कृत ने आकर उसे मिटा दिया।"

(पुस्तक वही, पृष्ठ 34, ऊपर से तीसरी, चौथी और पाँचवीं पंक्ति)

संक्षेप में आर्य-अनार्य के भारतीय जनों के विभिन्न तत्त्वों का एकीकरण हो रहा था। इस प्रक्रिया में संस्कृत भाषा ने एक बड़ा काम किया। साथ ही, वर्णसंकरत्व भी खूब बढ़ने लगा, जिससे मेरा अपना मत है कि भारतीय समाज और भी अधिक एकीकृत होता चला गया, यद्यपि उस समाज के अन्तर्गत जाति की दीवारें बढ़ती चली गयीं। भारतीय आर्यीकृत समाज के बाहर जो जातियाँ थीं वे भी अपने विकास-स्तर और कर्म के अनुसार, भारतीय आर्यीकृत समाज में स्थान पाती चली गयीं। निःसन्देह, आर्यीकरण की इस प्रक्रिया में वर्णसंकरत्व ने एक बड़ा रोल अदा किया।

वर्णसंकरत्व पर और प्रकाश डालने के पूर्व हम यहाँ शूद्र वर्ण अथवा दासवर्ण, जिसके साथ प्रारम्भ में वर्णसंकरत्व स्थापित हुआ था, के उस विकास की तरफ ध्यान दें, जिसने आगे चलकर अनेक सामाजिक समस्याएँ उत्पन्न थीं। हम यह पहले ही बता चुके हैं कि दास अथवा शूद्र वर्ण में अर्थात् आर्यों के निम्नवर्ग में, नयी-नयी अनार्य-जातियाँ सन्निविष्ट होती गयीं और अपने कर्म तथा अपनी सभ्यता के विकास-स्तर के अनुरूप, शूद्र श्रेणी के अन्तर्गत ऊँचा या नीचा स्थान प्राप्त करती रहीं। इससे शूद्र वर्ण और भी दृढ़, पुष्ट और सुविस्तृत होता गया।

डॉ. चाटुर्ज्या के शब्दों में :

"जो अनार्य लोग जंगल में शिकार या और कोई क्रूर कर्म करते थे या आटविक प्रदेश अर्थात् जंगली देहात (शायद पुरानी अनार्य पद्धति से अर्थात् हल जोते बिना) कृषि करते थे, अथवा नये आर्यानार्य समाज में केवल दैहिक श्रम या हर तरह के नीच काम करते थे, उनके लिए वह मर्यादा नहीं मिली, वे खास करके अशुचि वृत्तियों के कारण बाद में अछूतों के पर्याय में गिरा दिये गये।

ऐसी परिस्थिति में जातीयता के गुणों पर विश्वासी और अपने आर्य-प्रभुता पर तथा आर्य-जाति के गौरवर्ण दैहिक सौन्दर्य पर अभिमान रखनेवाले कुछ आर्यों के लिए अपनी रक्त-विषयक विशुद्धि के संरक्षण में सचेष्ट रहना और आर्यों के अनार्यों से सम्मिश्रण के सम्बन्ध में विरुद्ध मतपोषण करना स्वाभाविक ही था। यह मनोभाव दक्षिण अफ्रीका के श्वेतकाय डच और अंग्रेज़ अधिवासियों के Apartheid या 'पृथक्करण' मनोभाव से विभिन्न नहीं है। पर भारत में कार्यतः Apartheid चालू हो नहीं पाया।"

यदि शूद्र वर्ण के अन्तर्गत कुछ श्रेणियों की ऐसी दशा थी तो प्रश्न यह है कि आर्यों का रक्त-सम्मिश्रण किस प्रकार के शूद्रों या दासों से हुआ?

मैं पहले ही बता चुका हूँ कि आर्यों को दास सरदारों की सहायता मिली थी अन्य आर्यजनों या आर्य कबीलों के पारस्परिक युद्ध में। तो ऐसी स्थिति में दासों या शूद्रों के मुखियाओं या अधिकतर तत्त्वों से आर्यों का रक्त-मिश्रण हुआ, जैसा कि उग्रा विश्वामित्र शुनःशेष के इतिहास से सूचित होता है। इस सम्बन्ध में डॉ. सुनीतिकुमार चाटुर्ज्या का निम्नलिखित अवतरण अधिक प्रकाश डालता है :

"समृद्ध वित्तशाली शूद्र और शिल्प कर्म करनेवाले शूद्र, साधारण तथा आर्यभाषी होने के साथ ही साथ, साधारण कृषिजीवी आर्य वैश्यों से मिलित हो सके ऐसा अनुमान होता है।"

जो भी हो यह सच है कि चातुर्वण्य वर्ण-व्यवस्था का पूर्ण विकास होने के पहले ही रक्त-सम्मिश्रण होने लगा था।

श्री के.एम. पणिक्कर लिखते हैं :

"वर्ण-व्यवस्था का सभारम्भ होने से पहले विभिन्न नस्लों का काफ़ी रक्त-सम्मिश्रण हो चुका था।" (भारतीय इतिहास का सर्वेक्षण, पृष्ठ 10, दूसरा पैराग्राफ़, प्रथम तथा द्वितीय पंक्ति)

यह किस तरह हुआ?

डॉ. जगदीश चन्द्र जैन कहते हैं :

"पराजित सिन्धवासियों की नारियों से (अर्थात् दास या शूद्र स्त्रियों से—मुक्तिबोध) आर्यों ने सन्तानोत्पत्ति की, जिसके फलस्वरूप कक्षीवान, औशिज कण्व, वत्स, कवष, ऐलूष आदि अनेक प्रमुख आर्य ऋषियों का जन्म हुआ। उधर सिन्धवासी

पुरोहितों ने आर्य विजेताओं का धर्म अंगीकार कर लिया। इससे वैदिक संस्कृति में अनेक आर्येतर देवताओं का समावेश हो गया।'' (भारतीय तत्त्व चिन्तन, पृष्ठ 27 दूसरा पैराग्राफ़, प्रथम पाँच पंक्तियाँ)

डॉ. राधाकुमुद मुकर्जी कहते हैं :

''अन्तर्विवाह या मैत्री-सम्बन्ध के फलस्वरूप आर्यों और अनार्यों के बीच में अनिवार्यतः एक प्रकार का मिश्रण भी हो रहा था।'' (हिन्दू सभ्यता, भारत में आर्य, ऋग्वेदीय सभ्यता, पृष्ठ 73 ऊपर से चौथी, पाँचवीं, छठी पंक्ति)

श्री जयचन्द्र विद्यालंकार अपनी पुस्तक 'भारतीय कृष्टि का क ख' के पृष्ठ 72 पर लिखते हैं :

''आर्यों और अनार्यों के बीच सम्बन्ध वैदिक काल में भले ही बुरे माने जाते, तो भी होते रहते थे। अनुश्रुति में राक्षसों और निषादों आदि के साथ आर्यों के सम्बन्ध होने के बहुत दृष्टान्त हैं।

विवाह-संस्था स्थिर हो जाने के बाद भी, उत्तर-वैदिक काल में 'रामा' अर्थात् रखैल रूप में अनार्य स्त्रियों को रखने का काफी चलन रहा; यहाँ तक कि वे 'रमण के लिए' रखी जानेवाली स्त्रियाँ चूँकि कृष्णजातीय होतीं इससे राम का अर्थ भी काला हो गया। (निरुक्त 13.12.2)। (दूसरे पैराग्राफ़ की अन्तिम चार पंक्तियाँ और तीसरा पैराग्राफ़ पूरा का पूरा)

इस प्रकार के वर्णसंकरत्व का एक नहीं अनेक उदाहरण हैं। आगे चलकर महर्षि कृष्ण द्वैपायन वेदव्यास, जिन्होंने वेदों को व्यवस्थित करके उनका सम्पादन किया था, (लूनिया जी के शब्दों में) ''आर्य ऋषि के कृष्ण वर्ण केवट स्त्री से उत्पन्न अवैधज पुत्र थे।'' (भारतीय सभ्यता तथा संस्कृति का विकास, पृष्ठ 58, अन्तिम पैराग्राफ़ की कुछ पंक्तियाँ)

उन्हीं के सम्बन्ध में डॉ. सुनीतिकुमार चाटुर्ज्या ने इस प्रकार कहा है :

''हिन्दू संसार के लिए इन्होंने वेद, पुराण और महाभारत भेंट-स्वरूप रख दिये। ऐसे महान् संगठक स्वयं मिश्र जाति के थे। वेदव्यास के पिता पाराशर ब्राह्मण या आर्य थे, किन्तु इनकी माँ सत्यवती या मत्स्यगन्धा, एक अनार्य दास राज, जिनकी वृत्ति थी मछली मारना, उनकी बेटी थी। वेदव्यास ऐसे महान् व्यक्ति के जन्म के सम्बन्ध में ऐसी बात जिनको अच्छी नहीं लगी, उन्होंने खास महाभारत में एक अजीब कहानी लगा दी है कि दरअसल वेदव्यास की माँ दास-कन्या नहीं थी; मत्स्यगन्धा वसु उपरिचर की पुत्री थी, जिसका जन्म एक मछली के गर्भ में हुआ था।

ऐसे सुधिओं को, दास-कन्या होने से मत्स्य-कन्या होना और भी अभिजात और काम्य लगा। पर, द्वैपायन व्यास का देह-वर्ण, गौर आर्य-वर्ण नहीं था, वह था दासों का कृष्ण वर्ण। जो कुछ हो, यह तो प्रत्यक्ष अनुलोम रक्त-मिश्रण का एक ज्वलन्त उदाहरण है।

डॉ. सुनीतिकुमार चाटुर्ज्या भगवान श्रीकृष्ण के सम्बन्ध में कहते हैं :

दूसरा ऐसा महत्त्वपूर्ण उदाहरण श्रीकृष्ण के सम्बन्ध में है। कृष्ण के पिता वसुदेव यदुकुल के वृष्णिवंश के क्षत्रिय थे, पर उनकी माता देवकी असुर कन्या थी—असुर से मतलब किसी अनार्य (सम्भवतः द्राविड़) जाति का है। श्रीकृष्ण ने आर्य और अनार्य संहति में कुछ विशेष महत्त्वपूर्ण देन दी थी—जिनका विचार आगे जाकर करूँगा। आर्य और अनार्यों के धर्म और दर्शन, देवार्चन और समाज—इन सबों के कुछ मामलों में कृष्ण ने एक सार्थक, सफल और चिरस्थायी संयोग किया था। श्रीकृष्ण ईश्वर के अवतार गिने जाते हैं; परन्तु वेदव्यास की भाँति श्रीकृष्ण का गात्रवर्ण काला ही था।

इसका परिणाम क्या हुआ? एक तो आर्य शब्द जातिवाचक न रहकर गुणवाचक हो गया। डॉ. चाटुर्ज्या कहते हैं :

"जाति-मिश्रण के कारण काले ब्राह्मण और गोरे शूद्र भी मिलते थे। सांस्कृतिक वातावरण भी मिश्र सभ्यता में एक ही हो गया। प्रबल अनार्य जनों का प्रभाव सबने मान लिया।" (भारत में आर्य और अनार्य, पृष्ठ 47, दूसरे पैराग्राफ़ की अन्तिम चार पंक्तियाँ)

डॉ. चाटुर्ज्या कहते हैं, "बृहदारण्यक उपनिषद् में कहा गया है कि ब्राह्मणों में तीन प्रकार के गात्र वर्ण मिलते थे—शुक्ल, कपिल और कृष्ण, और इनमें कृष्ण वर्ण ब्राह्मण सबसे बुद्धिमान था जहाँ शुक्ल वर्ण ब्राह्मण केवल एक वेद सीखता था और कपिल ब्राह्मण दो, कृष्ण वर्ण ब्राह्मण तीन वेदों का अध्ययन करता था।"

इसका परिणाम क्या हुआ? एक तो यह कि "जाति-मिश्रण के साथ ही, देह-वर्ण का विचार बहुशः निरर्थक हो गया—जातिभेद या वर्णभेद का एक नया आदर्श या मनोभाव आ गया, जिसमें वैदिक आर्य-नस्ल और आर्य चेहरे तथा अनार्य नस्ल और अनार्य चेहरे से सम्पर्कित Racialistic Basis of Caste अर्थात् जातिदम्भ पर जातिभेद का आधार बिलकुल मिट गया, या लुप्त हो गया।" (डॉ. सुनीतिकुमार चाटुर्ज्या, भारत में आर्य और अनार्य, पृष्ठ 48, दूसरे पैराग्राफ़ के मध्य भाग में)

किन्तु, ऊपर लिखी प्रक्रिया को और भी तीव्र करने में सहायक हुए अनुलोम और प्रतिलोम विवाह।

सच पूछा जाये तो रक्त-सम्मिश्रण ऋग्वेद काल में बहुत पहले से चलता आ रहा था। यह रक्त-मिश्रण निम्न अथवा अनार्य यानी दास अथवा शूद्र जातियों से लगातार होता जा रहा था। इस वास्तविक तथ्य को देखते हुए ही आगे चलकर अनुलोम तथा प्रतिलोम विवाह का विधान हुआ।

कृष्ण के सम्बन्ध में डॉ. सुनीतिकुमार चाटुर्ज्या स्वयं बता ही चुके हैं। उन्होंने यह भी कहा कि वेदव्यास अनुलोम विवाह से उत्पन्न रक्त-मिश्रण के फल हैं।

यह सही है कि प्रतिलोम विवाह और अनुलोम विवाह अच्छे नहीं माने जाते। फिर भी प्रतिलोम विवाह निकृष्ट था, क्योंकि उच्च वर्ण की लड़की निम्न वर्ण के घर

जाती। इसके विपरीत, अनुलोम विवाह प्रतिलोम से अच्छा था, क्योंकि निम्नतर वर्ण की लड़की उच्चतर वर्ण के पास जाती। संक्षेप में, जाति-मिश्रण, रक्त-मिश्रण, अर्थात् वर्णसंकरत्व अधिकाधिक बढ़ता गया। इस प्रकार के विवाहों से उत्पन्न अनेक संकर जातियाँ बनती गयीं।

प्रिंसिपल लूनिया के शब्दों में "वर्ण तथा जाति-भेद का यह सिद्धान्त कृष्ण वर्ण लोगों को बहिष्कृत कर उन्हें निम्न स्तर पर कर देना पूर्ण रूप से फलीभूत नहीं हुआ। यह प्रमाणित करने के लिए पर्याप्त प्रमाण हैं कि जातियाँ परस्पर घुल-मिल गयीं।" (भारतीय सभ्यता तथा संस्कृति का इतिहास : तीसरा पैराग्राफ़, पृष्ठ 58)

प्रिंसिपल लूनिया उसी पुस्तक के पृष्ठ 59 पर कहते हैं :

"जाति-व्यवस्था के बनने के पूर्व ही आर्यों और अनार्यों के रुधिर का पर्याप्त मात्रा में सम्मिश्रण हो चुका था। यद्यपि जातिगत विशिष्टता आर्यों के लिए सैद्धान्तिक रूप में बनी रही फिर भी वैदिक मन्त्रों के गोपनीय रहस्यों की दीक्षा ही द्विजों और अद्विजों की कसौटी हो गयी और कालान्तर में आर्यत्व की भावना वर्ण अथवा रंग में न रहकर सामाजिक स्थिति व संस्कृति के रूप में आ गयी।

(पुस्तक वही, पुष्ठ 59)

इसीलिये श्री के.एम. पणिक्कर ने कहा :

"वर्ण-व्यवस्था उत्पन्न होने के पहले ही विभिन्न नस्लों का काफ़ी रक्त-सम्मिश्रण हो चुका था।" (भारतीय इतिहास का सर्वेक्षण, पृष्ठ 10 दूसरा पैराग्राफ़)

श्री के.एम. पणिक्कर तथा अन्य विद्वान् इस बात से सहमत हैं कि :

"आर्यों की दस्युओं पर विजय होने के बाद ही वैदिक देवताओं की इतिश्री हो गयी, उनका बड़प्पन मिट गया, और वे मनोमुग्धकारी विशद पौराणिक कथाओं के छोटे पात्रों के रूप में फिर प्रकट हुए।" (भारतीय इतिहास का सर्वेक्षण, पृष्ठ संख्या 7, ऊपर के पैराग्राफ़ की अन्तिम तीन पंक्तियाँ)

इसके आगे वे कहते हैं :

"पशु चरानेवाली आर्य जाति और आर्यों तथा आर्य-पूर्व जाति के सम्मिश्रण से प्रादुर्भूत हिन्दू सभ्यता के बीच की खाई का स्पष्ट चित्रांकन वैदिक देवताओं की 'मृत्यु' से बढ़कर और कोई चीज़ नहीं करती है।" (पुस्तक वही, पृष्ठ संख्या 7, दूसरे पैराग्राफ़ की प्रारम्भिक पंक्तियाँ)

अर्थात् हिन्दू सभ्यता आर्यों तथा आर्यपूर्व जाति के सम्मिश्रण से प्रादुर्भूत है (मैंने पणिक्कर के ही शब्दों का प्रयोग किया है)

यही क्यों? श्री पणिक्कर यह भी कहते हैं :

"पंजाब से एक सभ्यता का प्रवाह हुआ जो आगे बढ़कर बाहरी क्षेत्रों में फैल गया। इस सभ्यता का विकास हो चुका था और वह आर्य नाम से पुकारी जाने लगी थी, किन्तु मुख्यतः वह पराजित जाति की सभ्यता थी।

इस तथ्य का सबसे ज्वलंत प्रमाण यह है कि वेदोत्तरकालीन सभ्यता में आर्यों के देवता धीरे-धीरे विलुप्त हो जाते हैं।''

(भारतीय इतिहास का सर्वेक्षण, पृष्ठ 6, चौथे नये पैराग्राफ़ की अन्तिम पंक्तियाँ और अगले पैराग्राफ़ की पहली दो पंक्तियाँ)

इसी के स्वर में स्वर मिलाकर प्रिंसिपल लूनिया कहते हैं :

''आर्यों एवं अनार्यों के हेल-मेल से नवीन हिन्दू संस्कृति का अभ्युदय हुआ, जिसमें अनार्यों की सभ्यता एवं संस्कृति के चिह्न हैं—इस कथन की पुष्टि के लिए दूसरा सबसे बड़ा प्रमाण यह है कि उत्तर-वैदिक सभ्यता के युग में आर्य-देवतागण धीरे-धीरे विलुप्त हो जाते हैं।''

(भारतीय सभ्यता तथा संस्कृति का विकास, पृष्ठ 57, दूसरे पैराग्राफ़ की चार पंक्तियाँ)

उसी के आगे प्रिंसिपल लूनिया कहते हैं :

''ज्यों ही आर्यों ने अनार्यों या दस्युओं पर विजयश्री प्राप्त की, वैदिक देवताओं का अवसान हो गया और जब बाद में शक्तिहीन देवताओं के लिए कोई छोटे-छोटे यज्ञ किये जाने लगे तब उनका पुनर्जन्म हुआ। उन्हीं प्राचीन यन्त्रों की पुनरुक्ति कर उनका उच्चारण उन देवताओं के लिए किया जाने लगा जिनकी पूजा अब नहीं होती थी।'' (भारतीय सभ्यता तथा संस्कृति का विकास, पृष्ठ 57)

इस उत्तर-वैदिक काल परवर्ती वैदिक काल को श्री के.एम. पणिक्कर 'नण्य आर्य समाज' कहते हैं, आर्यों तथा आर्येतरों के मिश्रण से उत्पन्न हुआ। इस मिश्रण में रक्त-मिश्रण भी शामिल था। पुराने देवता धीरे-धीरे विलुप्त होते गये, नये देवता आते गये। इस समय उपनिषद् ब्राह्मण आरण्यक बने छह दर्शनों का विकास हुआ, सूत्रग्रन्थ बने। इसीलिये श्री पणिक्कर कहते हैं :

''इसी काल में वैदिक आर्यों के धर्म से अलग हिन्दू धर्म का आविर्भाव केवल अस्पष्ट और उच्चतर दार्शनिक पिपासा या जिज्ञासा के रूप में नहीं प्रत्युत एक मत और सिद्धान्त की क्रमबद्ध पद्धति के रूप में हुआ।''

(भारतीय इतिहास का सर्वेक्षण, पृष्ठ 11, दूसरे पैराग्राफ़ की तीसरी पंक्ति से लेकर पाँचवीं पंक्ति तक)

यह नहीं, वरन्

''परिवर्ती वैदिक काल में हिन्दू धर्म के केवल सैद्धान्तिक पक्ष की स्थापना ही के दर्शन नहीं होते प्रत्युत यह भी दिखाई देता है कि इस काल में हिन्दू जीवन की दृढ़ सामाजिक नींव भी डाली गयी थी।''

(पणिक्कर, भारतीय इतिहास का सर्वेक्षण, पृष्ठ 11 अन्तिम पैराग्राफ़)

चातुर्वण्य बन गया और एक जाति की अनेक उपजातियाँ निकल आयीं। इसको स्पष्ट करते हुए डॉ. राधाकुमुद मुकर्जी कहते हैं :

"इस युग में जाति-पाँति के भेदों का पूरा-पूरा विकास पाया जाता है, जिसकी तह में विभिन्न पक्षों की संख्या वृद्धि और अनेकरूपता पायी जाती है, जो व्यवस्थित रूप से जीवन के साथ प्रायः देखी जाती है। आदिवासियों के साथ सम्पर्क का यह परिणाम था और इसके साथ रक्त की शुद्धि और वर्ण-विभेद के अनेक जटिल प्रश्न भी उत्पन्न हो गये थे।"

(हिन्दू सभ्यता, पृष्ठ 95, तीसरे पैराग्राफ़ की अन्तिम पाँच पंक्तियाँ)

इसी बात को प्रिंसिपल लूनिया यों कहते हैं :

"उत्तर-वैदिक काल में सामाजिक स्तर स्पष्ट हो चले थे। और वर्णव्यवस्था अपने नियत वर्ग-आकार और वर्ग और वर्ग-संघर्ष की ओर द्रुत गति से बढ़ चली थी।"

(भारतीय सभ्यता तथा संस्कृति का विकास, पृष्ठ 64, चातुर्वर्ण्य व्यवस्था अथवा जाति-प्रथा उपशीर्षक के अन्तर्गत आठवीं, नवीं, दसवीं पंक्ति)

इसके अतिरिक्त, वे अगले पृष्ठ पर कहते हैं :

"ऊपर वर्णित वर्णव्यवस्था का निम्नतम स्तर उन 'शूद्रों' से बना था जो विजित वर्ग के दास थे और जिनका कर्म ऊपर के तीन वर्णों की सेवा करना था। शूद्रों की स्थिति अत्यधिक दीनतापूर्ण थी। वही ग्रन्थ जो वैश्यों की स्थिति का वर्णन करता है शूद्रों के विषय में इस प्रकार कहता है, "वह (शूद्र) अन्य व्यक्तियों का सेवक है, जिसका इच्छानुसार निष्कासन तथा वध किया जा सकता है।"

किन्तु, इसके विपरीत यह भी प्रवृत्ति विराजमान थी कि शूद्रों का भी कल्याण होता जाये। इसलिए प्रिंसिपल लूनिया के शब्दों में,

"फिर भी, प्रायः उसकी गणना वैश्य वर्ग के अन्तर्गत की जाती थी और ये दोनों मिलकर पुरोहित और सामन्त का विरोध करते थे। शूद्र के जीवित रहने और प्रगति करने का अधिकार क्रमशः स्वीकार किया जा चुका था, एवं उसके ऐश्वर्य के लिए आराधना की जाती थी। आर्यों की सामाजिक व्यवस्था में अनेकों नवीन आदिम जातियों के प्रवेश करने से शूद्रों का वर्ग निरन्तर बढ़ता ही रहा।"

(पृष्ठ 65, का अन्तिम पैराग्राफ़ पृष्ठ 66 के सबसे ऊपर के पैराग्राफ़ की कुछ शुरू की और कुछ आख़िर की पंक्तियाँ, पुस्तक वही)

किन्तु इस 'नण्य आर्यसमाज के बाहर अनेक अनार्य आदिम जातियाँ थीं जो बहुत शक्तिशाली थीं।

इधर अन्य परिवर्तन भी होते चले गये। प्रिंसिपल लूनिया कहते हैं :

"ऋग्वेदकालीन अनेक जातियाँ (अर्थात–जन–मुक्तिबोध) लुप्त हो गयीं। भरत और पुरु जातियों का स्थान कुरु, पांचाल और काशी ने ले लिया।"

(पुस्तक वही, पृष्ठ 61, अन्तिम पैराग्राफ़, पाँचवीं पंक्ति से लेकर आठवीं पंक्ति तक)

किन्तु, भारत का राजनीतिक-सांस्कृतिक केन्द्र क्रमशः पश्चिम से पूर्व की ओर हटता चला गया।

डॉ. राधाकुमुद मुकर्जी कहते हैं :

पश्चिम के देश पीछे पड़ते गये और कुरु-पांचालों की अपेक्षा पूर्व के जनपदों जैसे कौशल (अवध), विदेह (उत्तरी बिहार), मगध (दक्षिणी बिहार) और अंग (पूर्वी बिहार) का महत्त्व बढ़ता गया।''

(हिन्दू सभ्यता, पृष्ठ 93, ऊपर से दूसरी से लेकर चौथी पंक्ति तक)

डॉ. राधाकुमुद मुकर्जी आगे कहते हैं :

''आर्य-सभ्यता के क्षेत्र से बाहर मगध का प्रदेश था''

(मगध तथा अंग उपशीर्षक के अन्तर्गत पहली पंक्ति, पृष्ठ 94, पुस्तक वही)

फलतः 'नण्य आर्य समाज' के आर्यों में, सुदूर पूर्व के इन क्षेत्रों के प्रति विद्वेष का भाव था। डॉ. राधाकुमुद मुकर्जी पृष्ठ 94 के, 'मगध और अंग उपशीर्षक के अन्तर्गत अन्तिम तीन पंक्तियों तथा अगले पृष्ठ 95 पर कहते हैं :

''अथर्ववेद में इस विद्वेष का उल्लेख और भी स्पष्टता से हुआ है, जहाँ कहा गया है कि तकमा या विषम ज्वर उत्तर में गांधारि बल्हिक और मूजवन्त देश में और पूर्व में अंग और मगध में चला जाय (5/22/7, 14) इस अरुचि का कारण यह था कि इन प्रदेशों में ब्राह्मण धर्म का प्रभाव अधूरा था। यहाँ आदिम निवासियों की बस्ती थी और पीछे वहाँ बौद्ध धर्म का प्रचार हुआ, जो वर्ण धर्म को स्वीकार न करता था। अथर्ववेद में मगध के निवासियों को व्रात्य कहा गया है (15.2.1) जो अन्त्यज और फिरन्दर समझे जाते थे एवं एक प्रकार की प्राकृत बोली बोलते थे।

इस पर टिप्पणी करते हुए उसी पैराग्राफ़ में डॉ. राधाकुमुद मुकर्जी कहते हैं :

''उन्हें अनार्य न कहकर ब्राह्मण धर्म में अस्नात कहना ही ठीक होगा।''

श्री के.एम. पणिक्कर अपनी पुस्तक 'भारतीय इतिहास का सर्वेक्षण' के पृष्ठ 13 पर लिखते हैं :

''इन चार वर्णों की परिभाषा सैद्धान्तिक रूप से भले ही स्पष्ट थी, किन्तु व्यावहारिक रूप में वैसी नहीं थी। अनार्यों की श्रेणी में मिलाने के लिए वैदिक अनुमोदन उपलक्ष्य था और इसका प्रमाण जहाँ-तहाँ मिलता है। व्रात्य-स्तोम ने सामवेद में अनार्यों को दीक्षित करने की प्रक्रिया का उल्लेख किया है। उन बहुत सी आदिम जातियों को आर्यों की श्रेणी में मिलाने के उदाहरण भी उपलब्ध होते हैं जो बाद में 'व्रात्य' क्षत्रिय के नाम से दीक्षित हुए।''

(दूसरा पैराग्राफ़, पहली छह पंक्तियाँ)

डॉ. सत्यकेतु विद्यालंकार कहते हैं :

आर्यों और दासों में परस्पर सामाजिक सम्बन्ध का सर्वथा अभाव हो, यह बात नहीं थी। प्राच्य भारत में जहाँ आर्यों की अपेक्षा आर्य भिन्न जातियों के लोग अधिक

संख्या में थे, उनमें परस्पर विवाह-सम्बन्ध होता रहता था इन प्रदेशों में ऐसे लोगों की संख्या निरन्तर बढ़ती गयी, जो शुद्ध आर्य या दास न होकर वर्णसंकर थे। ऐसे वर्णसंकर लोगों को ही सम्भवतः व्रात्य कहा जाता था। अथर्ववेद में व्रात्य जातियों का अनेक स्थानों पर उल्लेख हुआ है। बाद में व्रात्य-स्तोम यज्ञ का विधान कर इन व्रात्यों को आर्य जाति में सम्मिलित करने की भी व्यवस्था की गयी थी।''

(भारतीय संस्कृति और उसका इतिहास, पृष्ठ 101 पहले पैराग्राफ़ की चौदहवीं से इक्कीसवीं पंक्ति तक)

किन्तु, इसमें सन्देह नहीं कि सारे के सारे व्रात्यों ने ब्राह्मण धर्म को स्वीकार नहीं किया, व्रात्य-स्तोम यज्ञ के बावजूद क्यों नहीं किया, इसका उत्तर हम आगे चलकर देंगे। इतना स्पष्ट हो जाना चाहिए कि ये जातियाँ आदिम थीं, किन्तु उनमें आर्यरक्त विद्यमान था, अर्थात् वे वर्णसंकर थीं, साथ ही उनमें से कुछ ने आर्य-धर्म ब्राह्मण धर्म स्वीकार कर लिया था, किन्तु बहुतों ने नहीं, जैसा कि प्रिंसिपल लूनिया के इस अभिवचन से जाना जा सकता है। वे कहते हैं :

''व्यवस्थित जाति-क्रम के बाहर लोगों के दो प्रमुख वर्ग थे जो 'व्रात्य' और 'निषद' कहे जाते थे। 'व्रात्य' लोग सम्भवतः ब्राह्मण धर्म की सीमा के बाहर थे। वे ब्राह्मण धर्म के नियमों का पालन नहीं करते थे। वे प्राकृत भाषा बोलते थे और घुमक्कड़ों-सा जीवन व्यतीत करते थे। ऐसा प्रतीत होता है कि मगधवासियों से उनका कोई घनिष्ठ सम्पर्क था तथा शैव एवं अर्हत् सम्प्रदायों से उसका विशिष्ट सम्बन्ध था। कुछ स्वीकृत संस्कारों को करने के पश्चात् वे ब्राह्मण समुदाय के सदस्य हो सकते थे।''

(लूनिया, भारतीय सभ्यता तथा संस्कृति का विकास, पृष्ठ 66, दूसरा पैराग्राफ़, पहली छह पंक्तियाँ)

प्रश्न यह है कि जब वे ब्राह्मण धर्म में दीक्षित हो सकते थे, तो फिर उन्होंने सम्पूर्णता अपने को उसमें विलीन क्यों नहीं किया?

इस प्रश्न के उत्तर के लिए हमें तत्कालीन धार्मिक तथा सामाजिक स्थिति पर ध्यान देना होगा।

धार्मिक क्षेत्र में (1) सबसे पहले जो प्रवृत्ति हमारे सामने आती है, वह है यज्ञ योगादि कर्मकांडों की, उनकी जटिलता थी उनके नियमों की, ''यज्ञों और उनसे सम्बद्ध प्रत्येक क्रिया रहस्यमय तथा अव्यक्त शक्तियों से अनुप्राणित मानी जाने लगी।'' (लूनिया, पुस्तक वही, पृष्ठ 70, अन्तिम पैराग्राफ़) उसी प्रकार, ''ऐसा विश्वास हो गया कि यजमान का कल्याण यज्ञ की प्रत्येक क्रिया को विश्वासपूर्वक करने में था। यज्ञ के पेचीदा जटिल अनुष्ठानों में से एक भी उल्लंघन अत्यन्त अभाग्य का कारण माना जाता था।'' (लूनिया पृष्ठ वही, पैराग्राफ़ वही)

निःसन्देह इस प्रकार का कष्ट-साध्य, क्रिया कांडात्मक यज्ञ-मार्ग भारतीय आध्यात्मिक ऋचाओं को शान्त नहीं कर सकता था। इन यज्ञ-यागों से पुरोहितों की

भी शक्ति बढ़ गयी थी, और वे जटिल कर्मकांडों द्वारा प्रबुद्ध आर्यजनों की आध्यात्मिक तृषा का शमन नहीं कर सकते थे।

परिणामतः (2) स्वतन्त्र तत्त्व चिन्तन की एक लहर उठी। यह एक महान् घटना है। इससे हमारे यहाँ उपनिषदों का और साथ ही विभिन्न दर्शनों का विकास हुआ। भारतीय बुद्धि और आत्मा नयी आध्यात्मिक ऊँचाइयों को छूने लगीं। अनेक आस्तिक-नास्तिक दर्शन बने, अनेक आरण्यक उपनिषद् बने। सृष्टि, सृजन, ब्रह्म, कर्म और आत्मा, मोक्ष, पुनर्जन्म आदि पर गहन चिन्तन और मनोमंथन होने लगा।

संक्षेप में, जिस पुरोहितवाद और यज्ञ-प्रधान ब्राह्मण-धर्म के विरुद्ध, प्रतिक्रियाओं का एक ताँता बँध गया। उस यज्ञ-प्रधान ब्राह्मण धर्म का विरोध करने में कोई एक क़दम आगे गया, कोई दस क़दम।

आरण्यक और उपनिषदों के बहुत से ऋषि वास्तविक आध्यात्मिक अनुभूति और वास्तविक आध्यात्मिक जीवन पर बल देने लगे। उधर गीता ने मनुष्य मात्र को ईश्वर-भक्ति, निष्काम कर्म और स्वधर्म पालन का सन्देश दिया। गीता ने याज्ञिक अनुष्ठानों का विरोध नहीं किया, किन्तु उन्हें एक नयी रौशनी में देखा। इस प्रकार, प्राचीन परम्परा और वैदिक मर्यादा का पालन करते हुए भी, गीता ने मनुष्य मात्र को एक नया सन्देश दिया।

प्रिंसिपल लूनिया कहते हैं :

गीता में पहली बार स्त्री और पुरुष, ऊँच और नीच, द्विज और शूद्र, आर्य और अनार्य सभी को मोक्ष का अधिकारी समझा।'' लूनिया आगे कहते हैं :

''इस प्रकार गीता में प्रतिपादित धर्म किसी विशिष्ट देवता की उपासना या भक्ति नहीं, अपितु वह सार्वभौम धर्म था, जो जाति देश, सम्प्रदाय आदि के बन्धनों से बहुत ऊपर उठा था।''

(लूनिया, पृष्ठ 82, दूसरा पैराग्राफ़ भारतीय सभ्यता तथा संस्कृति का विकास)

पहले सात्वतों में प्रचलित यह भावगत धर्म बौद्ध युग के अनन्तर, सारे भारत का प्रधान धर्म हो गया। किन्तु बौद्ध-जैन युग के पूर्व उसका प्रचार, मुख्यतः, पश्चिमी भारत में था।

उधर, भारतीय संस्कृति के प्रधान केन्द्र लगातार पूर्व की ओर बढ़ते जा रहे थे, जहाँ व्रात्य तथा अनार्य जातियाँ प्रधान थीं। साथ ही, कई अनार्य जातियाँ वर्णव्यवस्था में आ मिली थीं। ऐसी स्थिति में स्वतन्त्र चिन्तन की जो व्यापक लहर पैदा हुई थी उसमें वैदिक मर्यादा का विरोध के भी चिह्न दिखाई देने लगे थे।

प्रिंसिपल लूनिया कहते हैं :

''उत्तर वैदिक युग की पूर्ण समाप्ति के पूर्व की एक अन्य धार्मिक विचारधारा प्रस्फुटित हुई थी, जिसमें जीवन से वैराग्य और तप का आदर्श था।...तपस्वी वह व्यक्ति होता था जो प्रलोभनकारी सांसारिक जीवन का परित्याग कर वन की निर्जनता

में जीवन की आध्यात्मिक समस्याओं पर अनन्य निष्ठा और एकाग्रता के साथ, गहन मनन के हेतु निवास करता था। जाति-प्रथा की उपेक्षा करते हुए, वह आत्मा के पुनर्जन्म और कर्म में विश्वास करता था।'' (लूनिया, भारतीय सभ्यता तथा संस्कृति का विकास, पृष्ठ 78, दूसरा पैराग्राफ़) इसी पैराग्राफ़ की तीसरी-चौथी पंक्ति में कहा गया है :

''...तप और ब्रह्मचर्य पर खूब ज़ोर दिया गया और संन्यास जीवन अति गौरव पूर्ण माना गया।''

संक्षेप में, वह तपो-धर्म, भिक्षु-धर्म, परिव्राजक धर्म था। और, उससे सामान्य जनता पर प्रभाव भी खूब पड़ता था।

तपस्या और वैराग्य को ब्राह्मण धर्म में भी स्थान मिला है और इन दो तत्त्वों के महत्त्व का प्रतिपादन किया गया है। इस प्रकार से यह कहा जा सकता है कि यह भिक्षु-धर्म ब्राह्मण धर्म की ही शाखा है।

किन्तु ऐसे भी परिव्राजक थे जो ब्राह्मण धर्म या वैदिक मर्यादाओं को महत्त्व न देते थे या उसका विरोध करते थे। डॉ. राधाकुमुद मुकर्जी कहते हैं :

''इन अबौद्ध या ब्राह्मण भिक्षुओं में भी मतभेद विरोध और नास्तिकता के चिह्न प्रकट होने लगे थे और उनमें ही जैन धर्म और बौद्ध धर्म का असली बीज खोजा जा सकता है। ब्राह्मण धर्म के परिव्राजक धार्मिक संस्कार के उत्तरदायित्व से युक्त थे क्योंकि उनका जीवन परिभ्रमणशील था, पर कहीं इस शिथिलता का दुरुपयोग न हो इसलिए वशिष्ठ ने (10/4) इस प्रकार की चेतावनी दी है, ''वह समय धार्मिक क्रियाओं का अनुष्ठान भले ही छोड़ दे किन्तु वेद का पारायण कभी न छोड़े'' इस प्रकार के प्रतिषेध का स्पष्ट अर्थ है कि जिन क्रियाओं का प्रतिषेध किया गया है वह उनके जीवन में रही होंगी और इस प्रकार की बातें ब्राह्मणेतर भिक्षुओं और विरोधियों में फैल रही थीं, जो जैन और बौद्ध विचार पद्धति के पूर्व चिह्न थे।''

(हिन्दू सभ्यता, पृष्ठ 217, दूसरा पैराग्राफ़)

उसी पैराग्राफ़ के प्रारम्भ में डॉ. मुकर्जी कहते हैं :

''ब्राह्मणों और श्रमणों के ऐसे समुदाय थे, जो बौद्ध न थे, दासों को अपने प्रविष्ट कर लेते थे, यद्यपि बौद्ध संघ का यह नियम था कि कोई भागा हुआ दास भिक्षु नहीं बनाया जा सकता था, अर्थात् केवल वही दास, जिसे उसके स्वामी ने आज्ञा दी हो या मुक्त कर दिया हो, संघ में प्रवेश पा सकता था (विनय, प्राची पु.मा. 1/199) शूद्र भी संघ में लिए जाते थे।''

(पुस्तक वही, पृष्ठ 217)

संक्षेप में इन परिव्राजकों, मुनियों, यतियों को दो भागों में बाँटा जा सकता है। एक वे जो ब्राह्मण धर्म की मर्यादाओं का पालन न करते हुए भी ब्राह्मण कहे जाते

थे। दूसरे वे जो निःसन्देह वैदिक मर्यादाओं के विरोधी थे। किन्तु दोनों तपस्या और सदाचरण को ही प्रधान मानते थे।

व्रात्यों का उल्लेख तो अथर्ववेद से ही शुरू हो जाता है। निःसन्देह ये वैदिक मर्यादा का पालन नहीं करते थे। डॉ. जगदीश चन्द्र जैन कहते हैं :

"अथर्ववेद में व्रात्यों का उल्लेख आता है। ये लोग वेदों का विरोध करते और इन्द्र को नहीं मानते थे। कृष्ण यजुर्वेद संहिता (6.2.5; 3.3.7) में उल्लेख है कि इन्द्र ने यतियों को मारकर उन्हें सालावृकों को दे दिया और वे यतियों का भक्षण कर गये। जान पड़ता है कि ये यति इन्द्र आदि वैदिक देवताओं में और वेद-विहित यज्ञयागों में विश्वास नहीं करते थे, तथा गृहस्थ धर्म को स्वीकार न कर संन्यास धर्म का उपदेश देते थे।"

ये व्रात्य ब्राह्मण धर्म के बाहर के लोग हैं, जो किसी भी तरह वैदिक धर्म मानने वालों से बुद्धि में कम नहीं थे। दूसरे, उन्हें पूर्वी भारत की अनार्य या वर्णसंकर जातियों का बल मिला। भारत का राजनैतिक सांस्कृतिक केन्द्र मगध की ओर पहुँच रहा था। वहाँ इन वर्णसंकर जातियों का प्रभुत्व था। डॉ. सत्यकेतु विद्यालंकार कहते हैं :

मगध, अवन्ति, अंग आदि जनपदों में आर्य अपनी रक्तशुद्धि का कायम रखने में समर्थ नहीं हुए थे। उन्होंने आर्य-भिन्न जातियों के साथ रक्त-सम्बन्ध स्थापित किये थे। उन्हें इस काल में व्रात्य और वर्णसंकर कहा गया। मनुस्मृति के अनुसार, भूर्णकंटक और आवन्त्य व्रात्य ब्राह्मणों की सन्तान थे और झल्ल, मल्ल व लिच्छवियों उत्पत्ति व्रात्य क्षत्रियों से हुई थी। कारुष और सात्वत व्रात्य वैश्यों की सन्तति थे। वैश्य और क्षत्रिय के सम्मिश्रण से मागध और वैश्य व ब्राह्मण के सम्मिश्रण से वैदेह लोगों का विकास हुआ था। मनु के इस मत में कोई सच्चाई हो या न हो, पर इस वैदिक पुनरुत्थान के युग के विचारक इस तथ्य को दृष्टि में ला रहे थे कि मागध, वैदेह, आवन्त्य लिच्छवि सात्वत आदि लोग शुद्ध आर्य नहीं हैं, पर समाज में उनका बड़ा महत्त्व है। उन्हें वे व्रात्य ब्राह्मण, व्रात्य क्षत्रिय, व्रात्य वैश्य व वर्णसंकर बनाकर चातुर्वर्ण्य के दायरे में शामिल करने का प्रयत्न कर रहे थे।"

(भारतीय संस्कृति और उसका इतिहास, पृष्ठ 295, पहला पैराग्राफ़)

डॉ. सत्यकेतु विद्यालंकार उसी पुस्तक के पृष्ठ 294 की दूसरी पंक्ति में कहते हैं :

"वज्जि, मल्ल, लिच्छवि आदि सब व्रात्य ही थे।"

जयचन्द्र विद्यालंकार अपनी पुस्तक 'भारतीय कृष्टि का क ख' में कहते हैं :

"वैदिक काल में ही मध्यदेश के पूरब और उत्तर-पश्चिम अनेक ऐसे जन या राज्य थे जो मध्यदेश के कुलीन ब्राह्मणों-क्षत्रियों के आचार का अनुसरण न करते थे। वे व्रात्य कहलाते। उनकी शिक्षा-दीक्षा की भाषा प्राकृत थी, वेशभूषा उनकी परिष्कृत

न थी। वे मध्यदेश के आर्योंवाले सब संस्कार न करते और ब्राह्मणों के बजाय अर्हतों सन्तों को मानते और चैत्यों अर्थात् समाधियों को पूजते।

जैनों की धारणा है कि जैन धर्म के प्रवर्तक वर्धमान महावीर से पहले 23 और तीर्थंकर हुए थे। जैनधर्म के मूल तत्त्वों का महावीर के पहले जिन अर्हतों ने प्रचार किया, वही तीर्थंकर थे। सन् 750 ई.पू. के लगभग अर्थात् ठीक उपनिषद् काल में पार्श्व नामक तीर्थंकर का होना निश्चित तथ्य प्रतीत होता है।''

इससे स्पष्ट है कि व्रात्यों में अर्हत पूजे जाते थे।

संक्षेप में, ये व्रात्य जो वर्णसंकर जातियों से अद्भुत थे, वे आगे चलकर महान् विचारकों को जन्म दे रहे थे या देनेवाले थे।

व्रात्यों के सम्बन्ध में प्रिंसिपल लूनिया लिखते हैं :

''व्यवस्थित जाति-क्रम के बाहर लोगों के दो प्रमुख वर्ग थे जो व्रात्य और निषद कहे जाते थे। 'व्रात्य' लोग सम्भवतः ब्राह्मण धर्म के बाहर थे। वे ब्राह्मण धर्म के नियमों का पालन नहीं करते थे। ऐसा प्रतीत होता है, वे प्राकृत भाषा बोलते थे और घुमक्कड़ों सा व्यतीत करते थे। ऐसा प्रतीत होता है, मगधवासियों से उनका कोई घनिष्ठ सम्पर्क था तथा शैव एवं 'अर्हत्' सम्प्रदायों से उनका विशिष्ट सम्बन्ध था। कुछ स्वीकृत संस्कारों को करने के पश्चात् वे ब्राह्मण समुदाय के सदस्य हो सकते थे।''

(भारतीय सभ्यता तथा संस्कृति का विकास, पृष्ठ 66, दूसरा पैराग्राफ़)

जब उपनिषद् काल में मत-मतान्तरों की बाढ़ आ गयी थी तब अनेक प्रकार की क्रिया-प्रतिक्रियाएँ उत्पन्न हो रही थीं। व्रात्यों द्वारा पूजित इन यतियों मुनियों परिव्राजकों ने उसमें भाग लिया, और उस प्रक्रिया को और आगे बढ़ाया।

डॉ. राधाकुमुद मुकर्जी कहते हैं :

''परिव्राजकों की विशेषता यह थी कि वे दार्शनिक चिन्तन और ज्ञान सम्बन्धी विचार-विनिमय से प्रेम करते थे।

(हिन्दू सभ्यता, पृष्ठ 210, दूसरा पैराग्राफ़)

संक्षेप में, वे केवल तपस्वी संन्यासी नहीं थे, वरन् वे महान् विचारक भी थे। डॉ. राधाकुमुद मुकर्जी आगे कहते हैं :

''ये वाद-विवाद परिव्राजकों द्वारा अपने मत का प्रचार करने के उत्साह के फल थे। प्रायः इनके परिणामस्वरूप उनके विभिन्न सम्प्रदायों और मतों में आदान-प्रदान और परिवर्तन होता रहता था।''

(हिन्दू सभ्यता, पृष्ठ 211, पहला पैराग्राफ़)

डॉ. मुकर्जी कहते हैं कि ''बौद्ध धर्म के उदय से पूर्व श्रमणों और ब्राह्मणों के छह दार्शनिक मतों या विद्वियों का उल्लेख और जैन ग्रन्थों में उनकी संख्या 363 है। डॉ. मुकर्जी ने (1) आजीवक (2) निगंठ (3) मुण्डसावक (4) जटिलक (5) परिव्राजक

(6) मगण्डिक (7) तेदण्डिक (बा) (8) अवरुद्धक (9) गोतमक (10) देवधम्मिका। विभिन्न समुदायों के भिक्षुओं का सामान्य नाम समण-ब्राह्मण था।

(देखिए डॉ. राधाकुमुद मुकर्जी, पुस्तक वही, पृ. 212)

"बौद्धेतर समुदायों में छह सबसे बड़े आचार्यों के नाम बौद्ध ग्रन्थों में मिलते हैं, जिनका इन दर्शनों के संस्थापकों के (तित्थकर) के रूप में इस प्रकार उल्लेख किया गया है : समण ब्राह्मण संधिनो गणितो गणाचरिया ञता यसस्सिनो नित्थकरा साधु सम्यता बहुजनस्स अर्थात् वे धार्मिक जीवन के नेता, संघों के नेता, गणों के नेता, गणों के आचार्य, सुविख्यात दर्शनों के यशस्वी संस्थापक और बहुसंख्य जनता की दृष्टि में अत्यन्त आदरणीय थे।"

(डॉ. राधाकुमुद मुकर्जी, पुस्तक वही, पृ. 213)

डॉ. जगदीश चन्द्र जैन कहते हैं :

"समाज की ऐसी विषम परिस्थिति में वेद, यज्ञ, वर्ण तथा जाति-विरोधी अनेक शोक सम्मत और यशस्वी तत्त्व चिन्तकों का जन्म हुआ जिनमें चार्वाक, अजित केशकंबल, प्रबुद्ध कात्यायन, मंखलि गोशाल और पूरण काश्यप सञ्जय बेलट्ठिपुत, बुद्ध और महावीर मुख्य हैं। इन दार्शनिकों का केन्द्ररूपक प्रायः मगध देश था जो ब्राह्मणों द्वारा बहिष्कृत माना जाता था। ये महानुभाव वैदिक परम्परा से बाहर जाकर अपने युग की समस्याओं को हल करना चाहते थे। वैदिक क्रियाकांड और उच्च वर्णत्व का विरोध करना इन विचारकों का मुख्य उद्देश्य था। मगध शनैः वेद-विरोधी धर्मों का केन्द्र बन रहा था।"

(भारतीय तत्त्व-चिन्तन, पृष्ठ 58, अन्तिम पैराग्राफ़ पूरा, और अगले पृष्ठ पर कुछ हिस्सा)

इसी के पाद टिप्पणी में लेखक कहता है : दीघनिकाय सामण्णफलसुत्त में पूरणकाश्यप, मंखलि गोशाल, अजित केशकंबल प्रक्रुद्ध कात्यायन, निगंठ नारपुत्त और सञ्जय बेलट्ठिपुत्त को संघस्वामी, गणाध्यक्ष, गणाचार्य ज्ञानी, यशस्वी, तीर्थंकर और लोकसम्मानित कहकर उनके मतों का प्ररूपण किया है।

अब हम वज्जियों, लिच्छवियों और ज्ञातृकों-शाक्यों आदि के बारे में निवेदन करेंगे। भगवान बुद्ध शाक्य गण में अवतरित हुए थे—भगवान महावीर ज्ञातृक गण में।

ये ज्ञातृक वज्जियों का ही एक भाग था। उसी प्रकार, बर्धमान माता की ओर से लिच्छवियों से सम्बन्धित थे। शाक्य, ज्ञातृक अर्थात् वज्जि, मल्ल, लिच्छवि आदि जातियाँ व्रात्य थीं, जैसाकि डॉ. राधाकुमुद मुकर्जी ने बताया है। शाक्यों की कुछ प्रथाएँ किरातों जैसी थीं। इसीलिये डॉ. सुनीतिकुमार चटर्जी ने उन्हें 'जाति मिश्रण का फल बताया।'

यही कारण है कि डॉ. सत्यकेतु को यह कहना पड़ा :

"उत्तरी बिहार के जिन गणराज्यों में इस धार्मिक सुधार का प्रारंभ हुआ, उनके निवासियों में आर्य-भिन्न जातियों के लोग बड़ी संख्या में विद्यमान थे। वहाँ के क्षत्रिय भी शुद्ध आर्य-रक्त के न होकर व्रात्य क्षत्रिय थे। सम्भवतः छठी सदी ई.पू. से पहले भी उनमें वैदिक मर्यादा का सर्वांश में पालन नहीं होना था। ज्ञातृक गण में उत्पन्न हुए वर्धमान महावीर ने जिस नये जैन धर्म का प्रारम्भ किया उससे पूर्व भी इस धर्म के अनेक तीर्थंकर व आचार्य हो चुके थे। इन जैन तीर्थंकरों के धर्म में न याज्ञिक अनुष्ठानों का स्थान था और न ही वेदों के प्रामाण्य का।"

(भारतीय संस्कृति का इतिहास, पृष्ठ 142, दूसरा पैराग्राफ़ का कुछ भाग)

मैंने भी जानबूझकर जैन तीर्थंकरों को वर्णसंकरों में नहीं गिनाया है, वरन् पूर्ववर्ती और पश्चातवर्ती तक सतत सक्रिय परम्परा पर प्रकाश डालने का प्रयत्न किया है। मेरा प्रयत्न जातीय सामासिक प्रक्रिया पर प्रकाश डालने का था। वर्णसंकर शब्द इतिहासविदों द्वारा प्रयुक्त किया है। उसी शब्द का उपयोग मैंने किया है। वर्धमान तथा कुछ एक दीर्घकालीन शृंखला की महत्त्वपूर्ण कड़ी है। यही बताने का मैंने प्रयत्न किया।

यह भी कहा गया है कि वर्णसंकर शब्द अश्लील है। यदि वर्णसंकर शब्द अश्लील होता, यदि व्रात्य शब्द अनैतिक होता तो मान्य विद्वद्वरों द्वारा उन शब्दों का प्रयोग न किया जाता। मैंने भी, ध्यान रखिए, वर्णसंकर शब्द का प्रयोग व्यक्तिशः किसी भी महापुरुष के लिए नहीं किया है। मैंने तो केवल इतना कहा है कि व्रात्यों ने, जो वर्णसंकर जातियों से उद्भूत थे, वैदिक मर्यादा का पालन नहीं किया था जिसकी परम्परा में ये महापुरुष उत्पन्न हुए।

इन वर्णसंकर जातियों के सम्बन्ध में पहले बहुत कुछ लिखा जा चुका है। उनको यहाँ दुहराने की आवश्यकता नहीं। मैं नहीं समझता कि मनु और याज्ञवल्क्य व्रात्य और वर्णसंकर इन दो शब्दों को अनैतिक और अश्लील समझते थे, न अथर्ववेद ही उन्हें अश्लील समझता था। यदि व्रात्य शब्द को या वर्णसंकर शब्द को अश्लील समझा जाता, तो अथर्ववेद उस शब्द का प्रयोग न करता, तो सामवेद उस शब्द का प्रयोग न करता। जिस प्रकार शिवलिंग में लिंग शब्द अश्लील और अनैतिक नहीं है, उसी प्रकार व्रात्य और वर्णसंकर शब्द अश्लील और अनैतिक नहीं है।

हाँ, यह जरूर है कि शुद्ध रक्तवादियों ने वर्णसंकर शब्द को बुरे अर्थ में लिया है, लेकिन इतिहास शास्त्र के विद्वानों ने यदि उसे बुरे अर्थ में लिया होता तो वे कभी भी उसका प्रयोग न करते। वर्णसंकर शब्द उनके लिए एक समाजशास्त्रीय, नृवंशशास्त्रीय शब्द है, और उसकी स्पष्टार्थबोधकता के कारण उसको ग्रहण किया गया है।

उसी आपत्ति में आगे यह भी कहा गया है कि विवादास्पद बातों को पाठ्यपुस्तकों में स्थान नहीं देना चाहिए। प्रश्न यह है कि विवादास्पद का क्या अर्थ

है? क्या विवादास्पद का अर्थ है कि इतिहासशास्त्र से अनभिज्ञ लोगों के लिए जो अग्राह्य है, वह विवादास्पद है? कोई शैवमतावलम्बी पुरुष यह कहता है या यह कहते हैं और आन्दोलन करते हैं कि शिवलिंग और पशुपति पूजा को मोहनजोदड़ो सभ्यता की देन कहना गलत है तो फिर वैसी स्थिति में सिन्धु सभ्यता की वह देन विवादास्पद है इसलिए हे इतिहासशास्त्रियो! तुम पाठ्यपुस्तकों में यह मत पढ़ाओ कि शिवलिंग की पूजा सैन्धव सभ्यता की देन है। तो मैं व्यक्तिशः सरकार और इतिहासशास्त्रियों से यह कहूँगा कि वे फिर बच्चों को धर्मशास्त्र पढ़ायें, इतिहास न पढ़ायें।

आश्चर्य की बात है कि हम आर्यों से दी हुई परम्परा धारा का ऋण स्वीकार करते हैं, सैन्धव जनों द्वारा, दासों द्वारा भारत की आदिम संस्कृति को मेरे द्वारा दी हुई देन को स्वीकार नहीं करना चाहते। हम यह सोचते हैं कि यदि हम अपनी परम्परा को उनसे निःसृत बताते हैं तो इसमें हमारी हीन स्थिति परिलक्षित होती है। किन्तु सच तो यह है कि इन दासों दस्युओं, द्रविड़ों, अनार्यों, शूद्रों और राक्षसों वर्णसंकरों (और हम ऐतिहासिक नृवंशशास्त्रियों से हम सब वर्णसंकर हैं) का ऋण स्वीकार नहीं करना चाहते। आज जबकि हम विज्ञान और निरपेक्ष तथ्य अनुसन्धान के युग में रह रहे हैं तब तो हमें—विशेषकर समाज और राज्य के कर्णधारों को यह सोचना चाहिए कि जातीय शुद्धता और रक्त वरिष्ठता की यातना कितनी मूर्खतापूर्ण और अवैज्ञानिक है।

दुःख मुझे इस बात पर है कि सरकार ने इस बात का निर्णय इतिहासशास्त्रियों की किसी समिति की नियुक्ति करके उसके द्वारा नहीं करवाया, यदि सर्वमान्य इतिहासशास्त्री स्वयं मेरी पुस्तक को देखते-पढ़ते और निर्णय करते तो एक बात थी। इसके विपरीत स्वयं सरकार ने मेरी पुस्तक को अन्य बातों के अतिरिक्त अनैतिक और अश्लील कहा। इससे अधिक विचित्र, हास्यास्पद और निराधार तथा*...को यदि रोमांटिक कवि कहें तो सम्भव है बहुत से विद्वान् नाक-भौं सिकोड़ें। बात यह है कि हिन्दी भाषा पर इस समय बहुत प्रकार के भार हैं। और वह, किसी भी तरह क्यों न सही, भाव प्रकट तो कर ही देती है। किन्तु, इस समय इस भार-वैविध्य के फलस्वरूप, भाषा में एक अस्थिरता आ गयी है।

इस सम्बन्ध में आपका ध्यान मध्यप्रदेश के धार नगर के प्रिंसिपल लूनिया की तरफ आकर्षित करना चाहता हूँ। उन्होंने भी एक इतिहास-ग्रन्थ लिखा है, जिसका नाम है 'भारतीय सभ्यता तथा संस्कृति का विकास' उस पुस्तक का पृष्ठ 109 निकालिये उसके पहले पैराग्राफ़ की सातवीं और आठवीं पंक्ति पढ़िए। उनका वाक्य मेरे वाक्य से मिलता-जुलता है। उनकी पंक्ति इस प्रकार है :

* इसके बाद पांडुलिपि के कुछ पृष्ठ अप्राप्य।

"मैसूर में श्रवण बेलगोला तथा कर्कल में बाहुबलिन की विशाल दैत्याकार प्रतिमा जो गोमतेश्वर के नाम से प्रसिद्ध है, विश्व की आश्चर्यजनक वस्तुओं में से एक है।" (अधोरेखांकन मेरे द्वारा)

यह एक स्वाभाविक बात है कि जिन ग्रन्थों में कोई डूब जाता है, उन ग्रन्थों में से वह विशेष अर्थसूचक शब्द-भंडार तथा पारिभाषिक शब्दावली भी ग्रहण कर लेता है। उदाहरणतः, मैंने इतिहास-ग्रन्थों से 'रक्त-सम्मिश्रण', 'जाति-सम्मिश्रण', 'वर्णसंकर' आदि शब्द गृहीत किये।

संक्षेप में, 'दैत्याकार' शब्द का प्रयोग किसी की धार्मिक भावना को दुखाने के लिए नहीं किया गया है, न लूनियाजी के द्वारा न मेरे द्वारा। प्रतीत होता है कि मेरे अवचेतन मन में gigantic जैसा कोई शब्द रहा होगा, जिसका अनुवाद तड़ाक् से मैंने 'दैत्याकार' कहकर प्रस्तुत किया।

हाईकोर्ट का फैसला

Copy of Order

In the High Court of Madhya Pradesh at Jabalpur Miscellaneous Civil Case No.297/62

Applicant : Sardar Jagjeet Singh Khanna Publishers, Kala Niketan Mandir Janallganj, Lashkar, Gwalior.

Versus

Respondent 1. The State of Madhya Pradesh

2. The Secretary, Home Department, State of Madhya Pradesh.

3. The Secretary, Text Books Committee, Bhopal, Madhya Pradesh.

Application under section 12 (5) of the Madhya Pradesh Public Security Act 1959 for quashing State Government's order No.2843-I-X-62 published in M.P. Rajpatra dt. 19th September 1962 prohibiting the bringing up to, sale, distribution or circulation or the printing or publication of the book *Bharat Itihas aur Sanskriti.*

Dated the 16th Day of April 1963.

Presented

The Hon'ble Shri Chief Justice P.V. Dixit.

And

The Hon'ble Shri Justice K.L. Pandey

ORDER

This application under section 12 (5) of the Madhya Pradesh Public Security Act, 1959 (hereinafter called the Act), is mainly directed against an order passed by the State Government on 19 September 1962 which is reproduced;

> "No 2843-AI-X-62. Whereas the State Government is satisfied that the bringing into sale, distribution or circulation of the book entitled भारत : इतिहास और संस्कृति

> ("Bharat : Itihas aur Sanskriti") written by Shri Gajanan Muktibodh (hereinafter called the said book) or the printing or publication of the matter contained in the said book within the State of Madhya Pradesh is or will be prejudicial to the maintenance of public order and offends against decency and morality;
>
> Now, therefore, in exercise of the powers conferred by sub-section (1) of section 12 of the Madhya Pradesh Public Security Act, 1959 (25 of 1959), the State Government is pleased to order that the bringing into sale, distribution or circulation, or the printing or publication of the said book within the State of Madhya Pradesh is prohibited absolutely."

The applicant has also challenged an order dated 22 September 1962 by which the Secretary of the Text Books Committee, Bhopal (respondent 3), directed that the name of the book be removed from the list of prescribed books.

2. The application is a publisher of books, including text books, and carries on business under the name and style of *Kala Niketan Mandir* at Lashkar, Gwalior. There is a Text Books Committee constituted under section 18 of the Madhya Pradesh Secondary Education Act, 1959. In the records of that Committee, the name of the applicant has been entered as a registered publisher. Also, at the invitation of the Committee, the applicant submitted the book भारत : इतिहास और संस्कृति written by Gajanan Muktibodh for being prescribed as a text book for study in the higher secondary schools. The Committee reviewed the several books which were submitted for the purpose and sanctioned the book भारत : इतिहास और संस्कृति for rapid reading. This sanction was, by a communication dated 12 June 1962, transmitted to the applicant, who thereupon published, at a considerable cost, 35,000 copies of that book and made them available, as required, in July 1962. The publication of the book caused resentment in the public and there was much agitation in the press and platform for proscribing it. Thereupon, the two impugned orders were passed without giving to the petitioner any opportunity of being heard.

3. The petitioner has challenged the two orders on the following grounds :

(i) There was a violation of the principles of natural justice in that the petitioner was not given any opportunity of being heard before the two orders were passed.

(ii) The passage said to be offensive are not really prejudicial to the maintenance of public order and do not also offend against decency and morality.

(iii) The news expressed in the passages are more or less similar to those contained in other publications made by historians and men of letters.

(iv) The impugned orders are arbitrary in that no reasons have been given for the view that the passages are prejudicial to the maintenance of public order and offensive to decency and morality.

4. In the affidavit filed in support of the return, the State Government specified the following passages culled from the book as prejudicial to the maintenance of public order and offensive to decency and morality.

1. किन्तु भविष्य के रक्त सम्मिश्रण का यह परिणाम था कि राम भी साँवले होने लगे और कृष्ण भी। गोरी तो राधा थी, या सीता, किन्तु वैदिक काल में उक्त सम्मिश्रण नहीं हुआ था। आर्यों के अपने रंग रूप का बड़ा अभिमान था। उनमें वर्ण द्वेष था। [पृ.9]

2. जब सैन्धव जनों की पराजय होने लगी तो उनमें से बहुतेरे भाग निकले। आर्यों ने पूरा प्रतिशोध लिया। उनके सत्ता केन्द्रों को नष्ट-भ्रष्ट कर दिया। उन्हें दास बनाया गया। इन दासों को रंग द्वेष के आधार पर शूद्र बना लिया गया। वे शूद्र आर्यों की बस्तियों से दूर अलग रहते थे। दरिद्र परिस्थिति में अपने व्यवसाय करते थे। क्रमशः आर्यों के विभिन्न कबीलों के बीच सतत चलते रहनेवाले युद्धों में वे भाग भी लेते रहे। कुछ दासों ने अपने शिल्प व्यवसाय के कारण और कुछ दासों ने किसी आर्यगण के पक्ष में हथियार उठाने के कारण, आर्यों के मन में अपना सम्मान भी बढ़ा लिया। यद्यपि वे रहे शूद्र ही, और इस अर्थ में, जाति रूप में नीच ही रहे। किन्तु, व्यक्तिशः, पवित्र ब्राह्मण भी उनकी पुत्रियों से अवैध सम्बन्ध स्थापित करने में नहीं हिचकिचाए। संक्षेप में, वर्णसंकर जातियों का उद्‌भव हुआ, जिनमें से कुछ लोग ब्राह्मणों की पाँत में बैठे गये। किन्तु कुछ ऐसे भी थे, जिन्होंने उनकी पाँत में बैठने ही से इनकार दिया। ये व्रात्य कहलाए, जो वैदिक मार्ग के विरोधी थे। इन व्रात्यों ने, आगे की सदियों में, ऐसे धर्मों का विकास किया, जिनके आघातकारी प्रभाव से वैदिक धर्म को अपना रूप परिवर्तित करना पड़ा। [पृ.14]

3. व्रात्य वर्णसंकर जातियों का प्रतिनिधित्व करते थे। बहुत से व्रात्यों ने वर्णसंकर जातियों में ही रहना पसन्द किया। और वे अपनी स्वतन्त्र परम्परा चलाते रहे। व्रात्य वैदिक मार्ग के विरोधी थे। [पृ.20-21]

4. व्रात्यगण, जो स्वयं वर्णसंकर जातियों से उत्पन्न थे, ऐसे उग्र विचारों का प्रतिनिधित्व करने लगे। [पृ.37]

5. पार्श्वनाथ : ईसा पूर्व सन् 759 के लगभग व्रात्यों की परम्परा में पार्श्व नामक एक अर्हत अथवा तीर्थंकर हुए। [पृ.38]

6. वर्धमान महावीर : वर्धमान महावीर व्रात्यों की परम्परा में पार्श्वनाथ के अनुयायी थे। [पृ.38]

7. कर्कल में बाहुबलिन की विशाल दैत्याकार प्रतिमा जो गोमतेश्वर के नाम से विख्यात है, जैन कला का अद्‍भुत उदाहरण है। [पृ.41]

8. भागवत धर्म में अभी राम-भक्ति शुरू नहीं हुई थी। ईसा की छठी सदी के बाद कहीं उसका आरम्भ हुआ। वासुदेव कृष्ण ही परम देवता थे। वे विष्णु के अवतार थे। [पृ.61]

9. उसके दरबार में, अनेक दार्शनिक तथा विज्ञान सम्बन्धी विषयों पर उपस्थित भारतीय तथा विदेशी विद्वानों के बीच बहस हो जाती। इस वाद-विवाद में मुहम्मद तुगलक जिसे सब लोग पागल कहते थे (प्रधानमन्त्री पंडित नेहरू को भी एक महान् भारतीय नेता ने मुहम्मद तुग़लक़ कहा था) स्वयं भाग लिया करता था। [पृ.101]

10. महात्मा गांधी के अनन्य सहचर महादेव देसाई और उनकी पत्नी सौ. कस्तूरबा जेल में ही मर गयी। [पृ.140]

5. According to the respondents, these passages are offensive to the religious sentiments of Hindus and Jains. They also offend against decency and morality. There was, in consequence, a great agitation against the book and "a situation developed in which there was danger to public order". Apprehending that there would be breach of the peace, the State Government passed the order dated 19 September 1962. The reasons which impelled the State Government to act in the manner it did are given in the order itself. Section 12 (1) of the Act does not require that, before passing an order under that section, an opportunity for being heard should be afforded to the person concerned. Finally, the order dated 22 September 1962 is not open to challenge in proceedings under section 12 (5) of the Act.

6. We have heard the counsel at some length and we have formed the opinion that this petition must be dismissed. We would like to state at the very outset that the order, which the Secretary of the Text Books Committee passed on 22 September 1962, is not liable to the challenged under section 12(1) of the Act. As we pointed out in *Gulabchandra Jain* v. *The State Government of Madhya Pradesh* (Miscellaneous petition No. 410 of 1962 dated 20 February 1963), when a person applies under section 12(5) of the Act, what this Court has to see is whether, on the material that was before the State Government at the time of making the impugned order, the satisfaction

of the Government with regard to the objectionale character of the publication was real or illusory and whether that material affords any justification for confirming, varying or reversing the order of the State Government.

7. Sub-sections (1) and (5) of section 12 of the Act read as follows :

"(1) If the State Government is satisfied that the bringing into, sale, distributiion of circulation of any newspaper, periodical, book or document or the printing or publication of any matter in any newspaper, periodical, book or document will undermine the security of the State or be prejudicial to the maintenance of public order or offend against decency or morality, it may be an order notified in the Gazette—

(i) prohibit either absolutely or for a specified period the bringing into, or sale or distribution or circulation within the State for any such newspaper, periodical, book or document, as the case may be;

(ii) prohibit, either absolutely or for a specified period, the printing or publication of such matter; or,

(iii) prohibit or regulate the making or publishing of any document or class of documents in respect of such matter;

Provided that no order made under this sub-section solely for the purpose of maintenance of public order shall be operative for more than three months from the making thereof.

(5) Any person aggrieved by an order under sub-section (1) or sub-section (3) may, within sixty days from the date of such order, apply to the High Court to set aside the order and upon such application, the High Court may pass such order as it deems fit, confirming, varying or reversing the order of the State Government and may pass such consequential or incidental order as may be necessary."

The basis of an order under section 12(1) is the satisfaction of the State Government whether the contents of the newspaper, periodical, book or document in question will either undermine the security of the State or be prejudicial to the maintenance of public order or offend against decency or morality. The grievance that, before passing the order, the State Government did not, afford to the applicant an opportunity of being heard is grounded on the assumption that it (State Government) had a duty to act in a quasi-judicial manner. We are of opinion that, at the stage when the State Government passed the order, there is no such duty. In the first place, when immediate orders are required to be passed either for the security of the State or for the maintenance of public order or in the interests of decency and morality, a quasi-judicial approach is not indicated. Secondly, the opening words of section 12(1) "If the State Government is satisfied..." do not imply a judge or a quasi-judge and indicate a subjective approach *province of Bombay* v. *K.S. Advani* (1950 S.C.R. 621). Also, there are no express words in section 12 or in any other provision of the Act which impose on the State Government a duty to determine this question judicially nor is there anything to compel us to hold that such a duty is implied. Thirdly, when a question is left to the subjective determination of an authority, the existence of a right to have the decision re-examined by a superior tribunal is not enough to indicate that the primary authority is under an obligation to act judicially. Finally, over where an executive authority has to form an opinion about an objective matter as a preliminary to the exercise, in its discretion, or acertain power, the determination of the objective matter as well as the exercise of the power thereon based are matters of an administrative character, *Shri Radheshyam Khare and another* v. *The State of Madhya Pradesh and others* (1959 S.C.R. 1440). In view of these considerations, the order dated 19 September 1962 is not assailable on the ground that the applicant was not previously given an opportunity of being heard nor for the reason that the ground for the satisfaction of the State Government were not disclosed in the order.

8. As we pointed out in *Gulabchandra Jain's case (supra)*, neither the truth of the matters stated in the objectionable passages nor the consideration that similar matters were published in other books would take those passages out of the purview of section 12(1) of the Act. This is what we stated in the case just mentioned :

> "Again, the truth or falsity of the objectionable matter in the publication is immaterial for determination of the question under section 12 (1). Indeed, truth is too often unpalatable to many who refuse to face it, and who, if they are hot-headed, are drawn to resort to violence and disorder when told the truth. Equally irrelevant is the fact that the publication objected to contained matter more or less similar to the matter contained in other publications which are sold, distributed and circulated

freely in the State. If the impugned matter is of the character falling under section 12 (1) then its quality in that respect is not made better by examining other books and publications or by the fact that no action has been taken by the Government in regard to those other publications."

9. We had occassion to consider in *Gulabchandra Jain's case (supra)* the nature and scope of the powers exercisable under section 12 (5) of the Act. We stated :

> "When, therefore, a person applies to this Court under sub-section (5) what this Court has to see is whether, on the material that was before the state Government at the time of the making of the impugned order the satisfaction of the Government with regard to the objectionable character of the publication was real or illusory and whether that material affords any justification for confirming, varying or reversing the order of the State Govenment."

We may only add that since the powers under section 12 (5) are undefined and not in any way limited, they should be regarded as co-extensive with the powers of the primary authority *Nagendra Nath Bora v. The Commi-ssioner of Hills Division and Appeals, Assam, and others* (1958 S.C.R. 1240).

10. This leads us to a consideration of the objectionable passages. The learned Advocate General fairly conceded that, of the ten passages mentioned earlier, only those numbered 1,2,5, and 6 were really objectionable, being prejudicial to the maintenance of public order. We would, therefore, restrict our attention to these four passages. In the first passage, it is stated that, in consequence of mixing of blood, Rama and Krishna were black. In the second passage, it is said that even pure Brahmins did not hesitate to establish illegal connection with daughters of Shudras with the consequence that *Varna-Sankar* castes came into existence. Some persons belonging to such *Varna-Sankar* castes refused to identify themselves with Brahmins and they were called *Vratyas*. In thc fifth and sixth passages, Parshwnath, one of the Jain Tirthankaras, and his followers, Bardhman Mahabir, were said to have come into existence in the Vratya tradition. It would thus appear that while Rama and Krishna, who are regarded by Hindus as Gods, were derisively called persons descended from a mixture of blood between Aryans and non-Aryans, the last two Jain Tirthankaras, who are universally regarded by Jains as their greatest religious

teachers, are stated to be persons descended from illegal union betwen Brahmins and daughters of Shudras. The learned counsel for the applicant tried to explain that by the word *"Varna-Sanker"* the author merely sought to convey that there was an admixture of castes and also referred to the dictionary meaning of that word. We consider it sufficient to say that the author made the sense, in which he used that word, clear in his own language when he stated that *Varna Sanker* castes came into existence when Brahmins established illegal connections with daughters of Shudras.

11. In our opinion, to call Rama and Krishna, who are regarded by Hindus as Gods, as not pure breed and to castigate the greatest religious teachers of jains as offsprings of illegal connection between Brahmins and Shudras amounts to holding them up to oblique and derision. It would require a considerable amount of explanation to convince us that an attack of this character on such personalities is unlikely to affect the maintenance of public order and we think that such attacks inherently and definitely tend to disturb it. We do not consider it necessary to recall the various occasions on which attacks on founders of religion led to a breach of the peace. We may, however, point out that, prior to the enactment of section 295-A of the Indian Penal Code, it was held in the *Rangila Rasul case* that section 153-A was not meant to stop polemics against a deceased religious leader however scurrilious and in bad taste the attacks might be and no other provision of that Code covered such attacks *Raj Paul v. Emperor* (A.I.R. 1927 Lahore 590). Thereupon, by the Criminal Law Amendment Act XXV of 1928, section 295-A was enacted to make deliberate and malicious attacks on religion or religious beliefs, including attacks on religious leaders, as specific offences. The new section took into account the definite tendency of insult to religion or religious beliefs, including attacks or religious leaders, to disturb public order.

12. It is no doubt true that the objectionable nature of the publication is not determinable only by the actual reaction it produces for two reasons. Firstly, action under section 12 (1) of the Act is generally taken in advance as a measure of precaution. Secondly, it may well be that in a given case agitation against a publication may be engineered for other purposes. However, in the instant case, we consider that there was, as detailed in paragraph 9 (e) of the return, much agitation against the book in question containing the offending

passages which, having been disseminated throughout the State, genuinely inflamed the religious feelings of Hindus and Jains.

13. The learned counsel for the applicant also made the point that only the offending passages should have been prescribed and the book should have been allowed to be published without those passages. We agree with the Advocate General that the offending passages are so spread out in the book that action had to be taken against the book as a whole. We may, however, add that, having regard to the arguments addressed to us, it will be open to the applicant to republish the book after removing the objectionable passages.

14. In the view we have taken of the objectionable passages, we are of opinion that the action taken under section 12 (1) of the Act was merited and we must, subject to what we have indicated at the end of the last paragraph, confirm the order dated 19 September 1962.

15. The result is that the application fails and is dismissed. The application shall bear his own costs and pay out of the security amount those incurred by the non-applicants, for whom there will be only one sat of costs. The remaining amount of security shall be refunded. Hearing fee Rs.200/-.

Sd./P.V. Dixit — Sd/K.L. Pandey
CHIEF JUSTICE — JUDGE
16.4.1963 — 16.4.1963

SCHEDULE OF COSTS

Particulars	Petitioner		Respondents	
Court fee on memo of appeal and application & affidavit	3	60	--	--
Court fee on power of attorney	3	50	7	--
Court fee on exhibits	1	20	--	--
Court fee on processes	6	--	--	--
Counsel's fee fixed	200	--	200	--
Fee for preparation of paper book	--	--	--	--
Total	214	30	207	--

पत्र-1

श्रीपाद अमृत डाँगे के नाम

Com. .S.A. Dange   Rajnandgaon
Chairman C.P.I.
NEW DELHI

Dear Friends,

It is with a heavy heart that I am writing to you this letter for your serious consideration.

My statement can be divided into two parts : one : The Criticism : Two : The suggestions. The first part is organically connected with the second. Hence, I have given place to both. My statement is also very short and does not cover all the aspects.

It is a well-known fact that since Independence, the progressive movement in Hindi literature, which once dominated the scene, has been losing one ground after another, and is now leading precarious and tenuous existence, while the Reactionary offensive has mounted, has already achieved considerable success, built up and consolidated its influence among Hindi writers, to a very great extent.

The successes, which the Reactionary offensive achieved, are not merely due to the economic might of the millionaire press, not merely due to its ideological linkings with imperialist anti-communist forces, not merely due to the considerable opportunist trends in Middle Class Life, but are also due to the extreme inner weaknesses of the progressive movement and particularly its leadership and its fossilized attitudes. This weakness exists even today, though a dim realization of it seems to have grown in latter days. Hence I wish to dwell upon it a little longer.

It is a well-known fact that Reality is changeful, that new issues come up for consideration and solution, that old attitudes which were best suited for former times, when fossilized, do not solve them, but on the other hand accentuate the existence of problems.

It is also a well-known fact that a Marxist is a practical scientist and that it is the business of any science to observe, understand analyse and systematize facts and evaluate them, and also to *evolve suitable methods and suitable approach* to uproot evil aspects and promote healthier features.

But, what happened? Our leading Marxist literary centre, if there was any, failed to understand new developments in Hindi Literature. They denounced out-right new trends in Hindi poetry from its very inception, and continued to denounce them even afterwards, while this new trend continued to develop and enlarge its base.

This experimentalist or new poetry, which came into being in the last decade of pre-independence period and developed further along (I happen to be one of its founders) was not in its first and second phases of development, necessarily hostile to the party, not necessarily hostile to Marxism, was not necessarily hostile to the popular cause, to socialism. It was not even hostile to the cradle land of socialism–Russia. Actually, during its first phase of development, majority of its writers were under the general influence of Marxism. Many of its writers associated with the party, wroked with the party and observed its discipline.

But, then why it was made the object of the continued antogonistic posture of leading Marxist critics (who spoke as if they were the spokesmen and interpreters of Marxism). Why this new trend was vehemently and continually attacked? This new trend was highly individualistic in its form and content, no doubt. It was full of misery and wretchedness and somtimes cynicism. And yet during its first and second phases of development i.e. up to 1953-54-56, magnificent poems on World Peace, on working class struggle (both by शमशेर) on Glory and Beauty of India and its culture (नरेश मेहता) and against capitalist society (मुक्तिबोध) also appeared from among these writers.

A dispassionate study of this new trend was necessary. While welcoming a few such poems (as stated above), the entire trend was denounced with an antagonistic hostile ruthlessness. The Writers, after a long experience of leading Marxist critics, felt that these critics did not understand literature at all, that they were not interested in the lives of writers. Actually, the Marxist circles, failed to understand the genesis of the new poetry and the aesthetic problems that it raised. Any initiation of discussion on aesthetic questions was interpreted as a new individualistic observation. They did not understand the genesis of new poetry and its relation to the disintegration of old Indian family life and pattern, of cramping envirous that semi feudal type of family and semi feudal semi bourgeois society created, of personal tragedies, of the suppression of individual in capitalist society and the desperate cry of the individual for its liberation.

Undoubtedly, the movement in poetry was not in the tradition of Mykovsky and other writers of revolutionary fervour. But then in India, as now, the Communist Party did not electrify and dominate at least in Hindi speaking areas, the lives of millions and billions of people. There was no continuous revolutionary situation. Revolutionary forces existed, but they did not mould the souls of millions of people. Even the C.P.I. was many times in doldrums, and still retains its existence only in rudementary form in large majority of town & villages.

The further capitalist development in India, the accentuation of contradictions in social life, the further disintegration of old family life creating new personal problems, and cramping circumstances that capitalist society offered, the growing opportunism in Middle Class life and all such factors—in the conditions of absence of all-embracing and life-giving revolutionary movement—in the conditions of individualism and opportunism of the leading lights of Marxist Writers and critics. With their upper middle class semi aristocratic ways of life, with the division and lack of exchange of opinion and fresh thinking within these Marxist leaders in literature—it is in such conditions when Marxist literary (so-called) thinkers isolated themselves, with arrogant and sheer individualism, from the mainstream of creative literary writers—it is in such conditions of further capitalistic development that disillusionment, feelings of extreme misery, wretchedness, cynicism and individualistic self-absorption (a streak of which was already there) became accentuated, and went on finding literary expression in the new poetry. Of course, this literary expression was highly individualistic in the sense that it lacked socialist perspective and inspiration, but it arose from life itself, it was true to life, it was true to realities as experienced by writer.

And, yet, in individual poems here and there it had certain progressive ideas, certain traces of faith in people, certain influence of progressive humanism—not in Marxist terminology, but in a poetic fashion. It must be said that the trend as a whole was not in itself hostile to socialism and its ideology. For a considerable length of time socialistic inclinations persisted.

But the whole trend the entire new poetry was denounced whole hog and in discriminately by certain important *leading* Marxist lights and other features of this trend were ignored.

It is in the background of this antagonistic posture by Marxist critics, that Reaction mounted its offensive and tried to remove whatever little traces the poetry had, of marxist influence. The object of the Reaction was to finish off Marxist influence in the field of literature, and the filed of poetry offered them a ready ground.

As I have told you, every new movement in poetry brings forth its own aesthetic and philosophic questions. Many of such questions, put up by these writers before the marxist critics for consideration, were relegated, ignored or superficially considered and denounced as observations.

Reaction took over these questions, and tried to answer them. Thus, a reactionary philosophy of totally decadent and anticommunist West was given to these writers. They took over the leadership of the new poetry, and now many of the ideologies of this new poetry are completely anticommunist.

The Reaction worked in an organised way with its army of publishers, professors, thinkers, poets, writers and organisers. It must be said in their favour that they worked hard, and produced vast literature, gave due respect to literary values, and to each others opinion. There was much give and take between themselves as compared with the all-exclusive, insular fossislized attitudes of so-called leadership of the Progressive Movement, now in almost complete paralysis. And, so what is needed today?

1. A literary monthly—well organised and well brought out monthly—with broad democratic progressive outlook, and in the columns, of which dialogues take place between one marxist and other marxist writer, between one marxist and other non-marxist writer, between one non-marxist and other non-marxist writer, dialogues on problems of literature and its various aspects. And at the same time it should publish creative writing and associate itself, intimately link itself with the mainstream of literature. Any failure to do this will retard progressive movements and isolate party writers, that is, writers of marxist moorings.

The paper should try to isolate the Reactionary Core, Reactionary centre from the main body of creative writers by—

(A) Concentrating its main fire on the Reactionary thought, and not on the writers who are, at present, under its influence. It shoul discriminate between the hard core of reaction, and those who are under its influence. This can be done by meeting the arguments of the other side *point by point,* so that the writers may be *convinced* of the correctness of our attitudes and arguments.

(B) Weaning writers to our side by giving their healthy features due prominence.

(C) At the same time, theoretical development, through the columns of this paper, must take place. So long, we have been adopting attitudes drawn from Russian literary ideology alone to the exclusion of French, Italian, Polish, Hungarian, Roumanian and other literary thinking. It is a well-known fact that much literary thinking—much valuable literary thinking has been done in these countries on various problems of life, literature and arts.

(D)Much anticommunist statements of projudices and ideas, many anticommunist attacks appear in different Hindi literary papers. They must be answered back. No one among us answers them at present. And yet many well-known marxist writers write in the columns of those very papers, and yet they do not answer them back and thus those statements go unchallenged.

The most important task is to choose the main enemy the main target and to attack it in such a way that the attack wins over more and more friends and isolates the enemy.

If the attack from our side is conducted in such a way that it, in place of isolating the enemy, makes it more and more consolidate its ground, then such attack is worthless.

In other words, we have to study carefully the theoretical works, theoretical attitude and approaches of the enemy and answer them coolly and correctly in such a way that we win over the minds of the writers. A careful and systematic study must be undertaken; point by point countering is very much needed. This we have to do, not in the marxist jargon, but in a language and in a terminology that writers understand. And, if an analysis of a particular point by the enemy happens to be correct we should concede that point. Blind antagonism wont do the needful. It is with this scientific attitude that we can win over writers by proving to them that while we are faithful to socialist cause we can remain faithful to realities, faithful to truth, faithful to the facts of life.

It is in this way alone that spiritual leadership can be provided to the writers.

II. The progressive writers association, as it existed before, cannot be organised in the same pattern. The old type, if it comes into being, again, in the same form and way, will merely isolate progressive writers from others, from the main body, from the mainstream of writers. This step migth rouse their suspicions that the CPI wants to exploit literary people for party ends. Atleast Reaction will utilize this opportunity by rousing the fears of these writers and by further expending anticommunist propaganda. They will say that it is not a literary movement, but a political movement.

With this in view, I suggest All India and provincial Hindi literary conferences where discussions and seminars are held, with the hard core of progressive thinkers at the helm, and then conducting the conferences in such a way that a progressive tone is given to the whole thing. Such conferences should he held regularly, so that a new progressive literary awakening takes place.

III. In the same way, we should have small and big publishers, so that right sort of works can be put in the market.

IV. Progressive writers must be deep, *profound and excellant.* Unfortunately, the lure of money, and commercialism has gone deep into leading progressive writers themselves. They for cheap popularity and golden money go on manufacturing books after books but to no great consequence.

Artistic work must be upheld and inartistic progressive writing must be criticized how much so ever great and popular that writer may be. It is the shallow, jargon-ridden, dogmatic or opportunistic criticism that has much to do with the setback that the progressive movement suffered in the last decades.

The profoundly artistic and valuable progressive literary works are the best answer to the Reaction, because such works will have lasting value and profound impact. Merely ideological attitudes, in place of profound meaning and artistic excellence, will not make progressive writers more influencial.

When an atmosphere is created in favour of progressive thought, then perhaps an organisation like old PWA will be effective, but not now.

If the above mentioned things are done in a progressive, democratic and honest spirit I am sure slowly and by stages, at atmosphere in favour of progress will come into being and dominate the literary scene.

This particular period in Hindi literature is auspicious, because a new revolt against decadence seems to rise up and needs support. This revolt is from within the womb of the new trend itself, and must be channelized and directed towards progressive ends.

My letter has become long. I cannot help it. It contains perhaps many errors of judgement, understatements and overstatements or non-statements of many other important points.

It needs improvement, no doubt. But self-criticism on the part of progressive thinkers, critics and writers is long overdue.

And lastly, I am unable to reveal my identity to you. But perhaps you know me, as several others do.

Yours comradely

xyz.

पत्र-2

आपको विदित ही है कि मध्यप्रदेश सरकार ने मेरे द्वारा प्रकाशित पुस्तक 'भारत : इतिहास तथा संस्कृति' पर पाबन्दी लगा दी है। तारीख 19 सितम्बर [1962] के राजपत्र में कहा गया है कि यह पुस्तक नैतिकता और भद्रता पर आघात करती है। इस सम्बन्ध में कुछ क्षेत्रों में यह कहा गया है कि इसमें कतिपय महापुरुषों की अवमानना की गयी है, जिससे जनता के हृदय को चोट पहुँची है इत्यादि इत्यादि।

ये सारे आक्षेप भ्रान्तिपूर्ण हैं, निराधार हैं, और कामकाज में लगी हुई बे-फुरसत जनता के पिछड़ेपन से नाजायज फ़ायदा उठाने की नीयत से किये गये हैं।

इस पुस्तक में जो तथ्य दिये गये हैं और जिस शब्दावली का उपयोग किया गया है, वे तथ्य और वह शब्दावली भारतविख्यात इतिहासज्ञों की पुस्तकों के हिन्दी संस्करणों से आयी है। डॉ. राधाकुमुद मुकर्जी, सत्यकेतु विद्यालंकार, जयचन्द्र विद्यालंकार, सरदार के.एम. पणिक्कर, प्रिंसिपल लूनिया, बी.जी. गोखले, आर.सी. मजूमदार तथा डॉ. सुनीतिकुमार चाटुर्ज्या आदि की इतिहास-विषयक पुस्तकों से सारी सहायता ली गयी है। ऐतिहासिक तथ्यों को प्रकट करनेवाली शब्दावली भी उन्हीं से ली गयी है।

उदाहरणतः व्रात्य और वर्णसंकर शब्द लीजिए। इन शब्दों का उपयोग मनुस्मृति और अथर्ववेद से लेकर के.एम. पणिक्कर तथा सत्यकेतु विद्यालंकार तक ने किया है।

प्रस्तुत पुस्तक इतिहासशास्त्र की पुस्तक है। अतएव उसमें इतिहासशास्त्रीय शब्दावली है, समाजशास्त्रीय शब्दावली है, नृवंशशास्त्रीय शब्दावली है। उपर्युक्त शब्दों के अर्थ पारिभाषिक हैं। यदि ऐसे शब्दों का प्रयोग अनैतिकतापूर्ण या अभद्रतापूर्ण होता तो निःसन्देह बड़े-बड़े इतिहासशास्त्री और मनुमहाराज उन शब्दों का प्रयोग कभी भी नहीं करते। जिस प्रकार शिवलिंग, ज्योतिर्लिंग, स्त्रीलिंग, पुल्लिंग, लिंगायत, आलिंगन में समास-भूत 'लिंग' शब्द अनैतिक भावों को उत्तेजित नहीं करता, उसी प्रकार 'वर्णसंकर' शब्द किसी भी अनैतिक भाव को उत्तेजित नहीं करता, किसी को हीन नहीं बताता, वरन् यह तो केवल यथार्थसूचक शब्द है।

मेरा सबसे बड़ा अपराध यह माना गया है कि मैंने वर्णसंकर या उसी अर्थवाले अन्य शब्द जैसे रक्त-सम्मिश्रण, जाति-सम्मिश्रण मिश्रित रक्त, इत्यादि का प्रयोग किया है। मैं कहना चाहता हूँ कि विशुद्ध लेखक होने के नाते तथा वैज्ञानिक दृष्टि रखने के नाते मेरा प्रमुख उद्देश्य तथ्यों का निरूपण भर करना था। अतएव, बगैर हिचकिचाहट

के मैंने उन शब्दों का प्रयोग किया। कोई अभद्र, अनैतिक तथा हीनताबोधक अर्थ होता तो वे शब्द मान्य इतिहासकारों द्वारा प्रयोग में नहीं लाये जाते। जैन धर्म तथा बौद्ध धर्म, उसी प्रकार उनके उन्नायक महापुरुषों के पीछे की सामाजिक पार्श्वभूमि और ऐतिहासिक प्रक्रियाएँ बताने की मैंने कोशिश की है। इसलिए, विशेष सन्दर्भों को ध्यान में रखकर मैंने उन शब्दों का प्रयोग किया। बयान देने की बात है कि वर्णसंकर जैसा शब्द व्यक्तिशः किसी महापुरुष का वर्णन करते हुए प्रयोग में नहीं लाया गया है।

ऐसी स्थिति में वर्तमान आन्दोलनों को देखते हुए मुझे यह आशंका प्रतीत हो रही है कि आन्दोलनकर्ताओं की नीयत, ऐतिहासिक घटनाओं की ऐसी कृत्रिम पुनर्रचना करने की है, जिससे कि पुराने जर्मन विद्वानों द्वारा प्रचारित 'आर्यवाद' और 'शुद्ध रक्तवाद' के सिद्धान्त का समर्थन हो, जातिवाद (Racism) का समर्थन हो, जातीय अहंकार को ऐतिहासिक समर्थन प्राप्त हो। संक्षेप में, दक्षिण पंथी उग्र साम्प्रदायिकता या धर्मवाद इतिहास के शास्त्रीय क्षेत्र में ज़ोर आज़माना चाहता है।

इस तरह, आज सबसे बड़े तीन ख़तरे—

(1) लेखक की निजी लेखकीय स्वतन्त्रता विचार स्वतन्त्रता को खतरा, Academic freedom को ख़तरा।

(2) इतिहास शास्त्र की अशास्त्रीय रचना से ख़तरा, दूसरे शब्दों में अशास्त्र को शास्त्र में परिणत करने की चेष्टा से ख़तरा।

(3) सरकार मान्य इतिहासकारों की सम्मति लिए बिना किसी भी शास्त्रीय ग्रन्थ को उसमें न केवल कुछ ही शब्दों और वाक्यों को चुनते हुए उन्हें अनैतिक और अभद्र निर्णीत करने की चेष्टा से खतरा अर्थात् शास्त्रीय क्षेत्र में, शास्त्रीय क्षेत्र के प्रकाशनों में शासन के हस्तक्षेप से ख़तरा।

सरकार का यह हक़ था कि वह पुस्तक को स्वीकृत के बजाय अस्वीकृत कर देती। उसे यह अधिकार नहीं था कि वह उसके बारे में यह कहती कि वह "offends against morality and decency" मेरी पुस्तक को प्रतिबंधित करने के लिए अन्य बातों के अतिरिक्त, उक्त दो बातों को आधार माना गया है। देखिए extraordinary गवर्नमेंट गज़ट क्रमांक 154/19 सितम्बर [1962]।

आशा है, आप इस विषय पर विचार करेंगे और लेखकीय स्वतन्त्रता को अर्थात् academic freedom को मिटने नहीं देंगे, साथ ही शास्त्र और विज्ञान के क्षेत्र में, सामुदायिक मनोवृत्तियों को उभरने नहीं देंगे।

इतिहास एक शास्त्र है, एक विज्ञान है।

साथ ही, मैं यह बता दूँ कि मेरी उक्त पुस्तक मेरी एक बड़ी अप्रकाशित पुस्तक का केवल अंश है। वह अंश सामान्य पुस्तक के रूप में प्रकाशित किया गया। साथ ही, वह पाठ्यपुस्तक समिति के पास भेजा गया। ख़याल यह था कि यदि वह पाठ्यपुस्तक नहीं बनती तो सामान्य पुस्तक के रूप में उपयोगी हो सके। किन्तु,

दुर्भाग्य तो यह है कि उस पर पूर्ण प्रतिबन्ध लगा दिया गया है। पाठ्यपुस्तक के रूप में रखना, न रखना सरकार की मर्ज़ी पर है, किन्तु उसे अनैतिकतापूर्ण और अभद्र घोषित करते हुए पाबन्दी लगाना कहाँ तक उचित है?

आशा है आप इस पत्र पर चर्चा करते हुए भी मेरा नाम प्रकट नहीं होने देंगे, क्योंकि मुझे डर है कि कहीं आगे चलकर मेरी व्यक्तिगत स्थिति पर संकट न आ जाये। इसलिए मैं चाहूँगा कि विचार विमर्श होने के बाद आप इस पत्र को नष्ट कर दें।

आपका
'भारत : इतिहास और संस्कृति'
प्रकाशक कलानिकेतन, ग्वालियर

●●●